人大农经书系

双重目标兼顾的农信社改革

本成果受到中国人民大学2017年“统筹支持一流大学和一流学科建设”经费的支持

周 立等 著

中国农业出版社
北 京

简　介

该书重点研究了农信社成立以来的改革历程，尤其对2003年以来新一轮改革导致的商业性和政策性双重目标兼顾，创新性地进行了制度变迁、网点布局、支农政策激励与多任务委托代理的理论和实践研究。该书在多目标多任务决策的理论和农信社改制为农村商业银行等具体实践的研究上，具有创新价值。

该书有利于农村金融研究的学科建设，对培养既有理论素养又有实践经验的“三农”人才具有积极作用。

目　　录

第一章 绪 论

导读：绪论①对中国农村金融体系的政策和实践历史进行政治经济学研究，考察其中国家、市场、农民关系的转变。本章认为，从 1949 年中华人民共和国成立开始有农村金融，再到 1979 年中央政府着手建立农村金融体系，一直到 20 世纪 90 年代中期，中国面向农村的金融机构主要扮演政府的储蓄动员机器的角色，作为第二财政抽取资金去支持城市和工业化。1996 年后，国内资金供给形势由短缺走向过剩，国家对农村金融的态度发生逆转，意图通过改善农村金融服务来重振农村经济。然而，政府这只“看得见的手”从“捕获之手”向“帮助之手”转换的政策意图，被市场导向改革中市场这只“看不见的手”通过“市场抽取”所妨碍。在城乡收入差距不断扩大的情况下，市场导向的农村金融体系继续扮演储蓄动员机器的角色，源源不断地将农村资金抽取到更具投资价值的城市和工业部门。中国的农村金融体系经历了从行政捕获到市场抽取的转变。只有改变城市导向的经济金融安排，城乡金融体系才能获得均衡的发展。

中国的发展道路和西方理论的经典路线常常不一致，以至于一直以来，各类的“中国之谜”（Chinese Puzzle）命题不断出现。例如，Preston（2005）在考察中国股市表现时，就发现了一个“中国综合征”　在中国经济增长如此迅速时，其股市怎么会这么疲软呢？其他比较著名的“中国之谜”还有：关于科技应用的李约瑟（Joseph Needham）之谜（李约瑟，1975），关于中国资本主义萌芽的韦伯（Max Weber）疑问（Weber，1997；林毅夫，2007），关于“在高财政赤字和高货币供给量的同时保持价格稳定的现象”的麦金农（R. I. Mckinnon）“中国之谜”（Mckinnon，1993），等等。

中国农村金融，或者更广泛地说中国农村经济，是这种鲜明对比的另一个例子。中国农村金融被广泛看作中国金融系统最薄弱的一环，与整体经济的强劲增长极不相称。大部分农村人口未能充分享受经济高速增长和金融迅速发展

① 绪论文章原名《从行政捕获，到市场抽取：中国农村金融体系的形成与发展逻辑》，由周立与澳大利亚 Griffith 大学冯辉高级研究员和清华大学博士生董玄合作完成。英文版发表于美国的 *Modern China* 杂志 2016 年 11 月期。中文版为在英文版基础上的讲义。

的成果。尽管中国农村在经济社会上也有长足进步，但缺乏必要的金融服务仍是一个基本事实。农村金融服务的覆盖面、数量和质量都不尽如人意。例如，农村地区长期以来一直缺乏金融机构的网点和服务。虽然2009年底金融监管部门提出要力争用三年左右时间，实现全国各乡镇基础性金融服务全覆盖，但截至2013年6月，仍然有1 296个乡镇没有任何形式的金融机构①。到2012年底，农户贷款只占总贷款金额的5.4%，而农村常住人口占总人口的47.4%（中国人民银行，2013），若计算户籍人口，农村人口占总人口的64.7%，接近中国人口的2/3。中国农业贷款余额在波动中下降，2000年以来，长期在5%上下浮动。农业创造的国内生产总值（GDP）尽管一直在下降，但在2012年之前，也一直在10%以上。缺乏金融服务，已经成为农业发展和农民增收的瓶颈。二元金融结构进一步加剧了二元经济和二元社会结构的矛盾。无论从公平角度还是效率角度，都无法解释农村地区信贷和其他金融服务的严重缺乏。公平与效率原则的“双失效”，可能来自政府和市场的“双失灵”。本章拟从政府和市场这两只手作用的角度，探讨中华人民共和国成立以来农村金融体系从行政捕获到市场抽取的政策和市场形势演变。

一、已有的研究和本章观点

中华人民共和国成立后，出于在农业国基础上建立工业国并成为现代化国家的追求，面向农村的各项制度安排都有很强的汲取型特征，农村金融安排也不例外。农村金融体系作为汲取体系的一个核心机制，以往对其的研究存在明显不足。尤其对1979年以来农村金融体系在正式建立和不断演化的过程中遵循了怎样的政治经济逻辑，鲜有清晰的阐述。本章将创新性地使用国家捕获（state predation）和市场抽取（market extraction）这两个核心概念，说明1949年以来，尤其是1979年以来农村金融体系的两个阶段性变化，并说明国家主导的自上而下的农村金融体系改革遵循着怎样的实践逻辑。

关于中国农村金融体系研究，大致可分为国家-社会范式和政府-市场范式两类。

（一）国家-社会范式

国家和农民的关系随时代而演变，农村金融体系既是这种关系的塑造者也是这种关系的体现者。其中，国家-社会范式的丰富论述，特别是双层社会结

① 根据《中国农村金融服务报告2016》，2016年末，全国金融机构空白乡镇从启动时（2009年10月）的2 945个减少到1 296个。

构替代三层社会结构的描述和对市场因素进入的刻画，对认识农村金融体系的改革逻辑很有启发意义。

Mann（1993）对国家的专制权力（despotic power）与基层渗透权力（infrastructural power）的区分可作为讨论的起点。专制权力指国家精英对市民社会的分配权力，即一种主要通过高压政治实现的掠夺式干预；基层渗透权力则指中央政府（不论专制与否）在其领土中渗透并合乎逻辑地实施其决定的制度能力，即一种需要社会自愿参与集体行动以完成某种社会目标的建设性权力。国家可能同时运用这两种形式的权力，两者的比重决定了国家与社会交互的性质。

Wittfogel（1957）的“东方专制主义”理论也许最能概括中国过去皇权时代的国家干预和渗透形式的结合。在“东方专制主义”下，大一统的国家通过强迫劳动和一套庞大复杂的官僚体系，建立了一个“水力帝国”（hydraulic empire）。这种传统的国家-社会结构，按照费孝通先生所提出的“双轨政治”，是“国家-士绅-农民”的三层结构，从中央政府、地方政府到士绅为一轨，从士绅到农民为另一轨（费孝通，1999）。士绅是传承儒家道德体系的有地知识分子，维系着乡村的传统社会架构。士绅处于国家和农民之间，一方面在“国家-士绅”这一轨上传达和缓冲着国家专制权力，另一方面在“士绅-农民”这一轨上延伸着国家的基层渗透权力，进而在统治者和被统治者之间起到平衡作用。例如，卢小波（1997）对农民税收历史的研究说明，全国农民的平均税赋在中国皇权时代的许多时期比20世纪90年代初还要低。在农村金融方面，皇权时代的政府在很大程度上起到了扶持作用（张杰，2005）。

近代，士绅阶层消失，其位置逐渐被“劣绅”替代。“劣绅”更加代表国家和自己的利益，大肆掠夺而非保护村庄（黄宗智，2000；杜赞奇[①]，1994）。中华人民共和国成立以来，村干部基本代表了国家的意志，传统的三层社会结构被简单的双层结构（国家-农民）所替代（周飞舟，2006）。仝志辉和贺雪峰（2002）揭示了国家逐步从农村“退后”，同时市场因素进入农村的微观过程。他们将改革开放后的村庄权力结构的人格化代表分为“体制精英-非体制精英-普通村民”这三层。其中，体制精英是诸如村镇干部之类的能人；非体制精英则是除体制精英以外的那些占有较多资源、有声望和影响力的能人，如村中私营企业主、知识分子，甚至地痞等。他们认为，人民公社解体后，逐步渗入的市场因素让农村产生新的非体制精英（如新生的经济大户），填补了体制精英影响力减弱后村庄秩序中的空白。周飞舟（2006）尝试跳出国家-社会范式，揭开被之前研究当作前提条件的国家权力

---

① 杜赞奇（Prasenjit Duara），历史学家、汉学家，印度裔美国学者，现任美国芝加哥大学教授。

的面纱。他认为，2000年前后的税费改革让国家在农村的政权从“汲取型”变为“悬浮型”。农民在2000年税费改革之前主要作为国家财政汲取税费的对象；后来农业税费取消，基层政府便松散地“悬浮”于农村和农民之上，转而积极地向上“跑钱”（指乡镇政府利用各种关系，去上级部门跑项目、要资金）和向商人“借钱”。

（二）政府-市场范式

在国家-社会范式之外，人们更加经常地使用“看得见的手”和“看不见的手”来形容政府和市场在经济调节中的作用。

在农村金融研究上，不少人注意到了“第三只手”——社会的作用，没有止步于通常经济问题讨论中的“国退市进”，而是进一步梳理国家、市场、农民在金融方面的互动。张杰（2005）发现，长期来看，国家涉农贷款制度的基本功能是维持国家与农户分割有限农村剩余的脆弱平衡，因而国家涉农贷款基本是赈济性贷款。根据黄宗智所提出的“拐杖逻辑”[①]，农民家庭生存经济的特点决定了中国农村以民间借贷为主，民间借贷具有很强的内生性和合理性，即使国家退出农村，市场化的商业金融机构单方面进入农村的努力也注定徒劳无功。必须注意，仅从贷款来探讨中国农村金融制度，可能会遗漏中国农村金融体系某些重要的“实践逻辑”。

解释中国农村金融的英文文献很有限。早期的研究主要集中于识别农村金融机构的制度缺陷（Tam，1988）。近些年的关注点有微型金融的兴起和相关困难（Tsai，2004），以及非正式金融安排对农村的巨大贡献（Zhou and Takeuchi，2010）。中国学者在发表的中文文献中更多地分析农村信贷短缺的原因，并给出政策建议，相关研究基本只有多用一点经济学或少用一点经济学的不同，例如何广文（1999）、谢平（2001）、高帆（2002）、马晓河和蓝海涛（2003）、陆磊（2003）、张杰（2003、2004）等发表的研究成果。

本章认为，理解农村金融体系动态变化的关键，在于从宏观层面把握国家和市场的角色变化。一方面，国家的指令、战略和政策对农村经济和金融会产生直接、深刻的影响，毕竟，作为经济改革一个不可分割的部分，农村金融改革长期以来主要是由国家主导的自上而下的过程；另一方面，市场化的改革路径也在重新塑造农村金融格局，市场力量在限制着政策制定者的选择空间。基于此，本章试图对中国农村金融展开政治经济学研究，从系统层面对改革进程进行政治经济分析，同时评估迄今为止的改革策略和计划。

农村金融在本章中是指农村地区的金融服务，包括所有储蓄、贷款、融资

① “拐杖逻辑”指农业和家庭手工业、外出务工是农户维持生存的“两根拐杖”。

和风险最小化机会（正式或非正式），以及相关规范和制度（Pearce，2003；Schmidt and Kropp，1987）。本章认为，中国农村金融改革的逻辑持续受到国家、市场和农村三者之间不断演变的关系的塑造。具体来说，1949 年以来，中国农村金融改革的路径就是从行政捕获转变为市场抽取。行政捕获借鉴了苏联政府对工业化过程中再分配的方法，而市场抽取继续将金融资源从农村地区转移出去。从计划经济时期，直到 20 世纪 90 年代中期，中国农村金融主要扮演着政府的储蓄动员机器的角色。中央与地方政府十分重视金融控制，将正式机构的信贷向城市和国企倾斜，造成了持续的选择性信贷政策和金融抑制。农民在“国家-农民”的两层结构中，面对的是国家“汲取型”政权。1996 年以后，特别是 2003 年以后，中国国内资金供求形势逆转，资金供给由短缺走向过剩，国家逐渐“退后”并推动金融体系的市场“接手”。国家“退后”的同时并没有单纯地“悬浮”。中央政府为了保护农民，渐渐伸出“帮助之手”，开始对农村金融体系进行更严肃的改革，意图重振农村地区的金融服务。然而，农村此时已然空心化，对市场化的金融资本缺乏吸引力。国家的发展目标被市场导向的手段所妨碍。在城乡收入差距不断扩大的情况下，市场导向的金融体系仍然扮演着储蓄动员机器的角色，源源不断地将农村资金抽取到更具投资价值的城市部门和工业部门，造成中国的“流动性悖论”。因此，农民在新的“国家-市场-农民”三层结构中，既面对中央政府的“帮助之手”，又面对地方政府和市场的“抽取之手”。

本章提出两个关键的概念——行政捕获和市场抽取。目前鲜有直接使用这两个概念的文献，与行政捕获最相近的概念是政治抽取（political extraction）和国家的掠夺之手（the predator state）。政治抽取通常被看作政治腐败的一类，即政客或政府官僚对公司资产的抽取（Caprio，2008），最常见也是最直接的形式是官员利用手中掌握的资源或权力向企业索取贿赂。掠夺之手理论认为，政治家利用手中的权力来追求个人利益最大化，这会导致阻碍经济增长的不恰当税收、掠夺性的管制、腐败、短缺等现象（罗小芳和卢现祥，2010）。可以说，政治抽取和掠夺之手的概念都强调国家对企业的非法或非正当掠夺，它们都着眼于国家权力对经济剩余的直接剥夺，而本章则着眼于国家或地方政府对金融资源的控制和引导。本章所言的行政捕获，与金融控制①这一概念有关，但不像金融控制那样只强调金融干预和价格扭曲。行政捕获更确切的含义是指政府控制金融机构，通过储蓄存款的形式，深入到农村汲取农村居民的金融资源，并用行政指令的方式将资本导向国家战略意图中的城市和国家工业。如下文将详述的，中华人民共和国的工业化策略更多是分配性的而非寻租性

① 金融控制是指政府直接干预金融活动和金融体系，所采取的手段包括扭曲金融价格等。

的。如 Jonhson（1982）以及 White 和 Wade（1988）、Evans（1989）所言，即使国家可能不可避免地有寻租行为，或“利用一些社会剩余满足在位者的个人目标”，但只要国家行为的结果是促进而非阻碍国民经济的长期转型，这类国家就应该被认为是“发展”的而非“掠夺”的。这些已有概念的缺陷在于只看到国家的整体功能，而忽略了国家行为对具体不同部门的影响有重大差异，例如中华人民共和国的工业化策略对农村发展的影响。因此，本章不是将国家在农村发展中的掠夺性角色定义为新古典主义中的寻租，而是从农村经济的福利的角度将其定义为行政捕获，其本质是国家的分配性抽取之手（adistributive grabbing hand）（Shleifer and Vishny，1998），即通过系统性地强制抽取农村和农业剩余，以达成国家的政治和经济战略。

1996 年之后中国的“市场抽取”与“市场引导资源配置”大体是对同一事实做出的不同视角的阐述，是一枚硬币的两面。“市场引导资源配置”，是指市场能让资源从价格低的部门流向价格高的部门，达到资源最优化配置。中国在从计划经济转向市场经济的过程中越来越重视市场在资源配置中的作用，尤其是 2013 年底，中共十八届三中全会公报将 1992 年中共十四大提出的市场在资源配置中的“基础性作用”修改为“决定性作用”。“市场抽取”，是指在农村经济发展相对停滞、工农投资回报差距明显的情况下，商业化的农村金融机构出于逐利性动机，在市场优化资源配置的名义下将农村部门动员出来的资金投向城市和工业，因此造成农村持续“失血”。市场抽取之所以可行，很大程度上源于之前行政捕获的持续影响。在中国的渐进转轨过程中，行政捕获和市场抽取两者在时间上紧密联系。中国的市场经济是一种政府主导要素市场配置、市场主导产品市场配置的经济形态（周立，2010）。其中，金融业的一个特征是中国特色的行政性金融控制[①]，而非 Mckinnon（1993）以及 Gurley 和 shaw（1996）提出的经典意义上的扭曲市场价格式的金融压制。所以行政捕获和市场抽取的概念更适合分析中国情境下农村金融的改革逻辑。

本章按如下顺序展开：首先，介绍中国农村金融体系的框架和三重趋势；其次，以时间为线索探讨中国农村金融改革的历史和政治过程，也就是本章所提出的从行政捕获到市场抽取的转变；最后，本章发现，中国农村金融的出路在于构建起一个更加多元化的体系，该体系应该承担起清晰的职责，系统协调政策性金融、合作金融与商业金融的关系。

---

① 作为一个佐证，中国各大金融机构高级管理人员的任职资格都由党和政府审定。公开文件可见《金融机构高级管理人员任职资格管理办法》。这个办法规定，中国所有正式金融机构的高级管理人员必须采取核准制或备案制。这意味着金融机构高级管理人员的职务晋升都在政府的管理之下。

二、中国农村金融体系的框架

经过 40 年的改革和发展，中国的农村金融体系已经形成了一个清晰的框架。这一框架，可依据是否被纳入金融监管部门的监管体系，划分为正式金融安排和非正式金融安排两大类（图 1-1）。

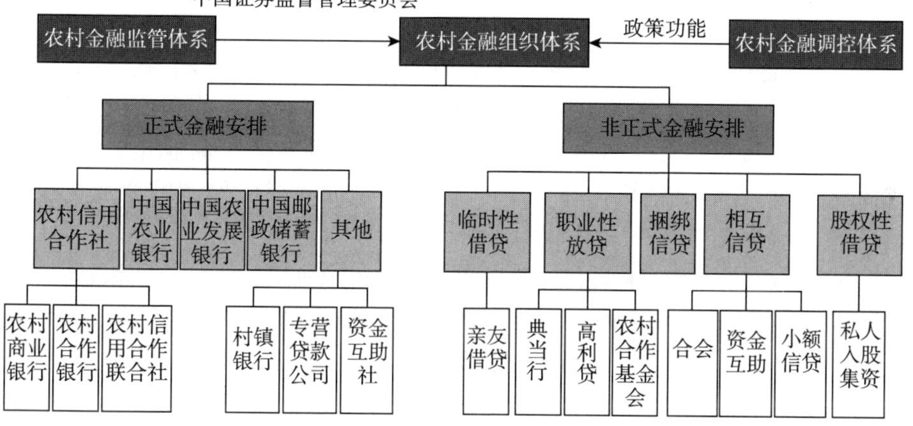

图 1-1 中国农村金融体系的基本框架

正式金融安排，指的是那些经金融当局[①]批准的（金融当局颁发金融许可证）、受金融监管部门监管（包括现场监管和非现场监管）的金融机构或金融组织。金融当局与正式金融安排之间的关系常被比喻为“猫和老鼠”的关系。而除此之外的金融机构或金融活动则被视为非正式金融安排，其中的大部分在灰色地带运行，有些可被称为半正式或准正式的金融安排，如农村合作基金会、农民专业合作社创办的资金互助组织等。非正式金融安排不像主流经济学所描述的那样存在平滑的供给曲线，其供给通常是两点，即无息和高利贷。如今，非正式金融安排情况更多、更复杂。伴随机构多元化的努力，多家正式金融安排和非正式金融安排在农村信贷市场发挥作用，其供给可能是多点或者线

① 金融当局：本书在广义上使用“金融当局”的表述。由于中国独特的金融控制背景（中央银行、金融管理部门和商业金融机构的独立性都与西方国家不同），由政府主导的各项金融与财税政策都对农村信用合作社产生影响，因此本书所说的金融当局包括中国人民银行、中国银行业监督管理委员会、中国保险监督管理委员会、中国证券监督管理委员会、财政部、国家税务总局以及地方政府相关部门在内的对农村信用合作社具有重要影响的激励政策制定者。2018 年 4 月起，中国银行业监督管理委员会和中国保险监督管理委员会合并，成立中国银行保险监督管理委员会，监管体制改为“一行两会”。

段，但绝不是平滑的曲线。

（一）正式金融安排

根据中国的实际，中国农村的正式金融安排有如下五类：

（1）合作性金融。农村信用合作社[①]（rural credit cooperatives，以下简称“农信社”）是中国最主要的农村正式金融组织，它在2003年发放了正式金融组织中超过90%的涉农贷款。农信社原本是要成为非正式借贷组织，但其从建立伊始就一直处于政府控制之下。在从2003年开始的新一轮农村金融改革中，农村合作金融机构被分为三种形式：农村商业银行（以下简称“农商行”）、农村合作银行（以下简称“农合行”）、农村信用合作联合社（以下简称“农信联社”）。尽管这些机构保留了合作金融的名目，但在实践中大多按照商业原则运作。2011年之后，农村合作金融机构全面转向了商业化方向，政府要求各地农村合作金融机构在2015—2017年全面完成股份制的商业化改造。新型合作金融将由非正式的农民专业合作社、供销合作社的信用合作担当。

（2）商业性金融。中国农村的商业性金融组织主要指中国农业银行。中国农业银行原本也是农村金融的重要力量，一直负责发放农村地区绝大部分的商业性借贷。但在1997年亚洲金融危机之后，出于金融安全导向和国有金融机构商业化改革的要求，中国农业银行大量撤并了县以下的农村网点。2010年中国农业银行完成了股改上市[②]后，仍然保留了2008年起设立的“三农”事业部，继续发挥金融支持“三农”（以下简称“支农”）的作用。

（3）政策性金融。政策性金融主要指中国农业发展银行以及各种形式的扶贫贷款。

（4）中国邮政储蓄银行。中国邮政储蓄银行于2007年在国家邮政系统内建立，受益于邮局的覆盖面广、网点数量多，邮政系统一直是动员农村储蓄的重要通道。以储蓄额衡量，中国邮政储蓄银行是中国第五大银行，仅次于中国工商银行、中国农业银行、中国银行、中国建设银行四大国有商业银行。由于

① 虽然农村信用合作社的名称中一直有“合作”两字。但2003年以来的改革，尤其是2010年制方向的改革定位，使得合作制不再是农村信用合作社的选择。因此，下文提及农村信用合作社以及在其基础上成立的农村商业银行，农村合作银行、农村信用合作联合社时，除非特意要强调其全称，将会分别采用农信社、农商行、农合行、农信联社的简称。而“农信社”的称谓，在广义上涵盖了这几类组织形式。

② 1997年起，中国农业银行开始加快剥离政策性业务，启动国有银行商业化进程。1999年，中国农业银行和中国工商银行、中国银行、中国建设银行剥离1.4万亿元不良资产给四大资产管理公司。2004年，中国农业银行开始股改上市进程，第一次上报股改方案。2007年1月，全国金融工作会议确定中国农业银行改革方向为“面向‘三农’、整体改制、商业运作、择机上市”。2010年7月，中国农业银行同时在内地发行A股，在中国香港发行H股，完成了首次公开募股（IPO）。

中国邮政储蓄银行在农村金融中地位重要，也被赋予了许多政策期望，所以，虽然中国邮政储蓄银行声称要走商业可持续发展的道路，但其经营性质和业务方向一直不太明朗。

(5) 其他金融安排。在上述安排之外，2007年政府为了扩大农村金融服务覆盖，鼓励建立三种新型农村金融机构：作为社区性金融机构的村镇银行、专营贷款公司以及政府许可的农民资金互助社。

(二) 非正式金融安排

中国农村的非正式金融安排主要有如下五类：

(1) 临时性借贷。临时性借贷主要指私人之间，尤其是社区内熟人、亲友间的借贷，通常是无息或者低息的。

(2) 职业性放贷。职业性放贷是指利率等于或高于市场利率的融资行为，通常包括典当行、中间商（如钱庄，在浙江省和福建省很流行）、高利贷、农村合作基金会①（1998年被政府取缔）。

(3) 捆绑信贷（tied credit）。这种信贷一般由当地商人或企业家提供给农民，用于生产和采购。捆绑信贷可以说是一种与生产、销售、消费相关的互联交易，在城市金融中是不能捆绑的，否则就成了所谓的“关联交易”。

(4) 互相借贷。互相借贷或称小组金融，包括小额借贷、合会（Tontine)②，以及未获得金融监管部门颁发执照的农民资金互助合作（mutual finance cooperatives）等。

(5) 股权性借贷。例如乡村企业的私人入股、集资等。

近年来，中国农村金融体系呈现三重趋势：①大趋势是正规化。金融当局对大量非正式金融安排进行“招安”，使之纳入政府的监管。长期以来，正式金融安排与非正式金融安排在农村信贷市场的占比大致是3∶7。但是，正式金融安排一直在对非正式金融安排进行收编，新型的正式金融机构也多是由非正式的机构改组而成，呈现正规化的大趋势。②中趋势是多元化。金融当局如今十分鼓励新的组织安排，无论是正式的还是非正式的，因此社区银行、信托银行、金融租赁等新型金融机构应运而生。③小趋势是商业化。这主要表现为农信社与农合行大量改组为农商行。

---

① 农村合作基金会较为特殊，它虽然没有获得金融当局批准，也没有受到金融当局监管，但大部分由地方农业行政部门发起运行，在当时的特殊环境下，可以算作“半正式金融组织”。1998年被政府取缔。

② 合会原在东南沿海一带十分活跃，1949年以后被取缔。近年来农村土壤有所松动，合会又有所恢复。

三、国家行政捕获和资本抽取

中国的农村金融改革路径与计划经济时期的一系列制度安排密不可分。高度集中的体制加上引入的苏联式快速工业化国家战略，造成了城市和农村的二元分割。在这个体系中，为了支持城市工业化，农村和农业剩余在一系列政治经济安排下不断受到系统性的抽取。相应的农村金融体系是一套林毅夫等（1994）所言的“城市偏向性”的安排，它最主要的功能是在农村动员储蓄并将资金输送给城市工业部门①。

世界上的大多数国家，包括中国，都面临一个相似的挑战：如何积累资本去实现国家的工业化目标（Luxemberg，2003）。西方发达国家已经通过资本原始积累历史性地完成了这个任务，要么通过内部掠夺（如英国的圈地运动），要么通过外部掠夺（如海外殖民）。中华人民共和国成立时，国际环境十分紧张，国家体量庞大而自身力量却很弱小，这意味着中国不可能依靠外国资源来促进国内发展。作为替代，自力更生成为主导原则。一位中国高级官员说：“它（自力更生）意味着，一个国家应该在任何可能的时间和地点，自己生产所有它需要的全部产品。它也意味着一个国家应该在自身人力、物质和金融资源的基础上，开展经济建设。”（Mah，1971）对于国家领导人来说，自力更生和现代化的关键是工业化。毛泽东指出：“没有工业，便没有巩固的国防，便没有人民的福利，便没有国家的富强。”②

与此同时，苏联在20世纪30年代的高速工业化经验，也为中国树立了一个毋庸置疑的榜样。苏联工业化模式的特征，是全面强调重工业发展，而重工业都是资本密集型的。这意味着，为了实现赶超策略，中国必须在一个低资本化的经济体中动员庞大的社会经济资源，而这个经济体在1951年的人均国内生产总值不过是54美元（Lardy，1992）。结果，中国借鉴苏联模式，建立了

---

① 中华人民共和国成立后，曾经开展过“爱国储蓄、增产节约”运动，1950年6月七届三中全会在北京召开，毛泽东做了《为争取国家财政经济状况的基本好转而斗争》的报告，提出了中华人民共和国成立初期的中心任务和策略原则。金融部门采取多种措施，通过多种渠道积极筹措资金，支援国家大规模经济建设。社会各阶层人士勤俭持家、节约消费，踊跃参加有奖储蓄，很快在全国掀起储蓄热潮。就连在朝鲜前线的中国人民志愿军也开展“爱国储蓄运动”，发动全军官兵厉行节约，鼓励官兵踊跃认购国家发行的经济建设公债。为了奖励群众踊跃储蓄，支援国家建设，中国人民银行还发行了多种“爱国储蓄”纪念章，赠送给存款较多的储户（《美术报》2004年3月20日《爱国储蓄纪念章》，作者：周继厚）。2004年人民教育出版社出版的《社会》教科书第四册中还有《储蓄利国利民》的文章。

② 引自毛泽东于1945年4月在延安召开的中共七大上所做的报告《论联合政府》。毛泽东当时提出了中国实现工业化的迫切性。

一套带有中国特色的，高度统一、高度集中化的计划经济体系。

（一）一个国家，两个世界：1949—1978

在计划体制下，一系列价格扭曲政策满足了资本积累的需要，如低利率、低汇率、低工资、低农业原材料价格政策等（Grossman，1983）。由于农业部门是当时中国经济最主要的支撑部门，为了支持国家工业化，抽取目标最终落到了农业和农民身上①（图1-2）。正如苏联经济学家普列奥布拉任斯基（Preobrazhensky）提倡的，发展中国家（尤其是社会主义国家）的政府，为了加快资本积累速度，也应该能利用财政、信贷和货币工具，重新分配国民收入，通过城乡的不等价交换，改变各经济部门在整个体系中的相对权重，从而有利于重工业发展。他建议当时的苏联利用计划体制去做英国在17世纪偶然完成的事（Preobrazhensky，1984）。

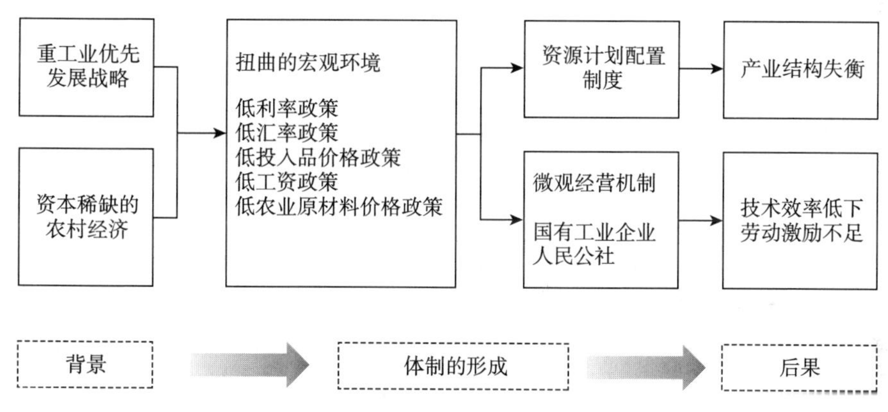

图1-2 中国传统体制的形成逻辑

为了保证这些不等价交换的完成，国家经济被分割为两个政治经济部分——城市和农村。城市和农村居民被全国性的户口体系所分割，农村劳动力向城市迁移受到严格的管制。农村居民基本被限制在农村地区，在人民公社组织体系内进行有组织的农业生产，政府由此得以通过如下两种途径从农村经济中抽取剩余②：

（1）利用工农产品剪刀差。实行计划经济制度，意味着国家可以通过行政方式降低农产品价格，抬高工业产品或农业原材料价格，即“剪刀差”

① 资料来源：林毅夫，蔡昉，李周，1994. 中国的奇迹：发展战略与经济改革［M］. 上海：上海三联书店.

② 笔者在农村调查时，还能在不少老屋里发现这样的对联——“有余粮卖给国家 多储蓄支援建设”，横批是“劳动光荣”。其中透露出国家从农村经济中抽取剩余的两种途径。

(Knight, 1995)，将农业剩余占用以补贴工业。据郑有贵和李成贵（1997）估计，1952—1957年，通过“剪刀差”，农业部门向工业部门提供资金4 500亿元，相当于同期财政收入的22%。此外，据孔祥智和何安华（2009）估算，1952—1997年，通过工农价格“剪刀差”方式，农民为国家工业化提供资金积累12 641亿元，平均每年274.8亿元。自1993年起，“剪刀差”相对量逐渐下降，到1997年已经降到2.3%，绝对额仍高达331亿元。

（2）国家垄断金融体系，以储蓄存款的形式，更深入地吸取农村居民的剩余，将资本导向城市和国家工业。相应地，农村金融成了国家工业化战略的关键内容，它从农村源源不断地抽取资金，输送给各类工业投资。总的来说，农信社在这一时期是面向广大农村地区的主要金融各机构，是国家从农村抽取资金的主要渠道。1954—1979年，农信社累计存款达1 941亿元，同期发放贷款只有530亿元，资金净流出高达1 412亿元，农信社的存贷比从1958年的61%下降到1965年的28.1%。另外，国家对农业的贷款相对投放也越来越少，1966—1977年，国家对农业的贷款占国家发放贷款总额的比例从1966年的10.28%变为1977年的6.12%，其中大部分年份只有5%左右。1966—1977年，农信社农户贷款占各项贷款的比例从1966年的75%下降到1977年的28.7%，并且农户贷款的绝对数额在11年间毫无增长①。

可以说，行政捕获的出现，既源于政治和社会结构的变化，也源于国家以农业产出和农村人口为代价的工业化、城镇化发展战略。在改革开放前，农村金融是国家抽取农村资金支持工业化的储蓄动员机器。不可否认，通过这种资金抽取办法，中国在很短时间内从无到有地成功建立起一整套现代（虽然是初级的）工业基础。然而，国家对农村经济的抽取，包括通过紧密交织、无所不在的农村金融制度进行的金融抽取，严重扭曲了劳动力、商品和资本的价格。这导致产业结构不平衡、效率低下以及农村经济发展相对停滞。

（二）旧瓶装新酒，金融控制下汲取资金：1979—1995

1978年中国开始了改革开放，农村改革也是其中的一部分，从农业产值激增和农民增收来看，这场经济改革取得了伟大的初步成功。这在很大程度上归功于农业生产组织的体制改革（即从人民公社转变为家庭承包经营）以及与城市部门展开市场交换的引入，后者极大地释放了农民的企业家才能和生产力（Oi, 1990；黄亚生，2008）。然而，尽管20世纪80年代在放活农村经济上获得成功，本章认为农村金融体系依旧被国家的行政捕获之手主导。从改革初期

① 资料来源：国家统计局国民经济综合统计司，2010. 新中国六十年统计资料汇编（1949—2008）[M]. 北京：中国统计出版社.

到20世纪90年代，资本短缺问题继续缠绕着中国经济，这让国家有新的动力去维持农村金融的储蓄动员功能。这个时期，1985年分权化改革的重要体现，是在全国各地、各行业全面推行将国家预算内的基本建设投资由拨款改为贷款（“拨改贷”）。此时，地方政府作为独立经济主体登台，地方工业化和城市化产生了新的金融需求，让国家对金融资源的控制变得更紧。实际上，中央政府对金融的纵向控制以及地方政府竞争下的横向分割，加强了国家转移农村金融资源的能力，又重新让国家工业部门获得坚实的金融资源支持。

1978年后经济改革的目标，是将中国从严格的计划经济转变为市场经济。改革过程中，国家逐渐从发布指令的高位退出，把经济自主权逐步下放。这一过程也自然伴随着国民财富由“集财于国”到“散资于民”，一个直接的证据就是改革过程中国家财政能力相对于高速经济增长的降低。另外，国有企业的产出在国民总产出中的比重也相对降低，这也减少了国家的收入。中国的财政成为一个名副其实的“弱财政”。周立（2005）以国家财政收入占国内生产总值（GDP）的比重来衡量中央财政能力，发现该比重从1978年的31.2%大幅下降到1995的10.7%，如图1-3所示。中国在1995年的中央财政能力只有同期工业化国家的1/7到1/3。而另一方面，以国有银行存款占国内生产总值的比重衡量的中央金融能力却一路走强，从1978年的39.7%一路攀升至

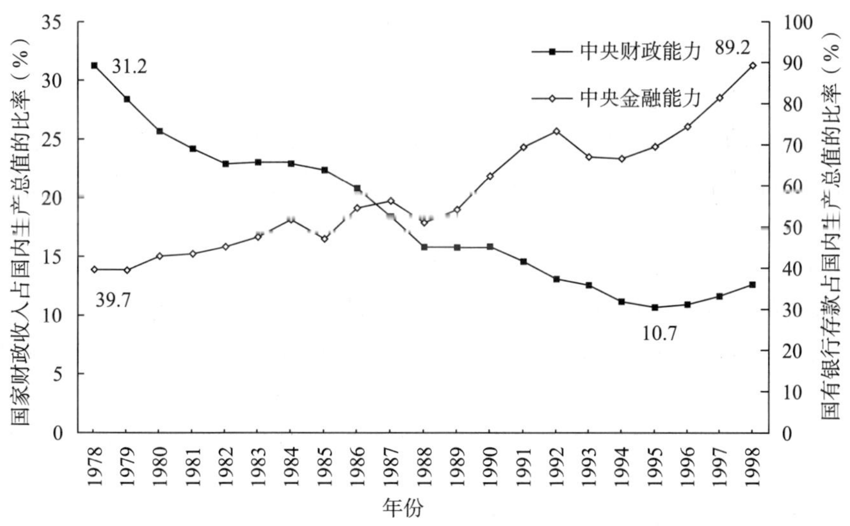

图1-3　1978—1998年中央财政能力与金融能力升降变化

（资料来源：财政数据来自《中国统计年鉴2001》，金融数据根据《新中国五十年统计资料汇编》计算）

注：中央财政能力以国家财政收入占国内生产总值的比率表示，中央金融能力以国有银行存款占国内生产总值的比率表示。

89.2%。这是因为此时国家的战略仍然是以农业支持工业化投资。根据林毅夫等（2010）对中国政府的目标函数估算，在1978—1992年这一时期，中国政府仍然重城市工人而轻农民，它也同样重投资而轻视居民福利。从理论上讲，汲取民间财富的制度安排有税收制度和金融制度，在“弱财政”的新现实下，中央政府需要具备动员和收集资源的强大能力，只能通过金融制度形成这种能力。因此，金融机构尤其是银行，被用来承担国家财政的部分功能，动员金融资源补贴国有企业、缩小地区差距。例如，到20世纪90年代中期，国有企业98%的营运资本是银行融资。这种转变导致了中国银行体系财政化，国家把包括农村金融体系的金融机构当作“第二财政”（裴敏欣，1998；周立，2003）。

1. 中央纵向分割进行金融控制

金融改革的初始阶段以中央政府对金融资源的纵向控制为主。过去的单一银行制，即中国人民银行同时担任中央银行和唯一的商业银行，显然不能在一个分权的、越来越复杂的市场机制下完成动员私人资金的任务。作为替代，1978—1984年，中央政府启动了中央银行和商业银行分离的改革。中国人民银行变为独立的中央银行，其原有的商业功能被拆分，按分离的时间顺序，依次分别由四家国有独资专业银行——中国农业银行、中国人民建设银行（1996年改称“中国建设银行”）、中国银行和中国工商银行来承担。这四家银行被统称为“四大国有商业银行”。

中国的行政机构既可分为不同的纵向功能或产业部门（“系统”或“条”），同时又有水平的权力范围划分（“地区”或“块”）。在这个意义上，银行主导的金融体制是一个纵向分割结构（周立，2004）。四大国有商业银行的业务以不同产业部门来分割，同时这四家银行的网点遍布全国，每一家都在自己的范围内享有垄断地位（Bell和冯辉，2013）。例如，中国农业银行在1979年3月从中国人民银行首先分离出来，职责是为农村地区提供金融服务①。在“弱财政”能力的状况下，银行体系充当“第二财政”，其纵向结构可以帮助中央政府动员私人部门和企业的资金，为中央政府的项目融资。改革初期的高速货币化进程带来了金融机构资产的井喷式增长。然而，金融体系的纵向分割并不意味着以商业原则来分配资源，相反，是为政府财政投资提供融资（周立，2003；Okazaki，2011）。

2. 地方横向分割进行金融控制

地方政府加入并扮演重要角色时，情况发生了改变。地方政府开始进行金

① 从中国人民银行纵向分割出来的四大国有商业银行最初是这样分工的：中国工商银行负责城市储蓄和借贷，中国农业银行负责农村金融，中国银行负责所有与国外相关的交易，中国建设银行负责为主要的国家建设工程提供贷款。

融控制和资金抽取。在中央银行和商业银行分离以及纵向分割的体制建立之前，地方政府并没有控制金融机构的动机，因为在计划经济时代财政预算比银行信贷重要得多。随着中央财政能力的下降，中央计划内安排的资金越来越不足以满足地方的投资需要。地方政府在新的财政包干制下，也开始有意减少税收努力（周立，2003）。即使用开放政策吸引外商投资，中央和地方政府的财政资金缺口仍然越来越大，这意味着替国家基础设施建设融资的重担更多地落在银行部门上。实证研究表明，1978—2000 年，中国各省份的金融发展与其经济增长高度相关（周立和王子明，2002）。各地区经济发展普遍出现了这样一幅景象：地方官员的提拔取决于政绩竞争，地方政绩竞争主要表现为地方经济增长竞争，经济增长竞争主要表现为投资竞争，投资竞争主要表现为金融资源竞争，金融资源竞争主要表现为金融机构竞争。地方官员的政治生涯很大程度上取决于对金融机构的控制。所以，地方政府加强了对国有银行当地营业网点的控制，毕竟当地营业网点的人员任命和员工福利掌握在地方政府手中，而且国有银行和新型专业银行也有在各地铺设网点的冲动（裴敏欣，1998）。同时，地方政府开始争相设立融资平台如信托投资公司、证券公司等，并争取在当地设立融资中心、证券交易中心等，以吸引资金用于地方投资。其后果是，在很短时间内，以地方政府为基础或由地方控制的金融机构（部分非法）遍地开花，呈爆炸式增长。在顶层的纵向分割下，金融体系进一步依照行政地域横向分割为“块”，如图 1-4 所示（周立，2004）。

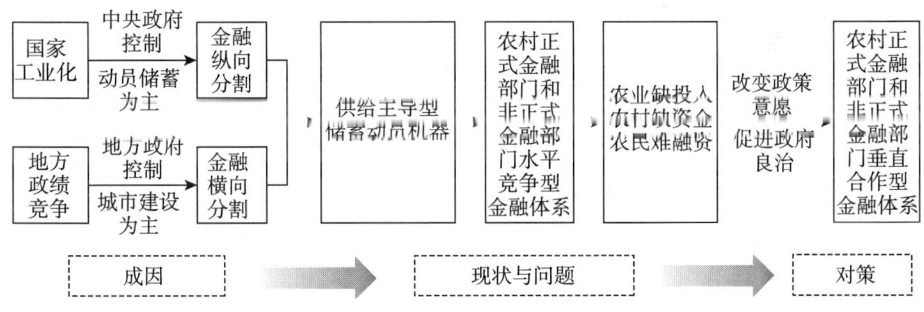

图 1-4 中国农村金融体系形成逻辑与改革思路

中国的金融发展基本上是由政府主导的。在政府推动下，中国金融业发展速度很快，规模急剧扩张。但是，由于多年来只重视金融业的资源动员功能，金融业的资源配置功能一直受到忽视，使得中国金融发展呈现“高增长、低效率”的明显特征。金融业在整个中国改革过程中，扮演的只是“钱袋子”，而非“资源配置者”的角色。

资金持续短缺和政府（中央政府和地方政府）对金融控制的强化同时并

存，意味着20世纪80年代到90年代早期农村金融的改革目标依然是动员农村金融资源服务于工业化和城市化，而非解决农村地区的融资难题。这使得农村正式金融部门和非正式金融部门变成竞争储蓄的金融体系，需要改变政策意愿、促进政府良治，促进农村正式金融部门和非正式部门变成垂直合作的金融体系（图1-4，具体分析见附录1）。必须认清，农业投资的回报明显低于工业，特别是出口加工业。因此，地方政府和银行都乐意将农村储蓄用于非农投资。另外，地方金融机构的资金，特别是农信社的资金，如果不被地方政府划拨用于填补地方资金缺口，反而容易被滥用，因为各方都预期，中央政府最终会通过中国人民银行再贷款，将农信社的亏损一笔勾销（谢平，2001）。

3. 农村金融机构的表现

在微观层面，中国农业银行自1979年重建以来，一直同时扮演政策借贷者和商业借贷者两种角色。农村金融的另一个主要力量是农信社。在20世纪80年代，农信社的储蓄贷款量占中国农村总储蓄贷款量的60%。在此时期，农信社受中国农业银行直接管辖，因此在经营管理方面缺乏灵活性和独立性。与合作金融不同，它有很强的政府背景，从农村地区吸收金融资源，转而投入非农领域和工业部门，为其储蓄存款寻求更高的回报。结果是，从20世纪70年代，农信社贷款余额一直低于其储蓄存款余额（存贷比低于100%），说明农村存款只是部分用于农村贷款。20世纪80年代农信社存贷比大体在50%，90年代农信社存贷比在66%左右。其中，1995年只有22%的农户储蓄被用于农户贷款。黄亚生（2009）的调查显示，在20世纪80年代，仅有30%的农村居民可以获得某种形式的信贷，到了90年代，这个数字已经减少为10%。如图1-5所示，农村总存款和总贷款一直在增大，但缺口也在随之扩大，存贷比在波动中下降。在国家储蓄动员的制度下，即便逐渐市场化的农村经济有增长的金融需求，农村剩余仍然在净流出，农村地区成为城市新兴富裕阶层的资金净供给者。城市飞速发展的奇迹和农村失血的危机并存。

值得注意的是，1979—1995年，乡镇企业异军突起，于是农村工业、乡镇企业和农村商业贷款成为农村贷款的重点支持对象。然而，在乡镇企业融资方面还是存在以下两个问题：

（1）因为农村工业企业的回报率普遍高于农业生产，金融机构倾向于向农村工业投入更多的贷款。1979—1992年，中国农业银行和农信社贷款中，乡镇企业贷款占比从1979年的9.7%上升为1992年的23.8%。刘民权等（2006）认为，1980—1994年，中国农业银行和农信社投向农村工业的贷款增长了12倍，远高于其他投向的贷款增长速度。1988年，乡镇企业贷款数额首

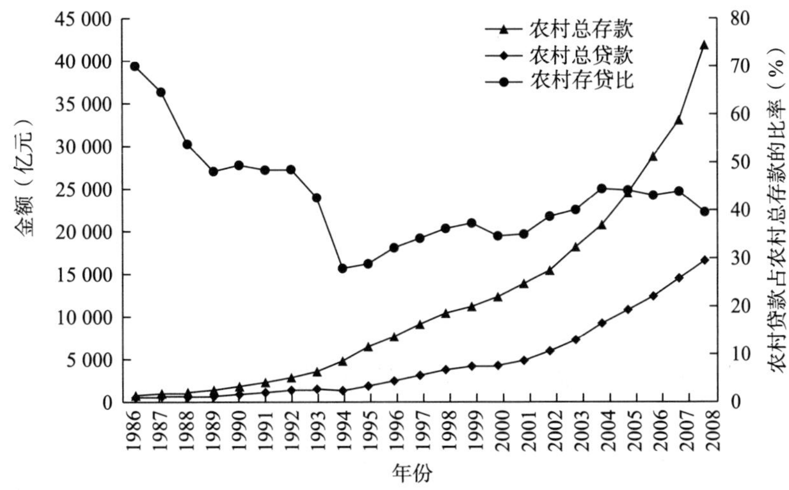

图 1-5 1986—2008 年农村资金净流出

资料来源：农村存款来源于 1986—2008 年《中国金融年鉴》，贷款来源于《新中国六十年统计资料汇编》

注：1993—1998 年存贷比走势波动是由于 1994—1999 年《中国金融年鉴》的“农业贷款”科目统计口径发生变化引起的

次超过了农业贷款。然而，乡镇企业获得的贷款与该部门对国民产出的贡献仍不成比例。例如，尽管 1993 年乡镇企业的产出在中国国内生产总值中占比达 24%，乡镇企业贷款额却仅占总贷款额的 7.4%。

（2）尽管乡镇企业贷款增加了，但是这部分贷款的增加更多是一种结构变动，很大程度上替代并抑制了金融机构向农业和农户的贷款投放。例如，1978 年农业贷款余额是乡镇企业贷款余额的 3.68 倍，到 1987 年这个数字迅速下降为 1 倍，然后继续下降到 1997 年的 0.66 倍①。1992—1995 年，农信社各项贷款余额增加了 2 768.69 亿元，但农业贷款仅增加 47.36 亿元。20 世纪 90 年代，城市工业部门迅速发展，这对以家庭作坊和小型企业为主的乡镇企业来说是一个巨大的挑战。20 世纪 90 年代末，乡镇企业开始衰落，吸纳农村劳动力、提高农民收入、留住社区资金发展社区的作用日益减弱，取而代之的是私人性质的小微企业。小微企业不再追求社区利益，而是追求私人利益，同时获得融资更加困难。例如，1993 年乡镇企业贷款仅占各项贷款的 7.40%，同期乡镇企业产出占国内生产总值的 24%；2007 年，乡镇企业贷款占比下降为 2.3%，虽然同期乡镇企业的产出占国内生产总值的比例上升到

① 资料来源：1986—1998 年《中国金融年鉴》。

了 27.9%。①

在正式金融机构信贷和其他金融服务缺乏的情况下，日益增长的金融需求引发了各种非正式金融机构的兴起。然而，这些非正式金融机构在国家控制之外运行，其资本无法根据国家政策偏好由行政指令转移。因此，非正式金融机构与正式金融机构吸收农村储蓄、调动资金的任务有冲突。对政府来说，正式金融机构和非正式金融机构属于同一层面的横向竞争，而不是垂直合作。因此，限制和打压非正式金融机构，以保证正式部门发挥资金动员功能，是当时农村金融政策的另一个主题。

四、1996 年以来市场导向的改革

资本短缺是国家对农村金融行政捕获的关键背景，这一形势在 20 世纪 90 年代中期反转。自 1996 年起，情况扭转，中国金融体系的资金供给从短缺变为充裕和过剩。最主要的迹象是国内金融机构从净贷差（指贷款大于存款）转为净存差（指存款大于贷款）。由图 1-6 可见，1978—1995 年，人民币存贷款一直处于贷差状态，在 1987 年，存贷比达到最高（140.7%）。但 1996 年开始，贷差转为存差，而且连年大幅度上升。相应地，存贷比低于 100%且连年下降。例如，存贷比由 2004 年的 74%下降至 2012 年的 71%，这意味着闲置资金高达 27.02 万亿元（图 1-6）。到 2013 年 5 月，存贷比进一步下降至 70.91%，即有 29.26 万亿元资金闲置②。即使考虑存款准备金、备付金、银行投资结构转变等因素，国内金融体系内流动性依然严重过剩，并且过剩在不断加剧。总体流动性过剩源于中国经济的高速货币化，这一进程在中短期内仍将继续，因此，中央逐渐失去通过农村金融组织汲取资金的需要，这也是农村金融改革的基础。根据周立等（2010）的研究，改革开放以来，特别是 20 世纪 90 年代以来，中国金融体系流动性迅速走向充裕和过剩，主要原因在于政府推动的资源资本化，引发了高速货币化。

（一）政策调整——国家退后，市场登台（1996—2003）

国内资本的大幅增加，以及资金供求形势从贷差向存差的逆转，为国家重新定位农村金融机构的功能，从行政捕获变为扶持发展，留出了政治和实践上腾挪的空间。在当时盛行的新古典主义经济学的影响下，中央政府的政策制定者为了重振中国农村金融，采取了一套市场导向的策略。

---

① 资料来源：1994—2008 年《中国金融年鉴》，1994—2008 年《中国统计年鉴》。

② 资料来源：由中国人民银行网站（www.pbc.gov.cn）统计数据计算得出。

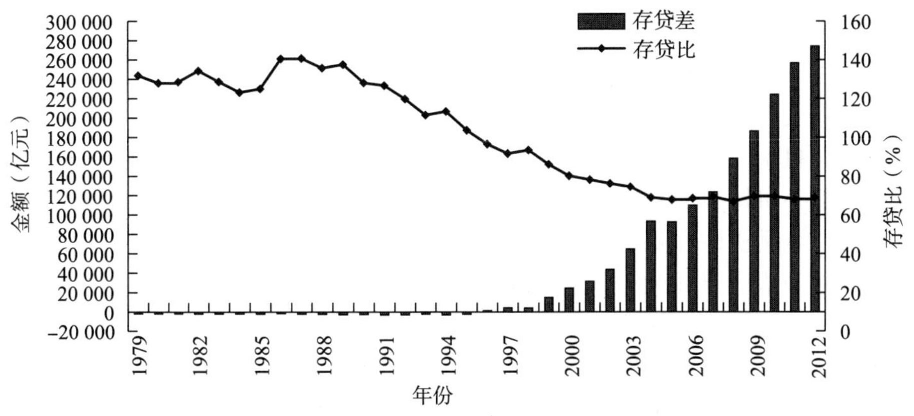

图 1-6 1979—2012 年中国金融系统资金余缺情况变化

资料来源：依据中国人民银行网站统计数据和历年《中国统计年鉴》计算

注：2012 年数据为 8 月末数据，其余都为年末数据

根据 1996 年 8 月 22 日发布的《国务院关于农村金融体制改革的决定》，农村金融改革的目标是“建立和完善以合作金融为基础，商业性金融、政策性金融分工协作的农村金融体系”。起初，改革策略看起来是朝着正确的方向进行的，强调通过系统和互补的方式整合商业性金融、政策性金融和合作金融三种金融形式以解决农村金融困境。更重要的是，它突出了合作金融的关键地位，将其作为一种农村内生的金融安排。然而，在实践中，以合作为中心的商业性金融、政策性金融和合作金融整合方案在很大程度上被单一的、市场导向的方法所替代。

1996 年以来的改革可以分为两个阶段。第一个阶段是 1996—2003 年。这段时期对金融机构的主要改革是国有银行商业化。1995 年，《中华人民共和国中国人民银行法》（以下简称《中国人民银行法》）和《中华人民共和国商业银行法》（以下简称《商业银行法》）正式颁布实施了，整个银行业改革发展步入了法制轨道。1997 年 11 月，中央召开第一次全国金融工作会议，确定了一系列金融改革的方针、政策和措施，明确指出国有商业银行改革的重要性，提出必须加强信贷管理，降低不良贷款比例，明确提出将四大国有专业银行改造为四大国有商业银行①。这段时期农村金融最显著的特征，可以用“机构离农”和“资金离农”来概括，如图 1-7 所示（周立，2010）。机构离农，主要指国有银行大幅撤离县级以下的网点。为了推动国有银行的商业化，1997 年全国

① 刘明康，2009. 新中国银行业发展历史回顾与未来展望[J]. 中国金融（19）：14-18.

金融工作会议确立了“各国有商业银行收缩县（及县以下）机构”的基本策略。1997 年亚洲金融危机后，出于对金融风险的防范，中国农业银行加速撤离了县以下网点，导致农信社成为唯一服务村镇地区的金融机构。1995—2003 年，中国农业银行分支机构减少了 46.1%。在 1999—2001 年，四大国有商业银行撤并机构 2 909 个，占总机构数的 24.4%，其中县以下营业网点 2 722 个，占撤并机构数的 93.57%。伴随着基层网点的撤离，资金离农的现象也非常明显。金融机构农业贷款占比从 1996 年的 11.6%下降为 2002 年的 5.2%。其中，中国农业银行农业贷款占比从 1997 年的 15.6%下降为 2002 年的 6.7%。随着各大国有商业银行的撤离，农信社成为农村地区唯一的正式金融安排，其农业贷款占比从 1997 年的 25.4%上升为 2002 年的 40%。但农信联社的兴起导致贷给小额借款人的资金更少，因为贷款资源更多地借给了大公司和国有企业。

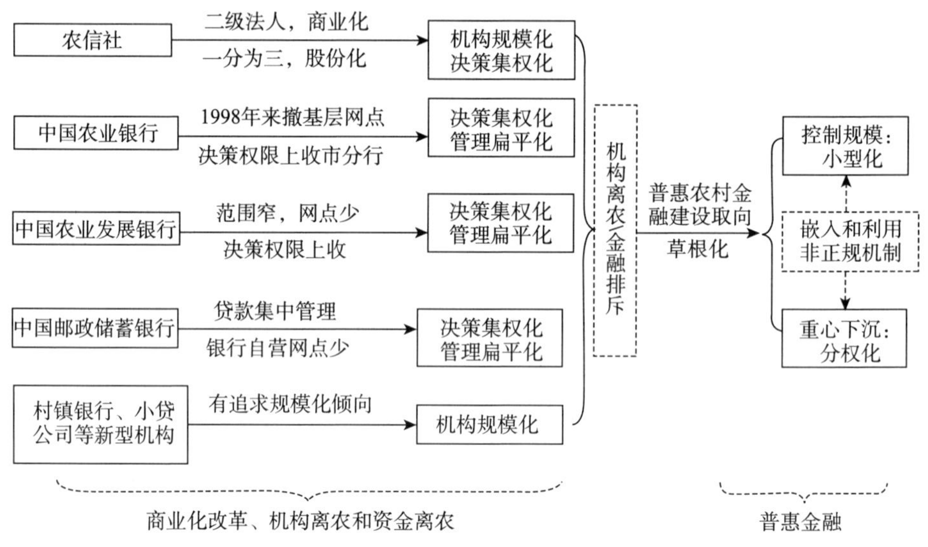

图 1-7　机构离农和资金离农

资金离农和机构离农的现象继续发生。2003—2007 年，农信社存贷差从 6 731亿元扩大为 11 045 亿元，存贷比由 71.6%降为 68.6%，农村资金“抽水机”作用越发明显。机构数量方面，农信社继续撤离基层网点，同期，农村合作类金融机构（简称农合机构，包括由农信社分出来的农信联社、农商行、农合行三类组织）的营业网点数量减少了 12 657 个，减幅为 14%，4 年内平均每年减少 3 164 个营业网点。农信社独木难支，大部分农户融资主要通过非正式借贷，在 20 世纪 90 年代中期，从农信社和银行获得的贷款只占 20%左右

（温铁军，2002）。一方面，农信社并没有转变为真正的合作金融组织，相反，它继续在商业化的道路上前进，将农村储蓄导向当地工业发展以获取利润。例如，2002 年，农户贷款占农户存款的比率只是 27%；2003 年农户贷款占农户存款的比率为 31%。即使以总农村贷款的宽口径计算，2002 年农户贷款占农户存款的比率仅为 36%，2003 年农户贷款占农户存款的比率为 39%①。另一方面，地方政府持续控制和干预农信社的经营。因为农信社基层领导更多地考虑本地关系而非规避贷款风险，农信社贷款的还款率一直较低。多年以来，农信社积累了数量庞大的不良贷款（NPLs）。2002 年末，全国超过一半的农信社都有亏损，农信社不良贷款额占其总贷款余额的 37%（刘西川，2008）。

（二）地方继续金融控制，国有银行市场化

改革的第二阶段从 2003 年开始，起初围绕农信社的结构改革和农村金融机构的多样化而展开。这一轮改革的政治背景是：2002—2012 年期间的中央领导十分重视复兴农村经济，并把“建立社会主义新农村”定为国家战略。考虑到农村金融在振兴农村经济上的关键地位以及之前改革的效果不尽如人意，中央政府逐渐开始决心重塑这个部门。

以 2008 年为分界点，第二阶段可以再细分为两个阶段。2003—2007 年的农村金融改革主要在于调整农信社体制，同期，国有商业银行进行了大规模的股份制改造，四大国有商业银行依次完成了股改上市。

位于这轮改革中心的农信社，大部分不良贷款被政府勾销，在地方政府更强力的控制下，继续在农村进行资金抽取。当时有所谓“花钱买机制”的提法，即中国人民银行和地方政府各负担一半农信社的不良贷款勾销，“谁的孩子谁抱”，农信社就此走上路径依赖式的金融责任分担道路②。2003 年，《国务院关于印发深化农村信用社改革试点方案的通知》发布，将农信社的行业管理职责下放给省级人民政府，各省相继组建了省联社或其他形式的省级管理平台。时任中国银行业协会专职秘书长周永发认为：“省联社作为一级法人机构，有相当一部分已经掌控了地方农信社的人事任免、信贷项目审批等权力，进而

① 资料来源：《中国金融年鉴 2003》，《中国金融年鉴 2004》。

② 1998 年以来，中央政府为防止地方政府推卸责任，在解决有问题金融机构的做法上采用所谓的“谁的孩子谁抱”原则。正如世界银行东亚和太平洋金融发展局首席金融专家王君评论的那样，“谁的孩子谁抱”的处置方式“只能是权宜之计，很难实现有效率、低成本的重组问题银行”。这种做法在联邦制国家也许有效，在单一政府制度的国家，要真正分清中央和地方政府的责任，则不那么容易。结果可能是在耗费了大量资源以后，农信社如果经营失败，还是找不到责任者。

成为地方政府的提款机、出纳库……”① 在地方金融控制和农信社自身商业化情况下，农信社资金离农和机构离农的现象继续发生。

在国有商业银行方面，中央纵向分割的金融控制减弱，四大国有商业银行全部完成上市。其中，中国农业银行在 2010 年完成在上海 A 股市场和香港 H 股市场同时上市，IPO 在全球募集 221 亿美元。在股改上市的过程中，四大国有商业银行的网点陆续从县域撤并，从业人员逐渐精简，部分农村金融机构也将信贷业务转向城市。中国人民银行的报告显示，2007 年末，县级金融机构数量为 12.4 万个，比 2004 年减少了 9 811 个，其中 6 743 家是四大国有商业银行的网点。同时，全国有 2 868 个村镇在 2007 年末没有任何金融机构覆盖。例如，中国农业银行 2003 年在湖北荆州市 96 个行政乡镇的营业网点覆盖率为 100%，而 2009 年已锐减至 41.67%，只有 40 个乡镇还有营业网点，一半以上的乡镇网点被撤销、合并。湖北省委财办一位官员说：“县域的存款只有 1/3 用在了‘三农’上，剩余大部分资金都流出农村、县域。而且现在农村金融网点少，农民要跑到县城去贷款，不方便。”② 由于中央政府对市场化了的国有商业银行控制减弱，在“市场抽取”愈演愈烈的情况下，中央开始对农民伸出“帮助之手”。

（三）中央金融支农

在 2006 年第十届全国人民代表大会第四次会议上，时任国家主席胡锦涛宣布中国的工业经济正在以每年两位数的速度增长，应该开始反哺农业和农村经济。不仅工业如此，金融业也应该开始反哺农业和农村经济。2004—2015 年连续 12 个中央 1 号文件，都不同程度地提出改革农村金融体系、改善农村金融服务的具体措施，这反映出中央高层对农村金融重要性的战略考虑和决定，也给予了农村金融体系改革很大的动力。其中一项重要的举措，是以放宽农村金融市场准入为主要特征的“农村金融新政”。

2007 年后，国家加大了金融支农力度，出台了一系列新举措。2007 年，中国邮政储蓄银行成立，开始向城乡储蓄者发放有储蓄支持的小额贷款从 2007 年开始，国家鼓励成立村镇银行、专营贷款公司、资金互助合作社等三类新型农村金融机构。此外，自然人、法人、合作组织，甚至外国机构，都被允许进入农村金融市场。这些放开农村金融市场的努力被业界称为“农村金融

① 蔡颖，文婧，何丰伦，2012. “去行政化”缓慢　农信社改革维艰[N/OL]. (2012-08-21). http://jingji.cntv.cn/2012/08/21/ARTI1345514495294123.shtml.

② 杨宁，2012. 农村存款只 1/3 用于三农银行为何不贷款给农民[N/OL]. (2012-02-06). http://www.chinanews.com/fortune/2012/02/06/3647094.shtml.

新政”。“农村金融新政”举措给人们很大的想象空间，但从发展情况看，它们对于解决庞大的农村融资困难作用甚微。中国邮政储蓄银行没有完成存款银行向商业银行的转型，支农小额信贷的发放并不尽如人意。新型金融机构在支农上更是捉襟见肘。到 2010 年底，获得新型农村金融机构贷款的农户数为 11.01 万户，不足全国 2.3 亿农户的 0.05%，农户贷款额仅为 192.94 亿元；2012 年 6 月，全国金融机构农户贷款余额为 34 840 亿元，新型金融机构发放的农业贷款只相当于这一数额的 0.55%。由于新设农村新型金融机构无助于解决庞大的资金短缺问题，只能被称为“盆景金融”（周立，2010）。

2009 年 7 月，中国银行业监督管理委员会[①]（以下简称“银监会”）在《中国银监会关于做好〈新型农村金融机构 2009—2011 年总体工作安排〉有关事项的通知》（银监发〔2009〕72 号）中提出，要扩大农村金融市场准入，实施以村镇银行为主的新型金融机构数量扩张“三年计划”，要设立1 294家新型农村金融机构，其中村镇银行 1 027 家，贷款公司 106 家，农村资金互助社 161 家。而实际上，截至 2011 年，组建新型农村金融机构 691 家，数量目标仅实现 53.4%（表 1-1）。2012 年以后，未再批准成立资金互助社和贷款公司，只有村镇银行逐渐成长壮大。截至 2015 年 5 月末，已新设 1 263 家村镇银行，其中 93%的村镇银行引进了民间资本，民间资本占比为 73.4%[②]。另有资金互助社 49 家，贷款公司 14 家。

表 1-1　2007—2011 年新型农村金融机构设立的法人机构数量

农村金融机构	2007 年	2008 年	2009 年	2010 年	2011 年
贷款公司	4	6	8	9	10
农村资金互助社	8	10	16	37	46
村镇银行	19	91	148	349	635
合计	31	107	172	395	691

资料来源：根据 2007—2011 年的银监会年报数据整理得出。

新型农村金融机构在运行中还出现了流动性困难、监管难以达标、支农政策及支持小微企业（以下简称“支小”）政策初衷难以实现等问题，陷入了数量和质量“双失”困境（表 1-2）。2011 年 9 月农信社存款余额 9.7 万亿元，是全国 691 家新型金融机构的 57.06 倍；2012 年底，中国工商银行

① 2018 年 3 月，中共中央印发了《深化党和国家机构改革方案》。其中，组建中国银行保险监督管理委员会，不再保留中国银行业监督管理委员会。

② 贺霞，2015. 尚福林：民资入银渠道全部打开四大路径办银行[N/OL].（2015-06-26）. http://finance. people. com. cn/bank/n/2015/0626/c202331-27214310. html.

存款余额14.88万亿元，是全国新型金融机构的87.53倍；2013年2月全国银行存款余额96.3万亿元，全国新型金融机构的存款余额占比仅为0.017 6%。由此可以看出，放宽农村金融市场准入，带来的只是“盆景金融”，发挥的只是“盆景效应”。如同盆景只能观赏，改变不了生态环境一样，“盆景金融”也无法改变农村金融生态。农村金融服务缺失仍是一个常态现象。“盆景效应”也印证了改革并没有呈现金融当局高层所宣称的“鲶鱼效应”① 或者“汤水效应”②。

表1-2 2008—2011年新型农村金融机构信贷规模和结构

信贷规模和结构	2008年	2009年	2010年	2011年
存款余额（亿元）	64.6	269	752.7	1 707
贷款余额（亿元）	34.2	181	600.9	1 316
其中：农户贷款（亿元）	13.98	66	207.4	432
小企业贷款（亿元）	18.8	91	313.8	620
农户贷款余额占贷款余额的比例（%）	40.88	36.46	34.51	32.83
小企业贷款余额占贷款余额的比例（%）	54.97	50.28	52.22	47.11
（农户+小企业）贷款余额占贷款余额的比例（%）	95.85	86.74	86.74	79.94

资料来源：根据2008—2011年的银监会年报数据整理和计算得出。

“农村金融新政”的增量改革作用微薄，原有的主要农村金融机构抽取农村资金的现象也没有改变。农信社在2010年存差为2.9万亿元，存贷比为67%，相对于2002年末，农信社存款余额增加3.4倍，贷款余额增加3.2倍，农村资金“抽水机”的角色仍未改变。2011年末，中国农业银行县域金融业务发放贷款及垫款净额1.67万亿元，但吸收存款余额4.01万亿元，县域存款比县域贷款多出2.34万亿元。在国家和地方政府将金融业看作“钱袋子”并且用于发展城市工业的情况下，金融业发放贷款越多，农村和农民受损越大，城乡差距越大。

另外，农村金融服务的覆盖面仍然很小。依据多个调查报告，农户贷款对

① 鲶鱼效应（catfish effect）源于一个故事：鲶鱼在搅动小鱼生存环境的同时，也激活了小鱼的求生能力。企业管理中，鲶鱼效应是指采取一种手段或措施，刺激一些企业活跃起来投入到市场中积极参与竞争，从而激活市场中的同行业企业。其实质是一种负激励。

② 唐双宁在2007年1月22日银监会组织召开的“支持社会主义新农村建设银政座谈会”上，提出了“汤水效应”的观点。他说：一桶白开水是水，加入一匙盐、一勺油、几粒海米、几叶青菜，这桶水的主体还是水，但性质上已变成了“鲜汤”。这桶水就是原有的遍布农村的信用合作社，这匙盐就是村镇银行，这勺油就是贷款子公司，这几粒海米就是资金互助社，这几叶青菜就是新的分支机构，它们将起到激活农村金融机制的作用。

农户有效需求的覆盖基本上不超过一半。若计入全部农户，得到贷款的农户占全部农户的比率可能仅有三成。例如，根据中国人民银行（2008）的报告，全国2.2亿农户中，在2005年3季度末，在农信社有小额信用贷款或联保贷款余额的农户数只有7 134万户，占32.31%。还有大量的农户，连存款和汇兑等对金融机构而言毫无风险的金融服务都不能得到。

然而，“农村金融新政”有一个引人注目的成效，就是政府在推动金融机构和服务全覆盖方面进展明显。2010年11月末，有10个省份实现乡镇金融机构全覆盖。2012年5月，银监会官员进一步宣布，到2011年底，金融服务已经覆盖到全国所有的乡镇，这比原来制订的计划整整提前了一年。

不得不承认，这段时期的改革虽然有一些成就，但总体上信贷和服务依然短缺，金融排斥在农村地区依旧普遍，农村资金缺口依然十分巨大。据估计，到2020年，中国的社会主义新农村建设需要新增资金15万亿～20万亿元。以2006年用于新农村建设的3 397亿元和2007年用于新农村建设的4 317亿元衡量，财政资金缺口巨大，必须用金融机构弥补这一巨大缺口。但若以当前的速度，想完成这个任务对于中国农村金融机构来说非常困难。毕竟，2009年1月的短期贷款中，农业贷款余额仅1.8万亿元，占全部贷款余额的比重仅为5.69%。2012年末，各金融机构投入农村基础设施的贷款余额只有2.02万亿元①，远达不到中央政府所希望的速度。

（四）2013年后的新动向

2013年以来，新一届中央领导试图找到中国经济新的增长潜力，城乡一体化发展和乡村振兴成为引导城乡关系的主导性政策。中央的战略日程也重点突出农村发展（包括农村金融），旨在“让广大农民平等参与现代化进程，共同分享现代化成果”②。2013年中共十八届三中全会通过了《中共中央关于全面深化改革若干重大问题的决定》，在这个具有重大意义的改革蓝图中首次出现了“普惠金融”这一概念③。这与一个强烈的国际共识相呼应，这个共识就是：金融包容性的提高（通过扩展储蓄、信贷、保险和支付服务实现）对可持续经济增长具有重大意义。依照联合国的说法，如果所有个体和企业（包括那些处于农村地区的个体和企业）能够获得并有效利用由可持续发展机构在一个井然有序的环境中以合理成本负责任地提供的广泛的

① 2.02万亿元贷款中，中国农业银行为721.5亿元，中国农业发展银行为8 993.61亿元，国家开发银行为10 515亿元（中国人民银行，2013）。

②③ 中国共产党第十八届中央委员会第三次全体会议，2013. 中共中央关于全面深化改革若干重大问题的决定[EB/OL]. (2013-11-12) [2013-11-16]. http://politics.people.com.cn/n/2013/1116/c1001-23560979.html.

金融服务，那么普惠金融就实现了[①]。尽管之前的改革收效甚微，但考虑到农村金融在推动农村经济发展中的关键作用，新的领导班子决定进一步重组该部门。

中国在推进农村普惠金融上，已经迈开了步伐。在推动基础金融服务全覆盖、消除金融空白乡镇等方面已经取得阶段性进展。2014 年 8 月 11 日发布的《中国银监会办公厅关于推进基础金融服务“村村通”的指导意见》（银监办发〔2014〕222 号）中要求，深入推进农村地区普惠金融发展，打通农村基础金融服务“最后一公里”，引导和鼓励银行业金融机构向行政村延伸基础金融服务，力争用 3～5 年时间在总体上实现行政村基础金融服务“村村通”。

在此基础上，笔者期待：伴随政策的出台，抽取型的农村金融体系能够真正地转变为服务型的农村金融服务体系，一个真正反哺农村的普惠金融蓝图能够引发农村金融市场体系的真正变革。

五、进一步的思考和结论

（一）市场抽取与行政捕获的交接

实际上，金融体系流动性过剩与农村地区、农村人口的流动性危机并存。本章在此背景下，讨论了农村资金从行政捕获到国家退出之后的市场抽取的动态转变。市场抽取很大程度上是对行政捕获的承接。如图 1-8 所示，1998 年后，全部金融机构各项贷款余额中，农业贷款所占比例基本保持在 4%～6%，低于 1994 年前的水平（6%～8%）。过去，国家的工业化需要导致城乡不等价交换带来的城乡经济长期不平衡，也导致政府为了控制金融资源而片面扶持正式金融安排、压抑非正式民间金融安排。1996 年以来的政策调整建立在商业化和市场竞争的理想上，却进一步破坏了农村金融和经济，涉农金融机构在逐利动机的驱使下，在农村仍然扮演着储蓄动员机器的角色，只不过这次转换为市场抽取。中国农村金融体系从“国家—农民”两层结构，向“国家—市场—农民”三层结转变之后，国家对农民伸出“帮助之手”的力度和效果，很大程度上受到了之前市场导向改革的阻碍。叶志强等（2011）的实证研究表明，1978—2006 年，各省银行信贷占各地区生产总值比重越大，农民收入增长越缓慢，城乡收入差距越大。图 1-8 也显示，从 1998 年开始，涉农贷款总额占总贷款额的 10%左右，与农业占国内生产总值 11%～12%的贡献率大致匹配，但与农村居民占总人口 60%～70%，占总劳动力 50%的结构极不匹配。这表

① “我们的方针”，联合国资本发展基金网站。

明市场化导向下的农村金融资源配置基本按照效率原则，而不是按照社会公平原则。农业贷款占总贷款的比例在 1995 年下降到历史最低点 3.06%。即使中央政府在 2003 年后进行了多元化竞争性金融市场的政治推动，农村贷款占总贷款的比例依然从 2005 年的 5.90%降低到 2009 年的 5.66%（图 1-8）。此外，即使发放贷款，大部分贷款也被农村人口中极少一部分精英阶层（周立，2010）所获得，这极少数精英阶层要么是新兴富裕阶层，要么与当地官员有关系，而大部分草根阶层被忽略了。

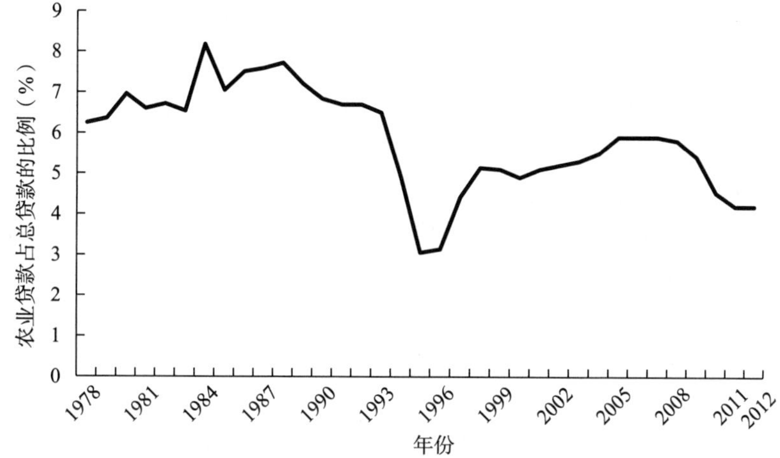

图 1-8　1978—2012 年全部金融机构各项贷款中农业贷款的占比

（资料来源：依据中国人民银行网站“统计数据”和历年的《中国统计年鉴》计算，2011 年数据源自中国人民银行《2011 年金融机构贷款投向统计报告》，2012 年 6 月的数据源自中国人民银行《2012 年上半年金融机构贷款投向统计报告》）

注：按照中国人民银行统计口径，“农业贷款”属于短期贷款，粮棉油收购贷款、中长期农业贷款、农户小额信贷及其他可能的支农贷款，没有列入。

（二）超越市场逻辑：代结论

正如中国人民银行行长周小川（2004）所言，“如果将‘三农’比喻为人的机体，农村金融则是机体中的重要器官，取之于机体又服务于机体，而不是一个体外的支持器械，可以只管用，不管养。”这种共生关系意味着，农村金融的演变，需要放到农村经济这个更宽广的情境中去考察。

当前，政府的支农目标和市场机构的盈利目标存在天然的冲突。在农业与第二、第三产业的回报存在巨大差距的现实下，政府在农村经济和金融领域推进市场化，最终造成市场抽取成为常态，表现为农民面临经济剩余、金融剩余和利润剩余的三重抽取（周立，2010）。

面对从行政捕获到市场抽取的转变，农村金融政策已出现“政府失灵”加“市场失灵”的双重失灵问题。在当前制度下，市场金融所能提供的选择和可能性已经枯竭。这表明中国农村金融的出路，在于超越“多元化”和“竞争性”的市场逻辑，在政策性金融机构、合作性金融机构和商业性金融机构之间，在正式金融安排和非正式金融安排之间，建立一个国家支持的垂直合作体系。其中，政府应加强发放补贴性政策贷款和资金的能力。同时，国家也应该适当放松对内生于农村经济的非正式金融安排的管制。毋庸置疑，中国农村金融的困境源于缺乏真正的内生性金融体系。计划经济时期的行政捕获和市场经济时期的市场抽取，都是在国家的政治和经济需要下，建立了一整套外生于农村的金融制度安排，这些机构不愿意也不能够服务农村。内生于农村社区的金融中介，天然地具有促进农村经济、金融在农村再循环的功能，能促进农村金融资源和农业剩余不流出农村经济。更重要的是，应该将一个健康的农村金融体系内置在一个健康的农村经济中，正如将一个健康的金融体系内置在一个健康的经济体系中一样。这是中国经济可持续增长和实现农业农村现代化所面临的根本挑战。

参 考 文 献

蔡颖，文婧，何丰伦，2012.“去行政化”缓慢　农信社改革维艰[N/OL].（2012-08-21）. http://jingji.cntv.cn/2012/08/21/ARTI1345514495294123.shtml.

曹力群，2001. 当前我国农村金融市场主体行为研究[J]. 金融论坛（5）：6-11，33.

程漱兰，1997. 农村金融体系设计别忘了农民才是主角[N]. 经济学消息报，02-07.

杜赞奇，1994. 文化、权力和国家[M]. 王福明，译. 南京：江苏人民出版社.

费孝通，1999. 乡土重建[M]//费孝通文集：第4卷. 北京：群言出版社.

冯匹斯克 J D，1990. 发展中经济的农村金融[M]. 汤世生，许均华，钱绪红，等译. 北京：中国金融出版社.

冯兴元，2004. 农村金融不能靠一条腿走路，需多元化发展[EB/OL]. 中国金融网，2004-10-13.

高帆，2002. 我国农村中的需求型金融抑制及其解除[J]. 中国农村经济（12）：68-72.

格利 J G，肖 E S，1994. 金融理论中的货币[M]. 上海：上海三联书店.

郭沛，2004. 中国农村非正规金融规模估算[J]. 中国农村观察（2）：21-25.

国家统计局，1994. 中国统计年鉴 1994 [M]. 北京：中国统计出版社.

国家统计局，1995. 中国统计年鉴 1995 [M]. 北京：中国统计出版社.

国家统计局，1996. 中国统计年鉴 1996 [M]. 北京：中国统计出版社.

国家统计局，1997. 中国统计年鉴 1997 [M]. 北京：中国统计出版社.

国家统计局，1998. 中国统计年鉴 1998 [M]. 北京：中国统计出版社.

国家统计局，1999. 中国统计年鉴 1999 [M]. 北京：中国统计出版社 .
国家统计局，2000. 中国统计年鉴 2000 [M]. 北京：中国统计出版社 .
国家统计局，2001. 中国统计年鉴 2001 [M]. 北京：中国统计出版社 .
国家统计局，2002. 中国统计年鉴 2002 [M]. 北京：中国统计出版社 .
国家统计局，2003. 中国统计年鉴 2003 [M]. 北京：中国统计出版社 .
国家统计局，2004. 中国统计年鉴 2004 [M]. 北京：中国统计出版社 .
国家统计局，2005. 中国统计年鉴 2005 [M]. 北京：中国统计出版社 .
国家统计局，2006. 中国统计年鉴 2006 [M]. 北京：中国统计出版社 .
国家统计局，2007. 中国统计年鉴 2007 [M]. 北京：中国统计出版社 .
国家统计局，2008. 中国统计年鉴 2008 [M]. 北京：中国统计出版社 .
国家统计局国民经济综合统计司，1999. 新中国五十年统计资料汇编[M]. 北京：中国统计出版社 .
国家统计局国民经济综合统计司，2010. 新中国六十年统计资料汇编（1949—2008）[M]. 北京：中国统计出版社 .
何安耐，胡必亮，2000. 农村金融与发展[M]. 北京：经济科学出版社 .
何广文，1999. 从农村居民资金借贷行为看农村金融抑制与金融深化[J]. 中国农村经济（10）：42-48.
何广文，2001. 中国农村金融供求特征及均衡供求的路径选择[J]. 中国农村信用合作（9）：14-16.
何志雄，2003. 农村金融重组与深化：解决供给型金融抑制的有效途径[J]. 金融参考（10）：73-79.
贺霞，2015. 尚福林：民资入银渠道全部打开四大路径办银行[N/OL].（2015-06-26）. http://finance.people.com.cn/bank/n/2015/0626/c202331-27214310.html.
贺雪峰，仝志辉，2002. 村庄权力结构的三层分析：兼论选举后村级权力的合法性[J]. 中国社会科学（1）：158-167.
贺雪峰，仝志辉，2002. 论村庄社会关联：兼论村庄秩序的社会基础[J]. 中国社会科学（3）：124-134.
黄亚生，2009. 农村改革的未竟之业[J]. 经理人内参（17）：22-22.
黄宗智，1990. 长江三角洲小农家庭与乡村发展[M]. 北京：中华书局 .
黄宗智，2000. 华北的小农经济和社会变迁[M]. 北京：中华书局 .
李金铮，2000. 借贷关系与乡村变动：民国时期华北乡村借贷之研究[M]. 石家庄：河北大学出版社 .
李约瑟，1975. 中国科学技术史[M]. 北京：科学出版社 .
林毅夫，2007. 李约瑟之谜、韦伯疑问和中国的奇迹：自宋以来的长期经济发展[J]. 北京大学学报（哲学社会科学版）（4）：5-22.
林毅夫，Feder G，刘遵义，等，2000. 中国的农业信贷和农场绩效[C]//林毅夫 . 再论制度、技术与中国农业发展 . 北京：北京大学出版社 .
林毅夫，蔡昉，李周，1994. 中国的奇迹：发展战略与经济改革[M]. 上海：上海三联书店 .

林毅夫，余淼杰，2010. 我国价格剪刀差的政治经济学分析：理论模型与计量实证[J]. 经济研究（1）：42-56.

刘世定，2005. 低层政府干预下的软风险约束与“农村合作基金会”[J]. 社会学研究（5）：26-52.

刘西川，2008. 贫困地区农户的信贷需求与信贷约束[M]. 杭州：浙江大学出版社.

陆磊，2003. 以行政资源和市场资源重塑三层次农村金融服务体系[J]. 金融研究（6）：106-114.

罗小芳，卢现祥，2010. 国外“掠夺之手”的国家理论评述[J]. 国外社会科学（3）：79-85.

马晓河，蓝海涛，2003. 当前我国农村金融面临的困境与改革思路[J]. 中国金融（11）：11-13.

普列奥布拉任斯基，1984. 新经济学[M]. 纪涛，蔡恺民，译. 北京：生活·读书·新知三联书店.

恰亚诺夫 A，1996. 农民经济组织[M]. 萧正洪，译. 北京：中央编译出版社.

钱达瓦卡，1985. 欠发达国家中城市的资金引力[J]. 金融与发展（2）：24-27.

史晋川，黄燕君，何嗣江，等，2003. 中小金融机构与中小企业发展研究：以浙江温州、台州地区为例[M]. 杭州：浙江大学出版社.

史清华，陈凯，2002. 欠发达地区农民借贷行为的实证分析[J]. 农业经济问题（10）：29-35.

世界银行，1989. 1989 年世界发展报告 [M]. 北京：中国财政经济出版社.

王晓毅，2004. 农村工业化与民间金融：温州的经验[M]. 太原：山西经济出版社.

韦伯，1997. 儒教中国政治与中国资本主义萌芽：城市和行会[M]//韦伯. 文明的历史脚步：韦伯文集. 黄宪起，张晓琳，译. 上海：上海三联书店.

温铁军，2001. 农户信用与民间借贷研究：农户信用与民间借贷课题主报告[R/OL]. 中国经济信息网 50 人论坛.

温铁军，2009. 农村合作基金会的兴衰史[J]. 中国老区建设（9）：17-19.

文贯中，2004. 农村金融改革能走多远？[N]. 21 世纪经济报道，08-27.

谢平，2001. 中国农村信用合作社体制改革的争论[J]. 金融研究（1）：1-13.

谢平，陆磊，2003. 金融腐败：非规范融资行为的交易特征和体制动因[J]. 经济研究（6）：3-13.

杨宁，2012. 农村存款只 1/3 用于三农银行为何不贷款给农民[N/OL].（2012-02-06）. http://www.chinanews.com/fortune/2012/02-06/3647094.shtml.

叶敬忠，朱炎洁，杨洪萍，2004. 社会学视角的农户金融需求与农村金融供给[J]. 中国农村经济（8）：31-37，43.

佚名，1955. 中华人民共和国发展国民经济的第一个五年计划（1953—1957）[M]. 北京：人民出版社.

佚名，2004. 深化农村金融体制改革如何破题[EB/OL]. 中国金融网.（2004-11-08）. http://bank.hexun.com/2004-11-22/102046260.html.

张杰，2003. 中国农村金融制度：结构、变迁与政策[M]. 北京：中国人民大学出版社.

张杰，2004. 解读中国农贷制度[J]. 金融研究（2）：1-8.

张杰，2005. 农户、国家与中国农贷制度：一个长期视角[J]. 金融研究（2）：1-12.

张军，1999. 改革后中国农村的非正规金融部门：温州案例[M]//张曙光 . 中国制度变迁的案例研究：第二卷 . 北京：中国财政经济出版社 .

张晓山，何安耐，2006. 走向多元化、竞争性的农村金融市场[M]. 太原：山西经济出版社 .

赵早早，2005. 地方政府或有隐性负债问题研究：以农村合作基金会为例[J]. 公共管理学报（4）：12-14.

中国共产党第十八届中央委员会第三次全体会议，2013. 中共中央关于全面深化改革若干重大问题的决定[EB/OL].（2013-11-12）[2013-11-16]. http://politics.people.com.cn/n/2013/1116/c1001-23560979.html.

中国金融学会，1986. 中国金融年鉴 1986 [M]. 北京：中国金融出版社 .

中国金融学会，1987. 中国金融年鉴 1987 [M]. 北京：中国金融出版社 .

中国金融学会，1988. 中国金融年鉴 1988 [M]. 北京：中国金融出版社 .

中国金融学会，1989. 中国金融年鉴 1989 [M]. 北京：中国金融年鉴编辑部 .

中国金融学会，1990. 中国金融年鉴 1990 [M]. 北京：中国金融年鉴编辑部 .

中国金融学会，1991. 中国金融年鉴 1991 [M]. 北京：中国金融年鉴编辑部 .

中国金融学会，1992. 中国金融年鉴 1992 [M]. 北京：中国金融年鉴编辑部 .

中国金融学会，1993. 中国金融年鉴 1993 [M]. 北京：中国金融年鉴编辑部 .

中国金融学会，1994. 中国金融年鉴 1994 [M]. 北京：中国金融年鉴编辑部 .

中国金融学会，1995. 中国金融年鉴 1995 [M]. 北京：中国金融年鉴编辑部 .

中国金融学会，1996. 中国金融年鉴 1996 [M]. 北京：中国金融年鉴编辑部 .

中国金融学会，1997. 中国金融年鉴 1997 [M]. 北京：中国金融年鉴编辑部 .

中国金融学会，1998. 中国金融年鉴 1998 [M]. 北京：中国金融年鉴编辑部 .

中国金融学会，1999. 中国金融年鉴 1999 [M]. 北京：中国金融年鉴编辑部 .

中国金融学会，2000. 中国金融年鉴 2000 [M]. 北京：中国金融年鉴编辑部 .

中国金融学会，2001. 中国金融年鉴 2001 [M]. 北京：中国金融年鉴编辑部 .

中国金融学会，2002. 中国金融年鉴 2002 [M]. 北京：中国金融年鉴编辑部 .

中国金融学会，2003. 中国金融年鉴 2003 [M]. 北京：中国金融年鉴编辑部 .

中国金融学会，2004. 中国金融年鉴 2004 [M]. 北京：中国金融年鉴编辑部 .

中国金融学会，2005. 中国金融年鉴 2005 [M]. 北京：中国金融年鉴编辑部 .

中国金融学会，2006. 中国金融年鉴 2006 [M]. 北京：中国金融年鉴编辑部 .

中国金融学会，2007. 中国金融年鉴 2007 [M]. 北京：中国金融年鉴编辑部 .

中国金融学会，2008. 中国金融年鉴 2008 [M]. 北京：中国金融年鉴编辑部 .

中国人民银行农村金融服务研究小组，2009. 中国农村金融服务报告 2008 [M]. 北京：中国金融出版社 .

中国人民银行农村金融服务研究小组，2011. 中国农村金融服务报告 2010 [M]. 北京：中国金融出版社 .

中国社会科学院农村发展研究所金融研究中心课题组，2000. 农民金融需求及金融服务供给[J]. 中国农村经济（7）：55-62.

中华人民共和国中央政府，1996. 国务院关于农村金融体制改革的决定[EB/OL].（1996-08-22）[2011-11-09]. http://www.gov.cn/gongbao/shuju/1996/gwyb199626.pdf.

中华人民共和国中央政府，2003. 国务院关于印发深化农村信用社改革试点方案的通知[EB/OL].（2003-06-27）[2005-08-13]. http://www.gov.cn/zwgk/2005-08/13/content_22249.htm.

周飞舟，2006. 从汲取型政权到“悬浮型”政权：税费改革对国家与农民关系之影响[J]. 社会学研究（3）：1-38.

周立，2003. 改革期间中国国家财政能力与金融能力变化[J]. 财贸经济（4）：44-51.

周立，2004. 中国各地区金融发展与经济增长（1978—2000）[M]. 北京：清华大学出版社.

周立，2005. 渐进转轨，国家能力与金融功能财政化[J]. 财经研究（2）：26-37.

周立，2005. 一个农民的九年放贷史：山东湖庄调查[J]. 银行家（8）：51-55.

周立，2006. 三次农村金融改革评述[J]. 银行家（3）：51-55.

周立，2006. 由生存经济看农村高利贷的表达与实践[J]. 财贸经济（4）：64-69.

周立，2007. 农村金融市场四大问题及其演化逻辑[J]. 财贸经济（2）：56-63.

周立，2008. 流动性悖论与资本雇佣劳动：由农村金融与农村经济共生共存谈起[J]. 银行家（1）：113-115.

周立，2010. 中国农村金融：市场体系与实践调查[M]. 北京：中国农业科技出版社.

周立，胡鞍钢，2002. 中国金融发展地区差距分析：1978—1999 [J]. 清华大学学报：哲学社会科学版（2）：60-74.

周立，蒋莉莉，黎振宇，2010. 资源资本化推动下的中国货币化进程（1978—2008）[J]. 广东金融学院学报（5）：3-15.

周立，王子明，2002. 中国各地区金融发展与经济增长实证分析：1978—2000 [J]. 金融研究（10）：1-13.

周小川，2004. 关于农村金融改革的几点思路[J]. 新华文摘（21）：38-40.

朱守银，张照新，张海阳，等，2003. 中国农村金融市场供给和需求：以传统农区为例[J]. 管理世界（3）：88-95.

AGABIN M H，1988. A review of policies impinging on the informal credit markets in the Philippines：PIDS working paper：8812 [R]. Manila：Philippine Institute for Development Studies.

ALEEM I，1990. Imperfect information，screening，and the costs of informal lending：a study of a rural credit market in Pakistan [J]. World Bank economic review，4（4）：329-49.

ALLEN F，钱军，钱美君，2003. 中国金融制度与国际金融体系比较研究[J]. 中国金融学（1）：12-22.

BELL C，1990. Interactions between institutional and informal credit agencies in rural India [J]. World Bank economic review，4（3）：297-327.

BERGER A N，SAUNDERS A，SCALISE J M，et al，1997. The effects of bank mergers and acquisitions on small business lending 1 [J]. Journal of financial economics, 50 (2): 187-229.

BERGER A N, UDELL G F, 1995. Relationship lending and lines of credit in small firm finance [J]. Journal of business, 68 (3): 351-81.

BESLEY T, 1993. Savings, credit and insurance. [J]. Papers, 3 (5): 2123 - 2207.

CAPRIO L, FACCIO M, MCCONNELL J J, 2010. Sheltering corporate assets from political extraction [J]. Journal of law economics & organization, 29 (1240): 689-697.

CHENG E, FINDLAY C, WATSON A, 1998. "We're not financial organizations!": financial innovation without regulation in China's rural cooperative funds [J]. Acta demographica, 8 (3): 41-55.

COLE R A, 1998. The importance of relationships to the availability of credit [J]. Journal of banking & finance, 22 (6 - 8): 959-977.

DEBRAJ RAY, 1998. Development economics [M]. New Jersey: Princeton University Press.

DU ZHIXIONG, 1998. The dynamics and impact of the development of rural cooperative funds (RCFs) in China [R]. Adelaide, Australia: Chinese Ecomomies Research Center, University of Adelaide.

FENGHWA MAH, 1971. The foreign trade of Mainland China [M]. Chicago: Aldine Atherton.

GROSSMAN G, 1983. Economics of virtuous haste: a view of soviet industrialization and institutions [M]// ERLICH A. Marxism, central planning, and the soviet economy. Cambridge, Massachusetts: MIT Press: 198-216.

LARDY N R, 1991. Foreign trade and economic reform in China, 1978-1990 [M]. [S. l.]: Cambridge University Press.

LARSON D, 1988. Market and credit linkages: the case of corn traders in the southern Philippines: paper prepared for Citibank/ABT Associates on a rural financial services project for USAID [R]. Manila: Citibank/ABT Associates.

LUXEMBURG R, 1958. The accumulation of capital [M]. [S. l.]: Macmillan: 69-77.

MEYER R, NAGARAJAN G, 2001. Rural financial markets in Asia: policies, paradigms, and performance [M]. London: Oxford University Press.

NAKAMURA L I, 1993. Recent research in commercial banking: information and lending [R]. Philadelphia: Federal Reserve Bank of Philadelphia : 2.

PATRICK H T, 1966. Financial development and economic growth in underdeveloped countries [J]. Economic development and cultural change, 14 (2): 174-189.

PETERSEN M A, RAJAN R G, 1949. The benefits of lending relationships: evidence from small business data [J]. The journal of finance, 49 (1): 3-37.

SIAMWALLA A, PINTHONG C, POAPONGSAKORN N, et al, 1990. The Thai rural credit system: public subsidies, private information, and segmented markets [J]. World Bank economic review, 4 (3): 271-95.

STIGLITZ J E, WEISS A, 1981. Credit rationing in markets with imperfect information [J].

American economic review，71（3）：393-410.

TARN O K，2013. Rural finance in China：13th International Congress of the Brazilian Geophysical Society & EXPOGEF，Rio de Janeiro，Brazil，26-29 August 2013 [R]. Rio de Janeiro，Brazil：60-76.

TSAI K S，2004. Imperfect substitutes：the local political economy of informal finance and microfinance in rural China and India [J]. World development，32（9）：1487-1507.

Udry C，1994. Risk and insurance in a rural credit market：an empirical investigation in northern Nigeria [J]. Review of economic studies，61（3）：495-526.

WORLD BANK，2001. Finance for growth：policy choices in a volatile world [M]. New York：Oxford University Press.

YARON J，BENJAMIN M P Jr，PIPREK G L，1997. Rural finance：issues，design，and best practices：Environmentally and Socially Sustainable Development Studies and Monographs Series 14 [R]. Washington D C：World Bank.

ZHOU LI，TAKEUCHI HIROKI，2010. Informal lenders and rural finance in China：a report from the field [J]. Modern China，36（3）：302-328.

第二章 农信社改革与制度变迁①

导读：目前，中国农信社已发展成为农村金融名副其实的支农主力军，其改革发展备受关注。很多学者对农信社制度变迁进行了大量研究，但对一个县域的农信社进行研究的很少。自1953年开始试办农村信用合作组织以来，济南市长清区农信社按照国家的政策和部署历经多次改革，具有一定的代表性。本章通过大量的历史资料，对山东省济南市长清区农信社的制度变迁进行描述，对制度变迁的效果进行评价分析。结果表明，农信社自成立以来，每次制度变迁都是由政府主导的，始终没有按照企业的内在规律和要求去进行，因而在法人治理结构、经营管理等方面存在着很多问题。当前，省联社在引导县（市、区）农信社改革发展方向的同时，应加强服务和协调，下放权力，尽量减少行政干预，使农信社真正成为“自主经营，自负盈亏，自我发展，自求平衡”的金融企业；县（市、区）农信社应当在微观管理上狠下功夫，结合自身实际，建立适应自身需要的法人治理结构和运行机制，加强内部管理，实现科学发展，增强竞争力和抗风险能力，确保可持续发展。

第一节 前 言

一、研究背景及问题提出

2009年12月27日，中央农村工作会议提出，2010年要“加快农村金融改革步伐，加快推进农村金融制度创新、产品创新和服务创新。”农信社是农村金融的主力军，因而其改革方向备受关注。从发展趋势看，可以预测其改革发展的方向为：多数农信社将改制为农商行、农合行。

1993年12月发布的《国务院关于金融体制改革的决定》明确提出了要“根据农村商品经济发展的需要，在农村信用合作社联社的基础上，有步骤地

① 本章在付兆法2010年硕士论文的基础上改编，周立指导该论文写作。原文标题为《论农村信用社制度变迁——以山东省济南市长清区为例》。

组建农村合作银行。”1996 年 8 月发布的《国务院关于农村金融体制改革的决定》中进一步指出：“农村合作银行的性质是股份制的商业银行”。

从那时起，农信社的改革都是朝着这一方向前进的。特别是 2003 年 6 月下发的《国务院关于印发深化农村信用社改革试点方案的通知》（国发〔2003〕15 号）中，明确了深化农信社改革所遵循的“四个原则”：①按照市场经济规则，明晰产权关系，促进农信社法人治理结构的完善和经营机制转换，使农信社真正成为自主经营、自我约束、自我发展、自担风险的市场主体；②按照为“三农”服务的经营方向，改进服务方式，完善服务功能，提高服务水平；③按照因地制宜、分类指导原则，积极探索和分类实施股份制、股份合作制、合作制等各种产权制度，建立与各地经济发展、管理水平相适应的组织形式和运行机制；④按照权责利相结合原则，充分发挥各方面积极性，明确农信社监督管理体制，落实对农信社的风险防范和处置责任。随后，试点工作全面展开，到 2008 年末，全国共组建农商行 22 家、农合行 163 家，组建以县（市）为单位的统一法人机构 1 966 家（周家龙，2009）。

2006 年，银监会曾明确表示，要用 5～10 年时间把农村合作金融机构分期分批改造成为产权明晰、经营有特色的社区性农村银行业机构（唐双宁，2006）。为了达到设立农商行或农合行的标准，绝大多数县（市）农信联社制定了“2008—2010 年三年达标升级规划”，实行了一些切实可行的措施。2010 年是银监会提出这一计划的第五年，经过 3 年的精心准备，很多县（市）农信联社达到设立农商行或农合行的标准。因此，2010 年是农信社改革力度更大的一年，有更多的农商行、农合行挂牌成立。

在改革发展过程中，农信社的制度变迁是自上而下的强制性制度变迁。2003 年以来，农信社有的实行了全县（区）统一法人，有的改制为农合行，有的改制为农商行，进一步向商业化、股份制发展，但这都是由政府发动、主导的。政府发动、主导农信社改制的原因和动力是什么？这种制度安排是否符合农信社自身发展的内在要求？特别值得关注的是，有些农信社改制后跨区设立分支机构或对其他金融机构控股参股，突破农信社原有体制向外扩展，这体现了需求诱导性制度变迁的特点。

本章力图通过对山东省济南市长清区农信社改革历程的梳理，理清农信社改革发展的脉络，探讨农信社制度变迁的合理性和今后科学发展的思路。

2004—2005 年，山东省作为第一批试点省份，按照《深化农村信用社改革试点方案》的要求扎实推进，组建县（市、区）农信联社 113 家、农合行 19 家；2009 年，有 1 家联社、2 家合行先后改制为农商行。济南市长清区原是一个农业大县，2000 年划成济南市的一个区。自 1953 年开始试办农村信用合作组织以来，济南市长清区农信社按照国家的政策和部署历经多次改革。可以说，长清区农信社改革是全国农信社改革的一个缩影，具有一定的代表性。

二、理论和现实意义

从中国农信社现状和政府主导的改革目标来看，多数农信社将改制为农商行，或农合行。商业化、股份制是农信社的发展趋势。在这样的背景下，对农信社制度变迁进行研究，不仅具有一定的理论意义，更具有重要的现实意义。

1. 理论意义

自 1996 年与中国农业银行脱离隶属关系以来，农信社作为市场主体参与竞争。由于特殊的历史变迁，农信社在全国农村具有举足轻重的地位，对中国经济发展影响巨大，因而农信社的改革备受关注。理论界对农信社改革进行了广泛的研究，产生了诸如合作制要不要坚持、商业化后是否会步中国农业银行的后尘、是否出现城市化倾向等争论。2010 年以来，农信社步入新一轮改革阶段，制度变迁的路径是否正确、如何走好商业化和股份制道路，都需要一套理论来指导。本章通过对济南市长清区农村信用合作联社的史料研究，揭示农信社存在的问题，探讨和发现适应农信社发展需要的制度变迁方式，为理论研究者提供借鉴和参考。

2. 现实意义

截至 2009 年，全国农信社近 8 万个营业网点，占农村金融机构总数的 40%，服务半径大，延伸范围广，农业贷款余额 2 万亿元，占全国金融机构农业贷款的比例为 96%（乔瑞，2009），主力军地位突出。农信社改革的路子走对了，不仅能确保自身的可持续发展，而且会对促进农民增收、促进农村经济发展、推动社会主义新农村建设和实现中华民族的伟大复兴发挥重大作用。

三、相关概念的界定

（1）农村信用合作社。农村信用合作社（rural credit cooperatives，简称“农信社”）是指经中国人民银行批准设立、由社员入股组成、实行民主管理、主要为社员提供金融服务的农村合作金融机构，包括农信联社、农合行和农商行。

（2）社员。在本章中，社员专指向农信社入股者。

（3）商业化。所谓商业化，是指企业的法人治理、组织结构、业务发展和管理流程等适应市场的内在需求和变化，按照市场法则和价值规律从事业务活动，追求利润的最大化。

（4）制度变迁。所谓制度变迁，是指对旧制度的改变、否定和扬弃，是新制度产生的过程。这个过程涉及谁发动制度变迁、变迁的原因、如何进行变迁、变迁的效果如何等方面。

四、研究方法

本章主要采取了以下研究方法：

（1）文献研究法。收集国内外对农信社制度变迁的有关研究文献（书籍、期刊和文章），为本章奠定理论基础和研究依据。

（2）个案研究法。研读济南市长清区农信联社内部资料，总结其发展历史、发展路径，研究农信社制度变迁的动力，探寻制度变迁和改革趋势。

（3）深入访谈法。对研究对象的基层、中层、高层员工分别进行访谈，获取一线资料，发现关键事件，分析如何实现科学发展。

五、研究思路和主要内容

（一）本章的研究思路

首先，介绍当前农信社现实背景，对相关概念、研究方法、研究思路和内容进行说明；其次，在研究文献的基础上，对济南市长清区农信社的制度变迁的历程进行梳理，研究农信社制度变迁的官方表达、学术表达和民间实践；最后，对农信社制度变迁的效果进行评价，对农信社下一步改革提出建议。

（二）主要内容

第一节：前言。本节首先介绍研究背景、研究问题，以及研究的理论和现实意义；然后，对农信社、商业化和制度变迁等相关概念进行界定，对本章的研究方法、研究思路和研究内容进行简单描述；最后，指出本章的创新点。

第二节：文献综述。本节主要概括学术理论界有关农信社制度变迁的研究成果，主要内容涉及三个方面：①农信社性质与制度变迁；②改革开放后，对农信社制度安排的争论；③2000 年以来，对农信社制度变迁方向的研究和探索。通过对文献的研究，明确本章的研究思路和研究重点。

第三节：农村信用合作社制度变迁。本节主要回顾长清农信社的历史沿革，从管理体制、内部机构设置、人事管理和业务经营四个方面总结各阶段的特征，结合老职工、老干部对农信社的感受和看法，结合学术界对农信社制度变迁的表达，较为全面、客观地分析农信社制度变迁，总结教训和经验。

第四节：对农村信用合作社制度变迁的效果评价。本节以山东省济南市长清区农信联社为例，主要从产权结构、市场定位、网点服务、服务产品等方面进行分析，重点研究发展趋势和存在的问题，明确下一步制度变迁的方向和思路。

第五节：结论、建议及有待进一步研究的问题。本节简要总结全文研究的结论；针对农信社当前存在的问题，重点从微观管理的角度提出了农信社应当按照企业自身发展的内在规律和要求进行改革创新，并提出今后有待进一步研究的问题。

六、本章的创新之处

（1）本章以济南市长清区农信联社为例进行研究，向研究者提供有关基层农信社制度变迁的第一手资料，具有一定的借鉴和参考价值。

（2）本章研究发现，中国农信社的制度变迁正由强制性向诱致性演变，农信社应在提升内在素质上下功夫，在服务“三农”上下功夫，尽快转变经营方式，夯实发展基础，提高自身竞争力。

第二节　文献综述

有 50 多年经营历史的农信社，其管理体制不断变化，而每一次变革都有政府行为的影子。同时，农信社的性质也随着制度变迁有所不同。

一、农信社性质与制度变迁

国内学者从不同的角度对农信社的发展历程进行了研究。邱家洪（2005）按照中国社会变革的顺序，将农信社的发展历程分为四个时期：①1949 年中华人民共和国成立到 1958 年“大跃进”之前，是农信社普遍建立和发展的时期；②1958 年“大跃进”开始到 1978 年党的十一届三中全会前，是农信社历经波折的时期；③1978 党的十一届三中全会到 1984 年党的十二届三中全会，是农信社恢复和发展的时期；④从 1996 年农信社与中国农业银行脱钩，到 2003 年 6 月国务院出台《深化农村信用社改革试点方案》，农信社开始真正走向合作办社的道路。他指出，新一轮农信社改革已取得了阶段性成果，并呈现以下主要趋向：①改革的宗旨是立足“三农”、服务“三农”；②改革的目标是建立合格的社区性地方金融机构；③改革的核心是以法人为单位改革产权制度，产权是明确农信社地位、作用及其相互关系的前提，也是规范农信社和地方政府的制度基础；④改革的关键是健全现代企业法人治理结构；⑤改革的模式为多元化的制度创新模式。在对待三种模式产生的影响这一问题上，关键是要树立科学的发展观，辩证地看待改革中出现的各种新情况、新问题，要能找出适合于三种模式生存和发展的土壤，最大限度发挥各种模式的优势，尽可能避免各种负面影响的产生。

詹花秀和陈柳钦（2005）按照农信社管理体制的变化，将农信社发展分为四个阶段：①农信社组建和发展阶段（1951—1959 年），基本保持了合作制的性质；②反复和停滞阶段（1959—1980 年），农信社下放给人民公社、生产大队进行管理，成为计划经济体制下农村筹集和分配资金的主要渠道；③中国农业银行代管阶段（1980—1996 年），农信社归中国农业银行管理，两套编制，两本账簿，基层农信社入股组建县联社，基层农信社与县联社为两级法人体制；④1996 年至今。詹花秀和陈柳钦在总结了当前农信社的发展历程后指出，“尽管农村信用社经过一系列改革，但无论是股份制商业银行、合作制银行，还是信用合作社，离完善的产权制度仍有一定距离。县联社统一法人形式，沿袭了原有的信用社产权”，并提出了制定“合作金融法”的建议。

刘嘉邦（2009）按照 1996 年改革方案、1998 年改革方案和 2003 年改革方案的出台，将农信社的发展历程分为四个阶段，评述了其合作本质的变迁，指出“我国农村信用合作社在 50 多年的发展历程中，曾提出过种种改革设想，也有过激烈的争论。其争论核心是农村信用合作社前进的方向和未来的归宿：要回归合作本质，还是进行股份制改造，走商业化运作的可持续之路”，“中国农村信用社已经不是严格意义上的信用合作社，大多数农村信用社已经偏离了合作的初衷和本质，正在一步步靠近商业性金融组织”。同时，提出了“顺应市场的自主抉择、分化组合以及渐进式增量改革”等政策建议，发出了“让我们相信市场这双无形之手的自主抉择吧”的心声。

中国人民银行总行档案处、中国银监会合作部在 2006 年第 12 期《金融博览》上发表了《我国农村信用合作的主要发展历程》一文，按历史文献梳理了中国农信社发展历程。

关于农信社的性质，中国法律法规没有明确的规定，散见于政府文件和领导人讲话中。本节按照农信社制度变迁的顺序，对农信社的性质进行文献综述。

1. 中华人民共和国成立前的农村信用合作社

这个时期的农村信用合作社可以分为三类。

（1）民间的农村信用合作组织。1919 年 10 月，薛仙舟与其复旦大学的同事共同发起创立了近代中国第一家信用合作组织。1923 年 6 月，于树德在河北香河县用赈灾款设立了中国第一家农村信用合作社。

（2）国民党当局设立的中央合作金库，在很多地方设立分支机构。

（3）在革命根据地开设的农村信用合作社。1927 年 3 月，毛泽东在《湖南农民运动考察报告》中指出，“农民为了经济自卫，必须组织合作社，实行共同买货和消费。还须政府予以援助，使农民协会能组织信用（放款）合作社”，“合作社是在无产阶级的国家政权管理下的劳动人民群众的集体经济组织”。

中华人民共和国成立前的三类农村信用合作社中，只有民间的农村信用合作组织是由民间发起，按合作制原则进行管理的。其他两类虽然按合作制原则设立，但是由政府主导，决策权掌握在政府手里，是斗争的工具。

2. 中华人民共和国成立后至 1979 年的农信社

这个时期的农信社，既是集体经济组织，又是政府的部门。1949 年 3 月 23 日，毛泽东在《中国共产党第七届中央委员会第二次全体会议上的讲话》中指出：“必须组织生产的、消费的和信用的合作社，和中央、省、市、县、区的合作社的领导机关。”中华人民共和国成立后，国民党当局设立的中央合作金库的资产归国家所有。同时，中国实行社会主义制度，对民间的农村信用合作社进行了社会主义改造。1962 年中共中央、国务院批转中国人民银行《关于农村信用合作社若干问题的规定（试行草案）的报告》，明确指出：“信用社是农村人民的资金互助组织，是国家银行的助手，是我国社会主义金融体系的重要组成部分。”1977 年国务院发布了《关于整顿和加强银行工作的几项规定》，提出“信用社是集体金融组织，又是国家银行在农村的基层机构”，重申了农信社的性质。1978 年，农信社虽然与中国农业银行合署办公，归中国农业银行领导，但仍定位于国家银行在农村的基层机构，其亏损仍由国家负担。

3. 1979 年至 1996 年的农信社

这个时期的农信社，既是集体经济组织，又是中国农业银行的基层机构。1979 年，中共中央办公厅转发了中国人民银行《关于建议修改〈农村人民公社工作条例（试行）〉中有关信用社问题的报告》，同意将农信社更改为“是集体金融组织，又是农业银行的基层机构。办理农村各项金融业务，执行国家金融部门的职能任务”。农信社由于肩负政策性金融的职能，长期执行国家银行的低利率，经营性亏损不断增加，引起了党和国家领导人以及社会各界的关注，各方对农信社的性质问题进行了争论。但由于中国是社会主义国家，只能在集体所有制的框架下考虑农信社的改革问题，农信社的性质没有发生根本变化。1980 年 8 月，中央财经领导小组讨论银行工作时指出：“信用社下放给公社办不对，搞成‘官办’的也不对，这都不是把信用社办成真正集体的金融组织。信用社应该在银行的领导下，实行独立核算，自负盈亏。它要办得灵活一些，不应受银行一套规定约束，要起民间借贷的作用。”[1] 1984 年 1 月 1 日，中共中央在《关于一九八四年农村工作的通知》中提出：“信用社要进行改革，真正办成群众性的合作金融组织……” 农信社向恢复“三性”（组织上的群众性、管理上的民主性、业务经营上的灵活性）努力，独立性有所增强。1986 年前后，各地逐渐组建了县联社，对农信社进行管理、指导和调剂。1990 年 10 月 12 日，中国人民银行印发了《农村信用合作社管理暂行规定》，其中第二条规定：“农村信用社是集体所有制性质的合作金融组织，是我国金融体系的重要组成部分。农村信用社是实行自主经营、独立核算、自负盈亏、自担风险的企业法人，其合法权益和正当经营受法律保护，任何单位和个人都不得平调和挪用其财产和资金。”农信社的企业主体地位由此确定下来，但仍归属中国农业银行领导，其亏损由中国农业银行负担。1993 年，国务院进行金融体制改革，中国农业银行向商业化发展。直到 1996 年《国务院关于农村金融体制改革的决定》发布，农信社才与中国农业银行脱离行政隶属关系。

4. 1996 年至 2001 年的农信社

这个时期的农信社是企业主体，是合作金融机构。随着中国改革开放的深入，农信社的产权性质引起了争论。1996 年 8 月《国务院关于农村金融体制改革的决定》发布，其中指出，改革的核心是把农信社逐步改为“由农民入股、由社员民主管理、主要为入股社员服务的合作性金融组织”，承认了社员对农信社的所有权、对农信社的管理权，向合作制原则回归。1997 年 9 月 15 日，中国人民银行发布《农村信用合作社管理规定》，其中第二条规定：“本规定所称农村信用社，是指经中国人民银行批准设立、由社员入股组成、实行社员民主管理、主要为社员提供金融服务的农村合作金融机构。”1999 年 6 月 28 日发布的《中国人民银行关于印发〈关于组建农村合作社市（地）联合社的试点工作方案〉等三个文件的通知》中，对市（地）农信联社的性质也做了明确的规定：“市（地）联合社是经中国人民银行总行批准设立、由所在市（地）农村信用社县级联合社自愿入股组成、实行民主管理、履行行业管理和服务职能，具有独立法人地位的合作金融组织。”

5. 2001 年至今的农信社

这个时期的农信社因产权体制不同，其性质亦不同。以 2001 年 11 月 29 日全国第一家农商行——张家港市农村商业银行成立为标志，农信社改革进入新的改革发展阶段，其性质也发生了变化。2003 年 6 月 27 日，国务院下发了《深化农村信用社改革试点实施方案》，提出了改革总体要求：“加快农村信用

---

[1] 国务院，1984. 国务院批转中国农业银行关于改革信用合作社管理体制的报告的通知[EB/OL].（1984-08-06）. http://www.people.com.cn/item/flfgk/gwyfg/1984/112203198402.html.

社管理体制和产权制度改革，把农村信用社逐步办成由农民、农村工商户和各类经济组织入股，为农民、农业和农村经济发展服务的社区性地方金融机构，充分发挥农村信用社农村金融主力军和联系农民的金融纽带作用，更好地支持农村经济结构调整，促进城乡经济协调发展。”有的农信社改制为全县（区）统一法人，有的改制为农合行、农商行。

2003 年 9 月 12 日，《中国银行业监督管理委员会关于印发〈农村商业银行管理暂行规定〉和〈农村合作银行管理暂行规定〉的通知》发布，该文件对农商行和农合行的性质作了规定。其中，《农村商业银行管理暂行规定》第一条明确指出，本规定是“根据《中华人民共和国商业银行法》和《中华人民共和国公司法》”制定的；第二条指出，农商行是由辖内农民、农村工商户、企业法人和其他经济组织共同发起成立的“股份制地方性金融机构”；第三条规定农商行“主要以农村信用社和农村信用社县（市）联社为基础组建”；第四条则规定农商行“是独立的企业法人，享有由股东投资形成的全部法人财产权，依法享有民事权利，并以全部法人资产独立承担民事责任”，还规定农商行的股东“以其所持股份享有所有者的资产受益、参与重大决策和选择管理者等权利，并以所持股份为限对农村商业银行的债务承担责任”。

《农村合作银行管理暂行规定》第二条指出，农合行是由辖内农民、农村工商户、企业法人和其他经济组织入股组成的“股份合作制社区性地方金融机构”；第三条指出农合行“主要以农村信用社和农村信用社县（市）联社为基础组建”；第四条规定农合行“是独立的企业法人，享有由股东入股投资形成的全部法人财产权，依法享有民事权利，并以全部法人资产独立承担民事责任”，农合行的股东“按其所持股份享有所有者的资产收益、参与重大决策和选择管理者等权利，并以所持股份为限对农村合作银行的债务承担责任”。

2018 年 1 月 30 日，中国银监会发布《中国银监会关于废止部分规章的决定》（中国银行业监督管理委员会令 2018 年 2 号）；3 月 19 日，发布《中国银监会关于规范性文件清理结果的公告》（中国银行业监督管理委员会 2018 年第 1 号公告）。《中国银行业监督管理委员会关于印发〈农村商业银行管理暂行规定〉和〈农村合作银行管理暂行规定〉的通知》（银监发〔2003〕10 号）被废止。

2007 年 4 月 28 日，由北京农商行独自设立的村镇银行——“湖北仙桃北农商村镇银行”正式挂牌。2007 年 8 月 18 日，常州农商行作为第一大股东，在湖北省咸丰县设立咸丰村镇银行。2007 年 11 月 28 日，宁波鄞州农村合作行作为发起人，在新疆五家渠市建立了国民村镇银行。农信社跨区设立分支机构或对其他金融机构控股参股，是市场竞争的需要，是资源的整合，虽属于制度变迁的内容，但由于其主要是向农信社体制外扩展，本章不对其进行研究。

从以上综述可以发现，自农信社成立以来，中国对农信社性质的界定随着社会和经济体制的变化而变化，常见于领导人的讲话、政府文件中（包括中国人民银行和银监会文件）。文晖（2006）认为，“这种立法仍然属于行政规章，就整体而言缺乏系统性、稳定性和权威性。此外，有很多没有规范的地方都只能比照《中华人民共和国商业银行法》来执行。这种法律调整的缺位与错位，是中国农村信用合作社的合作性质长期被漠视、市场主体地位一直不明确的根本原因。‘合作金融法’也应尽早出台，并将保证农村合作金融组织的合作性和独立法律地位作为立法的首要宗旨，这是其他相关改革的前提和根本依托”。詹花秀和陈柳钦（2005）在《农村信用社改革对农村经济的影响及其未来取向》一文中也提出了制定“合作金融法”的建议。

二、改革开放后农信社制度安排的争论

在1993年以前，理论界存在着农信社是否与中国农业银行脱钩的争论，一种观点认为，“重新承认信用社既是合作金融组织，又是中国农业银行在农村的基层机构”，中国农业银行应加强领导，农信社应“克服闹独立的情绪，才能认真服从国家的宏观控制和贯彻各项有关财务管理制度”（侯兆录，1990）；另一种观点认为，“信用社应脱离银行的行政管理，自成系统，独立自主地发展”（朱作安，1980）。

关于合作制的内涵问题，一种观点认为，应坚持国际公认的五项合作原则；另一种观点认为，国际公认的合作原则因国情、社会政治、经济制度等条件的不同而有所区别，不能照搬移植，应根据中国的实际确定合作金融的内涵（周家鑫和祝建秋，1990）。

由于中国正处于社会主义初级阶段，存在不同的经济成分，客观上需要合作金融的生存与发展。现存的农信社是否是合作金融、能否改回去？多数人的意见认为，用国际公认的合作原则去衡量，现存的农信社已失去合作金融的性质。关于“现存的农信社能否办成真正的合作金融组织”，存在着广泛的争论。第一种观点认为，可以恢复合作金融的性质；第二种观点认为，难以恢复，也没有恢复的必要性；第三种观点认为，“合作”和“集体”的概念是相容的，实际上是一个性质，不存在恢复问题。由于对现存的信用社性质的认识不同，提出农信社改革的思路也不同，主要有三种观点：第一种观点认为，从初级阶段需要合作金融这一角度出发，农信社改革必须坚持恢复合作金融性质；第二种观点认为，要从农信社的实际出发确定改革的思路，总的方面是要强化农信社整体功能，理顺农信社关系，根据当地实际需要，宜分则分，宜合则合，宜大则大，宜小则小，改革的出发点放在有利于商品经济和有利于自身发展上

来；第三种观点认为，现存的农信社不论采取哪种模式，都已是合作金融组织，改革只需改变农信社“又是银行基层机构”的一面，在坚持合作金融的前提下，改革的重点是理顺外部环境，加强和改进中国农业银行对农信社的领导和管理，提高农信社经营管理水平。关于分类指导问题，一种观点认为，分类指导就是根据农信社的性质，即不同地区可以办成合作金融，也可以办成集体金融或其他组织；另一种观点认为，分类指导必须在坚持合作金融或集体金融的性质下（性质只有一个）进行分类，如果分类指导是各取所需，农信社就没有统一目标和方向[①]。

“合作制是一种产权制度或企业制度，它需要一系列前提条件。中国近50年来就不存在合作制生存的条件，在当前制度背景下，现有农村信用社体制确实不具备向真正合作制过渡的可能性”（谢平，2001）。通过实证分析可得，中国现有的信用合作社在业务开展、经营管理等诸多方面存在着问题与缺陷，已不能适应市场经济条件下以农村金融促进农村经济发展的需要，改革势在必行更迫在眉睫，而商业化是改革的可行出路（何光，1998）。农信社出现商业化倾向的原因，一方面是受商业银行示范效应的影响，另一方面是农信社自身提高抵御风险能力的现实要求。农信社面对的是风险较大的弱势群体，只有充分增加自身积累，实现利润最大化，才能增强防范风险能力。因此，商业化经营就成为农信社面临激烈市场竞争的一个必然选择。这不仅是市场本身选择的结果，也是农信社自身经营的一种内在需要（李维林和蔡远福，2009）。为此，一位银监会高层领导在2007年曾指出，“农村信用社早已不是真正意义上的合作制。要承认历史，尊重现实，坚决不能走回头路；要按照股份制方向，加快产权改造，优化股权结构”。农信社走商业化、股份制改造的道路成为必然。

三、2000年以来农信社制度变迁

（一）商业化与合作化

2003年6月发布的《国务院关于印发深化农村信用社改革试点方案的通知》（国发〔2003〕15号），确定了农信社改革的方向，但在是否坚持合作制原则上仍然存在一定争论。刘宏升等（2006）以改革后九江市农信社为对象进行了调查研究，认为改革后，农民贷款难问题并未得到较大程度的缓解，农民从改革中获得的金融服务及利益依然低下，农信社这种经营变异的结果在一定

① 资料来源：周家鑫，祝建秋，1990. 合作金融研究会第三次理论研讨会综述[J]. 农村金融合作(10)：58-61.

程度上背离了合作金融的宗旨和原则。石会文等（1997）认为，农信社走向商业化，是市场经济及金融竞争环境迫使其做出的经营策略调整，具有一定的商业化特征，并不掩盖其合作金融的本来属性。遵循路径依赖原理，从实际出发，让农信社既从事合作金融（面向农业），又从事商业金融（面向农村工业，流动性）（刘斌，1998）。合作金融商业化是历史的必然。合作金融商业化最主要的是指其服务范围不再局限于社员之间，在它对社会的服务中是以商业原则开展业务的（吴晓灵，1997）。

Bennoit Tremblay 和 Daniel Cŏtě（2002）认为，在合作制和商业化的关系中，合作制有自己的优势，也存在资金运用、资本和决策方面的约束。在“低度合作制和高度商业化”组合中，均衡是不稳定的，来自社员、管理层和雇员的压力可能会促使信用合作社回到合作制轨道上来。如果社员的需求从融资完全转化为利润偏好，则农信社具备彻底转制为商业银行的现实基础。因此，需求和偏好是农信社资本创新的关键。当社员对自己的需求无法准确界定时，农信社的商业化倾向就是不可避免的。商业化取决于社会需求，如果农信社的经营行为日益脱离社员，则合作制就名存实亡。在社员可以从多渠道获得金融服务、传统弱质产业逐渐消失或社员自身需求发生变化时，农信社自身也可能发生质变。

2002 年 3 月，中国人民银行代表团考察了法国最大的合作金融机构——农业信贷银行，考察后得出以下四点基本结论：①合作制的基础是社员参与基层农信社决策、地区行参与总行决策的自下而上的集体理性；②在基层信贷决策上，合作制下的民主性和商业化的专业性可以相容并蓄，但前提条件是在权力边界清晰的条件下，社员与专业银行家各自发挥比较优势；③无论采取何种治理结构，多样化经营是合作金融发展到高级阶段的必然选择，原因在于农业在世界范围内普遍具有低收益率特征，只有做到资金运用的非农化，才能实现“以非农养农”和农业信贷的可持续发展；④合作制、商业化和政策金融在农村金融组织运行中的统一具有必然性，原因在于农业在国民经济中的基础性、资金融通上的跨地域性和追逐高收益率的本能①。

从中国经济发展的情况看，中国已具备了“以非农养农”的能力，资金运用也呈现非农化的倾向。农信社应顺应时代变化，坚持服务社员、服务“三农”和追求效益的统一，坚持商业化方向，加快改革步伐；以满足客户需求为目标，改进服务，增强服务功能，实现多样化经营。

① 资料来源：中国人民银行代表团，2002. 论合作金融的混合治理结构：从法国农业信贷银行的制度变迁看中国农村信用社体制改革[J]. 金融研究（7）：1-9.

（二）管理体制改革

高峰（2006）认为，尽管改革方案对省联社的功能、定位、职责均有明确的规定，但在实际中，省联社对基层农信社的管理普遍存在越位、串位和缺位现象，与中央改革的初衷背道而驰，将给农信社乃至农村经济的发展带来严重影响。阮红新（2006）从制度安排的角度分析了省联社运行模式后指出，省联社本身具有政企合一的性质，同市场经济条件下微观主体的基本运行规则相违背，陷入了自我冲突的制度困境，因而只是一种过渡性的制度安排。北京、上海、重庆组建了一级法人的农商行，天津组建了两级法人的农合行，其他各省（自治区、直辖市）都选择了省联社形式。2008 年中央 1 号文件指出，要维护和保持县级联社的独立法人地位。2008 年 10 月，党的十七届三中全会通过了《中共中央关于推进农村改革发展若干重大问题的决定》，进一步明确了农信社改革方向是“改善农村信用社法人治理结构，保持县（市）社法人地位稳定，发挥为农民服务主力军作用。”张明久（2009）提出，“省联社改革应按照市场化、商业化取向，以省联社为基础，以省会城市地区县级联社、农村合作银行、农村商业银行或省会城市周边地区县级联社、农合行、农商行为依托，引进战略投资者，采取新设合并方式，组建区域性的股份制金融控股公司或农商行，以此作为推进全省农村信用社股份制改造的同一平台，逐步对全省其他县级联社（农合行）进行股份制改造”。

（三）农信社可持续发展

对任何经济组织来说，追求利润是非常重要的。农信社要保持其竞争优势，也必须追求利润。贷款是农信社主要的收入来源，其投向、利率关系到农信社可持续发展。

在农村金融市场上，单个客户信贷需求额小、量少，由大银行直接来做小额的金融业务，无论是人员成本还是机构成本都很高，是不经济的资源错配。臧景范（2009）指出，“农村合作金融机构经营区域在农村，竞争优势也在农村，在长期发展过程中已经与‘三农’形成唇齿相依、荣辱与共的鱼水关系。这种关系为农村合作金融机构在农村地区的业务发展奠定了坚实的市场基础。同时农村地区小额分散的金融业务特点也有利于发挥农村合作金融机构点多面广和人缘地缘关系密切的特点和优势。远离‘三农’弃乡进城，对农村合作金融机构而言，就是弃己所长，用己之所短，就是用自己的短板与人家的长项去竞争，势必在日趋激烈的市场竞争中处于下风，遭受失败，这一点在历史上已经得到了反复的验证。”

从已改制的实践看，农商行不但没有偏离支农方向，反而更加注重发挥传统优势，培育新的比较优势，选择特色经营，提高了经营水平。张建刚（2009）指出，事实上，“农村金融机构是否支农并不是由其资本金来源和经营规模大小决定的，而是由农村金融市场的需求和金融机构自身的竞争优势决定的。”因此，农信社在改革中要坚持“四个面向”的市场定位，切实履行支持“三农”的责任。只有这样，才能在帮助农民脱贫致富、促进当地经济发展的同时，巩固和发展客户群体，巩固和扩大农村金融的主力军地位，实现可持续发展。

在贷款安全性方面，农信社发放小额信贷的对象既包括中收入家庭，又包括低收入家庭。孟加拉乡村银行（格莱珉银行）创办者尤努斯教授认为，穷人也有享受金融服务的权利；穷人之所以生活艰难，是“因为金融机构不能帮助他们扩展他们的经济基础，没有任何正式的金融机构来满足穷人的贷款需求。”尤努斯教授的实践证明，穷人是最守信用的。孟加拉乡村银行一直保持着低于1%的坏账率（张耀昆，2009）。韩俊等（2007）对中国 21 个合作银行、40 个一级法人和 31 个二级法人调查发现，农业和农户贷款的不良发生率都低于其他贷款不良贷款的发生率。目前，中国建立了个人征信系统。通过宣传，公民对个人征信有了正确的认识。农村信用环境逐渐得到改善，农民、个体工商户和中小企业的守信意识将显著提高。这将有利于农信社收回贷款，贷款的安全性将大大增强。

在贷款效益性方面，尤努斯教授的探索也证明了“穷人银行也能赚钱”。数据表明，自成立以来，除个别年份外，孟加拉乡村银行一直保持了盈利状态（张耀昆，2009）。韩俊等（2007）在考察农户借贷决策和借贷需求行为特征时，发现利率并不是农户借贷所考虑的主要因素，家庭收入、生产经营特征才是真正影响和决定农户信贷需求行为的主要因素。目前，贷款利率由农信社决定，基本一浮到顶，远高于其他商业银行的利率，远高于存款平均利率。韩俊等（2007）的调查还显示，2001—2004 年，农信社贷款年利率的平均值分别为 7.21%、7.20%、7.44%和 8.02%，而存款年利率平均值分别为 2.02%、2.04%、2.02%和 2.14%。从存款和贷款利差来看，农信社能够实现商业化运营，实现盈利，确保可持续发展。

农信社产生于农村，发展于农村，离不开农民的支持，而要确保可持续发展，必须继续做好小额信贷产品，通过小额信贷支持农民致富，实现双赢。侯粤峰和王庆国（2009）通过对小额信贷在中国产生的背景以及发展历程的研究，指出实现小额信贷商业化的必然性，小额信贷商业化是实现小额信贷政策性目标和商业性目标的双赢之路。颜春玉（2008）认为，商业化可以使小额信贷持久地服务目标群体，商业化小额信贷是增加农村资金供应的有效途径。

张功平（2004）指出，坚持市场化改革方向的原则，不仅在农信社管理体制和产权制度的改革中应该有充分的体现，而且也体现在农信社作为独立的市场主体，按照市场法则和价值规律从事业务活动。对农信社来说，支农成本高、风险大、收益低，与效益原则是有矛盾的，但这一矛盾在实践中并非得不到解决。从农信社的历史、现状及其与其他银行业金融机构的竞争优势来看，“三农”这个市场无疑是其权衡、博弈之后的首选，有其得天独厚的条件。盲目地抛弃农村，挺进城市，结果只有死路一条。因此，农信社服务“三农”的市场定位，应该是明确的、不容置疑的。重要的是农信社能否在服务“三农”中找到支农和效益的最佳结合点。从各地农信社的经营状况来看，有许多在服务“三农”上做得有声有色、实现社会效益和经济效益“双赢”的典型。农信社农户小额信用贷款和农户联保贷款回收快、效益高，也是一个很好的证明。同时，对那些经营效益差的亏损农信社进行一一研究，也可以发现，其经营状况差并非是支农造成的。农信社支持“三农”，只要工作做到位、做得好，可以实现支农与提高经济效益的统一。

四、小结

从以上理论综述中可以看出，农信社实行商业化和股份制是今后的改革发展方向。同时，农信社还必须坚持服务“三农”的市场定位，这是确保可持续发展之路，既具有必要性，又具有可行性。

一切理论都需要和实践相结合。当前，农信社改革发展正处于良好的机遇期，国家对农村金融的发展制定实行了一系列激励政策。在这个背景下，本章选择济南市长清区农信联社①作为研究案例，对其制度变迁全面进行分析，有利于加深认识，提升理论高度。

第三节　农信社制度变迁

本节主要依据所收集的中华人民共和国成立后有关农信社制度变迁的文件以及济南和长清的相关文书、会议记录、任免资料等，对农信社的制度变迁进行研究。

① 由于历史的变迁和行政区域的划分，不同时期，长清区域的农信社冠名不同。为了便于叙述，在本章中，1980 年以前，称为“乡农信社”；当论述跨几个时期，而各个时期的名称不同，称为“长清农信社”；分门办公后至 2005 年 8 月，称为“长清县农信联社”或“长清联社”；2005 年 8 月以后，称为“济南市长清区农信联社”或“长清联社”。

一、长清农信社的历史沿革

很多学者对农信社的制度变迁进行了研究，对农信社发展阶段的划分，依据不同的标准，有不同的结果。本节依据《长清文史资料》记载，将长清农信社的发展分为以下五个阶段：

（一）试办推广阶段（1953—1956年）

1953年2月，为帮助农民发展生产，打击和消灭高利贷的剥削，促进农村合作化运动的开展，根据中共中央精神，长清县人民政府决定发展农村信用合作事业。

首先在一区杨庄乡试办农信社。杨庄乡政府在当地选出公正能干、在群众中有一定威信、具有高小文化水平的两名农民青年进行业务培训。这两名同志参加了乡政府农信社筹备小组，按照“入社自愿、退社自由”的原则，制定社章，进行宣传动员，动员农户入股和存款，筹集股金，每户1股，每股2元（旧币2万元），入社费一角（旧币1千元）。当社员发展到全乡农户半数以上、存款达到一定数额时，中国人民银行派人参与乡农信社的组建工作，召开社员代表大会，通过社章，成立理事会和监事会（各5人），选举理事长、监事长，正式建立了杨庄乡农信社。当时，杨庄乡农信社工作人员只有两人，一人是理事长兼主任，一人是会计，他们都办理业务。通过试点，长清县人民政府总结经验，确定了用人标准：除公正能干、在群众中有一定威信、具有高小文化水平以外，还必须是家庭比较富裕的中农。因为贫农家庭条件不好，群众信不过。当时，群众对比较富裕的中农评价较好。各乡按照这些标准分别选拔两名同志参加了1953年9月的培训班，中国人民银行长清县支行的领导和同志授课。10天培训班结束后，各乡政府成立筹备小组，按照要求筹建农信社。到1953年底，以乡政府为单位，全县共组建农信社80余处，每个农信社都成立了社员代表大会、理事会、监事会，理事长由农信社主任担任，监事长由各乡乡长或社会知名人士担任。乡政府主持，理事会、监事会一年召开两次会议，但只坚持了两年。

有的农信社在集市、街边租用农户的房子办公，但多数农信社在会计人员家中办工。农信社工作人员没有工资，义务出工，也没有福利待遇，再加上人员由乡政府任命，因此农信社工作人员特别是主任的变动比较频繁。

1954年，以小乡为单位的农信社45处，全县农信社人员125人；1956年，农信社52处，发展农信社社员64 019户，吸收股金9.7万元，存款余额41.7万元，贷款余额34.6万元。

由此可以看出，长清的农信社虽然是由农民投资入股组成的，但并非由农民自动发起设立。乡农信社自成立的那天起，就没有人事管理等方面的自主权，也不存在真正意义上的民主管理，有“合作制”之名，无“合作制”之实。

专栏 2-1　中华人民共和国成立初期的全国农村信用合作社情况

1950 年 3 月，中国人民银行在召开的第一届全国金融会议上，明确了农信社试办的方针和任务。会议认为，农信社是银行与广大农民群众的桥梁，是组织农民自助互助的基层信用组织，并决定于 1950 年在中国人民银行机构较健全、合作工作有基础的省份（如山西、河北、察哈尔、山东、河南等）先进行典型试办。1951 年 5 月第一届全国农村金融会议决定，在全国范围内试办信用合作组织。1951 年 7 月，中国人民银行总行发出《关于开展农村信用合作的补充指示》：关于信用合作组织的领导关系和组织形式问题，经全国合作总社提出建议，经中国人民银行总行研究，由中国人民银行负责组织领导，除供销社下设信用部外，其余仍照全国农村金融会议文件办理。1951 年 8 月，中国人民银行总行、中华全国合作社联合总社又发出《关于农村信用合作工作注意要点的联合指示》，对农村信用合作工作由中国人民银行统管的有关问题做了明确规定。从此，农村信用合作工作就由中国人民银行负责组织领导了。农信社经过 1950—1953 年的重点试办和 1954 年的大发展，到 1955 年底统计，全国已建立农信社 159 363 个，实现了乡乡建社的要求。办社职工 32 万人，拥有股金 2.05 亿元，各项存款 6.07 亿元，贷款余额 3 亿元，转存银行款 5.9 亿元，成为农村金融领域一支重要的组成部分。

资料来源：济南市长清区政协，2006. 长清文史资料[M]. 北京：中国国际广播出版社：221.

（二）巩固壮大阶段（1957—1971 年）

1957 年，随着行政乡的调整、合并，按照“一乡一社”的原则，将 52 处农信社并为 51 处农信社，发展农信社社员 66 918 户，占总农户的 90%以上；吸收信用股金 10.3 万元，占应征股金的 67%；全年吸收农村存款 30 万元，年底余额达 58 万元，其中，群众存款占 25%，农业社及其他存款占 75%；全年放出贷款 25 万元，其中，社员贷款 14 万元，农业社贷款 11 万元，分别占 58%、42%。农信社在支援农业生产、打击高利贷和促进农业合作化运动中显示了优越性，群众反映较好，将农信社称为“自己的小银行”。

1958 年 5 月，根据山东省委指示，实行“三社合一”，将农信社和供销合作社的基层零售商店移交给农业合作社，作为农业合作社的信用部和供销部，由农业合作社领导经营，不久即收回。

1959年1月，随着农业合作化运动的发展，成立8处人民公社信用部（人员未到位），下设72处信用分部；同年6月，人民公社信用部撤销。

1960—1971年，随着行政区划分，又调整为以管区为单位，设57处农信社，脱产农信社人员176人。同时，还设大队信用站（以自然村为主）469个，不脱产农信员111人。在这一阶段，农信社体制基本稳定。

农信社之所以发展壮大，主要是因为它贴近农民，方便农民存款和贷款，特别是在自然村建立信用站，更进一步密切了农信社与农民的联系，使农民得到了实实在在的便利，从而得到了广大农民的支持，被农民称为“自己的小银行”。

（三）寄人篱下阶段（1972年—1994年4月）

这一阶段又分为三个时期。

1. 1972年—1980年9月，与中国人民银行合署办公时期

1972年，将57处农信社并成以人民公社为单位的8处农信社，和中国人民银行在人民公社的营业所合署办公。中国人民银行向农信社提出了建立信用站的要求。1976年8月，随着行政区划的变动，长清县农信社又增设了五峰、崮山两个农信社，农信社达到10处。1976年底，长清全县基本实现了村村建站。

2. 1980年9月—1994年4月，与中国农业银行合署办公时期

1980年9月，中国农业银行长清县支行恢复，10处乡级的农信社分别与中国农业银行储蓄所合署办公。1982年以后，农信社实行独立核算，自负盈亏，存贷业务大幅度增长，经营效益不断提高。1985年，长清县的农信社下辖城关、归德、孝里、双泉、马山、五峰、万德、张夏、崮山、平安10个农信社，14个农信社分部（以下简称“农信分社”），两个农信社储蓄所，520个大队（以自然村为主）信用站，有脱产专职农信社干部、不脱产农信社干部172名，不脱产农信员520名；发展农信社社员89 735户，占总农户的81.5%，吸收信用股金18.13万元。长清县农信社业务由简到繁，已承办银行委托的农村存款、贷款、收款、转账结算和现金管理等项业务。1985年底，长清县农信社存款余额达5 156万元，相当于同期中国农业银行农村存款的3倍。其中，集体存款715万元，社员储蓄存款4 441万元；贷款余额3 381万元（其中，农业贷款1 766万元，企业贷款1 615万元），相当于同期中国农业银行的1.8倍。1988年底，长清县农信社存款余额9 132万元，贷款余额6 150万元（其中，农业贷款1 817万元，企业贷款2 279万元），相当于同期中国农业银行贷款余额的1.3倍。1993年，长清县农信社着手准备分门办公，同时广泛发动农户入股，到年底股金达到804万元。

3. 1994 年 4 月—1996 年 11 月，与中国农业银行分门办公，仍隶属中国农业银行

1994 年 4 月 29 日，长清县农信联社成立。长清县农信联社与中国农业银行长清支行分门办公，但仍隶属中国农业银行济南分行。中国农业银行济南分行下达任务指标和指令性计划，在人事安排、工资、固定资产购买、网点建设、“三防一保”等方面仍有控制和管理权，仍有业务检查稽核权。长清县农信联社主要管理基层农信社，下辖 4 个职能科室、10 个农信社、11 个农信分社、7 个农信社储蓄所，有职工 322 人。5 月 13 日，根据中国农业银行济南市分行《关于做好行社之间人事劳资交接工作等问题的通知》（济农银人字〔1994〕38 号），长清县农信联社与中国农业银行办理交接手续。自 6 月 1 日起，长清县农信联社正式运作。9 月 3 日，与中国农业银行召开联席会议，研究行社分门办公后的房地产权界定问题。以后，又多次协商，达成了协议：双方轧计后，中国农业银行偿付长清县农信联社 1 013 456.65 元。11 月 30 日，向中国农业银行济南市分行上报了《关于农行营业所、信用社房地产权界定清偿工作报告》（〔1994〕长农银字第 53 号）。与中国农业银行分门办公后，长清县农信联社从建章立制入手，完善各项规章制度，使各项工作有规可依；通过各种媒体，大力宣传农信社，扩大社会知名度，扩展业务；大力加强科技信息建设，借助网络技术，不断提高结算效率，改善金融服务；继续增资扩股，提高抗风险能力。1996 年底，长清县农信联社股金达到 1 229.9 万元，存款和贷款分别达到 59 418.2 万元、49 138.8 万元，分别比 1993 年底增加 24 869.6 万元、30 511.7 万元，实现了“一年打基础，二年上台阶，三年大变样”的奋斗目标。

在这一阶段，长清农信社虽然“寄人篱下”，没有人事和经营自主权，但以服务“三农”为宗旨，大力拓展业务，实现了可持续发展。

专栏 2-2　行社分家对中国农业银行的影响

1994 年 7 月 15 日，中国农业银行济南市分行《1994 年上半年信贷资金计划执行情况报告》（济农银发〔1994〕85 号）中指出：“目前，上存资金月利息 0.885%，而存款成本已达 1.056%，受信贷规模的制约，剩余头寸不能充分运用，上存省行又形成利率倒挂，这一问题已开始影响各行的存款积极性，而且也严重影响了我行的业务经营。”“行社分门办公后，信用社从自身的经营出发，增加贷款投放，扩大资金运用，从而给银行的资金平衡造成了极大的困难度。另外，由于信用社扩大投放，银行贷款萎缩，使农业银行的信誉地位和作用也开始发生了一些新的变化。”

资料来源：中国农业银行济南市分行《1994 年上半年信贷资金计划执行情况报告》（济农银发〔1994〕85 号）。

(四) 努力向合作制回归阶段 (1996年11月—2003年9月)

1996年11月，长清农信社与中国农业银行脱离行政隶属关系，由济南市农村金融体制改革办公室领导，开始向合作制回归。主要措施包括：①规范股金。对存款性股金进行清退，1997年底股金减到614.6万元。②建立“三会”(社员代表大会、理事会、监事会)。1998年9月15日，长清县人民政府成立了由县政府领导和政府办公室、县中国人民银行、县农信联社、县财政委员会、县农业委员会、县地税局、县国税局、县财政局、县工商局等部门组成的规范农村信用社工作小组，制定了《长清县规范农村信用社工作方案》，对农信社进行规范。到1998年11月底，各乡镇农信社成立了理事会、监事会，召开了第一届社员代表大会，通过了农信社章程。长清县农信联社于1998年11月5日召开了第一届社员代表大会，表决通过了联社章程和理事会、监事会工作制度，成立了理事会、监事会。③建立激励制约机制。2001年6月，按照《济南市农村信用社劳动用工和工资分配实施办法》，长清县农信联社开始进行人事制度改革，全员测试达标上岗，中层以上干部竞聘，实行领导干部年薪制、员工岗位工资制和客户经理制三个办法，形成了“员工收入与单位效益紧密挂钩、工作靠实干、收入凭贡献”的激励约束机制。④根据1999年9月23日中国人民银行下发的《关于适当提高社员入股额度 搞好农村信用社增资扩股有关问题的通知》，长清县农信联社从1999年12月开始进行增资扩股。其中，增加农信社干部职工的股金，农信联社副主任以上领导干部每人7 000元，农信社副主任以上领导干部(包括正、副科长)每人6 000元，农信社职工(含联社)每人5 000元。到2004年底，股金总额达到6 352.1万元。

在这一阶段，因长清县于2000年5月8日正式实施撤县划区，长清县的农村信用合作机构更名，冠以“济南市长清区”。另外，因长清县城市信用社风险较大，1999年1月18日，以兼并式收购的方式，将长清县城市信用社划归长清县农信联社。

在这一阶段，虽然有各种有利因素，但长清县农信联社向合作制的努力并没有成功。有利因素是：①1996年8月发布的《国务院关于农村金融体制改革的决定》中指出，改革的核心是把农信社逐步改为“由农民入股、社员民主管理、主要为入股社员服务的合作性金融组织”。这为合作金融定了位，明确指出了农信社的发展方向，要把农信社办成真正的合作金融组织，这是实行合作制有力的政策依据和保证。②农信社与中国农业银行脱离了行政隶属关系，对农信社的改革由各级农村金融体制改革办公室负责，体制上已经理顺，不受其他的干扰和约束，能够确保农信社合作制原则的推行。③从国家宏观环境上讲，市场经济取代了计划经济，特别是农村经济的多样化，客观上为农村合作金融的发展提供了广阔的天地，有利于农信社合作制的发展。④经过 40 多年的发展，农信社曾经的经验教训对改革是很好的借鉴。同时，农信社业务发展壮大，群众对农信社的看法有了很好的转变，承认了农信社。综合以上有利因素，长清县农信联社本来应该有很好的条件去坚持合作制，但这次向合作制回归没有选好时机。1997 年和 1998 年，很多企业破产倒闭或关门停产，一方面造成了长清联社不良贷款急剧增加，存在着很大的支付风险，人们对农信社能否生存下去存在疑问；另一方面，农信社的干部职工把保生存、保饭碗作为头等大事，忙于抓存款、清不良，没有精力进行合作制规范。同时，有些领导干部对这次规范有不同的看法，认为在市场经济的条件下，没有必要再搞合作制，搞合作制就是倒退。从而使这次规范又一次走了形式，搞了“大呼隆”，各农信社“三会”成立以后，没有召开过一次会议，有其名无其实。

专栏 2-3　1998 年长清县农村信用合作社规范资料

农信社规范可以分为以下五个阶段：

(1) 宣传阶段（10～15 天）。举办培训班，召开动员会，采取多种形式向社会各界和广大群众宣传。

(2) 清股扩股阶段（10 天，与宣传发动压茬进行）。对原有股金进行清理核实、登记，并组织吸收新的入股资金。有股金明细账，没有股金证的，以账为准；无股金明细账，有股金证的，以股金证为准；对无法明确持有人的，经联社批准可转为资本公积金。在清理核实股金的同时，将历年应付未付股息和红利一并兑付。规范社员入股最低金额，每个个体 50 元，每个单位 5 000 元。社员入股金额为 50 元和 5 000 元的整数倍。原有社员继续参股的，必须补足至 50 元和 5 000 元的整数倍。农信社职工必须入股，一般职工每人 1 000 元，正、副主任每人 2 000 元。

(3) 建立民主管理机构阶段（大体安排 10 天，9 月底前后完成）。主要任务是选举建立社员代表大会、理事会、监事会。社员代表原则上直接选举产生，也可经农信社上届理事会（或规范小组）与各选区村委会协商提名候选人，张榜公布候选人名单，按照社区社员在规定时间内未有超过半数提出异议即视为同意的方法选举产生。社员代表名额视信用社服务社区的大小而定，一般以 40～50 人为宜。理事会是社员代表大会的常设执行机构，一般由 5～9 名组成。理事会、监事会成员候选人名单由上届理事会或规范工作小组提名，经县联社同意后，交由社员代表大会选举，实行等额选举。监事会成员可从社员代表中产生，也可由非社员代表大会选举产生。监事会由 3～7 名监事组成，非社员监事不得超过监事总额的 1/3。

理事会、监事会成立后，分别召开第一次会议。理事长、副理事长由联社提名，经县中国人民银行支行审查任职资格合格后，由理事会选举产生。理事长、副理事长为农信社主任、副主任。农信社主任为法人代表。根据县联社的提名，由监事会选举监事长。

(4) 规范农信社县联社阶段（大体安排10天，10月上旬以前结束）。每个农信社都要向联社入股，每个农信社入股金额不得低于5万元，一般不得高于股金总额的20%。联社职工集中资金入股。联社不吸收其他个人和企事业单位入股。联社职工入股最低限额，按一般职工、中层职工、联社主任分别确定为每人1 000元、2 000元、3 000元。

召开社员会议，选举新的理事会、监事会，产生新的民主管理的监督机构。理事会由5～11名理事组成。联社理事长、副理事长和主任、副主任人选，由县中国人民银行征求市农村金融体制改革领导小组办公室意见后提名推荐，经县委、县政府同意，由县中国人民银行支行进行资格初审，市中国人民银行负责最终审核；理事长、副理事长由联社理事会选举产生，主任、副主任由联社理事会聘任，理事长、副理事长可兼任联社主任、副主任。监事长由监事会选举和更换，监事长担任总稽核。

资料来源：《长清县规范农村信用社工作方案》。

（五）深化改革阶段（2003年9月至今）

长清联社于2003年9月5日召开了全区农信社旺季工作会议，传达了全国、全省农信社改革试点精神；2003年10月21—23日，按照《农村信用社改革试点中央银行票据操作办法》，对资不抵债及扶持政策进行测算评估；2004年2月，上报《实施全县统一法人方案》；2004年3月5日，与长清区委、区政府联系协调，按照《国务院关于印发深化农村信用社改革试点方案的通知》（国发〔2003〕15号）及《山东省农村信用社深化改革实施方案》，提出实行以县为单位统一法人的申请；2004年3月15日，成立机构改革领导小组；2004年4月15日，上报了《长清联社中央银行专项票据发行申请》；2004年6月2日，与中国人民银行济南分行营业部签订了《专项中央银行票据确认书》和《农村信用社改革试点专项中央银行票据协议书》，置换不良贷款7 994万元；2004年6月16日，成立“济南市长清区农村信用合作联社”筹备组，按照以县（市）区为单位统一法人改革实施方案进行准备，制订清产核资实施方案，进行清产核资；召开理事会、社员代表大会，形成同意合并组建的决议；制定募股说明书，进行股金募集，签订发起人协议书；向中国银行业监督管理委员会山东监管局（以下简称“山东银监局”）提出筹建申请，上报筹建材料等。

2005年6月2日，济南市长清区农村信用合作联社创立大会召开，会议审议通过了《章程（草案）》《社员代表大会议事规则》《2005—2007年经营方针和业务发展规划》等，选举产生了理事会、监事会；召开了首届理事会第一次会议，选举产生了理事长，审议通过了主任、财务、信贷、稽核等部门负责人人选和理事会议事规则，以及财务、信贷、人事劳资、稽核、安全保卫管理暂行办法；召开了首届监事会第一次会议，选举产生了监事长，审议通过了监事会议事规则等。2005年7月22日，长清区政府承诺补贴农信社资金756 978.89元入账。2005年8月15日，山东银监局同意济南市长清区农信联社开业。2005年9月23日，以区为单位统一法人改革揭牌仪式举行，标志着长清农信社的改革发展进入新的历史阶段。

济南市长清农信联社自成立以来，“三会一层”按照《章程》运作，形成了决策、执行和监督相制衡的经营机制；在不违背章程、法人治理指引及有关授权规定的前提下，实行了理事长、主任、监事长联席会议制度，加强协调配合，确保了各项决议的贯彻执行。同时，适时召开社员代表大会、理事会会议和监事会会议，对重大事项审议表决，提高了决策的科学性；建立并落实了理事、监事和高级管理层绩效评价标准和程序，对理事的评价由理事会做出，并向社员代表大会报告，对监事的评价由监事会做出，对高级管理层的评价、薪酬与激励方式由理事会下设的薪酬委员会确定。2005—2009年，按照考评管理办法，通过述职、考评、考核，分别在社员代表大会上做了说明。为完善法人治理结构，推行民主管理，完善监督体制，按照区域设立了10个乡镇社员民主监督小组，并制定了《乡镇社员民主监督小组工作制度》，保证了民主监督小组的正常运行。民主监督小组受监事会领导，定期对农信社经营情况、支农情况、对外服务、廉政建设等提出建议和意见。2005—2008年，每年都召开了各乡镇社员民主监督小组座谈会，收到小组成员监督意见书109份。对这些意见，监事会都进行了调查核实，并督促经营班子制定措施、落实整顿，促进了业务健康发展。2007年6月4日，成功兑付中央银行票据7 994万元。

济南市长清区农信联社于2008年6月制定实施了《2008—2010年监管指标达标规划》，2009年3月制定实施了《创建良好银行三年规划》，2009年9月开始进行股权改造，动员社员将资格股转为投资股，为下一步银行化改革创造条件。

专栏 2-4　三年达标规划的目标

2008 年 6 月 17 日，山东银监局提出了三年达标规划，“全辖农村合作金融机构 2008—2010 年主要风险指标及监管评级达标升级规划总体目标是：到 2010 年末，资本充足率总体达到 8%，不良贷款率下降到 10%以下，拨备充足率达到 70%以上，历年亏损挂账消化完毕，农信社总体评级达到四级以上水平，农村银行机构总体评级达到三级以上水平”。

资料来源：《山东银监局办公室关于印发农村合作金融机构 2008—2010 年达标升级规划和考核办法的通知》（银监鲁办通〔2008〕118 号）。

二、长清农信社沿革阶段的特征

（一）管理体制

第一、第二阶段，即 1953—1971 年，长清县的农信社一方面受当地政府的领导，另一方面同时接受当地中国人民银行的领导和监督。1953 年，中国人民银行长清县支行设立了农金股，专门负责对当地农信社的业务指导和监管。农信社在乡中国人民银行储蓄所开户、留备用金后，超额资金交中国人民银行储蓄所，中国人民银行给利息。农信社也帮助中国人民银行储蓄所收贷款。虽然中国农业银行长清支行于 1956 年 2 月设立，其职责之一是指导农信社的工作，但与中国人民银行在一起，并于当年 6 月被中国人民银行撤销合并，1964 年 2 月恢复，1965 年 12 月再次被中国人民银行撤销合并，由于存在时间较短，对农信社基本没有发挥管理职能。在这一阶段，长清县的农信社在人事上接受当地政府领导，在业务上受中国人民银行长清支行的领导和监督。

第三阶段的第一个时期，即 1972—1980 年 9 月，与中国人民银行储蓄所合署办公，两个牌子，两套班子，两套账，农信社独立核算，人员、业务全都归中国人民银行储蓄所管理，但农信社干部任命和人员进入都归人民公社负责。

第三阶段的第二个时期，即 1980 年 9 月—1994 年 4 月，与中国农业银行合署办公。1980 年 9 月，中国农业银行长清县支行恢复，代理中国人民银行管理农信社，设立了信用合作股，信用合作股具体履行对当地农信社的管理和领导职能，各乡镇农信社与中国农业银行储蓄所合署办公，一套班子，两块牌子，两套账，人、财、物和业务全部由中国农业银行长清支行管理，但农信社独立核算。

第三阶段的第三个时期，即 1994 年 4 月—1996 年 10 月，归中国农业银行济南分行管理。1994 年 4 月，长清县农信联社成立，虽然与中国农业银行分门办公，但接受中国农业银行济南市分行领导和管理，同时接受中国人民银行长清支行监管。中国农业银行济南市分行向长清县农信联社下达任务指标，在业务、人事、网点、固定资产等方面进行管理指导，中国农业银行长清县支行主要为农信社提供结算、现金供应等方面的服务。长清县农信联社管理各乡镇的农信社，与各乡镇农信社的关系除领导与被领导、管理被管理的关系外，在经营上是独立法人之间的平等关系，在资金上是同业借贷关系。按照中国农业银行山东省分行《关于在全省筹建县（市、区）农村信用社联合社有关问题的通知》（鲁农银发〔1995〕71 号），县联社的具体职责是：①贯彻执行国家的金融方针、政策、法规和各项规章制度；②研究和制定农信社机构、业务发展计划和内部管理制度；③实施对农信社的日常管理工作；④履行对农信社业务活动和管理工作的稽核和辅导，帮助农信社搞好经营管理；⑤开展自身的业务经营，并为基层农信社的经营管理提供服务，促进当地经济的发展。

第四、第五阶段，即 1996 年 11 月 1 日至今。1996 年 11 月 1 日根据《国务院关于农村金融体制改革的决定》，长清县农信联社正式与中国农业银行脱离隶属关系，归济南市农村金融体制改革领导小组领导。2004 年 6 月，向山东省农信社联社参股，隶属山东省农信联社，原济南市农村金融体制改革领导小组改为山东省农信联社济南办事处，代表省联社行使对长清县农信联社的管理权。在监管方面，1996 年 11 月—2003 年 10 月，中国人民银行长清县支行仍负责对当地农信社的监督管理；自 2003 年 11 月起，长清县农信联社归山东银监局监管，中国人民银行济南分行营业部监督长清县农信联社的货币政策执行情况。

专栏 2-5　省联社、中国人民银行、银监会对农村信用合作社的管理职能

省级联社的具体职责包括：①建章立制，加强监督管理。结合当地农信社实际，制定农信社业务经营、财务核算、劳动用工、分配制度、风险控制等管理制度并督促执行。②指导农信社健全法人治理结构，完善内控制度，逐步形成决策、执行、监督相制衡，激励和约束相结合的经营机制。督促农信社依法选举理事和监事，选举、聘用高级管理人员。③对农信社业务经营、财务活动、劳动用工和社会保障及内部管理等工作进行培训、辅导和稽核检查。逐步扩大对外部股东、社员代表、理事、监事的培训，提高其参与农信社决策的能力。④改进和完善当地农信社的资金清算和结算的技术支持系统，提高资金清算和管理效率，办理或代理农信社的资金清算和结算业务。⑤为当地农信社提供业务指导和信息咨询服务。及时提供资金需求信息，鼓励法人之间开展同业拆借等同业融资活动。在平等自愿、明确债权债务关系和法律责任的前提下，为基层农信社融通资金。⑥代

表农信社协调有关方面关系，维护农信社的合法权益。⑦省级人民政府授权行使的其他管理职责。

银监会的监管的职责包括：①根据有关法律、行政法规，制定监管制度和办法。②审批机构的设立、变更、终止及其业务范围。③依法组织现场检查和非现场监测，做好信息统计和风险评价，依法查处违法违规行为。建立农信社监管评级体系和风险预警机制，根据农信社评级状况和风险状况，确定对其现场检查的频率、范围和需要采取的其他措施。④审查高级管理人员任职资格，并对其履行职责情况进行监管评价。⑤向省级人民政府提供有关监管信息和数据，对风险类机构提出风险预警，并协助省级人民政府处置风险。⑥对省级人民政府的专职管理人员和省级联社的高级管理人员进行培训。⑦受国务院委托，对省级人民政府管理农信社的工作情况进行总结评价，报告国务院。

中国人民银行的职责包括：①按照《中国人民银行法》第三十二条的有关规定，中国人民银行应对农信社执行有关存款准备金管理规定、中国人民银行特种贷款管理规定、人民币管理规定、银行间同业拆借市场和银行间债券市场管理规定、外汇管理规定、清算管理规定以及反洗钱规定的情况等进行监督检查，督促其依法经营。②在改革试点期间，对认购专项中央银行票据和使用专项借款的农信社，中国人民银行应按规定对其相关工作进行监督检查。③根据银监会及其派出机构的通报，中国人民银行应跟踪农信社的风险变化情况，及时了解省级人民政府、省级农信联社和银监会对高风险农信社的处置措施及其落实情况。④在农信社发生局部支付风险时，中国人民银行应当按照有关规定及时给予资金支持。

资料来源：《国务院办公厅转发银监会　人民银行关于明确对农村信用社监督管理职责分工指导意见的通知》（国办发〔2004〕48号），2004年6月5日。

（二）内部机构设置

第一、第二阶段，即1953—1971年，与中国人民银行合署办公前。1953年建社之初，长清县的农信社成立了社员代表大会、理事会、监事会。社员代表一村（或一生产大队）一人。理事会5人，主要任务是：负责贯彻社章与社员大会决议，向社员大会报告工作；定期或不定期召开理事会议，研究社务。理事长管理社的工作。监事会名额五人，主要任务是：监督理事会执行国家法令和金融政策，推动理事会贯彻社章与社员大会的决议；检查和审查社的账目和财务收支情况，定期向社员大会做监察报告。在此期间，农信社由于人员很少，没有设立其他机构；理事长、主任由一人兼任，监事长由乡长兼任；乡政府主持，理事会、监事会一年召开两次会议，但只坚持了两年。

第三阶段的第一个时期，即 1972 年—1980 年 9 月，与中国人民银行储蓄所合署办公时期。

1972 年，刚与中国人民银行储蓄所合署办公时，召开了一次社员代表大会，成立了理事会、监事会，理事长由农信社主任兼任，监事长由人民公社社长兼任。以后，没有召开社员代表大会、理事会会议和监事会会议。此间，农信社没有内设管理机构，只有下面的业务片和信用站。

第三阶段的第二个时期，即 1980 年 9 月—1994 年 4 月，与中国农业银行储蓄所合署办公时期。农信社没有成立社员代表大会、理事会、监事会，没有内设管理机构。虽然在这一时期，农信社设立了农信分社，但管理权仍归中国农业银行储蓄所。

第三阶段的第三个时期，即 1994 年 4 月—1996 年 10 月，归中国农业银行济南分行管理时期。1994 年 4 月，长清县农信联社成立，县联社机关设审计监察科、人事劳资科、财务会计科、信贷计划科 4 个科室，下辖 10 个乡镇农信社、11 个农信分社、7 个农信社储蓄所和 1 个联社营业部，共有干部职工 269 人。1995 年 7 月，增设了办公室。1996 年 1 月，撤销审计监察科，增设保卫科、审计科和工会委员会办公室。

第四阶段，即 1996 年 11 月—2003 年，努力向合作制回归阶段。长清联社机关设办公室、信贷计划科、人事劳资科、财务会计科、保卫科、审计科、工会委员会办公室 7 个职能科室和 1 个联社营业部，下辖平安店、城关、归德、孝里、双泉、马山、万德、张夏、崮山、五峰 10 个农信社和后三、城关、国庄、东风、漩庄、季庄、界首、青杨、黄家峪、黑峪 10 个农信分社及东关、南门里、孝里、马山、万德、大刘、崮山 7 个农信社储蓄所，共有干部职工 280 人。

1998 年 9 月 15 日，长清县人民政府成立了由县政府领导和政府办公室、县中国人民银行、县农信联社、县财委、县农委、地税局、国税局、财政局、工商局等部门组成的规范农村信用合作社工作小组，制定了《长清县规范农村信用社工作方案》，对农信社进行规范。到 1998 年 11 月底，各乡镇农信社成立了理事会、监事会，召开了第一届社员代表大会，通过了《章程》，选举产生了理事会、监事会。但以后，各乡镇社员代表大会、理事会、监事会形同虚设，再没有召开过会议。1998 年 11 月 5 日，长清县农信联社召开了第一届社员代表大会，表决通过了理事会、监事会工作制度，成立了理事会、监事会。

1999 年 1 月 18 日，以兼并式收购的方式，将长清县城市信用社划归长清县农信联社。当时，长清县城市信用社有职工 32 人，有 3 个营业机构：营业室、清河街服务部、黄河商场服务部。经过济南市天元会计事务所清产核资，长清县城市信用社总资产为 5 651 万元，负债为 5 491 万元，所有者权益 160 万元。1999 年 6 月 7 日，长清县农信联社召开社员代表大会，同意长清县城市信用社划归，并将其更名为“长清县城区农村信用合作社”（下设营业部、清河街农信分社、黄河农信分社）。8 月 20 日，中国人民银行济南分行批准此次更名。

第五阶段，2003 年至今，为深化改革阶段。济南市长清区农信联社的机构历经多次变化。2005 年 6 月，全区农信社统一法人，更名为“济南市长清区农村信用合作联社”，按照现代金融企业管理制度的要求，成立了社员代表大会、理事会、监事会，建立了以“三会一层”为主体的组织架构，规范了各自职责和运行规则，形成了决策、执行和监督相制衡，激励和约束相结合的运行机制，初步建立起现代企业制度。理事会下设提名、薪酬、风险管理和关联交易控制 4 个专门委员会；经营班子下设贷款审批、财务审批 2 个专业委员会，内设人事综合部、财务会计部、业务管理部、资产管理部、市场拓展部、稽核部、监察保卫部 7 个内部职能管理部门，下辖 1 个联社营业部和 37 家分支机构（包括 10 个农信社、27 个农信分社）。

2007 年 4 月 10 日，长清区农信联社成立计算机网络中心，将市场拓展部、业务管理部改为公司业务部和风险管理部。2007 年 9 月 1 日，计算机网络中心更名为科技部。自此，济南市长清区农信联社机关设人事综合部、财务会计部、资产管理部、公司业务部、科技部、风险管理部、稽核部、监察保卫部 8 个内部职能管理部门，下设 10 个农信社、27 个农信分社和 1 个联社营业部。至今，除个别农信分社因搬迁而更名外，内部机构没有发生变化。

自 2005 年 6 月至今，济南市长清区农信联社召开了 8 次社员代表大会，审议表决 27 项决议；召开了 15 次理事会议，审议表决了 38 项决议；召开了 15 次监事会会议，审议表决了 21 项决议。

从以上可以看出，长清农信社在行社分门办公以前，没有内设管理机构，岗位设置比较简单。自 1994 年 4 月以来，长清农信社内设机构逐步健全，才成为一家像样的企业，但随着内设机构的增多，管理人员逐步增加。1994 年 4 月核编 25 人，现在机构管理人员达到 85 人，就是这样，机构管理人员仍然紧张、缺员。同时，自 1953 年设立农信社以来，社员代表大会、理事会、监事会（即“三会”）形同虚设。2005 年以前“三会”时有时无，如昙花一现，只为应付上级的要求。虽然 2005 年以后，“三会”严格按照《济南市长清区农村信用合作联社章程》运行，按规定适时召开会议，对重大事项进行审议表决，但参会人员听听议案，举手表决，基本不发表意见和建议。“三会”的召开按程序走形式，增加了农信社的费用，但发挥的作用不尽如人意。对此，山东省农信联社已认识到问题的严重性，分别于 2009 年 11 月 9 日下发了《山东省农村信用社法人治理运行指导意见》、2010 年 2 月 25 日下发了《关于印发〈山东省农村信用社监事会运行细则（试行）〉的通知》，要求各县（市、区）联社，结合自身实际，制定相应的“法人治理运行指导意见”和“监事会运行细则”。目前，济南市长清区农信联社正在组织力量对上述两个文件进行研究，制定本单位的“法人治理运行指导意见”和“监事会运行细则”，并对《济南市长清区农村信用合作联社章程》进行修改，对联社内设机构进行改革，力争建立适应科学发展需要的“三会”运行机制和经营管理机制。

专栏 2-6　新的“三会”结构和运行机制规定

一、《山东省农村信用社法人治理运行指导意见》

第十四条　社员（代表）大会决定农村信用合作联社的重大事项，依法行使下列职权：（一）审议批准联社的发展规划，决定经营方针和投资计划；（二）审议通过社员（代表）大会议事规则；（三）选举和更换非职工理事、非职工监事，决定有关理事、监事的报酬事项；（四）审议批准理事会或执行理事、监事会或监事的报告；（五）审议批准联社的年度财务预算方案、决算方案、利润分配方案和弥补亏损方案；（六）制定和修改联社章程；（七）对联社合并、分立、变更、解散或清算等事项做出决议；（八）对增加或减少注册资本做出决定；（九）审议联社在1年内购买、出售重大资产超过联社最近一期经审计总资产30%的事项；（十）审议理事会对理事的评价结果和监事会对监事的评价结果；（十一）联社章程规定的其他职权。对除第（六）、（七）、（八）外的上述重大事项，可以不召开社员（代表）大会，社员或社员代表以书面形式一致同意并做出决定的，全体社员（代表）在决定文件上签名、盖章。除审议上述重大事项外，社员（代表）大会还应将省联社（办事处、市联社）和银行业监督管理机构对联社的主要审计检查和监管意见及联社执行整改情况列入大会审议范围。

第二十九条　理事包括职工理事、非职工理事、独立理事；除独立理事外，理事应由农村信用合作联社社员担任。职工理事由联社职工通过职工（代表）大会或其他形式民主选举产生；非职工理事和独立理事由社员代表大会产生。

第四十二条　理事会成员人数、不同类别的理事比例应符合有关监管规定，一般不少于5人且为奇数，由职工理事、非职工理事、独立理事组成。联社可根据自身情况决定是否设立独立理事。

第五十四条　设在县（市、区）的、规模较小的农村信用合作联社，经省联社和银行业监督管理机构同意后，可只设1～2名执行理事，不设理事会。执行理事是在联社内同时担任管理职务的理事，执行理事向社员（代表）大会负责。执行理事可以兼任主任，其职权由联社章程规定。

第一百一十五条　农村信用合作联社监事会应按照有关规定，逐步规范监事会运作。规模较小的、已设立理事会的农村信用合作联社，经省联社和银行业监督管理机构同意后，可以不设立监事会，只设1～2名专职监事，履行监事会职责。

资料来源：《山东省农村信用社法人治理运行指导意见》（鲁农信联办〔2009〕378号），2009年11月9日。

二、《山东省农村信用社监事会运行细则（试行）》

第九条　（二）监事长权利第六条：向上级行业管理部门和银行业监督管理机构反映问题，提出建议。

第二十四条　监事会办公室实行例会制度，会议由监事长根据工作需要召集并主持，原则上每月不少于两次。

第二十八条　监事会应充分发挥对理事、高级管理人员的监督作用。

（一）监事发现理事、高级管理人员在履职过程中有违反法律、法规、规章规定的情形或县联社经营管理中的重大问题，应及时报告监事会，必要时由监事会发出整改通知，需要追究责任的，要提出责任追究建议。理事会或者高级管理人员应及时整改，并将整改报告书面报告监事会。理事会和高级管理人员拒绝或拖延处分责任人、整改问题的，监事会应当报告社员（代表）大会，并向省联社（办事处、市联社）和银行业监督管理机构报告。

第三十四条　监事会成员报酬方案由监事会拟定，报办事处、市联社备案后提交社员（代表）大会审议。

资料来源：《关于印发〈山东省农村信用社监事会运行细则（试行）〉的通知》（鲁农信联办〔2010〕60号），2010年2月25日。

三、山东银监局提出的农信社要求

“要进一步加大股权改造力度，在年底前要全部取消剩余的资格股，为推进银行化改革奠定一个良好的产权基础”。“要厘清三会一层职责边界，提升理事会议事能力。要充分发挥理事会在整个公司治理中的战略核心作用，建立和完善战略决策机制。同时要优化理事会构成，严格理事资格条件，选聘具有丰富金融专业知识和银行从业经验的人员作为独立理事，加强对理事专业培训，不断提升理事履职能力”。“各联社要制定对理事会履职的评价考核办法，规范理事的履职行为，考核评价办法要事先向我局报备”。“要继续下大力气做实监事会，要按照‘省联社监事会工作运行实施细则’的相关要求，进一步提升监事会的独立性，认真落实监事长越级上报制度，强化其监督检查职能。从今年开始各联社监事会要按季向我局报告履职情况”。

资料来源：《济南市农村中小金融机构 2009 年度监管评价及 2010 年监管要求——隋治河副处长在在济南辖区农村中小金融机构审慎监管会议上的讲话》。

（三）人事管理

在第一阶段和第二阶段（1953—1971 年），长清农信社干部任命、人员进入和工资档案由乡党委（1959 年归人民公社）管理。长清农信社建社之初，农信社人员没有工资和其他福利待遇。1957 年，农信社人员每人每月工资 2～3 元，以后逐步增加，到 1971 年达到 16～17 元。1989 年 4 月 5 日，中国农业银行长清县支行《关于对原下放信用社干部车中杰上访情况的报告》（〔89〕长农银办字第 4 号）指出：“在 1972 年前，信用社干部未纳入县劳动管理，人事安排属于当地党委管理，信用社干部撤换频繁。特别是 1965 年会计人员下放，很多人被公社留下，接替了信用社在职同志的工作，据统计全县有 60 多人被调整撤换。这部分同志当时都没有办理退职手续和发给在职期间的生活补助。”

在第三阶段第一个时期（1972 年—1980 年 9 月），长清农信社干部任命、人员进入由乡人民公社党委决定。1973 年 1 月对所有农信社人员进行了登记，农信社人员的身份性质为“集体企业工人”，审批机关为乡人民公社；工资审批由中国人民银行山东省长清县支行审批。1972 年，与中国人民银行储蓄所合署办公后，农信社人员的工资提高到每人每月 22～23 元。

在第三阶段第二个时期（1980 年 9 月—1994 年 4 月），中国农业银行长清县支行掌握农信社干部任命、人员进入和工资调整的权力，农信社主任只对所管理的人员有使用权。农信社设正、副主任各一名，正、副主任主要抓业务片的管理和贷款，会计、出纳与中国农业银行储蓄所人员一起临柜营业。农信社人员的工资水平比中国农业银行低。

1984 年 7 月 12 日，中国农业银行长清支行《关于抓紧建立建好信用分社的初步意见》（〔84〕长农银字第 6 号）提出：①决定在农村自然形成的经济中心乡镇建立 21 个农信分社。报经中国农业银行山东省支行后，已批准建立 18 个农信分社，1984 年 8 月底全部建起来。②农信分社不能少于 4 人，业务量大的农信分社，其人员也可适当增加。农信分社主任、副主任由其主管农信社提名，经农信社民主管理委员会同意后，由农信社主任任免，报县行备案。四人编制的农信分社，设主任、会计、出纳、复核员各一人，主任兼做业务工作。③对集体农业贷款和工副业贷款 3 000 元以下的、专业户承包户 1 000 元以下的，农信分社主任有权批准。

1984 年 3 月 27 日，中国农业银行济南市中心支行《关于检查配备稽核员和信用社检查辅导员的通知》(〔84〕济农银会字 10 号）规定，自 1984 年 4 月 1 日起，凡有三个农信分社或固定服务网点（含三个）的农信社，须配备一名专职农信社检查辅导员。

第三阶段的第三个时期（1994 年 4 月—1996 年 10 月)，行社分门办公后。长清县的农信社没有设立理事会、监事会。农信联社主任、副主任经中国农业银行考察后，将名单上报中国农业银行济南分行批准任命；农信社主任、副主任和各科室科长经联社考察后，报中国农业银行济南分行批准，中国农业银行济南分行任命。

第四阶段和第五阶段（1996 年 11 月至今)，农信社中层以上干部均报济南市农村金融体制改革领导小组和中国人民银行审批，济南市农村金融体制改革领导小组任命联社主任、副主任，长清县农信联社党委任命中层干部。2003 年 11 月以后，根据《山东省农村信用社县（市、区）联社、农村合作银行法人治理运行规则指引》，理事长、监事长、主任产生的程序分别是：

(1) 理事长产生程序。有关主管部门推荐，上一届理事会提名委员会向社员代表大会提出更换新一届理事会议案，经社员代表大会等额选举新一届理事会；新一届理事会经一名理事提名，选举产生理事长，县联社向山东银监局报告；经任职资格审查，山东银监局核准理事、理事长。

(2) 监事长产生程序。职工监事由职工代表大会选举产生，非职工监事由社员代表大会选举产生；召开监事会会议，一名监事根据有关主管部门的推荐进行提名，采取等额记名投票方式选举产生监事长；县联社向山东银监局报告；经任职资格审查，山东银监局核准监事、监事长。

(3) 经营班子产生程序。农信联社主任由理事根据有关主管部门的推荐进行提名，副主任由主任提名，经理事会通过，报山东银监局核准任职资格后，由理事会聘任；农信联社主任提请理事会聘任或解聘副主任、财务和稽核部门负责人，聘任或解聘应有理事会聘任或解聘以外的县联社内部职能部门及分支机构负责人。

实际上，自 2003 年以来，长清农信联社发生理事长、监事长、主任、副主任变动时，其中只有一人出自济南市长清区农信联社，其他人选均从其他联社（或农合行）调入，经社员代表大会投票选举后，报山东银监局审核批准；中层干部通过竞聘产生，并上报山东省农信联社济南办事处，经山东银监局审核批准后聘任。联社副主任以上干部均先由办事处确认，并不真正先由社员代表大会或职工代表大会选举产生。理事长掌握人事权力，中层干部的竞聘在很大程度上也是走过场，存在暗箱操作等问题，竞聘结果没有体现公平、公正。

同时，在中层竞聘条件上，参照国家机关的标准，竞聘中层副职应在 38 岁以下。实际上，中层干部竞聘并没有按照国家的标准和企业自身的内在要求选拔干部，将一些有经验、有能力的人选拒之门外，影响到一部分员工的积极性。

（四）业务经营

1953—1996 年，长清农信社主要办理存款、贷款、结算和汇兑业务。1996 年以后，随着计算机的普及，特别是归省联社管理以后，借助网点和网络技术，加快产品、服务和管理手段的创新，推动了由传统业务型向现代银行转变。在结算方面，开通了大额支付系统和小额支付系统，实现了跨省、跨行通存通兑，资金运行步入“快车道”；建立了经营决策系统、办公自动化系统、信贷管理系统、个人征信系统、新一代银行核心业务系统和人力资源管理系统。在会计管理方面，对全区农信社实行了会计主管员委派制，各网点实行了综合柜员制，实行了柜员授权、IC 卡管理、重要空白凭证上机销号、支票凭密码支付和影像核付和录像监控回放检查，贷款证管理进入了柜员操作系统。在信贷管理方面，实行了信贷专管员制度和客户经理制度，各营业网点设立了信贷专柜，实行了“三个必须”（必须评定信用等级、必须办理贷款证、必须上柜发放），客户可随时申请，信贷员可随时上门考察，贷款审查委员会随时审查批准，专柜随时见证发放；实行了贷款和非信贷资产五级分类。在网点建设方面，按照《山东省农村信用社环境识别手册》，实施了“亮化、净化、美化、标准化”工程；实施了《营业网点服务规范》，全体员工统一服装，规范服务。目前，长清农信社不论在外部形象，还是在服务设施、服务质量、服务功能和管理手段等方面，都发生了翻天覆地的变化，与其他商业银行的差距日趋缩小。

1. 存款业务

自 1953 年以来，长清农信社执行国家规定的利率。1953 年—1980 年 9 月，农信社存款对象是农户、生产大队、生产队。在 1957 年，发展了一批实物存款，就是将一些农户的树木、生产工具、牛等折价，写存单，然后将这些实物交给初级社，存款转为初级社贷款；初级社偿还后，再支付农户的存款。以后，有的初级社没有偿还这种贷款。实物存款发展了不到一年，以后再没有发展。

1982 年 4 月，开办了有奖储蓄存款，期限 5 年，全县农信社共办理有奖储蓄 20 万元，1987 年 10 月兑付。

1988 年 8 月，开始办理定活两便储蓄存款。

自 1953 年以来，长清农信社大力组织存款，扩大经营规模，为当地“三农”和社会主义建设提供了资金支持。到 2009 年底，长清区农信联社各项存款达到 326 662 万元，占长清区各家金融机构存款总额的 29.29%（表 2-1）。

农信社发展到今天这样的规模，信用站代办员功不可没。长清农信社于20世纪60年代在自然村设农信站，1971年达到469个站；1982年达到486个站；1985年达到520个站；1999年达到970个站，代办存款达到37 618万元，占长清农信社全部存款的42.16%（表2-2）。虽然以后逐步规范清理，代办员逐步减少，但人数远远超过农信社的职工。他们虽然不是农信社的员工，但为农信社的发展做出了突出贡献。

表2-1　1985—2009年长清农信社经营状况统计

年份	资产（万元）	存款（万元）	贷款（万元）	贴现（万元）	股金（万元）	缴税（万元）	利润（万元）	不良贷款（万元）	不良贷款占比（%）
1985		5 156.0	3 381.0		18.13				
1986		6 435.3	3 393.2		18.13	13.3	44.5		
1987		7 748.6	4 708.5		18.13	20.4	48.6		
1988		9 131.6	6 150.0		18.13	31.2	27.5		
1989		10 973.4	7 213.5		18.13	44.9	35.6		
1990		14 391.2	9 600.0		18.13	45.1	67.8		
1991		17 997.4	12 292.6	80.0	18.13	81.5	120.9		
1992		21 468.9	15 886.3	209.0	18.13	97.4	63.1		
1993	27 812.0	24 549.6	18 627.1	50.0	804.4	138.4	42.4	4 366.4	23.44
1994	40 519.3	36 228.6	25 057.7	1 755.0	863.9	187.7	31.6	5 185.1	20.69
1995	55 656.2	48 862.7	38 555.5	8 255.7	1 066.4	252.6	43.8	4 823.6	12.51
1996	78 768.8	59 418.2	49 138.8	10 000.0	1 229.9	363.5	23.0	7 292.0	14.84
1997	90 902.4	65 613.1	40 480.2	7 341.9	614.6	315.1	59.5	12 074.2	29.83
1998	104 188.0	79 843.4	53 543.2	4 593.5	663.2	274.9	−872.1	20 935.4	39.10
1999	108 356.3	89 220.9	59 901.7	4 758.3	662.1	269.9	−680.9	21 125.7	35.27
2000	112 727.8	95 248.5	65 170.0	145.0	2 439.5	232.4	−1 137.0	28 737.4	44.10
2001	140 938.7	104 647.7	79 372.9	429.5	3 448.4	372.9	6.7	27 026.7	34.05
2002	156 477.1	119 385.0	98 637.0	2 970.0	3 592.3	285.0	178.0	29 775.0	30.19
2003	175 313.5	133 540.0	108 083.7	4 659.0	5 036.5	207.6	147.8	27 579.9	25.52
2004	187 776.1	147 737.0	112 593.0	6 208.0	6 352.1	285.1	901.5	16 778.0	14.90
2005	181 721.1	165 847.0	131 527.0	7 610.0	5 126.0	327.5	2 330.1	16 355	12.43
2006	209 244.6	188 394.0	148 925.0	6 815.0	11 900.0	1 078.7	1 304.6	14 889.0	10.00
2007	252 604.2	220 502.0	178 690.0	16 290.0	11 900.0	1 206.4	1 166.5	13 402.0	7.50
2008	312 244.4	278 688.0	211 054.0	22 940.0	11 916.0	1 795.1	1 715.1	10 627.0	5.04
2009	360 866.0	326 662.0	233 123.0	27 466.0	11 932.0	2 352.0	1 175.0	42 082.0	18.05

表 2-2 1999—2009 年长清农信社代办情况统计

年份	代办人员（人）	代办存款余额（万元）	代办存款占全部存款的比例（%）
1999	970	37 618	42.16
2000	380	42 065	44.16
2002	543	45 367	38.00
2007	644	125 644	56.98
2008	533	145 462	52.20
2009	524	155 680	47.66

随着社会的发展，农村基本上实现了公路村村通，通信联系也方便快捷，农民代步工具趋于多样化，大大节省了农民到农信社营业网点办理业务的途中时间。同时，部分代办员因监管不到位发生了一些案件，造成了一定社会影响。自 1996 年以来，中国人民银行济南分行、山东银监局多次下发通知，要求清理、规范代办员。由于农信社人员较少，客观上需要代办员去吸收存款和催收贷款本息。和其他银行网点相比，农信社网点要向农民发放贷款，而且贷款额度小、笔数多，以“零售”为主。面对众多的农户，农信社客观上需要更多的客户经理为之服务，但客户经理只有 72 人，人均需服务村庄 11 个、服务客户 1 687 户，月人均贷款 200 多笔，业务量大，客观上需要代办员提供贷款信息、帮助催收贷款本息，因而济南市长清区农信联社没有完全清理代办员（现称“协理员”）。2008 年，长清联社共清理撤销代办员 111 名，规范保留代办员 533 人。2009 年，清理撤销代办员 9 名，现共有 524 名代办员。

值得注意的是，长清联社的客户群体主要是城镇居民和个体工商户，企事业单位存款和政府部门的存款寥寥无几，2009 年底对公存款只有 9 940 万元，仅占全区对公存款的 2.38%。而城镇居民和个体工商户多以定期存款为主，加之代办存款要支出代办费，致使长清联社的存款成本较高。2009 年底，长清联社定期存款 276 386 万元，占各项存款的 85.08%，平均存款成本达到 4.8%。

2. 贷款业务

1953—1994 年 4 月，长清农信社主要发放农户贷款、金额较小的社队集体贷款和社队企业贷款。中国农业银行山东省长清县支行《1983 年第二季度存贷款计划执行情况表》反映，1983 年 6 月底，长清农信社存款 2 642 万元，其中，社队集体存款 336 万元，社队企业存款 232 万元，农户储蓄存款 2 074 万元；社队贷款 954 万元，农户贷款 508 万元，分别占贷款总额的 65.25%和 34.75%。2009 年底，济南市长清区农信联社各项贷款达到 233 123 万元。其中，社员贷款 76 138 万元，占各项贷款的 32.66%；农业贷款 170 355 万元，占各项贷款的73.08%，占长清区农业贷款的93.4%；农户贷款164 706万元，占各项贷款的70.65%，占长清区居民贷款的66.70%。

专栏2-7　有关支持社员、农户和农业贷款的规定

1997年10月14日，中国人民银行下发了《关于印发〈农村信用社改进和加强支农服务十条意见〉的通知》（银发〔1997〕426号），其中提出，“在信贷投向上要实行‘三优先’：农户优先、社员优先、农业贷款优先”，“今后四年全国农村信用社农业贷款余额占各项贷款余额比例平均每年要增加3个百分点，到2000年，要由1996年的24%提高到36%以上。农村信用社对社员发放的贷款不低于50%”。

1999年8月20日，中国人民银行济南分行下发了《关于印发〈努力发挥货币政策作用 支持辖内经济稳步发展的指导意见〉通知》（济银发〔1999〕485号），要求“农村信用社农户贷款要占新增贷款的50%以上”。

1999年7月13日，中国人民银行下发了《关于做好当前农村信用社工作的意见》（银发〔1999〕226号），指出：“信用社要体现对社员贷款优先、利率优惠的政策，对社员贷款比例要在50%以上。”

2000年6月，中国人民银行济南分行制定了《关于农村信用社优化贷款投向的意见》，指出：“今后一个时期农村信用社在贷款投向上应坚持以市场为导向，以效益为中心，以‘三农’为重点，以农户、个体工商户以及产权明晰企业户为基本贷款客户。具体目标是：当年新增农业贷款占比达到60%以上；农业贷款余额占比在现有的基础上，每年提高1个百分点；农户贷款面达到农户总数的15%以上，其中社员户贷款达到农户贷款的30%以上。”

资料来源：中国人民银行《关于印发〈农村信用社改进和加强支农服务十条意见〉的通知》（银发〔1997〕426号），中国人民银行济南分行《关于印发〈努力发挥货币政策作用 支持辖内经济稳步发展的指导意见〉通知》（济银发〔1999〕485号），中国人民银行《关于做好当前农村信用社工作的意见》（银发〔1999〕226号），中国人民银行济南分行《关于农村信用社优化贷款投向的意见》。

农户贷款占比增加的原因主要是：①20世纪90年代末期，一些企业破产，给农信社造成较大损失，给农信社干部职工敲响了警钟，着力发展农户贷款，致使企业贷款占比下降，农户贷款上升；②自2000年以来，济南市长清区农信联社大力推广“农户贷款证”，极大地方便了农户贷款，有效解决了农户贷款难问题，受到农民欢迎，“有困难找农信社”成为农民贷款的首选，从

而扩大了农户贷款；③随着市场经济的发展，农民的经营意识和致富奔小康的愿望增强，特别是农村青年有强烈的致富愿望和事业心，贷款需求增加；④与20世纪80年代相比，越来越多的农民不再维持简单的再生产，而是发展商品生产，进行社会化、规模化、外向型的农业生产，向市场化、产业化的方向发展，因资金不足向农信社贷款，贷款的额度不断增加。

专栏2-8　企业破产对1997年山东省济南市农村信用合作社的影响

“1997年6月末，济南市农信社亏损额高达3 809万元，7个联社6个亏损，110个农信社（营业部）91个亏损，亏损面分别达85.91%和82.73%，其中亏损额最高的联社达1 341万元，人均亏损2.87万元。由于近年连续亏损，济南市去年末待处理亏损已达到13 801万元，加上上半年亏损额，挂亏已占各项存款的3.53%，直接导致今年资不抵债的空壳农信社越来越多，据保守统计，空壳农信社已占济南市农信社总社数的42%。从全市情况看，所有者权益与待处理挂亏相抵后仅有5 943万元。如考虑资产损失，空壳农信社的比例还将增加。”

资料来源：《李毅同志在全市农村信用社业务经营工作会议上的讲话》，1997年7月30日。

“我省（山东省）农村信用社在支农中承担着资金主渠道的任务。全省农业贷款的67%、乡镇企业的78%，都是农信社提供的，为支持农业、农民和农村经济发展做出了重要贡献。由于历史的原因，特别是近年来部分乡镇企业的不规范破产，致使农信社包袱沉重，经营困难，一些农信社资不抵债的现象非常严重，多年来积累潜伏的金融风险正在逐步暴露。目前，历年亏损32.2亿元，今年预计增亏5亿元，3.8亿元股本金早已荡然无存。不良贷款占比达34.88%，其中难以收回的呆滞、呆账贷款高达20.33%”，“企业破产已给农信社的正常运营造成严重影响。全省破产终结企业已导致576个农信社损失贷款本息119 416万元，社均损失207.32万元，是这些农信社呆账准备金的8.9倍，占同期各项存款余额的5.47%，各项贷款余额的8.33%；进入破产程序和拟破产企业涉及422个农信社，社均潜在损失额达246.87万元，有的农信社已濒临破产边缘”。“农信社实际受偿极低”，“破产企业平均债务清偿率为4.41%”。

资料来源：山东省人民政府《内部情况通报》第86期（总第414期），1997年11月27日。

值得注意的是，改革开放以来，经营主体多样化，农信社服务对象不断扩大，但在20世纪90年代，长清联社向企业贷款倾斜，偏离了经营方向。1998年底，济南市长清区农信联社企业贷款达到27 569万元，占各项贷款51.49%。由于1995—1998年很多企业借破产逃废债务，农信社不良贷款急剧增加，出现了支付危机。

1998年末，济南市长清区农信联社归德农信社贷款余额5 617万元。其中，破产企业1家，贷款112万元；将进入破产的关停企业5家，贷款1 838万元；效益欠佳的企业3家，贷款761万元。这9家企业贷款总计2 711万元，占贷款总额的48.26%。归德农信社呆滞、呆账贷款达到3 184万元，占全部贷款的56.6%，成为高风险社。

1998年末，济南市长清区农信联社不良贷款20 935.4万元，占全部贷款的比例高达39.1%。长清区农信联社下辖10个法人农信社，账面亏损872万元；加上联社共11个法人，其中有7个亏损，亏损面达63.6%；3个农信社资不抵债社，分别为马山、崮山和归德，资不抵债金额分别为286万元、266万元和775万元；长清区农信联社资本利润率为−33.7%，资产利润率为−0.9%，效益指标严重恶化。然而，就是在这种形势下，济南市长清区农信联社1999年又增加企业贷款3 026万元，进一步加剧了风险，1999年和2000年出现了严重亏损，亏损额分别为680.9万元和1 137.3万元。

企业破产导致农信社资产质量差、亏损严重、风险大的问题，引起了党和国家的高度重视。中国人民银行多次下发文件，制裁逃废债行为，同时向农信社提出了继续做好按合作制规范工作和转变经营方向、加大支农力度的要求。长清县的农信社一方面增资扩股，增加存款，确保支付；另一方面积极清收盘活不良贷款，谨慎向企业投放资金，集中力量支持“三农”。自2000年以来，长清联社企业贷款逐年下降，农户贷款逐年上升。到2009年底，居民贷款164 706万元，占全部贷款的70.65%；其他贷款68 417万元（包括贴现），占全部贷款的29.35%。剔除贴现，企业贷款从2000年的28 581万元减少到2009年的22 932万元，占全部贷款的比例由2000年的43.86%下降到2009年的9.84%（表2-3和图2-1）。

自2000年以后，长清联社谨慎向企业投放资金，没有把企业作为支持重点，致使没有跟上时代发展的步伐，在当地金融市场上基本失去了企业这一客户群体，企业存贷款很少，市场竞争力明显下降，存款市场占有率由2000年的32.71%下降到2009年的28.29%，贷款市场占有率由39.07%下降到24.31%。2009年，长清区金融机构增加贷款41.21亿元，而长清联社只增加了2.2亿元，仅占5.36%的份额；对公贷款68 417万元（包括贴现），占全区对公贷款的9.61%。

表 2-3　1994—2009 年长清农信社企业贷款分析

指标	1994 年	1995 年	1996 年	1997 年	1998 年	1999 年	2000 年	2001 年
企业贷款余额（万元）	11 713	16 880	19 461	20 552	27 569	30 595	28 581	28 787
企业贷款占比（%）	46.74	43.78	39.6	50.77	51.49	51.08	43.86	36.26
指标	2002 年	2003 年	2004 年	2005 年	2006 年	2007 年	2008 年	2009 年
企业贷款余额（万元）	28 067	26 318	23 228	25 253	23 297	21 433	23 953	22 932
企业贷款占比（%）	28.45	24.35	20.63	19.2	15.64	11.99	11.35	9.84

注：为了较为真实地反映有效投放，表 2-3 中企业贷款不包括贴现。

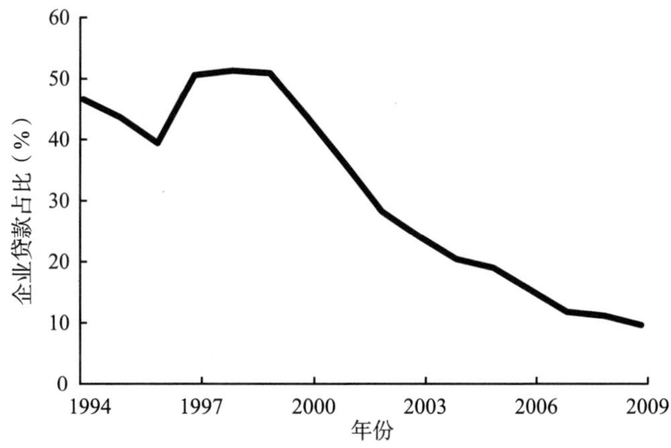

图 2-1　1994—2009 年长清农信社企业贷款占比趋势

3. 中间业务

随着科技水平的不断提高，长清联社的结算功能逐步完善，经营品种逐渐增多。但 1994—2001 年，长清联社只办理汇兑等结算中间业务，手续费收入很少。自 2002 年 2 月 27 日与平安保险公司签订代办保险协议以后，中间业务发展较快，开办了票据承兑和信通卡，以及代理保险、代收税款、代发工资、代发农民补贴等。2009 年实现中间业务收入 305 万元，占各项收入的 1.33%，其中主要是代理保险业务收入。

长清联社坚持审慎经营的原则，至今没有开办理财业务。

三、对农信社制度变迁的感受和看法

通过走访农信社干部、职工（包括退休人员），了解他们对历次农信社制度变迁的感受和看法。以下为访谈者的口述：

杨学明：1953年9月参加小屯乡农信社筹建工作，1954年2月任小屯乡农信社会计，1973年6月任长清县归德农信社会计，1980年9月任长清县归德农信社主任，1996年6月退休。

农信社发展到今天，很不容易，经过很多坎坷和磨难。刚成立时，没有工资，也没有福利，义务出工；几年后才有工资，2～3元，也不高；以后涨到5～6元；直到与中国人民银行储蓄所合署办公，才涨到22元钱。因此，那时的农信社干部职工，没有一定的毅力根本坚持不下来！那时，农信社和要饭的一样，什么也没有，条件比较艰苦。除账本、凭证由中国人民银行储蓄所提供外，其他的都是自己买，没有办公费用。1958年以后，国家才开始每月提供0.5千克煤油。

1972年以前，归德农信社10个业务片都是单独核算；1972年以后，全部归德农信社核算。中国人民银行储蓄所检查农信社，管理很严，因此账务核算较好。1973年，长清县中国人民银行会计部陈金海陪同山东省中国人民银行会计处检查账务，进行调研，对我们的评价相当高。山东省中国人民银行的领导说，没想到农信社的账务核算这么好！

那时，人比较实在。通过几年的业务工作，农民对农信社有了一定认识，农信社威信逐步提高。人民公社以后，农信社发展快了。与中国人民银行储蓄所合署办公，进一步提升了威信，农信社威信越来越高。

1980年9月与中国农业银行储蓄所合署办公，农信社对外形象高大了点，（群众）知道农信社是银行啦，推动了业务发展。通过与中国农业银行储蓄所一起工作，中国农业银行用他们的一系列制度对农信社进行管理，农信社人员素质进一步提高。从1984年以后，农信社步入正轨。合署办公期间，农信社也独立核算，年年都盈利。当时，中国农业银行、农信社在农村、生产队都有贷款，因业务片人员都是农信社的，所以收回后，先还农信社的贷款，农信社不良贷款很少。存款方面，人民公社的社办单位存中国农业银行，村的存款存农信社。刚开始，农信社和中国农业银行争储蓄，以后农信社就不再和中国农业银行争了。

我认为，那时农信社和中国农业银行是相互依存、共同发展的关系。没有农信社，中国农业银行发展不到今天，它也没法发展。工作在一线的人基本是农信社干部、职工。同时，没有中国农业银行，农信社也发展不到今天。就是这样的关系。所以说，与中国农业银行分门时，我们农信社不愿意分家，主要考虑两大问题没有解决：一是农信社结算渠道不畅通，同城异地结算办不了，影响业务发展；二是中国农业银行占优势，在乡镇企业，农信社不如中国农业银行威信高。当时想，失去“婆婆”，再找个什么样的“婆婆”？没想到，经过十多年的发展，特别是近几年，农信社大变样，业务在全区第一，高大的牌子标示，网点装修得那么好！作为一个自建社就参加工作的农信社人员，我特别高兴，特别欣慰！现在想想，1994 年以前，农信社真不像是个单位。

张百灵：1980 年 9 月任城关农信社会计，1999 年 3 月退休。

让我谈谈合署办公时的感受，也很难讲。我只从一名会计的角度谈一谈农信社的管理和做法。记得 1983 年，农信社执行小段计划考核法，很有成效，存款月月升。城关后三大队的信用站，当时从经济收入上说，是全县最好的站，但由于 1983 年前工作平摊平拥，有钱拿不进来。1981 年存款只在 3 万元左右，就是经济收入较好的 1982 年，也只有 5 万元左右。1983 年农信社执行小段计划考核法后，信用站人员适应形势，专心储蓄，存款打开了局面，只半年，存款余额就达到了近 17 万元，比年初增加 11 万元。当时，中国农业银行长清县支行对主任实行光奖不罚的办法，对储蓄任务完成较好的所（社）主任以荣誉奖励为主，象征性地发给物质奖励，一季一次总结兑现，使领导更加重视收储工作。中国农业银行济南市支行核定我县 300 万元全年任务，6 月底 10 个农信社都超额完成全年任务，完全改变了往年“一放二收三储蓄，年末集会搞突击”的被动局面。主任说得好，政策对路，不完成任务才怪哩！因此说，当时（合署办公时），农信社也有考核办法，也在管理上下功夫。

杜兆顺：1994 年以前，任中国农业银行长清县支行信贷股股长，1994—2003 年任长清县农信联社主任。

1994 年与中国农业银行分门办公是农信社改革发展中的一件大事。从此开始，农信社才逐步成为名副其实的单位，自主经营，有了独立的自主权，也从此逐渐引起当地政府的重视，在社会上有了话语权，有了一席之地。当时，分门办公后，农信社干部、职工真正有了自己家的感觉，精神振奋，斗志昂扬，没白没黑地干工作，加班加点，从来没有一个同志提报酬、讲条件，都主动地去工作，确实体现了以社为家的思想观念。特别是储蓄所、业务片的同志，吃住在单位，从早上开门营业，一直工作到晚上八九点钟，为了接待顾客，往往分几次才能吃完中午饭。为了尽快发展业务，不论是干部还是职工，都利用业余时间跑存款，有的还动用自己的亲戚朋友关系开展公关。当时农信社的存款天天往上涨，出现了超常规、跳跃式、大跨度的发展。这是前所未有的。在半年的时间内存款突破了 3 亿元，比分门时增加了近 6 500 万元。

对农信社发展经过的感受，我认为，不论是与中国人民银行合署办公，还是与中国农业银行合署办公，这都是社会形势的需要，可以说，是计划经济的产物。与中国农业银行分门办公，同样也是社会形势的需要，是市场经济发展的需要。今后，农信社向银行（化）迈进，同样也是市场经济的发展需要。分门办公后，我感到，中国人民银行对农信社越来越重视，特别是归山东银监局监管后，监管力度越来越大，监管越来越细，监管标准越来越高，正向银行的监管标准靠近。

四、农信社制度变迁的学术表达

2006年，中国金融出版社出版了《农村信用社制度变迁与创新》一书，作者是周脉伏。他通过对农信社制度变迁的研究，得出了以下结论：①中国农信社的产生有其历史必然性，这与国家工业化战略的选择、当时农村高利贷盛行以及国家银行设在农村基层的不经济有关。②中国的农信社发挥了历史性的作用。它在满足农民生产和生活贷款以及替代高利贷等方面都起到了重要作用，有力地促进了农业生产的发展。③中国的农信社是在政府主导下成立的，并且政府以组织成本和作为无形资产的信誉投资于农信社，是农信社的投资人。与通常状况下投资人所不同的是，政府的投资主要是政府信誉，并且没有进入农信社的资产负债表，政府的收益也不分红，而是获得农业剩余和促进农村经济社会发展。④农信社的制度演进过程是有关各方的利益博弈过程。在这个博弈过程中，中央政府处于主导地位。⑤在农信社制度演变的过程中，农信社职工形成了一个独特的利益集团。合作制规范的改革因农信社利益集团的抵制和农民的不参与而归于失败。⑥农信社的演化方向是市场化。新一轮农信社改革的成功有赖于民营资本的投资而不是小农的入股。⑦在向市场化演进过程中，农信社为“三农”融资的自履约机制，是政府为农信社“三农”贷款的高成本提供补贴。

在2009年第1期《经济与管理研究》上，刊登了何广文撰写的《农村信用社制度变迁：困境与路径选择》。他在文中对农信社有这样一种观点：“农村信用社改革与制度变迁，实际上是在对农村信用社与农户在农村金融资源配置中的利益关系进行调整的同时，对农村信用社控制权资源进行重新组合，它是一个渐进的过程，一个政府主导的强制性制度变迁过程，一个逐渐多元化的过程。这个过程缺乏战略导向和目标模式的设定，更多地拘泥于形式和数量上的调整、管理权利的重新分配，政府与市场的关系没有理顺，并且以市场为基础的外部治理机制发育不全。应确立农村信用社制度创新的目标模式，按照体统论和系统工程的观点创新农村信用社机构体系，整合农村信用社金融资源，建立农村信用社的市场约束机制，并逐步建立和完善农村信用社利益相关者治理模式，逐渐更多地依靠自主创新。”

五、小结

通过对长清农信社制度变迁的描述和分析，通过总结农信社老职工、老干部对农信社的感受和看法，通过总结学术界对农信社制度变迁的表达，可以得出以下结论：

（1）农信社员工和代办员具有高度的合作和奉献精神。特别在1996年以前，员工的收入仅仅维持生活，代办员的手续费很少，但他们依旧勤勤恳恳地为农民服务。正是这种合作和奉献精神，农信社经营规模不断扩大，成为支农主力军。

（2）农信社贴近农民，它能够方便、快捷地满足农户小额、短期、零散的资金需求。在农村这个熟人社会里，这是其他金融机构无法比拟的优势，也正是农信社虽然隶属关系历经变化，但生存下来，且经营规模远大于中国农业银行的重要原因。

（3）农信社的制度变迁与中国的社会制度、经济制度和经济发展密切相关，是国家实现宏伟目标、战略任务的制度安排，社员、农信社干部职工是制度变迁的接受者、服从者。

（4）农信社虽然是以合作制原则建立的，但始终没有真正按照国际合作制原则去经营、去管理，“三会”形同虚设。

（5）农信社始终受到行政干预，在内部管理上存在着严重的行政化，致使法人治理、组织结构、业务发展和管理流程等不能适应市场的内在需求和变化，不能按照市场法则和价值规律从事业务活动，不能作为独立的“经济人”，对农信社发展方向和措施做出理性的思考和决策。

（6）农信社要确保可持续发展，必须回归企业本质，认真分析自身存在的问题，按照企业的内在要求和规律，适应农村经济的发展变化，创新管理模式，创新管理机制，创新金融服务。

第四节　对农信社制度变迁的效果评价

农信社自设立以来，其管理体制不断变化。本节以济南市长清区农信联社为例，对农信社制度变迁的效果进行评价，重点研究农信社的发展趋势和存在的问题，明确下一步农信社制度变迁的方向和思路。

一、长清联社的现状

2010年3月底，济南市长清区农信联社有干部职工484人（正式在编员工334人，其中在岗282人；短期合同制员工150人）；营业网点38个，其中有10个农信社，27个农信分社，1个联社营业部；总资产402 921万元，负债386 082万元，净资产16 839万元；存贷款余额分别达到369 876万元、

251 181 万元；按照五级分类，不良贷款余额 36 101 万元，占比为 14.37%；各项拨备余额 11 386 万元，其中，贷款损失准备 8 735 万元，一般准备 2 651 万元，拨备缺口 12 793 万元，拨备充足率 47.09%（其中，贷款损失准备缺口 9 275 万元，贷款损失准备充足率 48.5%）；资本净额 7 524 万元，加权风险资产 234 659 万元，资本充足率 3.21%。

目前，济南市长清区农信联社按照现代金融企业管理制度的要求，建立了以“三会一层”为主体的组织架构，规范了各自职责和运行规则，形成了决策、执行和监督相制衡、激励和约束相结合的运行机制，初步建立起现代企业制度；按照“自主经营、自我约束、自我发展、自担风险”的原则，不断加强内控制度建设，完善内部管理制度，建立起内控严密、执行有效、职责明确、奖罚分明、规范有序的内控机制，有效地防范了各类风险；业务稳健发展，支农功能增强，有效地促进了当地经济发展。2010 年 3 月末，长清区农信联社的农业贷款达到 170 742 万元，占比达到 67.98 %；农户贷款 167 808 万元，占比达到 66.81%。

二、长清联社商业化表现

本部分主要从产权结构、市场定位、网点服务、产品服务等方面进行深入分析。

（一）股权结构趋于单一，便于交易

长清农信社在 1953—1984 年不断吸收农户入股，但在 1985—1992 年没有发展社员，股金一直保持在 18.13 万元，全部是农户个人股金，且没有从股金性质上进行分类。从 1993 年以后，长清联社在规范股金的同时，不断增资扩股，并且动员职工和企业参股，调整股权结构，分为社员个人股、社员职工股和社员团体股。在 2005—2008 年，为明晰产权关系，按照《关于向金融机构投资入股暂行规定》（银发〔1994〕186 号）、《中国银行业监督管理委员会关于向农村合作金融机构入股的若干意见》（银监发〔2004〕23 号）和《山东银监局办公室转发〈中国银行业监督管理委员会合作部关于规范农村信用社以县（市）为单位统一法人组建审批工作指引〉的通知》（鲁银监办发〔2004〕88 号）的有关规定，积极、稳妥地开展了股金规范和增资扩股工作。

（1）2005 年 1—5 月对原有股金进行了规范。在征得原社员同意的前提下，将原有股金按同等金额量化，折算为长清区农村信用合作联社股金或按 1∶1的比例予以退股。

（2）按照“股权结构多样化，投资主体多元化”的要求，本着公平、自愿

的原则，进一步调整股权结构，扩大入股范围，积极吸收辖内种养大户、个体私营业主、中小民营企业投资入股，并按职工股、一般自然人股、法人股分为资格股和投资股。

资格股是取得社员资格必须交纳的股金，是获得贷款优先、利率优惠的前提，并可转让、继承，但转让必须具备一定的条件。在存在下列情况之一的情况下不得办理退资格股：①当年亏损；②资本充足率未达到规定要求或退股后达不到规定要求。同时，社员满足以下条件，可以办理退资格股：①社员提出退股申请；②不存在上述所列情况；③持满三年并转让所持全部资格股；④经理事会同意。资格股退股原则上应在当年年底财务决算后办理，在年底财务决算前办理退股的，不支付当年股金红利。

投资股是社员在资格股以外投资形成的股份，额度由投资人自行确定。社员可凭投资份额取得投资分红，并承担风险，按股权多少确定投票权。要想持有投资股，必须先持有一定比例的资格股；要想转让投资股，则必须在资格股退股后才能转让。

从上可以看出，股金分为资格股与投资股后，股权转让不容易，手续复杂，虽然有利于农信社的股金稳定，但股权转让不便利，不易于在股权转让中实现价值，与建立现代企业制度的客观要求不相适应。同时，由于存在同股不同权、不同利，承担的风险也不相同，致使有些社员有一定的看法，影响了关心农信社、参与农信社民主管理的主动性，在一定程度上削弱了法人治理结构的有效运行。为此，自 2009 年 9 月开始，长清联社进行股权改造工作，动员社员将资格股转为投资股。到 2010 年底，资格股仅有 41 万元，占股金总额的比例由 2005 年的 44.19%下降到 0.34%；投资股 11 907 万元，占股金总额的比例由 2005 年的 55.81%增加到 99.66%（表 2-4 和表 2-5）。资格股转为投资股以后，社员不存在退股问题，能够进行转让，并且手续比较简单，可以实现财产所有权和控制权的统一，进而提高股本金的稳定性，夯实农信社的资本基础，增强抗风险的能力，为进一步完善现代企业制度和下一步银行化改革奠定良好的基础。2013 年 7 月，济南市长清区农村信用合作联社进行银行化改革，与山东济南润丰农村合作银行、济南市历城区农村信用合作联社以新设合并方式，发起设立“济南农村商业银行股份有限公司”。经过 1 年多的筹备，经中国银行业监督管理委员会批准，济南农村商业银行股份有限公司于 2015 年 1 月 28 日挂牌成立。济南市长清区农村信用合作联社改为“济南农村商业银行股份有限公司长清支行”[①]。

① 本章原论文成稿于 2009 年，此处的 2013 年及以后的银行化改革进展为本书编撰时加入。

（二）社员贷款少于非社员贷款，但贷款质量优于非社员贷款

自全区统一法人、归省联社管理以来，济南市长清区农信联社确立了“面向‘三农’、面向社区、面向中小企业、面向当地经济发展”的市场定位，不断调整贷款结构，从效果来看，社员贷款趋于减少，非社员贷款增加，但社员贷款质量优于非社员贷款。

2009 年底，长清联社贷款余额 233 123 万元，剔除贴现 27 466 万元，实际有效投放余额 205 657 万元。其中，社员贷款 76 138 万元，占 37.02%；非社员贷款 129 519 万元，占 62.98%。按贷款形态分，正常贷款 166 857 万元，不良贷款 38 800 万元（表 2-6）。按借款人不同分，个人贷款 164 906 万元，占 80.18%，个人不良贷款 27 744 万元，占全部不良贷款的 71.51%，违约率 16.82%；单位贷款 40 751 万元，占 19.82%，单位不良贷款 11 056 万元，占全部不良贷款的 28.49%，违约率 27.13%。个人贷款质量优于单位贷款。

在 29 568 户个人贷款中，社员 11 892 户 65 350 万元，分别占个人贷款户数和金额的 40.22%和 39.63%；非社员贷款 17 676 户 99 556 万元，分别占个人贷款户数和金额的 59.78%和 60.37%。在个人不良贷款中，社员 1 918户8 992万元，分别占个人不良贷款户数和金额的 33.79%和 32.41%；非社员3 759户 18 752 万元，分别占个人不良贷款户数和金额的 66.21%和 67.59%。

在 254 户单位贷款中，社员 71 户 10 788 万元，分别占单位贷款户数和金额的 27.95%和 26.47%；非社员 183 户 29 963 万元，分别占单位贷款户数和金额的 72.05%和 73.53%。在 11 056 万元单位不良贷款中，社员 34 户 1 855 万元，分别占单位不良贷款户数和金额的 20.61%和 16.78%；非社员 131 户 9 201万元，分别占单位不良贷款户数和金额的 79.39%和 83.22%。

从以上分析可以看出，社员违约率较低，社员贷款质量优于非社员贷款。

社员贷款少于非社员贷款的原因在于：①农信社随着资金规模的不断扩大，受自身追求效益的驱动，在满足社员资金需求的同时，向非社员营销贷款，以提高经济效益。②经过几年的创业，多数社员渡过了艰难的创业期，有了积累，资金不再紧张，资金不再是制约发展的瓶颈，偿还了全部或部分贷款。③改革开放以来，农民的经营意识明显增强，从事特色农业、规模农业、商业、服务业、交通运输业、建筑业和加工业的人员逐年增多，为改善生活条件建房购房的人员逐年增多，在农村形成了很大的信贷需求，而是否是农信社社员已不是贷款的前提条件。同时，增资扩股需要山东银监局批准，非社员贷款增加是农信社发展的趋势。

表 2-4　2001—2010 年长清农村信用社股权设置分析（一）①

单位：万元

项目				2001 年	2002 年	2003 年	2004 年	2005 年	2006 年	2007 年	2008 年	2009 年	2010 年
股本金构成	按股金来源分	自然人股	总额	1 617	2 877	4 322	4 411	4 691	11 028	11 028	11 028	11 028	11 028
		自然人股 职工	资格股	190	196	300	500	37	71	71	30	0.5	0
		自然人股 职工	投资股					884	2 839	2 839	2 938	2 980	2 939
		自然人股 一般自然人	资格股	1 427	2 681	4 022	3 911	2 144	2 401	2 401	1 553	109	27
		自然人股 一般自然人	投资股					1 626	5 717	5 717	6 507	7 939	8 062
		法人股	总额	605	715	715	715	435	872	872	888	904	920
		法人股	资格股	605	715	715	715	84	84	84	75	15	14
		法人股	投资股					351	788	788	813	889	889
	按股金性质分		资格股	2 222	3 592	5 037	5 126	2 265	2 556	2 556	1 658	125	41
	按股金性质分		投资股	0	0	0	0	2 861	9 344	9 344	10 258	11 807	11 907
资本净额			总额	−5 327	−2 725	−540	5 716	8 332	16 291	16 745	21 710	13 510	14 509
资本净额			其中：实收资本	1 226	1 226	1 226	1 226	5 126	11 900	11 900	11 916	11 932	12 534
资本净额			其中：股本金	2 222	3 592	5 037	5 126	5 126	11 900	11 900	11 916	11 932	12 534

注：2001—2008 年，资本净额＝所有者权益合计＋呆账准备金－呆账贷款（四级分类）－入社资金；2009 年以后，资本净额＝所有者权益合计－贷款损失准备缺口（五级分类）－入股省联社－递延所得税资产。

① 本章原论文成稿于 2009 年，此处的 2010 年数据为本书编撰时加入。

表 2-5　2001—2010 年长清农村信用社股权设置分析（二）①

单位：%

项目				2001 年	2002 年	2003 年	2004 年	2005 年	2006 年	2007 年	2008 年	2009 年	2010 年
股本金构成	按来源分	自然人股	总占比	72.77	80.09	85.81	86.05	91.51	92.67	92.67	92.55	92.42	92.30
			职工 资格股占比	8.55	5.46	5.96	9.75	0.72	0.60	0.60	0.25	0.00	0.00
			职工 投资股占比	0.00	0.00	0.00	0.00	17.25	23.86	23.86	24.66	24.97	24.60
			一般自然人 资格股占比	64.22	74.64	79.85	76.30	41.83	20.18	20.18	13.03	0.91	0.23
			一般自然人 投资股占比	0.00	0.00	0.00	0.00	31.72	48.04	48.04	54.61	66.54	67.48
		法人股	总占比	27.23	19.91	14.19	13.95	8.49	7.33	7.33	7.45	7.58	7.70
			资格股占比	27.23	19.91	14.19	13.95	1.64	0.71	0.71	0.63	0.13	0.12
			投资股占比	0.00	0.00	0.00	0.00	6.85	6.62	6.62	6.82	7.45	7.44
	按性质分		资格股占比	100.00	100.00	100.00	100.00	44.19	21.48	21.48	13.91	1.05	0.34
			投资股占比	0.00	0.00	0.00	0.00	55.81	78.52	78.52	86.09	98.95	99.66

① 本章原论文成稿于 2009 年，此处的 2010 年数据为本书编撰时加入。

表 2-5　2009 年底济南市长清区农信联社贷款情况统计

贷款分类		正常贷款				不良贷款															
						1993 年以前形成的				1994—2004 年形成的				2004—2007 年形成的				2007 年以后形成的			
		社员		非社员		社员		非社员		社员		非社员		社员		非社员		社员		非社员	
		户数（户）	金额（万元）	户数（户）	金额（万元）	户数（户）	金额（万元）	户数（户）	金额（万元）	户数（户）	金额（万元）	户数（户）	金额（万元）	户数（户）	金额（万元）	户数（户）	金额（万元）	户数（户）	金额（万元）	户数（户）	金额（万元）
农户贷款	农业	7 581	33 744	9 537	49 687	2	1.2	54	77	125	386	542	2 335	584	2 774	940	4 423	664	3 003	1 399	7 699
	商业	396	4 273	1 134	11 175	5	49			13	75	21	92	35	184	56	304	51	310	106	127
	加工业	412	4 453	791	6 962					26	41	31	384	58	220	34	270	41	465	94	556
	建筑业	458	5 192	661	5 668	5	49			6	39	6	43	69	181	49	354	31	315	61	373
	建房	213	2 667	604	2 101									1	6	13	66	3	30	20	130
	其他	914	6 029	757	5 211					33	68	37	56	82	471	72	308	87	325	142	760
	小计	9 974	56 358	13 484	80 804	9	99	54	77	203	609	637	2 910	829	3 836	1 164	5 725	877	4 448	1 859	9 675
	助学			433	324			3	11											37	30
企业贷款	农业	2	710	9	3 290			1	3	6	244										
	工业	28	6 480	19	8 991					23	1 257	7	1 299	1	35			2	239	3	630
	商业	1	1 170	16	6 273							10	97	2	80	9	2 772			10	2 657
	服务业	1	185					1	30			2	180								
	小计	32	8 545	44	18 554			2	33	29	1 501	19	1 576	3	115	9	2 772	2	239	13	3 287
村集体贷款		2	2	3	44			31	168			31	197			10	329			2	3
行政事业单位贷款		3	386	5	1 840							9	465			4	324			1	371
合计			65 291		101 566		99		289		2 110		5 148		3 951		9 150		4 687		13 366

社员贷款质量优于非社员的原因在于：①多数社员经过几年的发展，不论管理经验还是资金实力都有了较大提高，偿还贷款的能力明显增强。②通过多年与农信社发展业务，多数社员树立了“真诚合作、共同发展”的理念，信用意识明显增强。③农信社每年进行信息披露，每年根据收益情况进行分红，多数社员增强了履行义务、承担责任的意识，偿还农信社贷款的意识较强。

因此，农信社在今后的业务发展中，应将社员作为重要的客户群体进行重点研究，开发并增加投放适应社员发展需求的新产品，帮助社员拓宽发展门路，改善社员经营管理，将社员发展成为农信社的优质客户群体。

（三）产品多样化

目前，随着网络信息技术的发展，济南市长清区农信联社的产品趋于多样化：①办理各类存款和结算业务；②办理电话银行和短信通业务；③开办卫星长途电话充值卡业务；④办理信通卡、齐鲁乡情卡、农民工特色卡、锦绣校园卡，布放 ATM 机 14 台，发展特约商户 67 家，发行银行卡 8.5 万张，使广大城乡居民、个体工商户享受到信息技术给生活带来的实惠和便利；⑤开办了承兑贴现、代收税款、代发政府直补款、代办保险、代发工资、代发低保优抚金等业务；⑥发放小额贷款、助学贷款、消费贷款、出国劳务贷款、联户联保贷款、仓单质押贷款、大联保体贷款、农村合作组织贷款、社团贷款和其他公司类贷款，建立起以小额贷款为主体的信贷产品体系，切实满足了客户多层次的资金需求。与分门办公时相比，农信社已经建立起比较健全的产品体系，缩小了与其他专业银行间的服务差距，并在贷款方面比其他专业银行有独特的产品优势，如小额贷款、大联保体贷款等。小额贷款以其方便灵活、随用随贷的特点，深受客户的青睐，成为与其他银行开展竞争的制胜法宝。2000 年 9 月，长清区农信联社下发了《长清县农村信用社支持农村经济发展的实施意见》，明确指出，积极实施“贷款上柜工程”，各农信社设立信贷专柜，由信贷内勤人员和具有贷款第一责任人资格的信贷人员组成，直接在柜台上为客户办理贷款咨询、预约、考察、发放质押贷款和经批准的小额农户信用贷款，使贷款户体会到办理贷款就像办理存款一样方便；全面推行“贷款证”制度。2000 年底，核发“贷款证”8 429 个，发证面为 8.58%；授信 10 277 万元，实际有6 868户使用贷款 7 122 万元。到 2009 年底，已核发“贷款证”24 622 个，发证面达到了 21.41%；授信额 194 116 元，“贷款证”贷款余额为 125 368 万元。

（四）实行差别化浮动利率

农信社自成立之日起，就实行差别化利率，分生产和生活两种，按照国家的利率政策，确定贷款利率。

1983年3月，中国农业银行制定下发了《关于信用社对双包户专业户（重点户）贷款的暂行规定》，对“双包户”（包产户、包干户）和专业户［承包专业户（重点户）、自营专业户（重点户）］实行有差别的浮动利率政策，根据对象不同，实行不同的利率，在月利率0.48%～0.9%浮动，空间较大。中国农业银行分行结合当地实际情况，划分各种贷款的利率档次，由农信社执行。但并没有考虑不同的“双包户”、专业户，其信誉程度不同，风险大小也不同，利率也应该不同。

专栏2-9 1983年有关“双包户”和专业户贷款利率的规定

1983年3月16日，中国农业银行山东省分行转发总行《关于信用社对双包户专业户（重点户）贷款的暂行规定》（〔1983〕鲁农银社字第4号）。对贷款利率的相关规定包括：沼气贷款按月息0.21%执行；对从事种养业生产、购买口粮、医治疾病等贷款按月息0.48%执行；对从事工商业、服务业、运销等贷款（包括社员建房），按月息0.6%执行；对社员个人生活其他用途贷款（如购买高档耐用消费品等）按月息0.72%执行。同时，明确规定，各地市（县）行应根据当地情况，对所（社）规定贷款审批权限，对具备办理贷款条件的信用站，确定一定额度和一定范围内的社员贷款，并报上一级行备案。

1983年9月23日，中国农业银行山东省分行“为改变信用社存款利率高、贷款利率低、存贷利率倒挂的不合理状况”，下发了《关于调整信用社贷款利率的通知》（〔1983〕鲁农银计字第34号），对双包户专业户（重点户）贷款的利率进行了调整：对从事种养业和养殖业的贷款利率，调整为月息0.6%；对从事加工、修理、工副业生产的贷款利率，调整为0.66%；对从事商业、饮食业、服务业的贷款利率，调整为0.72%；对建房、耐用消费品和婚丧费用等其他生活性贷款利率，调整为0.81%；对从事运输和购买大中型拖拉机、汽车的贷款利率，调整为月息0.9%；对集体农业和其他贷款利率，不论生产费用还是生产设备贷款，调整为月息0.6%。沼气贷款和购买口粮、医治疾病贷款没有调整。

资料来源：中国农业银行山东省分行《关于信用社对双包户专业户（重点户）贷款的暂行规定》（〔1983〕鲁农银社字第4号），中国农业银行山东省分行《关于调整信用社贷款利率的通知》（〔1983〕鲁农银计字第34号）。

1989年11月15日，中国农业银行长清县支行下发了《关于调整贷款利率的通知》，明确规定，农信社“灾区口粮、治病贷款不上浮；对农业贷款，除粮棉油生产费用贷款掌握在30%以内浮动外，其他贷款可视贷款承受能力在50%以内浮动；超过50%，一律报县行批准后执行”。

分门办公以后，长清联社根据国家规定的基准利率和信贷政策，确定自己执行的利率。由于农信社的存款成本较高，执行的利率高于国家规定的基准利率（表2-7），并根据农业与非农业、社员与非社员、个人与企业的不同，确定不同的贷款利率。

2000年6月13日，济南市长清区农信联社下发了《个体农户贷款管理细则》，在辖内推广“农户贷款证”，实施贷款上柜工程，而发放“农户贷款证”的第一关就是先对农户进行信用等级评定。信用等级评定工作的开展为下一步实行贷款定价制度建立了基础。

2006年3月，根据《中国人民银行关于下发农村信用社贷款定价模板的通知》（银发〔2006〕8号），济南市长清区农信联社坚持风险与收益对称、差别化、市场化、弱势群体适当优惠的原则，制定了《长清区农村信用合作联社人民币贷款定价管理办法》，经测算修改后于2006年7月1日实施。一方面，完善了利率定价组织体系。联社贷款审批委员会是利率定价的日常决策机构，根据理事会制定的年度利润目标，审定贷款定价政策、模型、利率和定价授权方案。业务管理部具体负责利率定价的日常管理工作。另一方面，在贷款定价机制下，将贷款分为六大类（表2-8）：农户贷款，个体工商户、公司类及农业经济组织贷款，贴现，中长期贷款，借新还旧及贷款展期，助学贷款。对以上六类贷款，分别确定不同的利率档次，使之与客户类别、贷款成本、承担风险和预期资金回报相匹配。对农户、个体工商户贷款，按照社员和非社员的不同、信用等级的高低分别确定不同的利率政策，贷款利率浮动区间为0.09%～0.2%，真正实现了差别化利率。

随着《长清区农村信用合作联社人民币贷款定价管理办法》的实施，也发现了一些问题，最重要的就是不能客观衡量客户对农信社的贡献度，不能根据客户的贡献实行一定的利率优惠，对同一信用等级的客户，不能因贡献不同而实行不同的利率，从而造成了一些优质客户的流失。对此，在竞争日趋激烈的农村金融市场上，客户经理深有感触。为进一步加大贷款营销的工作力度，增强信贷市场的竞争力和占有率，2010年1月1日，济南市长清区农信联社根据中国人民银行和省联社对不同客户实行贷款差别利率的有关规定，结合实际，制定实施了《济南市长清区农村信用合作联社关于实施人民币贷款差别利率管理办法》（见附录3），客户经理可以针对每一个客户，量身定价贷款利率，体现了风险和收益对称原则，真正实现了差别化浮动利率。

表 2-7　1981—2008 年长清联社一年期社员农户贷款利率

单位：%

调整时间	1981 年 1 月 1 日	1982 年 2 月 1 日	1983 年 10 月 1 日	1985 年 4 月 1 日	1987 年 3 月 21 日	1988 年 9 月 1 日	1989 年 2 月 1 日	1989 年 7 月 1 日	1989 年 11 月 21 日	1990 年 2 月 1 日	1990 年 3 月 21 日	1990 年 8 月 21 日	1991 年 4 月 21 日
执行利率	0.45	0.48	0.6	0.66	0.66	0.75	1.417 5	1.417 5	1.417 5	1.323	1.176	1.092	1.152
基准利率													0.72
调整时间	1992 年 6 月 21 日	1993 年 2 月 1 日	1993 年 5 日 15 日	1993 年 7 月 11 日	1995 年 7 月 1 日	1996 年 5 月 1 日	1996 年 8 月 23 日	1997 年 10 月 23 日	1998 年 3 月 25 日	1998 年 7 月 1 日	1998 年 12 月 7 日	1999 年 6 月 10 日	2002 年 2 月 21 日
执行利率	0.936	1.152	1.248	1.464	1.608	1.281	1.176	1.008	0.924	0.880 5	0.745 5	0.682 5	0.619 5
基准利率			0.78	0.915	1.005	0.915	0.84	0.72	0.66	0.577 5	0.532 5	0.487 5	0.442 5
调整时间	2004 年 2 月 28 日	2004 年 10 月 29 日	2006 年 6 月 1 日	2006 年 8 月 19 日	2007 年 3 月 18 日	2007 年 5 月 19 日	2007 年 7 月 21 日	2007 年 8 月 22 日	2007 年 9 月 15 日	2007 年 12 月 21 日	2008 年 10 月 9 日	2008 年 10 月 30 日	2008 年 11 月 27 日
执行利率	0.752 25	0.790 5	0.877 5	0.913	0.958 5	0.985 5	1.026	1.053	1.093 5	1.08	1.039 5	0.999	0.837
基准利率		0.465		0.51	0.532 5	0.547 5	0.57	0.585	0.607 5	0.622 5	0.577 5	0.555	0.465

表 2-8 济南市长清区农信联社各项贷款利率

（2008 年 12 月 23 日执行）

单位：%

<table>
<tr><th rowspan="2">项目</th><th rowspan="2">种类</th><th colspan="2">社员</th><th rowspan="2">非社员</th></tr>
<tr><th>AAA</th><th>AA 级以下</th></tr>
<tr><td rowspan="3">一、农户、个体工商户贷款</td><td>种养业（万元以下）</td><td>0.708</td><td>0.752 25</td><td>0.796 5</td></tr>
<tr><td>有价证券质押贷款</td><td></td><td>0.575 25</td><td></td></tr>
<tr><td>其他贷款</td><td>0.752 25</td><td>0.796 5</td><td>0.840 75</td></tr>
<tr><td rowspan="5">二、公司类及农业经济组织贷款</td><td>信用担保贷款</td><td colspan="3">0.796 5</td></tr>
<tr><td>动产抵押贷款</td><td colspan="3">0.796 5</td></tr>
<tr><td>不动产抵押贷款</td><td colspan="3">0.708</td></tr>
<tr><td>有价证券质押贷款</td><td colspan="3">0.575 25</td></tr>
<tr><td colspan="4">或按照企业贷款参照指标的浮动系数及所占比重逐笔计算</td></tr>
<tr><td rowspan="2">三、贴现</td><td>银行承兑汇票</td><td colspan="3">在再贴现利率基础上，按不超过同期贷款利率（含浮动）加点</td></tr>
<tr><td>商业承兑汇票</td><td colspan="3">参照公司类贷款利率确定</td></tr>
<tr><td rowspan="3">四、中长期贷款</td><td>1～3 年（含 3 年）</td><td colspan="3">0.855</td></tr>
<tr><td>3～5 年（含 5 年）</td><td colspan="3">0.912</td></tr>
<tr><td>5 年以上</td><td colspan="3">0.940 5</td></tr>
<tr><td rowspan="2">五、贷款借新还旧及贷款展期</td><td>借新还旧</td><td colspan="3">8.85</td></tr>
<tr><td>贷款展期</td><td colspan="3">贷款展期期限加上原期限达到新的利率档次时，从展期之日起，按新的期限利率计收</td></tr>
<tr><td rowspan="5">六、助学、住房贷款</td><td>6 个月以内（含 6 个月）</td><td colspan="3">0.405</td></tr>
<tr><td>6 个月至 1 年（含 1 年）</td><td colspan="3">0.442 5</td></tr>
<tr><td>1～3 年（含 3 年）</td><td colspan="3">0.450</td></tr>
<tr><td>3～5 年（含 5 年）</td><td colspan="3">0.480</td></tr>
<tr><td>5 年以上</td><td colspan="3">0.495</td></tr>
<tr><td rowspan="3">七、贷款加罚息</td><td colspan="4">贷款逾期：自逾期之日起，按合同载明利率的基础上加收 50%</td></tr>
<tr><td colspan="4">挤占挪用：自挤占挪用之日起，按合同载明利率的基础上加收 100%</td></tr>
<tr><td colspan="4">对不能按时支付的利息，按罚息利率计收罚息</td></tr>
</table>

（五）网点布局向城区倾斜

1994 年，长清农信社在城内只有 3 个营业网点，但自 1996 年以来，在网点总数减少的情况下，长清农信社部分网点向城内迁移。目前，长清联社在城内设立了12个营业网点，比1994年增加了9个网点，而乡镇网点减少了10个网点（表2-9）。城内网点增加的根本原因是利益的驱动。乡镇网点存款成本高，效益较低，而城内网点低成本存款相对较多，多数效益较好。乡镇网点的减少，在客户经理不足的情况下，增加了乡镇网点工作人员的压力，致使乡镇网点的服务能力远不能适应农村金融发展的客户需要，经常发生客户排长队现象，最终会导致市场占有率的下降。

表2-9 1994年以来长清农信社网点变动分析

单位：个

网点	1994年	1996年	2005年	2006年	2007年	2008年至今
城内网点	3	4	8	10	11	12
乡镇网点	36	35	30	28	27	26
合计	39	39	38	38	38	38

三、长清联社存在的问题

（一）流动性过剩与经济效益下降

长清农信社自1953年成立以来，一致保持存差，但自2002年以后，存贷比呈下降趋势，且与剔除贴现的存贷比差距越来越大。2010年3月底，存差高达118 695万元，存贷比例为67.91%；剔除贴现，实际存贷比仅为56.70%；可用资金99 719万元，不包括存款准备金，备付率为26.96%，凸显流动性严重过剩的问题。

流动性过剩直接导致利息收入的下降，进而影响各项拔备的提取和经济效益的提高。2009年，在各项贷款较2008年增加22 069万元的情况下，利润较2008年减少540.1万元（表2-1）。2010年第一季度，实现各项收入5 118万元，比2009年第一季度减少444万元，其中，利息收入4 345万元，比2009年第一季度减少525万元；实现利润67万元，比2009年第一季度减少305万元。

（二）市场占有率下降

长清农信社的存款占有率自1985年以来呈下降趋势，2009年底存款占有率为28.29%，比1985年底下降22.85个百分点（图2-2）。特别是单位存款只有9 940万元，占长清区全部存款的3.04%，占长清区全区单位存款的2.37%。由于单位存款基本是活期存款，而济南市长清区农村信用合作联社的单位存款较少，致使存款结构不尽合理，成本较高。定期存款27.6亿元，占各项存款的 84.61%，平均存款成本达到 4.8%。

长清农信社的贷款占有率从 1990 年开始，到 2005 年总体上呈上升趋势，但自 2006 年以后，则呈现下降趋势，特别是 2009 年下降幅度最大，比 2008 年下降 11.27 个百分点，是 1985 年以来最低的。

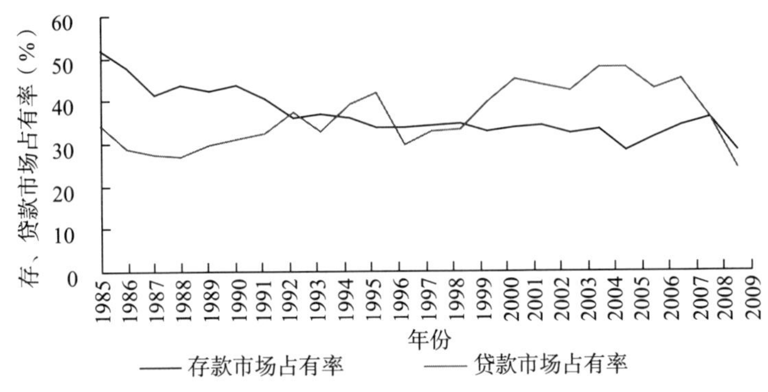

图 2-2　1985—2009 年长清农信社存、贷款市场占有率趋势

长清农信社市场存、贷款占有率下降的原因主要是：①国有商业银行改制激发了内部活力，干部职工抓业务的积极性普遍提高；②近年来长清区设立了齐鲁银行和小额贷款公司，从事银行业的机构达到 9 家，行业竞争激烈，农信社主力军地位受到挑战；③长清农信联社虽然设立了客户经理，但没有建立和实行客户经理制度，在一个单位（包括：营业部、农信社和农信分社）存在着吃大锅饭的问题，存在着“干与不干一个样，干多干少一个样、干好干坏一个样”问题，干部、职工的积极性没有很好地发挥出来。

（三）资产质量较差与抗风险的能力不强

按照四级分类，从 2001 年开始，到 2008 年底，济南市长清区农信联社的不良贷款余额和占比都呈下降趋势（表 2-1）。2008 年底不良贷款余额和占比分别为 10 627 万元和 5.04%。但 2009 年 8 月新一代银行核心业务系统上线运行，隐藏的 36 148 万元不良贷款被反映出来，致使不良贷款骤增；2009 年 12 月底，不良贷款余额达到 42 082 万元，占比为 18.05%。也正是由于隐藏在正常贷款中的不良贷款被反映出来，按五级分类，2009 年 12 月底不良贷款余额 38 800 万元，占比为 16.64%，分别较 2009 年初增加 5 040 万元和 0.64 个百分点。若新一代银行核心业务系统不上线运行，隐藏在正常贷款中的不良贷款会长期隐藏下去。实际上，从五级分类与四级分类的差距中可以找出其中的问题。2006 年，开始实行五级分类，2006—2008 年的分类结果分别是 56 350 万元、44 877 万元和 33 760 万元，分别比四级分类多 41 461 万元、13 402 万元和 23 133 万元，而 2009 年底则比四级分类少 3 282 万元。主要原因在于：一方面，银监会、中国人民银行颁布的《农村信用社改革试点专项中央银行票据兑付考核办法》是按四级分类进行考核。而专项中央银行票据兑付后，2009 年，济南市办事处按五级分类下达压降任务，山东银监局也按五级分类进行监测。考核标准不同，造成长清联社努力的方向不同。另一方面，为了考核，为了完成上级不良贷款压降任务，显示业绩，得到更好的报酬和奖励，可能有个别农信社采取在正常贷款中隐藏不良贷款的手段，粉饰业务经营指标。这充分说明了农信社在信贷管理中存在很大的隐患和风险，在业绩考核上存在很大问题。

由于不良贷款较多，长清联社资产存在很大风险，增加了提取拨备的压力。2009 年底，各项拨备余额 11 386 万元，其中，贷款损失准备 8 735 万元，一般准备 2 651 万元；拨备缺口高达 12 793 万元，拨备充足率仅为 47.09%（其中，贷款损失准备缺口 9 275 万元，贷款损失准备充足率 48.5%）；资本净额 7 524 万元，加权风险资产 234 659 万元，资本充足率仅为 3.21%，远达不到三年达标规划的目标，抗风险能力较弱。

（四）经营管理指标设计不尽科学

自 1994 年农信社与中国农业银行脱钩以来，随着农信社改革的不断深入，长清农信社的绩效管理体制也得到逐步确立，并不断改进和完善，其发展历程大体分为三个阶段：第一阶段为简单的经营指标考核阶段，第二阶段为全面绩效管理的探索尝试阶段，第三阶段为全面绩效考核阶段。由于农信社实行“省联社—市办事处—县级联社（合行）—农信社—农信分社”的管理体制，经营指标由上一级办事处制定考核，其营业费用、人员编制和工资亦由上一级办事处控制。为了全面分析长清联社的绩效管理，必须与其上一级办事处的绩效管理一并进行分析。

1. 简单的经营指标考核阶段（1994—2001 年）

在这一阶段，实行行员等级工资制，按照每个干部职工的工龄、学历、职称、职务等确定档案工资，按出勤计发工资报酬。办事处从存款增长额、贷款增长额、不良贷款下降额、盈亏额、营业费用、利息收入和股金增加额等 7 个方面下达考核指标，对超额完成的部分再下达计发奖金数额。长清农信社参照办事处的考核办法，将 7 项指标分解到各社，每季进行考核，年终进行总评，计发奖金。

2. 全面绩效管理的探索尝试阶段（2002—2004 年）

2002 年，济南市办事处制定了“年薪制试行办法”，对联社领导班子实行年薪制；在员工等级工资制度的基础上，将员工工资总额与效益挂钩，同个人贡献挂钩。同时，完善“经营目标责任制考核办法”，在第一阶段考核指标的基础上，增加了执行金融方针政策、执行上级管理制度和办法、内控制度、服务质量和安全等 5 个方面的定性指标。济南市长清区农信联社按照办事处的文件精神，结合自身实际，进行了全面绩效管理的尝试。

（1）对高管人员实行年薪制。联社理事长、主任年薪收入为员工平均工资的 4 倍，联社副主任、监事长年薪为员工平均工资的 3 倍，农信社主任、副主任年薪为所在单位员工平均工资的 2 倍。

（2）进行工资制度改革，取消行员等级工资制。员工工资分为基本工资、考核工资。基本工资＝基本生活费＋工龄补贴＋岗位补贴。考核工资分为岗位工资和绩效工资。其中，岗位工资根据岗位对应的岗位系数和岗位目标任务的考核情况确定；绩效工资是在完成各项任务的基础上，根据创利多少和超额情况计发，以超业务量为主。

长清联社的岗位系数如表 2-10 所示。

表 2-10　长清联社岗位系数

岗位分类	岗位名称	岗位系数
职能管理类	部门正职	1.6
	部门副职	1.4
	业务经办	1.2
市场营销类	部门正职	1.7
	部门副职	1.5
	高级客户经理	1.6
	中级客户经理	1.4
	初级客户经理	1.2
	专职清收	1.3
业务操作类	一级内勤主管	1.3
	二级内勤主管	1.25
	网络中心操作员	1.2～1.3
	综合柜员	1.2
	单项柜员	1.1
	票据交换员	1.0
后勤保障类	守库押运员	1.2
	驾驶员	1.2
	收发文印打字	1.1
	保管员	1.1
	其他	1.0

（3）制定了比较细化的管理类考核指标。在经营管理指标考核方面，与第一阶段相比，考核内容没有变化，只是分值有所调整；每一季度按照分配的任务指标对农信社进行考核，计算岗位工资和绩效工资。主要是根据办事处的管理类指标，制定了管理类考核细则，具体考核内容和分值设计如表 2-11 所示。

表 2-11　长清联社经营管理指标考核内容和分值设计

基础管理 250 分	报表质量和书面报告 30 分，岗位责任制落实情况 10 分，会计核算质量 10 分，贷款管理 10 分，财务管理 20 分，网络管理 10 分，检查辅导与事后监督 10 分，服务质量 10 分，计算机管理 50 分，政务信息宣传 50 分
业务管理 200 分	业务统计管理 20 分，业务活动组织 30 分，货币市场业务 30 分，中间业务发展 30 分，日常信贷管理 90 分
人事管理 100 分	干部队伍建设 20 分，员工队伍建设 10 分，工资分配管理 20 分，员工培训和学历教育 20 分，年度考核 20 分，职业道德教育 10 分
稽核检查 300 分	内控制度执行情况 200 分，稽核查出问题整改情况 50 分，稽核任务完成情况 50 分
监察保卫 150 分	安全保卫责任制落实情况 20 分，制度执行情况 30 分，安全防范设施情况 30 分，监察纪检 70 分

表 2-11 内每一项又被济南市长清区农信联社划分为若干小项，以加强日常管理，明确部室考核责任和分工，将日常检查与年终考评相结合。

实行上述绩效管理后，干部职工的收入差距拉大，特别是客户经理的绩效工资按业务量进行考核，有的收入超过其所在单位的主任、副主任。这一现象在全社上下引起了争论，致使长清联社自 2004 年起不再实行客户经理制。同时，出现了以下现象：①由于定性指标考核比较复杂，平时对基层农信社的考核基本没有落实，每年初对上一年度管理指标进行一次考评也基本是走过场、走形式，不得不采取折中的方式予以解决，与经营指标考核得分综合平衡，主要以经营指标考核分数为主，将考核单位划分为三类，分配不同的奖金，从而导致考核单位的管理出现了很多问题。特别是为了取得考核得分，虚增存款，贷款逾期不转入不良贷款科目，虽然账面不良贷款下降，实际不良贷款却大幅度上升。到 2004 年底，正常贷款中隐藏不良贷款达 2.4 亿元，占全部不良贷款的 14.11%。2009 年 8 月，正常贷款中隐藏不良贷款达到 36 148 万元。②岗位系数没有得到很好执行。2004 年后，市场营销类、业务操作类岗位系数没有了，一线员工全部为 1，而联社机关的员工岗位系数为 1.2。一线员工工作量最大，收入却最低，从而严重挫伤了一线员工的积极性。③联社机关的员工岗位工资和绩效工资一样，一线员工的岗位工资和绩效工资一样，又回到“吃大锅饭时期”。

3. 全面绩效考核阶段（2005 年至今）

（1）上级办事处对各联社（合行）实行双千分考核，管理类指标 1 000 分

（由于内容繁杂琐细，与本部分阐述的观点没有多少关系，因而不再叙述），每年底进行一次管理类指标考评，达不到 1 000 分的，相应扣减经营类指标考核得分。同时，经营类指标进一步完善，考核内容及分值设计如表 2-12 所示。

表 2-12　办事处对联社的经营类考核内容及分值设计

财务类指标 450 分	考核利润 100 分、人均考核利润 200 分　资产利润率 150 分
业务类指标 550 分	存款增长绝对额 100 分，存款日均增长额 100 分，贷款增长额 100 分，不良贷款下降额 110 分，抵债资产下降额 60 分，专项票据已置换不良贷款下降额 20 分，已核销不良贷款下降额 10 分，中间业务收入 50 分

（2）全区农信社 2005 年实行统一法人，虽然按照办事处管理类指标考核的内容复制了详细的考核办法，但至今没有对管理类指标进行考核，只是对业务类指标加利息收入指标设计分数，对基层农信社进行考核。对中层以上干部实行年薪制，对基层员工仍执行基本工资、岗位工资和绩效工资，岗位工资、绩效工资仍按 2004 年的办法执行。

4. 在绩效管理方面存在的问题

通过对绩效管理发展历程的回顾和分析，可以发现济南市长清区农信联社在绩效管理方面存在以下问题：

（1）没有从企业管理的角度设计绩效管理体系，始终根据市办事处的绩效管理办法设计本社的绩效管理考核指标和考核办法，致使管理类考核过于复杂，难以执行。

（2）办事处考核的经营指标不够科学，不能较为准确地反映经营者的业绩。现财务考核指标中，没有考虑资本的机会成本。同时，由于人员编制由市办事处控制，在考核利润一定的情况下，随着人员的增多，人均考核利润相对较少。因而考核利润不能客观评价经营者的业绩。在考核期内，资产余额经常变动，且由于历史的原因，农信社存在大量的置换资产和抵债资产，而这些资产为非生息资产，资产利润率虽然反映了农信社盈利水平，但考核一个接任的经营者，有失公平。在业务类指标中，虽然存款增长绝对额、存款日均增长额、贷款增长额反映了经营规模的扩大，在一定程度上反映了经营者的业绩，但忽视了经济增长带来的存贷款规模自然扩大。

（3）对员工的绩效管理和工资收入管理存在“吃大锅饭”问题，分配极不合理。虽然绩效管理体系既有管理类指标，又有财务指标，但由于管理类指标过多，考核复杂，加上人情关系，造成管理类指标考核形同虚设，主要以财务类指标考核为主，致使基层农信社轻管理、重业务，轻长期利益、重短期利益。同时，岗位系数虽然不尽合理，也没有得到很好地执行。

（4）复制上级的考核办法，对下级进行考核。同时，上级下发考核文件的时间一般在每年 3 月左右，一年过了快 1/4 才制定本单位考核细则，为时已晚。同时，上级的考核办法在当年内经常变动。以 1998 年为例。1998 年 3 月 20 日，济南市农村金融体制改革领导小组下发《济南市城乡信用社经营目标责任制考核办法》（济农金改办发〔1998〕22 号）；5 月 18 日，下达《1998 年度 8 项经营指标的通知》（济农金改办发〔1998〕37 号）；8 月 5 日，下发《关于对经营目标责任制和“三防一保”责任状完成情况奖罚兑现的通知》（济农金改办发〔1998〕50 号），对 1997 年度进行奖罚兑现；11 月 6 日，下发《济南市城乡信用社 1998 年第四季度经营指标考核实施办法》（济农金改办发〔1998〕77 号）；12 月 29 日，下发《关于调整 1998 年度部分经营指标的通知》（济农金改办发〔1998〕122 号）；1999 年 5 月 12 日，下发《关于对完成 1998 年度工作目标任务的单位进行奖励兑现的通知》（济农金改办发〔1999〕41 号）。

（5）干部职工收入差距较大。由于干部的各项补贴、住房公积金、养老保险等均按平均工资的倍数发放和缴纳，干部职工收入差距较大，致使员工产生不满情绪。同时，当干部成为员工增加收入的唯一渠道，部分员工千方百计进入领导层，只考虑上级的意图，不考虑群众的要求，没有把精力放在拓展业务上。另外，部分职工千方百计进入联社机关，致使联社机关人员逐年增加，达到 82 人，加上农信社主任、内外勤主管员，管理人员达到 118 人，占全部在职人员的 24.38％。管理人员较多增加了管理费用，影响到经济效益的提高。

四、小结

本节通过对长清联社现状的分析发现，农信社在产权结构、市场定位、网点服务、产品服务等方面具有商业化的趋势，为下一步银行化改革做了准备、创造了条件，但在存在流动性过剩、经济效益下降、市场占有率下降、资产质量低、抗风险能力弱、经营管理指标设计不科学、干部职工收入差距较大、管理人员较多等问题。这些问题严重影响农信社的可持续发展。农信社必须正确面对，尽快采取措施，认真加以解决。

第五节　结论与建议

一、结论

本章在回顾和总结前人研究的基础上，以山东省济南市长清区的农信社为例，对农信社制度变迁进行研究，从中总结经验和教训，得出以下结论：

（1）培养员工合作与奉献精神是农信社和谐发展、可持续发展的保证。农信社在艰难岁月里成长，历经磨难，发展到今天，靠的就是员工的合作与奉献精神，特别在 1996 年以前，员工的收入仅仅维持生活，代办员的手续费很少，但他们依旧勤勤恳恳地为农民服务。正是依靠这种合作和奉献精神，农信社经营规模不断扩大，成为支农主力军。只有合作，才能共赢；敢于奉献，才能把精力投入到服务“三农”去，热情、周到、快捷地为农户服务，及时解决农户金融需求，从而赢得农户的信赖和支持，确保业务健康发展，确保农信社农村金融主力军的地位。

（2）商业化是农信社发展方向。目前，农信社在产权结构、市场定位、网点服务、产品服务等方面具有商业化的趋势。国家要用 5～10 年的时间把农村合作金融机构分期、分批改造成为产权明晰、经营有特色的社区性农村银行业机构。因此，商业化、银行化是农信社发展方向。

（3）服务“三农”是农信社建社之基、立社之本、发展之源。农信社与农民具有天然的联系，在农村建立，经营区域在农村，竞争优势也在农村，脱离农村，弃乡进城与其他银行相竞争，只有死路一条。今后，农信社不论如何进行银行化改革，都必须把服务“三农”放在第一位，切实履行支持“三农”的责任。只有这样，才能在帮助农民脱贫致富、促进当地经济发展的同时，巩固和发展客户群体，巩固主力军地位，实现可持续发展。

（4）实行企业化改革是发展之路。目前，部分农信社存在着流动性过剩、经济效益低、市场占有率下降、资产质量低、抗风险能力弱、干部职工收入差距较大、管理行政化等问题。产生这些问题的根本原因就是没有按照金融企业的内在规律和要求去经营、去管理。下一步，农信社不论是保持县级统一法人、保留合作制，还是改制为农合行或农商行，都应该回归金融企业本质，面向市场，按照金融企业的内在规律和要求，建立适应自己的组织架构和运行机制，建立适应自己的经营管理机制，真正成为“自主经营，自负盈亏，自我发展，自求平衡”的金融企业。

（5）政府主导农信社制度变迁是客观需要。农信社自建立那天起，每一次变革都是由政府主导的。中国是一个农业大国，农村人口众多，在宏观上，农信社改革不仅仅涉及员工的切身利益，更涉及广大农民的利益，涉及农村经济的健康发展，涉及国家的稳定。因此，农信社的地位和作用在今后的一个时期内，是任何一家银行所不能替代的。因而农信社发展备受党和国家领导人的重视，其改革必然受政府的主导。但从目前的情况看，政府主要主导改革方向，农信社应结合自己的实际选择改革模式和改革道路。

二、建议

农信社改革方向已经确定，但面对存在的问题，必须认真反思，认真研究对策。

（1）进一步理顺省联社、办事处和县（市、区）的关系，减少行政干预。省联社要结合全省实际，研究全省农信社改革方案，构建以资本为纽带、以股权为联结和以规则为约束的新型管理体制和运行机制。要尊重县级联社意见，尊重县级联社改革道路的选择，不搞拉郎配。要引导推动城区机构整合，对经济比较发达的地区，探讨地级市所有的农信社统一一个法人，改制为农商行。倡导发展状况良好的农商行（农合行）参股或重组较差的县级联社，提高全省农信社整体经营管理水平。支持符合条件的县级法人异地设立机构，优先鼓励在省内设立村镇银行。支持管理水平高、发展实力强的法人机构，到异地开办村镇银行。要改进服务方式，解决文山会海，让县（市、区）领导干部集中精力抓经营。同时，对联社副主任以上干部，要进行全面考察，重点观察培养，多听群众意见，选好一把手。要建立联社副主任以上干部的中长期考核机制，考核兑现由省联社办事处组织，解决当前联社领导班子自己给自己考核、给自己定年薪的问题，加强监督约束。

（2）加快银行化改革步伐，增强服务功能，改善金融服务。农信社要正确处理服务“三农”与支持企业发展的关系，在确保支持“三农”力度不减的同时，转变观念，积极向中小企业发放贷款。目前，农村的大多数企业中小企业产权明晰，与20世纪90年代的企业相比，不论在经营管理上还是在经济效益上都不可同日而语。农信社应该客观看待，积极开发和维护这一客户群体。

（3）进一步完善法人治理。农信社应结合实际，制定适应本单位的法人治理运行细则，真正实现民主决策、科学决策，全面提高治理水平。以科学发展观为指导，在法人治理结构和经营管理上多下功夫，把握细节，实现自身的科学发展。

（4）制定科学的考评机制。农信社要坚决克服不按经营规律办事，不因地制宜，重显绩、轻潜绩，重近期效果、轻长远利益，片面追求存贷款增长的做法，用发展的、全面的、实践的观点看政绩，正确处理好显性政绩与隐性政绩、个人政绩与集体政绩、现任政绩与前任政绩、主观努力与客观条件、现实成效与长远发展、物质成果与精神文明的关系，探索科学长效的激励机制。对联社副主任以上干部要建立中长期考核激励和约束办法，促使县联社级领导干部按照企业的内在规律去经营管理。要建立不同类型、不同层次的干部员工实绩考核指标体系和评价标准，拓宽考核渠道，充实考核内容，改进考核办法，全面建立可持续发展的激励约束机制。要借鉴成功经验，制定实施科学合理的模拟利润考核细则，引导各营业网点开展全员营销、加强成本管理、提高经济效益、提高资产质量，引导全员围绕经济效益转、围绕防范化解风险转，促使各营业网点的业务科学发展。同时，要做好配套改革，按照内外勤员工、管理人员分别制定等级考评、认定和晋升细则，使干部职工的行为与农信社加值取向相一致。

（5）优化网点布局，有步骤地增加乡镇营业网点。农信社可以在农村安装ATM机，为农民提供全天候服务。要加强营业网点的管理，提高农信社、农信分社经营能力。要严格实行内外勤分离，农信分社主任不能兼任客户经理，确保会计内控制度的贯彻落实。

（6）进一步转变经营方式，走内涵发展的路子。农信社要借鉴现代银行的管理经验，导入全面质量管理，实现产品、服务专业化、标准化。要实行全面质量管理，提高核心竞争力。要在不断扩大经营规模的同时，严格实行资产负债比例管理，努力降低负债成本、提高资产质量、增加经营收益。要科学把握信贷节奏，调整经营转型，把投放质量放在首位。要大力发展小额贷款，严防贷款过度集中，密切关注宏观经济形势，严把贷款投向，从源头上控制贷款风险。要下大力气千方百计清收盘活不良贷款，优化资产质量。要建立信贷主动退出机制，将信贷退出机制贯穿于贷前、贷中、贷后的每一个环节，确保信贷资产安全运行。在国家政策范围内，最大限度地补提拨备，逐步提高抗风险能力。

（7）进一步加强内控建设。农信社应坚持内部控制“五性”（有效性、审慎性、全面性、及时性、独立性）的原则，与建立全面质量管理体系相结合，按照岗位和业务两条主线，对规章制度进行梳理。坚持内控能力与责任相匹配的原则，在梳理和完善过程中，要把防范道德风险、操作风险放在首位，开展操作系统创新，对关键环节、风险点设立“防火墙”“隔离带”，增加把关岗位，加强监督约束，不断完善业务和管理手段。按照通俗易懂、文字精练、朗朗上口、易于掌握的原则，把农信社的规章制度和工作流程进行整理，编印成册，人手一本，使每个干部职工尽快掌握，牢记心中。坚持开展合规教育、思想政治教育和职业道德教育，使全员树立合规管理的理念，把合规思想贯彻于每一项业务每一个环节，确保各项规章制度的贯彻执行。

（8）细分客户群体，开展业务创新，巩固农村阵地。农信社要围绕提高效率、防范风险，对现有组织和业务流程进行分析整合，建立合理高效的经营运行组织架构，协调、整合各项服务产品，为顾客提供快捷、满意的综合化金融服务。以客户需求为导向，以提供差异化产品和服务为原则，在全员中开展金融创新活动，增强干部职工创新意识和能力。要加强农村金融需求调研，以客户需求为导向，对现有产品和服务进行组合和改进，重点突出差异和特色，提供差异化产品和服务。

（9）与社员建立开发式合作模式。农信社要通过多种途径让社员了解农信社的经营管理和重大事项，为社员参政、议政创造条件。要向社员传播农业技术、市场知识和法律知识，让文化知识带动农民思想转变，让思想转变带动技术创新、组织创新，让创新带动增收致富，提高农民自我发展的能力。要积极为社员提供致富信息、技术指导、管理和法律咨询，优先向社员发放贷款，支持家庭改善生活条件、购买农机具、发展种植业和经商办企业。大力推广联户联保贷款，鼓励社员建立合作组织，实现先富带后富、联合发展、共同提高，逐步缩小贫富差距。引导社员由细小生产经营向生产联合经营、由私人经济向社会化生产过渡。通过几年的努力，要让社员成为本村先进户、富裕户，成为其他银行挖不走、积极与农信社开展合作、积极到农信社办理业务的忠诚户。目前，济南市长清区农信联社有自然人社员 10 335 户，占辖内家庭户数的 9.85%左右；法人社员占辖内企业法人户数 3%左右。如果这些社员都成为农信社的优质客户，农信社就一定能够巩固在长清农村金融市场中的地位。

（10）进一步加强优质客户经理的培养，提高农信社开拓市场的能力。农信社应力争使奋战在一线的客户经理人数占全部干部职工人数的 30%，壮大服务“三农”的一线队伍。同时，加强管理，不断开展政治思想教育，改进工作作风，坚决杜绝吃拿卡要报，打造品牌形象，提高农信社竞争力。

三、研究展望

（1）本章由于以山东省济南市长清区的农信社为例，对农信社制度变迁进行研究，搜集的资料还不够全面，发现的问题是否具有共性，还需要进一步调查和研究。

（2）随着中国农业产业化、农村城镇化的发展，农村金融的需求发生了新的变化，农信社如何适应这一变化，如何进行服务创新，有待进一步研究。

（3）随着农村经济的发展，农信社经营规模不断扩大，一方面流动性过剩越来越突出，另一方需要不断增加员工，从而带来了规模经济问题，值得进一步研究和探讨。

参 考 文 献

高峰，2006. 省联社管理模式的误区和影响：穿市场的鞋走计划的路[J]. 银行家（10）：111-115.

国务院，1984. 国务院批转中国农业银行关于改革信用合作社管理体制的报告的通知[EB/OL].（1984-08-06）. http://www.people.com.cn/item/flfgk/gwyfg/1984/112203198402.html.

韩俊，2007. 中国农村金融调查[M]. 上海：上海远东出版社.

何光，唐宗焜，1998. 中国合作经济概观[M]. 北京：经济科学出版社.

侯粤峰，王庆国，2009. 我国小额信贷商业化的实现路径分析[J]. 长沙民政职业技术学院学报（1）：69-72.

侯兆录，1990. 农村信用社的性质应该重提“既是、又是”为好[J]. 广西农村金融研究（5）：65-66.

济南市长清区政协，2006. 长青文史资料：第十三辑：财贸专辑[M]. 北京：中国国际广播出版社.

蒋定之，2007 有效解决农村信用社体制机制和效率问题[J]. 中国金融（23）：17-18.

李维林，蔡远福，2009. 市场化、商业化：农信社如何迈过这道槛儿[J]. 中国农村信用合作（2）：27-28.

刘斌，1998. 我国农村合作金融存在的问题及运行机制[J]. 金融参考（3）.

刘嘉邦，2009. 农信社改革历程及其合作内核变迁研究[J]. 现代商贸工业（3）：157-158.

乔瑞，2009. 农村金融服务的新突破在于去城市化[J]. 中国金融（23）：38.

邱家洪，2005. 我国农村信用社的发展历程与改革趋势[J]. 山西高等学校社会科学学报（4）：61-63.

阮红新，2006. 农村信用社省联社何去何从：制度目标、制度困境与制度选择[C]//汤烫. 草根金融的“炼狱”与“天堂”：全国地方金融第十次论坛文集. 北京：中国金融出版社：198-204.

石会文，潘典洲，郑克志，1997. 改革过渡时期农村信用社面临的矛盾及化解[J]. 金融研究（1）：52-55.

唐双宁，2006. 中国农村金融市场发展与农村信用社的改革：唐双宁副主席在中国金融改革高层论坛上的演讲[EB/OL].（2006-04-22）. http://www.cbrc.gov.cn/chinese/home/docView/2451.html.

文晖，2006. 农村合作金融立法：再往前走一步[J]. 中国农村金融（2）：49-51.

吴晓灵，1997. 有关合作金融发展的认识与政策支持问题[J]. 金融研究（2）：10-14.

谢平，2001. 中国农村信用合作社体制改革的争论[J]. 金融研究（1）：1-13.

臧景范，2009. 当前农村合作金融机构改革发展中应当关注的几个问题[J]. 中国农村信用合作（10）：8-10.

詹华秀，陈柳钦，2005. 农村信用社改革对农村经济的影响及其未来取向[J]. 科技和产业（10）：42-48.

张功平，2004. 正确认识农村信用社改革[N]. 金融时报，11-19.

张建刚，2009. 农村信用社管理体制改革新思考[J]. 中国金融（23）：41-42.

张明久，2009. 加快推进农信社改革刻不容缓[J]. 中国农村信用合作（8）：26-27.

张耀昆，2009. “穷人银行”生命力何在[N]. 金融时报，05-28.

中国人民银行代表团，2002. 论合作金融的混合治理结构：从法国农业信贷银行的制度变迁看中国农村信用社体制改革[J]. 金融研究（7）：1-9.

中国人民银行九江市中心支行课题组，2006. 农信社改革的理论设计和现实观察[J]. 金融参考（9）：7-11.

中国人民银行总行档案处，中国银监会合作部，2006. 我国农村信用合作的主要发展历程[J]. 金融博览（12）：60-61.

周家龙，2009. 农村金融发展中的主要矛盾与协调发展[J]. 中国金融（23）：43-44.

周家鑫，祝建秋，1990. 合作金融研究会第三次理论研讨会综述[J]. 农村金融合作（10）：58-61.

朱作安，1980. 关于我国农村信用合作社的性质及其管理体制的探讨[J]. 农村金融研究（2）：9-14.

TREMBLAY B，CǑTÈ D，2002. 合作制还是商业化：信用合作社资本结构创新的实证分析[J]. 金融研究（1）：23-34.

第三章　农信社网点布局与双重目标分析[1]

导读：2005年联合国提出普惠金融的理念，即要为所有地区的穷人提供基础金融服务。之后普惠金融在世界得到广泛推崇，中国也于2013年将“普惠金融”写入政府工作报告中加以提倡。长期以来，农信社一直是中国广大农村地区的金融支农主力军，肩负着支持农村地区发展的政策性任务，同时也是中国践行普惠金融的重要力量。但自20世纪90年代以来，随着农信社商业化改革的不断推进，农信社不仅要肩负起支农的政策性任务，也要为自身的盈利能力和财务可持续性负责。而从2003年国务院颁布《深化农村信用社改革试点方案》以后，农信社统一县级法人并增资扩股，中国人民银行发行专项票据进行补贴，鼓励成立农合行和农商行，农信社商业化经营的目标越发清晰。与此同时，国家对于农信社“支农”的定位一直不变，这就对农信社的经营提出了双重目标，即：既需实现社会公平、扶贫支农和践行普惠金融，也要实现经营效率，实现商业化和盈利化。

目前为止，对于中国农村金融机构双重目标的研究多见于理论探讨，或就单个农村金融机构的经营业务考察其对于双重目标上的兼顾，或就金融机构服务的内容和人群进行“使命漂移”[2] 识别等。本章认为现有研究缺乏对农村金融机构在双重目标上的实现进行地区间的横向描述和比较，从而无法对农信社这一最重要的农村金融机构在经营效率和社会公平双重目标的实现上进行地区差异分析。

基于以上的观点，本章从农信社网点布局的视角出发，分别从农信社网点的经营效率和网点对人群、地域的覆盖上构建效率和公平的评价体系，对各地农信社网点在双重目标上的实现进行描述和对比分析。

通过采用变异系数法、聚类分析法等统计手段对全国的、河南省的、濮阳市的农信社网点经营效率和社会公平进行评价和归类。

---

① 本章在李珣2015年硕士论文的基础上改编，周立指导该论文写作。原文标题为《效率优先，还是公平优先？——农信社网点布局及双重目标分析》。

② 使命漂移（mission drift）指以“社会扶贫”为初衷的微型金融机构，在实践中产生了追求可持续发展的结果（Copestake，2007）。

第一节　前　　言

一、研究背景及问题提出

《2015 年国务院政府工作报告》中指出，要“大力发展普惠金融，让所有市场主体都能分享金融服务的雨露甘霖”。而相比于城市地区，目前中国广大农村却仍然受到不同程度的金融排斥，农民群体这一最大的普惠金融服务对象仍然未得到金融机构的全覆盖。发展普惠金融即是要破除金融排斥①，而金融排斥原意指银行关闭分支机构影响了民众对金融服务的可得性，世界银行扶贫协商小组（CGAP）（2006）也认为农村地区缺乏强有力的零售供应者是扩展对穷人的金融服务的主要瓶颈。由此可以推出贫困地区金融网点的合理布局是实现普惠金融的关键（表 3-1）。

表 3-1　城市与农村家庭信贷需求与银行网点供给对比

项目	城市	农村
有正规信贷需求家庭占比（%）	17.2	19.6
家庭周围银行网点数（个）	2.63	0.77

资料来源：根据《中国农村家庭金融发展报告 2014》整理得来。

农信社长期以来为中国农村地区的支农主力军。截至 2014 年底，全国农户贷款余额共 53 587 亿元，其中，农信社（包括农信联社、农商行、农合行）贡献的农户贷款余额共计 36 014 亿元，占比达到 63.24%；全国农、林、牧、渔业贷款余额共 33 394 亿元，其中农信社贡献的农、林、牧、渔业贷款余额共计 23 942 亿元，占比达到 68.01%②。农信社贡献了大部分的农户贷款和农业贷款，各地的农信社网点分布将直接影响中国农村地区普惠金融程度。

农信社成立以来是典型的行政安排布局，即每一个乡镇均设立一个农信社。该种网点布局方式不考虑网点的经营效率，而对于普惠金融要求的公平

① 金融排斥（financial exclusion）最早由 Leyshon 和 Thrift（1993）提出，包括六个维度，分别为地理排斥（physical exclusion）、自我排斥（self-exclusion）、评估排斥（access exclusion）、条件排斥（condition exclusion）、价格排斥（price exclusion）、营销排斥（marketing exclusion）。马九杰（2010）、周立（2012）等学者均认为地理排斥在金融排斥中具有基础性的地位。

② 资料来源：中国人民银行农村金融服务研究小组，2015. 中国农村金融服务报告 2014［M］. 北京：中国金融出版社.

也仅仅做到了部分“行政公平”①。而自1996年《国务院关于农村金融体制改革的决定》颁布后，农信社脱离与中国农业银行的行政隶属关系，农信社经营的自主权增大，网点根据经济效益的原则进行大幅度调整、增设或撤并（王小平，1998；许志远，1999；秦霄，2002；韩喜龙，2006；董晓林，2012）。进入2000年以来，随着国有银行改制上市，中国工商银行、中国农业银行、中国银行、中国建设银行四大国有商业银行从县域大量撤离，农信社也迎来了历史发展机遇，开始加快县域网点布局，已然成了县域地区的金融主力。

时至今日，不同地区农信社网点的经营效率和公平普惠程度存在的差异已经非常明显：①从经营效率来看，采用农信社网点平均总资产为例衡量。2014年末，上海市平均每个农信社网点拥有资产11.73亿元；而同为东部地区的辽宁省，每个农信社网点仅拥有资产1.98亿元；湖南省平均每个农信社网点拥有资产1.55亿元。②从公平布局来看，采用每万乡镇人口拥有的农信社网点为例衡量。2014年末，浙江省每万乡镇人口拥有2.32个农信社网点；而同为东部地区的海南省，每万乡镇人口仅拥有1.04个的农信社网点；湖北省每万乡镇人口拥有的网点数仅为0.85个；西藏自治区全区没有一家农信社，仅林芝地区设有一家村镇银行提供农村金融服务。缺乏金融机构的网点布局直接影响了农户金融需求的满足，不利于普惠金融的实现。例如，2014年，浙江省农户人均贷款余额为3.53万元，而海南省农户人均贷款余额仅为0.24万元，两者相差近15倍。

这种不同地区农信社网点效率和公平程度的差异直接形成了各地农信社网点布局对于经营效率和公平普惠的不同侧重。以江苏和浙江这两个地理区位、经济发展水平相近的省份为例比较，如表3-2所示。2014年底，江苏省每个农信社网点平均资产达到5.34亿元，浙江省的数据为3.66亿元，仅以该项指标来衡量，江苏省农信社网点经营效率为浙江省的1.46倍；同期江苏省每万乡镇人口拥有的农信社网点为1.14个，浙江省为2.32个，仅以该指标衡量，江苏省农信社网点公平布局程度仅为浙江省的49.14%。仅就上述两省而言，江苏省的农信社网点布局显然更注重于经济效益，而浙江省的农信社网点则更好地照顾到了公平。

表3-2　江苏、浙江两省农信社网点公平效率对比

地区	农信社平均网点资产（亿元）	每万乡镇人口拥有网点（个）
江苏	5.34	1.14

① 根据本章定义，行政公平为农信社网点布局公平衡量的一个维度。之所以说部分“行政公平”，是由于每个乡镇所拥有的行政村数还不一样，以村庄拥有的网点数来衡量更符合普惠金融的本意。

（续）

地区	农信社平均网点资产（亿元）	每万乡镇人口拥有网点（个）
浙江	3.66	2.32

资料来源：根据《中国农村金融服务报告（2014）》整理得来。

从上文可以看出，农信社的网点从开始的行政导向，经历“行社脱钩”，再到市场化、商业化改革，各地农信社网点布局已经发生了巨大变化，表现出了不同的侧重方向。部分地区的农信社商业化程度较高，因此偏向于撤并经营效率较低的网点，并在经营效率较好的地方新设网点；部分地区的农信社网点在持续经营的同时仍然照顾到了人群应当享有的普惠金融服务。

目前学界已公认服务穷人和偏远地区并保持自身的商业绩效是小额信贷行业追求的双重目标。这种社会目标与财务目标的冲突根源是公平与效率之间的矛盾（张世春，2012）。因此本章提出的问题在于：中国不同地区的农信社网点的效率和公平程度分别如何？各地的农信社网点布局是凸显效率优先，重点关注农信社的经济效益，还是凸显公平优先，重点关注农信社的覆盖地域和人群？各地区的社会经济特征对于农信社网点在经营效率和覆盖度方面的影响如何？

二、概念界定

1. 网点

银行业营业网点是指分行以下（不含分行）提供金融服务的营业性支行（包括分理处、储蓄所以及代办处），它拥有固定的办公地址、营业大厅和服务人员，是视觉效果明显的非移动营业场所[1]。商业银行在同城营业网点的布局上通常遵循效率优先的原则，同城范围内只有分行、支行两级机构。

支行是商业银行的主要经营单位，其业务范围包括管理发行库、经理国库、项目审批等各项银行业务；分理处的主要业务范围包括个人银行业务和对公结算业务，权限较低，无单独财务核算权利；储蓄所是银行最基层营业单位，主要业务范围为个人储蓄和代理业务，销售私人金融产品等。

本章研究对象为农信社的网点，与银行业营业网点类似，包括农信社、农信分社、农信社储蓄所，以及农商行和农合行的支行、分理处。

① 根据《中国银行业监督管理委员会外资金融机构行政许可事项实施办法》，银行营业网点也包含了自助银行设施。由于自助银行设备多未配备相关服务人员，提供的基础金融服务有限，故本章未将其纳入网点的研究范围。

2. 公平与平等

本章中所指的公平概念源于普惠金融的理念，是微型金融机构服务穷人、履行社会责任的体现。具体应用到本章中，则是指农信社网点对于农村地区人群、地域、农业经济上的覆盖。这种覆盖越密集，农村地区人口对于金融服务的可得性就越高，农村地区的金融排斥就越得到缓解，整个社会的公平程度得到提高。这种公平与一般意义上的平等概念存在较大差别。一般意义上的平等则强调无差别的均等，通常用基尼系数、变异系数、极差等进行反向衡量。

3. 微型金融与小额信贷

小额信贷（microcredit）起源于孟加拉乡村银行，是一种专门向贫困和低收入人群提供的小规模、持续的信贷金融服务，是完善农村金融市场的重要组成部分。世界银行扶贫协商小组认为小额信贷并不能解决所有问题，许多没有收入和没有还款手段的贫困人群在贷款之前还需要多种形式的基础金融支持。相比之下，微型金融（microfinance）的含义则更要广泛，它不仅仅包括信贷，还包括储蓄、保险和汇款等服务。

小额信贷与微型金融的概念多见于国外研究，而国内研究则对这两者交替使用，认为与之对应的金融机构包括中国农业发展银行、农信社、中国邮政储蓄银行、村镇银行、小额贷款公司和资金互助社等。本章的研究对象为农信社，农信社同时符合小额信贷与微型金融的定义，因此在文献综述及理论框架部分均会引用关于小额信贷与微型金融的研究成果，不做严格区分。

三、研究目标

历史上，农信社网点布局为典型的行政安排，对网点的经济效益和覆盖度不做重点考虑，每个乡镇均设置一个农信社网点。而随着 20 世纪 90 年代农信社与中国农业银行脱离行政隶属关系，以及进入 21 世纪以来农信社市场化改革的推进，各省农信社网点布局也做出了相当大的调整。本章的研究目标是分析中国农村地区农信社网点布局的效率度和公平度，同时对其在效率和公平上的表现进行对比分析，得到不同地区农信社网点布局是凸显效率优先还是公平优先。具体而言，本章的细分研究目标为：

（1）衡量中国农村地区农信社网点效率现状。根据银行网点布局的成本收益理论，构建一个包括农信社网点存款额、网点贷款额、网点存贷比、网点不良贷款额的效率评价指标体系，对各地区农信社网点效率程度进行综合评价。

（2）衡量中国农村地区农信社网点布局公平现状。根据普惠金融理论，构建一个包括每行政单位拥有农信社网点数、每万人拥有农信社网点数、每万公顷拥有农信社网点数、每亿元第一产业增加值拥有农信社网点数的公平评价指标体系，对各地区农信社网点布局的公平程度进行综合评价。

（3）对各地区农信社网点的公平和效率指标进行比较排序，构建农信社网点布局效率—公平矩阵，得到各地区农信社网点布局是凸显效率优先还是公平优先。

（4）与农信社高管进行访谈，了解农信社网点历史布局情况；对其发放农信社经营情况问卷，探寻从业人员对于农信社网点布局效率与公平的倾向。

（5）采用多元回归分析，探究某一地区社会经济特征以及是否改制对于农信社网点布局效率与公平的影响。

（6）根据不同地区农信社网点效率—公平的不同侧重，对促进农信社实现经营效率和普惠金融的双重目标提出政策建议。

四、研究方法及数据来源

（一）研究方法

本章采用的研究方法较为多样，可从资料搜集和资料分析两类分布介绍。

1. 从资料搜集角度

（1）网络搜集法。构成论文实证部分的主要数据来自中国人民银行、银监会、国家统计局官方网站、WIND数据库。

（2）调研访谈法。本章濮阳市濮阳县、台前县、南乐县、范县、清丰县农信社县级法人历年资产数据来自对中国银行业监督管理委员会濮阳监管分局（以下简称“濮阳银监分局”）的调研所得。与濮阳银监分局负责人围绕农信社面临的双重目标和网点布局问题展开无结构式的访谈。

（3）调查问卷法。将预先设计好的农信社经营情况的问卷，对53位农信社业务系统内专业人士进行发放，收回有效问卷46份，探究其对于农信社网点经营的意见。问卷发放对象包括甘肃省农信联社部门总经理、稽核中心主任，各县级农信联社党委书记、理事长，各县级农商行、农合行党委书记、董事长。

2. 从资料分析角度

（1）描述性统计分析。通过对《中国银行业农村金融服务分布图集（2011）》数据的大量整理、筛选、分类、计算，构建指标描绘出中国各地农信社网点布局的效率程度和公平程度。

（2）变异系数法。对于农信社效率和公平评价体系中各项指标的得分，通过变异系数法确定个指标权重，进而得到效率和公平的综合得分。

（3）对比研究法。分别构建农信社网点布局效率和公平的评价体系，通过对某地区在双重体系中的对比排序探究其为公平优先还是效率优先。

（4）聚类分析法。对于农信社网点布局在效率和公平上的得分，采用聚类分析法将其分为高、中、低三个层次。

（5）计量建模法。对于某地区社会经济特征对农信社网点效率与公平的影响，采用多元线性对数模型进行检验。

（二）数据来源

除濮阳市农信社相关数据及甘肃省46位农信社高管问卷信息来自调研以外，本章中农信联社、农合行、农商行法人数量、农户贷款数据，以及农、林、牧、渔业贷款数据，主要来自中国人民银行统计调查司《中国农村金融服务报告（2014）》；农信社资产总额、机构数量、从业人数等数据来自2014中国《区域金融运行报告（2014）》；对于形成论文主体的农信社网点数、存款、贷款、不良贷款等数据来自《中国银行业农村金融服务分布图集（2011）》；其他数据来自银监会金融许可证信息、国家统计局的《中国县（市）社会经济统计年鉴2011》和《中国农村家庭金融发展报告2014》，以及国家统计局网站和WIND数据库。

五、研究意义

（一）理论意义

在普惠金融的概念提出来之前，微型金融机构就肩负着为穷人提供金融服务和减缓社会不公的使命。同时国外对于微型金融机构财务可持续性和社会责任的双层目标的问题自20世纪90年代以来也多有讨论，具体来看，其讨论主要集中于以下几个方面：①理论上小额信贷机构所要实现的双重目标是否存在冲突（Dichter，1997；Johnson and Rogaly，1997；Rhyne，2002；Zeller，2002）。②微型金融机构的经营是否出现了目标偏移及其原因（Yunus，2001；Drake，2002；Cull，2007；Frank，2008）。③微型金融机构目标冲突的治理（Christen，2004；Sinha，2006；Copestake，2007）。④来自国际经验的微型金融双重目标实现证据（Kereta，2007；Annine，2009）。国内对于中国农村地区的小型金融机构的双重目标的研究成果尚不丰富，仅对单个金融机构的发展目标、可持续性、对人群的覆盖面上有所涉及（焦瑾璞，2006；何广文，2005；程恩江，2007；吴晓灵，2011；冯庆水，2012），但对于某一区域内的微型金融机构是否在网点这一基层经营单位上对于双重目标的实现尚无丰富的研究成果。

因此，本章研究的理论意义在于：①明确了农信社双重目标的出发点为效率和公平，具体而言即实现网点的经营绩效，同时实现对人群和地域的覆盖；②从农信社网点这一基本的经营单位布局的角度出发，探究某一地区农信社在双重目标的实现；③以农信社为例建立了农村金融机构网点布局的效率一公平双重目标的评价体系；④探究了影响某一地区农信社网点布局效率与公平的影响因素，在中国小额信贷机构双重目标的研究上做出推进。

（二）实践意义

农信社是中国金融体系中的支农主力军，是实现农村地区普惠金融的重要力量，其网点对于人群和地域的覆盖关系到农民是否能够享受到基础金融服务。而农信社自“行社脱钩”和市场化改革以来，除了原本的支农使命，还多了实现商业利润、为股东创造价值的使命，由此造成部分地区经营效率不高的农信社网点受到调整和撤并，经济发达地区的农信社网点得到增设，不同地区对于双重使命的着力程度大有差异。

本章认为，需要从公平和效率两个角度构建评价体系来衡量各地农信社网点布局对于双重目标的执行情况，并对各个地区农信社网点的效率程度和公平程度做出排序，找出哪些地区的农信社网点布局表现效率优先，哪些农信社网点布局表现公平优先。对于那些表现效率优先、公平度低的省份，可以鼓励其去覆盖更多的人群和地域，更好地实现普惠金融；对于那些表现网点公平优先、效率较低的省份，可以加强财政补贴并放松对其的监管政策，提高其财务上的可持续性。

六、本章的创新之处

本章的创新之处在明确研究对象、采用最新数据、综合运用多种研究方法。

（1）以往研究中对于微型金融所承载的双重目标实现往往从经营方面考察，即考察金融机构的盈利能力和涉农贷款等指标。而本章认为，网点布局是实现普惠金融的关键，并且网点是衡量金融机构经营效率的最基本单位，因此从网点角度更能反映农信社对于双重目标的实现情况。

（2）本章同时构建农信社网点布局效率指标体系和公平指标体系。其中，效率指标体系包括网点存款额、网点贷款额、网点存贷比、网点不良贷款额；公平指标体系包括每万人拥有网点数、每行政单位拥有网点数、每万公顷拥有网点数、每亿元第一产业增加值拥有网点数。刘明（2014）、黄惠春（2010）等学者对于农信社网点的效率和普惠程度分别做过指标构建研究，冯庆水

(2012)、曲小刚（2013）等构建了较为合理的微型金融双重目标的评价体系。本章在以上学者研究的基础上，结合普惠金融理论专门构建了农信社网点布局的双重目标评价体系。

（3）对于各地农信社网点布局中效率优先还是公平优先的界定，缺乏一个统一的数值来进行绝对衡量。之前学者对于微型金融双重目标的实现多采用趋势法和直接描述法（周天芸，2012；曲小刚 2013）。本章的创新在于：不以绝对的数值来衡量公平和效率的高低，而是采用聚类分析的方法来确定效率和公平程度的相对高低，通过效率一公平矩阵的方式进行判定公平优先还是效率优先。这种方法无需确定一个具体指标数值，因此当对评价体系进行指标增减、或者权重改变时仍然可以适用。

（4）地理信息系统（GIS）绘图。对于中国各省份农信社网点分布、河南省各地农信社网点分布和河南省濮阳市 5 县农信社网点分布，采用 GIS 空间表达技术，在地图上直观地呈现不同地域的农信社网点分布。比起普通条形图的简单罗列，该种作图方式能给人在地理上的直观感受。采用地理信息系统技术表达在中国农村金融领域研究中也较为新颖。

七、结构安排

本章的结构安排如下：

第一节：前言。通过对农信社既要满足普惠金融的要求，又要实现自身的商业化运营双重使命描述，引出本章需要探讨的问题。

第二节：文献综述。总结了微型金融双重目标的起源、理论上是否存在冲突；微型金融的网点布局以及公平效率指标的构建。

第三节：理论基础。对本章应用的公平效率理论、成本收益理论和普惠金融理论加以介绍。

第四节：对农信社的发展历程以及现状进行简要介绍，并对发展历程中的网点变化做出梳理。

第五节：对目前中国不同地区农信社发展水平进行统计描述，进而计算各省份农信社网点布局的效率和公平做对比分析。

第六节：选取河南省和濮阳市为例，分析单一省内各市和单一市内各县农信社网点布局是表现效率优先还是公平优先。

第七节：采用多元回归分析探究某一地区社会经济特征对农信社网点布局公平效率的影响。

第八节：结论。本部分对本章的研究进行了总结，并对如何利用前文的研究结论来优化农信社网点效率公平的实现提出相关建议。

本章的技术路线如图 3-1 所示。

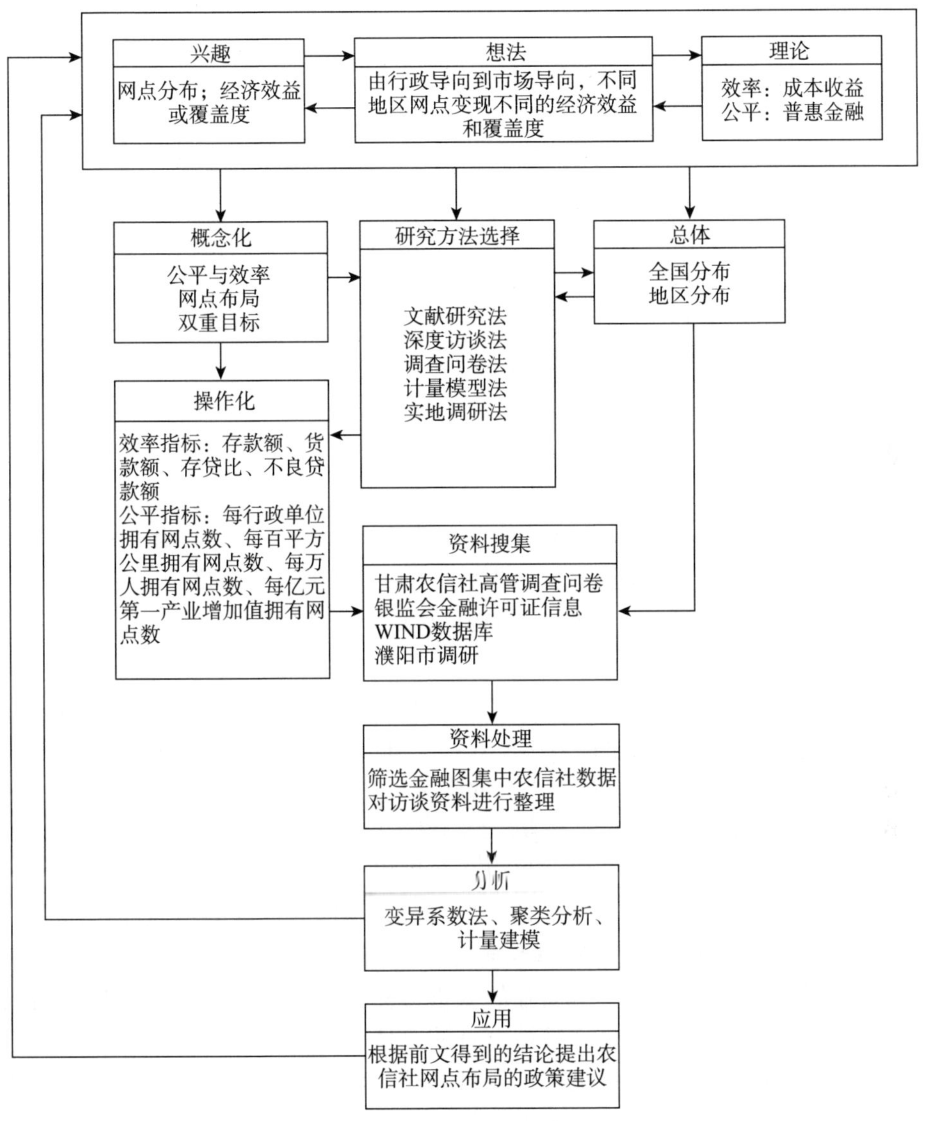

图 3-1　本章技术路线

第二节　文献综述

本节文献综述结构如下：首先，回顾了微型金融实现经营效率与社会公平的双重目标起源和争论；其次，对于农村金融机构在网点布局上的研究进行总结；最后，介绍微型金融经营效率和社会公平的指标体系的研究成果。

一、微型金融的双重目标

作为创新性扶贫工具的小额信贷兼具追求利润的特性。从作为扶贫工具的角度来看时，它是公平优先的；而从作为金融工具角度来看时，它是非常缺乏效率的。这导致商业资本出于成本效益的考虑不愿意介入小额信贷领域。部分小额信贷机构为了财务绩效目标，引入具有天然逐利性的商业资本，必然造成其追求利润的经营目标替代了服务穷人的最初愿景，引起“使命漂移”。这正是效率与公平的天然的内在矛盾所导致的（张世春，2012）。

（一）起源

早期的微型金融机构出发点为福利主义，不依靠自身的经营利润而是借助政府补贴以及国际发展机构和社会责任投资者的捐助来服务贫困人群。显然，采用这种无法自我造血的运营方式的微型金融，其可持续性较低。具体表现为自20世纪90年来以来，微型金融机构接受的资金逐年减少，以至于部分微型金融机构无法获得足够的运营资金，财务可持续性逐渐减弱。上述事实使得后来的制度主义者认为微型金融必须依靠自身的盈利以维持可持续发展，这就意味着微型金融必须采用商业化运作模式，注重机构的盈利能力。但这样一来却出现了微型金融逐渐减少对贫困人口的服务，其关注盈利能力的经营目标与最初设立的宗旨出现了偏离（夏玉洁，2014）。

而国外对于小额信贷机构、微型金融机构双重目标的讨论也从这个时候兴起。小额信贷早期的主要目标是扩大对穷人和偏远地区的覆盖面，后来小额信贷机构的财务可持续性则越来越受到重视。20世纪末举办的首届小额信贷高峰会议正式提出了其所面临的双重目标：小额信贷机构要尽其所能地减少贫困的发生，但同时也需维持自身的可持续发展。其中，减少贫困是小额信贷设立的最初目的，也是其社会目标；实现自身的可持续发展则是保证未来机构能够持续高效的运行下去，是其财务目标。至此多数学者公认微型金融具有覆盖穷人（poverty reach out）和财务可持续性（financial sustainability）的双重目标（Ledgerwood，1998；Conning，1999；Drake，2002；Christen，2004）。

而中国的农村金融机构同样面临着双重目标的考验。

随着中国小额信贷机构越来越受到决策层的重视，长期以来受行政主导的农村小额信贷机构也在不断改革以适应商业化的需求。但农村小额信贷机构目前陷入了兼顾社会绩效与业务绩效的困境，若小额信贷机构侧重于将服务转向高收入农户，倾向于提供大额贷款，那么就偏离了服务穷人的使命，其所承载的双重目标也没有得到很好的兼顾，出现了“使命漂移”现象（周天芸，2012）。与此同时，政府方面也要求农村正式金融安排要服务“三农”、改善农村地区的社会福利，这与农村正式金融安排自身追求财务可持续性的商业目标相冲突。在农信社商业化改革之后，这种冲突则越发突出，农村金融机构须在政策性目标和商业性目标兼顾下开展业务活动（曲小刚，2013）。

当一系列农村金融体制改革的不断推进，农村金融机构的商业化气息越发浓厚，这种双重目标问题越发凸显。

自 20 世纪 80 年代以来，为了完善农村地区金融体系，中国政府主导的农村金融体系改革从未停止过。而 2006 年底的实施的“农村金融新政”① 准予设立的三类新型农村金融机构缓解了农村地区面临的资金困局，有效解决了部分农村中小企业和农户贷款难的问题。但该新政是建立在合乎政策性目标的内生农村金融体系过程中，其中存在的潜在风险是新型农村金融机构过度追求商业化（杨亦民，2012）。因此需要解决新型农村金融机构能否肩负起为贫穷人群提供金融服务的社会责任，随着商业化的演进是否会偏离服务“三农”的初衷问题。持相同观点的学者也认为农村金融新政实施以来，三类新型农村金融机构面临着经济利益与社会责任的双重目标考验。其中，经济利益是组织发展的动力，意味着追求以合理的投入来获得最大的产出；社会责任则是同时肩负起法律责任、慈善责任等（杨娴婷，2012）。

（二）争论

1. 双重目标冲突论

福利主义者如 Dichter（1997）、Johnson 和 Rogaly（1997）、Doligez（2006）认为小额信贷所承载的双重目标存在冲突，小额信贷主要的经营考虑是覆盖穷人，而不是追求财务上可持续性，一旦将对小额信贷机构的补贴取消，迫使其采取跟其他商业性金融机构相同的市场化运作方式，无疑会使其脱离农村地区的穷人，而且低收入者难以负担能够维持小额信贷机构正常运作的高利率。Hulme 和 Mosley（1996）、Perera（2010）、Hermes（2011）等学者的实证结果也表明，可持续性与覆盖面之间存在替代关系。

对于国内农村金融机构所面临的双重目标，部分学者也坚持这种冲突是不可调和的。例如，温铁军（2004）坚持认为，国家下达给农信社的任务就是为

① 指 2006 年 12 月银监会发布的《关于调整放宽农村地区银行业金融机构准入政策，更好支持社会主义新农村建设的若干意见》。

“三农”服务，而该任务与农信社进行商业化改制的方向是背离的。商业银行的目标是防范风险、追求利润最大化，而农村无法提供这样的环境。历史上中国农业银行曾经承担了这样的双重任务，从而导致不良资产大量增加、亏损严重，不得不从农村退出。加在农信社身上的政策性任务和依靠商业化改革解决自身问题的目标是矛盾的，从而使其容易与中国农业银行一样形成大量的不良资产。

持相同观点的还包括冯庆水（2010）等学者。冯庆水（2010）认为，2003年的农信社改革给农信社提出了服务“三农”和实现自身商业可持续发展的双重目标。作为支农主力军的农信社首先肩负着服务“三农”的历史使命，尽管进行商业化改革，其支农的宗旨必须要维持。农信社承担政策性的支农任务的前提是要保证自身的可持续发展，即需要一定的盈利维持自身的正常运营和业务规模扩大，片面强调支农而牺牲农信社发展的行为是不可取的。由于农业的弱质性，农村金融机构在业务管理上的成本和经营上存在的风险显著高于城市，这使得农信社服务“三农”的政策性任务和实现商业可持续发展的双重目标存在冲突。冯庆水（2010）还以安徽农信社为例，构建了农信社经营绩效指标和支农力度指标，通过对2004—2008年农信社双重目标的评价得分的实证检验，得到农信社经营绩效与支农力度之间存在负相关关系，但是两者的负相关关系并不显著。冯庆水（2010）认为，自农信社改革启动至今，农业弱质性所引发的农信社改革双重目标间的矛盾在一定程度上得到缓和。

此外，包括何亚玲（2012）、李小鹤（2012）等的其他学者则以实证研究的方式，得到小额信贷机构双重目标存在冲突的证据。何亚玲（2012）以甘肃省农信社为例，考察了其改革进程中可持续发展能力与支农能力的双重目标兼顾情况，其研究结果发现，甘肃省农信社在支农上没有得到相应的激励，农信社所贷出的资金脱离农村的现象愈发严重。虽然农信社改革的目标是完善农村地区金融服务体系，增加农村地区金融资源供给，但实现该目标的前提是提高农信社的经营效率。如果支农带来亏损，商业化改革后必须“自负盈亏、自担风险”的农信社必然缺乏支农动力。而李小鹤（2012）以安徽长丰科源村镇银行为例，探讨了村镇银行是否遵循了支援农村地区的制度设计。结果显示，该村镇银行在贷款客户上没有主要面向贫困人群，在主要业务和贷款手段上也未采用小额信贷的方式，而是采用与其他商业银行一样的担保、抵押贷款，出现了明显的“使命漂移”现象。周天芸（2012）以广东茂名农信社为研究对象，通过分析其小额贷款额占地方生产总值的比重，贫困地区的贷款比重，农村、农业贷款比重，考察了其服务穷人和商业利润双重目标的兼顾情况，结果表明茂名农信社小额贷款的覆盖程度出现下降，农户从中得到金融支持逐渐减少，随着农信社经营规模和经营地区的扩张，农信社逐渐演变为商业性金融机构，偏离了其在农村经营的责任和义务。刘珊珊（2013）以盐城市某镇的农民资金互助社为研究对象，发现随着规模的扩大，其贷款投向仍然以“三农”为主，但对于单个贷款户逐渐集中于中等及以上收入者。而规模扩大也伴随着其盈利动机的增强，开始向非社员提供服务，出现了一定程度的“使命漂移”。曲小刚（2013）利用 Yaron 的农村金融机构绩效评价体系，系统考察了农村合作金融、农村商业金融、农村政策性金融、新型农村金融机构双重目标的兼顾情况。其结果显示，农村合作金融机构的财务可持续性低，但支农力度大；中国农业银行的财务可持续性高，而支农力度小；中国农业发展银行的财务可持续性低，支农力度也小；新型农村金融机构的财务可持续低，支农力度大。

2. 双重目标可调和论

Otero 和 Rhyne（1994）、Christen（1995）、Conning（1999）、Sinha（2006）等制度主义者认为小额信贷机构的服务穷人和实现自身的财务可持续双重目标是共存的也是相容的，因为只有可持续的小额信贷机构才能不断扩大服务范围，服务更多的穷人。与其他学者不同，Zeller 和 Meryer（2002）又将社会目标细分为覆盖面和相关福利。这样包括财务可持续在内，微型金融就具有了三重目标。但这三重目标并非必然矛盾，进行制度创新可以实现目标的协同效应。Kereta（2007）以埃塞俄比亚作为样本，研究发现，2003—2007 年，埃塞俄比亚的微型金融机构覆盖面和财务可持续性都有所上升，两个目标之间并不存在矛盾。

国内学者的实证结果支持该论点的包括褚保金（2007）、李赛辉（2008）和张正平（2012）等。其中，褚保金（2007）以苏北地区的 14 家农信社为例，探究其运行效率及其影响因素，利用非期望产出的 DEA 法对农信社的经营效率做出评价，并分析了农信社运作效率的影响因素，发现第一产业占当地地方生产总值的比重与农信社的运行效率正相关，结果表明支持农业经济的发展并不会全面导致农信社经营效率的降低，农信社内部的经营管理更能影响其运行效率。李赛辉（2008）引用孟加拉乡村银行、柬埔寨阿克莱达银行等小额信贷机构坚持商业化经营模式也同时实现了对农村经济有效支持的国际经验，认为农信社改革的商业化可持续发展与支持“三农”不存在直接矛盾，造成农信社目前问题的恰恰是长期以来片面强调支农责任而忽视农信社自身商业化可持续发展的结果。张正平（2012）构建财务可持续性和覆盖面的双重指标，通过对孟加拉乡村银行等四家国际知名的小额信贷机构的数据进行检验，结果发现，孟加拉乡村银行、印度尼西亚人民银行乡村信贷部在 2002—2009 年的财务可持续能力和覆盖面均有所提高，双重目标不存在明显冲突；玻利维亚阳光银行在该期间内对穷人的覆盖面有所扩大，财务可持续性保持基本稳定，双重目标之间没有出现明显的冲突；乌干达国际社区资助基金会在该期间内实现覆盖面的扩大，但与此同时其财务可持续性却没有得到保障，出现了一定程度的波动，张正平在考察了乌干达国际社区资助基金会的生产、管理效率后，发现这两者均有所提高，因此他认为乌干达国际社区资助基金会的财务可持续性也存在改善的趋势。

二、农村金融机构网点布局

（一）网点布局的影响因素

有关银行业金融机构网点布局影响因素的研究不在少数，但多集中于国有及股份制商业银行，探究农村金融机构网点布局影响因素的研究相对较少。

董晓林（2012）对县域金融机构的研究成果表明，随着农村金融市场的逐步放开及市场化改革的深入，农信社对其基层网点也按照商业化经营的要求进行了撤销与合并，中国农村金融机构类型及区域分布正在发生巨大变化。同时他以县域为分析单元，采用分位数回归方法探究农信社网点布局的偏好差异。其结果表明，农信社的网点布局更关注人口规模变量，尤其是乡村人口规模，而收入变量对农信社网点的影响不显著。

田杰（2012）采用2006—2009年全国2 029个县（市）的面板数据集，采用Probit和Logit模型对新设的278家村镇银行的网点布局的社会经济因素、竞争优势、市场结构等因素进行了考察。其中，一个区域的社会经济特征包括人均收入、地方财政支出、城镇固定资产投资、地方生产总值增长率、规模工业总产值、城镇化比率、受教育水平、就业人数、是否为贫困县、个体户和企业总数；竞争优势包括第一产业增加值、每万人拥有网点数；市场结构包括存款规模和存贷差；其他控制变量包括信息技术、地理位置和信用环境。其结果表明，人均收入越高、地方财政支出越大、城镇固定资产投资和就业人数越多，对村镇银行在该地设立网点越具有显著的正向影响。该项结果表明，村镇银行作为新型农村金融机构，肩负着为贫困地区提供金融服务的任务，而其目前选址的主要考虑仍然是经济发展水平较高的地区；第一产业增加值与村镇银行的网点设置呈显著正相关，表明村镇银行也在一定程度上践行了其支农的定位。

陈莎（2013）在探究中国农村地区的金融排斥程度时，以每万公顷拥有网点数作为因变量，结果表明，每乡镇平均地方生产总值、每平方千米居住人数、东部地理区位对于每万公顷拥有网点数具有显著正向影响。当地经济发展水平越高，网点密度就越高；人口分布越集中，金融机构的业务量就越大，而人口趋于稀少时，金融机构撤离网点的可能性趋增；东部地区拥有更高的金融机构网点密度。第一产业占比、从事第一产业农民占比以及西部的地理区位对于每万公顷拥有网点数具有显著负向影响。由于农业的弱质性，一个地区第一产业占比越高，越受到金融机构的排斥；同样的，从事第一产业的农民占比越多，当地金融机构网点分布越稀少；西部地区的金融网点密度要显著小于东部地区。

从双重目标的角度对金融机构网点布局进行考虑的还包括张兵（2014）。张兵（2014）认为，金融机构考虑的最重要因素是其商业利润，通过大量的吸储和放贷产生的规模经济或者提高利率和手续费等交易费用可以帮助金融机构弥补网点的设立和运营成本。但新型农村金融机构的主要考虑不能与普通商业银行相同。由于银监会对其设立的初衷是完善农村地区金融体系、为农户和农村中小企业服务，因此村镇银行等三类新型农村金融机构在设立和运行时不能仅仅考虑自身的商业利润，还要兼顾其扶农支农的社会责任。因此他认为，村镇银行的网点分布由于需要考虑自身可持续发展，会受到当地人口、社会经济、与其他银行类金融机构竞争等因素影响，同时也需兼顾其肩负的扶农支农责任。

范业龙（2015）以山西省为例，在对中国邮政储蓄银行网点分布的研究中发现，对网点分布影响较大的因素为人口数量和行政区划，影响较小的因素为经济发展水平和土地面积。其中，网点分布受经济发展水平的影响较小这一观点与其他学者的研究成果不一致。

（二）农信社网点布局

部分学者从普惠金融的角度出发，指出了农信社网点减少的原因和网点布局困境。其中，湖南省永州市银行业协会课题组（2009）通过对永州市农村金融网点的调查发现，地方行政区划更迭成为金融网点减少的直接原因，而商业化利益驱动成为金融网点减少的根本原因，金融网点的撤销严重削弱了国家惠农补贴等政策效应的有效发挥。而刘乃云（2010）以贵州为例，指出为建设普惠金融体系，农信社网点布局面临着以下几个困难：①网点建设成本高，亏损严重；②由于多数农村地区产业特色不突出，大部分农户无闲置资金存入农信社，农户多办理低保和直补业务，可开发的金融资源较少；③网点地处偏远，基础设施薄弱，现金押运及网点安全运行较难得到充分保障。唐青生（2010）以云南省为例，认为农村经济发展落后是造成贫困地区农村金融服务网点供给不足的根本原因，而一般金融机构追求利润的商业化运行模式和建设、运营成本高是其回避在贫困和偏远地区设立网点的直接原因。

校志峰（2013）从农信社经济效益的角度出发，认为农信社的网点布局与区域经济发展不对称，部分网点依然处于经济发展水平较低、交通不便的地区，而在新型经济工业区，农信社没有及时入驻网点，丢失了市场份额。

另外一部分学者从农信社的经济效益和社会责任的双重角度出发，提出农信社网点建设的策略。例如，傅康生（2010）认为农信社的优势和潜力在于农村地区，而消灭农村金融服务空白点的首要任务就是要巩固乡村网点，在此基础上进行网点增设，服务更多的人群和地区，才能更好地履行社会责任。而农信社网点的调整应该逐步向城乡结合部靠拢，对于经营达不到保本点的网点就近并入其他机构，对那些经年多年亏损且扭亏无望、地理位置偏远的网点要坚决撤销。金仁善（2008）则认为农信社要正确处理自身经营效益与社会效益之间的关系，部分农信社在片面追求效益最大化。以往农信社的网点布局为行政主导，每个乡镇都有网点，但随着国家农村金融政策的调整和农信社改革的推进，农信社在农村地区的网点逐步收缩，服务对象开始转向城镇和城乡结合部地区，造成了农民存贷款的困难。钟崴（2011）认为，对于经济欠发达地区的金融机构网点建设要因地制宜，由于各个乡镇之间的经济总量、交通、人口状况、发展前景、当地农户对于金融服务的需求差异较大，因此需要同时考虑网点的设立、运行成本和当地农户对于金融服务的需求，在两方面都要兼顾。

三、效率-公平指标构建

（一）经营效率

世界银行扶贫协商小组（2006）在《微型金融出资人良好实践指南》（*Good Practice Guidelines for Funders of Microfinance*）中给出了评价零售金融机构经营效率的精简指标，包括：①贷款质量，即拖欠 30 天以上的风险贷款率和注销率、或年贷款损失率；②财务可持续性，即资产收益率或所有者权益收益率；③成本控制，即单位客户成本或经营费用比率。而小企业教育促进会对于小额信贷机构的财务可持续性的评价体系包括运营资产收益率、资金成本、平均贷款成本、平均个人业务量、不良贷款损失率和准备金率等指标。

国内较早对小额信贷机构商业可持续性进行分析的学者为严盛虎（2004），他对可持续分析性的分析中包含以下几个方面：①盈利能力，即资产收益率、股本收益率、利差；②费用，即经营成本、人员费用、管理费用、财务费用占年平均资产、年平均贷款组合余额的百分比。之后的学者也多从农信社的会计指标来构建效率的影响因素。其中，徐朗（2007）构建的指标包括：经济规模因素（资产规模）、多元化经营程度（非利息收入/营业收入）、资本规模（实收资本/总资产）、资产质量（不良贷款降低额）、资产配置效率（贷款额/存款额）、经营管理费用（营业费用/资产总额）和盈利能力（净利润/总资产）。而冯庆水（2010）从盈利性、流动性、安全性、发展性四个层面构建评价体系。其中，盈利性包括资产收益率、营业收入利润率、利息收支比率、费用收入比率；流动性包括流动比率、现金备付率、存贷款比率；安全性包括资本充足率、不良贷款率、贷款损失准备率；发展性包括存款增长率、营业收入增长率、净利润增长率。

黄惠春（2010）严格区分了农信社的经营绩效和经营效率，他认为经营绩效应该由资产收益率（ROA）或者权益收益率（ROE）来衡量，而对于农信社的效率则采用随机边界法（SFA）通过嵌入风险因素构建利润边界函数估计得出。孙飞霞（2011）对于中国普惠型农村金融市场体系运行效率进行了指标体系构建，具体包括盈利能力指标、安全性指标、综合发展能力指标、企业文化指标和人力资源指标。其中，盈利能力指标包括资产收益率、资本收益率、收入利润率、营业费用率；安全性指标包括不良贷款比率、资本充足率、核心资本比重；综合发展能力指标包括资产增长率、固定资产比重、不良贷款余额；企业文化指标包括组织文化和经营文化；人力资源指标包括员工绩效考核、人力资源开发等。

褚保金（2011）对县域农村金融发展指标体系进行了构建，他认为金融中介的效率包括两个方面：储蓄投资的转化效率和金融资本配置效率。其中，储蓄投资的转化效率包括人均储蓄存款、存贷比、存贷差；金融资本配置效率包括金融市场化比率、农业资金配置效率和企业资金配置效率。其中，金融市场化比率为非国有金融机构存贷款余额/地区生产总值，农业资金配置效率为农业贷款余额/地区生产总值，而企业资金配置效率为民营企业贷款/地区生产总值。周治富（2011）构建的中国农信社改革绩效评价指标体系中包含的可持续发展能力评价可近似看作对农信社自身经营效率的评判，为此他构造了核心衡量指标——补贴依赖指数（SDI），该指数是农信社获得的政府补贴与其贷款利息收入的比值，计算公式为每年收到的补贴总额/平均年利息收入。

与其他学者不同的是，张正平（2012）以国外的小额信贷机构为分析对象，包括孟加拉乡村银行、玻利维亚阳光银行、印度尼西亚人民银行乡村信贷部和乌干达国际社区资助资金会。其构建财务可持续能力的指标包括：①生产效率，即有效贷款客户数/信贷员数；②管理效率，即（人均贷款成本＋贷款损失预提费用）/总贷款额；③经营可持续能力，即经营收入/调整后经营费用；④盈利能力，即经营利润/平均净资产。

（二）社会公平

公平并非平等。对于平等可以采用基尼系数、泰尔指数、极差等方法进行衡量，而公平更注重穷人和偏远地区对于金融服务可得性的大小。

微型金融领域最重要的信息交换机构（microfinance information exchange，MIX）最新发布评价微型金融机构的社会评价指标，包括使命与社会目标、管理、产品和服务范围、对客户的社会责任、收费透明度、人力资源和员工激励、贫困覆盖面、客户贷款覆盖面、对环境的社会责任、获贷企业数和创造就业、客户留存率 11 个指标类别。世界银行扶贫协商小组（2006）对小微金融在普惠金融方面和自身财务能力方面给出了指标参考，其中对公平方面的指标包括覆盖面（现有的客户数量是多少）和覆盖深度（客户的贫困程度有多深）。Sarma（2010）等学者参考联合国人类发展指数（HDI）的构建方法，选取与普惠金融发展相关的部分要素构建的普惠金融发展指数可作为微型金融社会绩效上的衡量参考。Gupte（2012）等学者主要从金融基础设施的可得性方面来构建金融公平指标，主要包括合作金融分支机构数量、金融基础设施数量、账户数量等要素。

国内学者中，严盛虎（2004）对于小额信贷机构的覆盖面从如下几个方面来衡量：贷款和存款的平均规模、市场的渗透程度、服务网点的情况、交易成本。褚保金（2011）把农村金融机构的覆盖面纳入到农村金融发展水平体系，对于农村金融的覆盖面采用了如下指标：银行网点覆盖面、农户的金融可得性、企业的金融可得性。其中，银行网点覆盖面为银行网点数/县人口数，农户的金融可得性为获得金融服务的农户数/县人口数，企业的金融可得性则为获取金融服务的企业数。周治富（2011）则针对中国农信社改革绩效评价，对农信社的覆盖面指标进行了构建，主要包括市场渗透率、相对指标和服务质量指标三个方面。其中，市场渗透率包括社员数量与经济人数之比、存贷账户的数量和增长率、存贷余额和增长率以及农信社的营业机构数量和人员配备数量，相对指标包括贷款额、贷款客户中妇女和农户所占比例，服务质量包括灵活性和持久性、交易费用等。从他的指标构建中可以发现，他认为农信社的覆盖度不仅仅包含最终覆盖的结果，还包含覆盖的质量以及为此付出的成本。张正平（2012）构建的衡量小额信贷机构对于穷人覆盖度的指标包括：服务广度（活跃贷款数和总贷款额），服务深度（人均贷款额/人均国民收入）。颜麟（2014）对于微型金融覆盖面的研究包含广度和深度两个维度。其中，覆盖面广度采用金融机构发放贷款的人数或者一定时期内借款者的数量表示；而覆盖面深度应参考贷款者的个人收入水平，其收入水平越低代表覆盖面深度越好。

四、述评

对于农村金融机构具有社会绩效和财务绩效双重目标的认识已无争议，而这种双重目标恰恰是小额信贷机构追求公平与效率的外在表现。在 Ledgerwood（1998）、Conning（1999）等人对双重目标的认识基础上，具体到中国的农信社，由于农信社面临国家政策性支农任务、惠普金融等要求，同时还需进行商业化改革，农信社所面临的双重目标不仅仅是自身的需要，同时也是国家意志的体现。

目前国内学者对于小额信贷机构双重目标的讨论也逐渐从国际通用的服务穷人与商业可持续性演变为更符合中国国情的支农支小的政策性任务、惠普金融和商业化改革。从中国小额信贷机构对双重目标的实践来看，部分机构未能很好地将两者同时兼顾（何亚玲，2012；李小鹤，2012；周天芸，2012；刘珊珊，2013）；而另外一部分机构则实现了两者的调和（褚保金，2007）。

对于微型金融在网点布局上对双重目标的实践，国内鲜有研究。事实上网点是金融机构最基本的经营单位，网点的经营效率直接决定了整个机构的经营业绩，而网点布局的多少则直接影响了人群对于金融服务的可及性。微型金融机构的网点布局是考虑在当地是否能够有足够的经营业绩，而业务量的大小直接受到当地经济、社会、地理的影响（董晓林，2012；田杰，2012；范业龙，2015）。上述学者的共同认识是：地区良好的经济、社会优势使得金融机构可以在当地获取更多的收益，从而在当地增设更多的网点。而这恰恰契合了 Christen（1995）、Sinha（2006）等人的观点，微型金融在实现良好商业利润的情况下会进行网点增设，进而促进社会公平的提高。

由于对于双重目标的讨论多以机构为单位，因此构建的经营效率指标也根据该机构的会计指标衍生而来。多数学者通用的经营绩效的指标包括资产收益率、权益收益率、不良资产率等（严盛虎，2004；冯庆水，2010；黄惠春，2010）；而对社会公平的衡量更多地需要会计指标之外的数据，如网点覆盖面、获得服务的农户数量、获得服务的农户的收入水平等（褚保金，2011；周治富 2011；颜麟，2014）。对于衡量经营绩效的指标，笔者认为采用微型金融自身的业务量更为直观；对于衡量社会公平的指标，笔者赞同褚保金（2011）、陈莎（2013）采用网点覆盖面的做法，本章将在继承的同时作相应改进。

本节文献综述的图谱如图 3-2 所示。

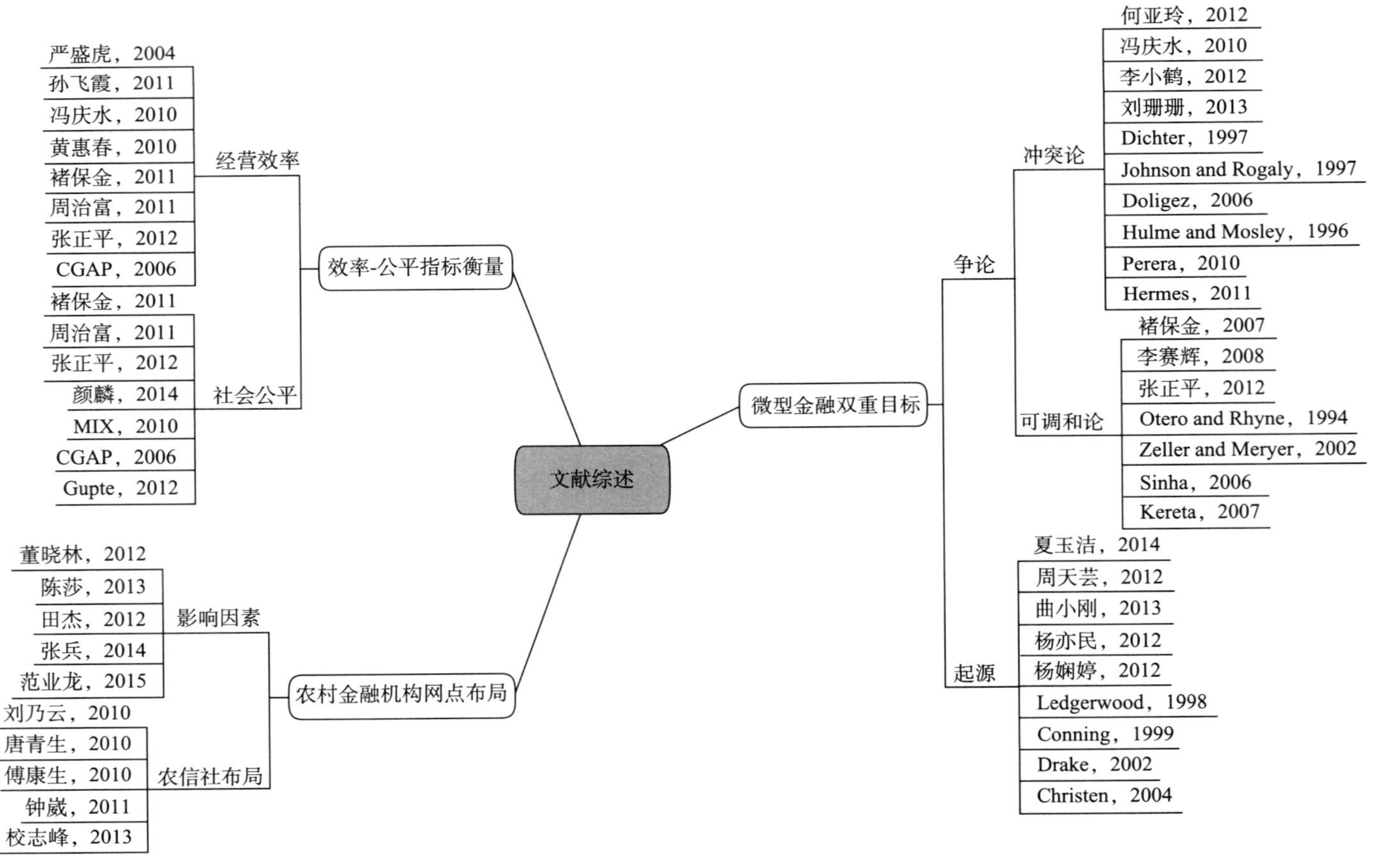

文献综述
微型金融双重目标
争论
冲突论
何亚玲，2012
冯庆水，2010
李小鹤，2012
刘珊珊，2013
Dichter，1997
Johnson and Rogaly，1997
Doligez，2006
Hulme and Mosley，1996
Perera，2010
Hermes，2011
可调和论
褚保金，2007
李赛辉，2008
张正平，2012
Otero and Rhyne，1994
Zeller and Meryer，2002
Sinha，2006
Kereta，2007
起源
夏玉洁，2014
周天芸，2012
曲小刚，2013
杨亦民，2012
杨娴婷，2012
Ledgerwood，1998
Conning，1999
Drake，2002
Christen，2004
效率-公平指标衡量
经营效率
严盛虎，2004
孙飞霞，2011
冯庆水，2010
黄惠春，2010
褚保金，2011
周治富，2011
张正平，2012
CGAP，2006
社会公平
褚保金，2011
周治富，2011
张正平，2012
颜麟，2014
MIX，2010
CGAP，2006
Gupte，2012
农村金融机构网点布局
影响因素
董晓林，2012
陈莎，2013
田杰，2012
张兵，2014
范业龙，2015
农信社布局
刘乃云，2010
唐青生，2010
傅康生，2010
钟葳，2011
校志峰，2013

图 3-2　文献图谱

第三节　理论基础

本节从经济学中经典的效率与公平理论出发，针对效率与公平分别具体应用了商业银行布局的成本收益理论和小额信贷机构的普惠金融理论。

一、效率与公平理论

效率（efficiency）与公平（fairness）涉及哲学、社会学等学科的探讨，这里仅介绍经济效率与经济公平。

作为现代微观经济理论基本组成部分的效率问题，属于经济增长的研究范畴。经济效率通常包括两个方面：生产效率（production efficiency）和配置效率（allocative efficiency）。这两者之中，生产效率是基础，配置效率是表现。生产效率的计算公式为在一定时间内产出与投入的比值，这就意味着当投入较小的成本却获得较大的产出时，该项活动是有效率的。而配置效率则是指现有的生产资源与其提供的人类满足程度的对比。例如，帕累托最优就是指在不损害任何一个社会成员境况的前提下，重新配置资源不可能使任何一个社会成员境况变好，这样就能达到最优的配置效率。

具体应用到本章中，当农信社在某个地区投入网点时，能获得较大的业务量，进而实现商业利润，则称该网点是有效率的。

而对于经济公平的概念，至少有以下几种认识。庇古（A. C. Pigou）于1955年提出的效用公平理论认为，以经济福利作为公平标准，当财富的分配越来越平均时，福利越大，也就越公平。该种理论基于的假设是所有人的效用函数相等，由于边际效用递减，当财富从富人转移到穷人时，社会的总效用就会增大。亚当斯（J. S. Adams）于1962年提出的公平理论侧重于劳动者的心理感受，当自己对所获报酬的感觉比上自己对个人投入的感觉等于自己对他人所获报酬的感觉比上自己对他人所作投入的感觉相等时，即产生了公平。罗尔斯（J. Rawls）于1971年提出的公平理论包括平等自由原则和机会的差别原则，其中包含着保护弱势群体利益的意味。由于地理交通、信息不对称、经济实力等方面的差距，部分地区的人群所能享受到的社会服务和拥有的个人发展机会与其他地区相比要少得多，因此需要一定的制度倾斜来保证公平正义的实现。

具体应用到本章中，城市中的人群可以很方便地获得对应的金融服务，而农村地区的人群由于交通、价格、条件、信息等原因难以获得基础金融服务，被动地受到金融排斥，这就造成了不公平。因此需要农村金融机构优化在农村地区的网点布局，争取覆盖更多的人群和地域，进而实现普惠金融，实现社会公平。

二、成本收益理论——效率角度

随着农信社市场化改革的推进，农信社的商业气息越来越浓厚，逐渐具有商业银行的特点，因此其经营也类同商业银行，需具有财务可持续性。农信社的网点布局也需满足成本收益原则。当某地农信社网点未来收益的净现值大于设立网点的成本时，该地区的农信社将被保留或新设；当该网点未来收益的净现值不足以弥补农信社的成本和运营支出时，该地的农信社网点将被撤并。

一个标准的金融机构网点建设成本大约为 150 万元，其建设成本测算如表 3-3 所示。

表 3-3　标准金融机构网点开办成本

投资项目		建设成本		
		面积（米^2）	单价（元）	金额（万元）
土建		500	1 600	80.00
装修	营业厅及库房	170	1 080	18.36
	营业厅以外	330	550	18.15
安防设施				10.00
电子设备				8.00
附属设施				7.00
建筑税费（税率 5.5%）				8.40
合计				150.00

资料来源：唐青生，陈爱华，袁天昂，2010. 云南省贫困地区农村金融服务与网点覆盖建设的财政金融扶持政策研究[J]. 经济问题探索（8）：179-184.

而在一些经济发展较为落后、交通不便的地区，通常会开办简易金融机构网点来满足当地的基础金融服务需求，其开办费用预算如表 3-4 所示。

表 3-4　简易金融机构网点开办成本

项目	单价（万元）	数量	合计（万元）	备注
营业场所租金	3	1 年	3	含职工简易宿舍租金
简易运钞车	15	1 辆	15	
装修	8		8	含安保、消防设备

（续）

项目	单价（万元）	数量	合计（万元）	备注
保险柜	1	2个	2	
文件箱柜	0.3	3个	0.9	
电脑	0.5	5台	2.5	
打印机	0.1	5台	0.5	
办公桌椅	0.1	6套	0.6	
电话、网络	0.5		0.5	
点验钞一体机	0.2	5个	1	
其他杂费	1		1	
小计			34.5	开办费
运营费	5	3年	15	以奖代补，每年5万，连补3年，共15万
合计			49.5	开办费一次性投入，补贴可分三年

资料来源：唐青生，陈爱华，袁天昂，2010. 云南省贫困地区农村金融服务与网点覆盖建设的财政金融扶持政策研究[J]. 经济问题探索（8）：179-184.

除开办成本外，金融机构网点每年的持续运营也是一笔较大的费用。以贵州省开阳县翁昭村农信社服务点为例，除建设该服务点的固定成本硬件需投入近20万元、人力资源需要投入员工4人外，可变成本房租、水电、网络、监控、安保等每月需4 500元，而当地的交易量每月只有500笔左右，且金额相对较少，贷款量也较小。据测算，贵州省每新增一个服务点，平均每年新增亏损约30万元（刘乃云，2010）。

从上述材料可以归纳出如下公式：

农信社网点运营成本＝设立成本＋运营成本

＝装修＋设备＋租金＋工资＋利息支出＋管理费＋税金＋其他

农信社网点收益＝利息收入＋手续费及佣金收入＋其他收入

其中对于银行类金融机构，利息收入是其主要利润来源，而利息收入可表示为贷款额的函数：

利息＝f（贷款额）

而贷款额则跟当地的经济发展水平密切相关。若当地经济增长较快，则生产单位所需贷款也较多，因此贷款额可表示为当地经济增长水平 g 的函数：

贷款额＝f（g）

当 $\sum_{t=1}^{n}\frac{Y_t-C_t}{(1+K)^t}-C_0>0$ 时，则当地农信社网点得以保留或新设。其中，t

代表年份；K 代表折现率；Y_t 代表该农信社网点第 t 年的收益；C_t 代表该农信社网点第 t 年的运营成本；C_0 代表初始建设成本。

因此某个区域金融机构的网点布局与该区域的经济发展水平关系密切。当地的人口密度、居民平均收入水平及区域经济发展潜力等因素是影响商业银行网点布局的重要因素。商业银行为追求收益最大化，在进行网点设置时通常考虑当地地方生产总值大小和区位因素，偏好经济发展良好、人口密集、收入水平高、交通发达的地区。

三、普惠金融理论——公平角度

普惠金融（inclusive finance）由联合国在 2005 年（联合国将 2005 年定为“国际小额信贷年”）提出，意为每个地方的穷人都能长期地享受到由各类机构通过不同方式提供的多样的高质量的金融服务，占据多数人口的弱势群体不应当与富人相比被区别对待，也应享有共同的、公平的基础金融服务的权利。

而对于中国而言，农村地区家庭年收入最低的群体的信贷需求比例最高（表 3-5），因此实施普惠金融十分有必要。

表 3-5　农村地区家庭年收入与信贷需求

农村地区家庭年收入（万元）	信贷需求比例（%）
＜1	26.91
1～＜4	25.00
4～＜8	20.60
8～＜15	22.11
15～＜100	21.93
≥100	9.83

资料来源：根据《中国农村家庭金融发展报告 2014》整理得来。

世界银行扶贫协商小组（2006）指出，只有为穷人提供的金融服务融入到整个金融体系后，大规模、可持续的微型金融才可能实现。普惠金融理论的提出一定程度上颠覆了金融主要为富人提供服务的传统观念，改变了人们对传统金融体系的认识，是现代金融理论的一大突破。努力实现普惠金融对于完善现代金融体系，有效运用金融手段促进经济可持续发展，帮助农村地区人群提高生活水平、降低贫困程度具有重要意义（焦瑾璞，2010）。

我国最先引入普惠金融概念的是中国小额信贷联盟，随后该概念得到了杜晓山（2006）、韩俊（2008）、焦瑾璞（2009）等学者的认同和倡导。2009 年 4 月，联合国开发计划署（UNDP）与中国人民银行、商务部、国家开发银行联合启动构建普惠金融体系项目，旨在填补 4 万多家乡镇在当地银行关闭分支机构后造成的金融服务空白。2010 年，中国人民银行牵头成立“普惠金融协调委员会”。2013 年发布的《中共中央关于全面深化改革若干重大问题的决定》中正式提出“发展普惠金融，鼓励金融创新，丰富金融市场层次和产品”。2015 年 3 月的《国务院政府工作报告》中提出“大力发展普惠金融，让所有市场主体都能分享金融服务的雨露甘霖”。2015 年 11 月，中共中央办公厅和国务院办公厅印发了《深化农村改革综合性实施方案》，其中提出“扩大农村金融服务规模和覆盖面，创新农村金融服务模式，全面提升农村金融服务水平，促进普惠金融发展”。

目前学界已经普遍接受普惠金融理论主要包括四个方面的内容，如表 3-6 所示。

表 3-6　普惠金融的主要内容

维度	内　容
需求方	家庭和企业等需求方能够以合理的成本获取储蓄、贷款、回款、抵押、代理、等广泛的基础金融服务
供给方	金融服务的提供者需要稳健经营，建立良好的内部控制制度、接受市场监督并在必要时接受合理的审慎监管
市场体系	整个普惠金融体系需要实现自身的可持续发展，保持财务上的可持续经营能力，从而长期稳定的提供基础金融服务
金融产品	更多的金融服务提供者和更多的竞争性、多样化的金融产品，以满足不同消费者的需求

而世界银行扶贫协商小组认为构建普惠金融体系应当以低收入人群为主要服务对象，从微观、中观和宏观三个层面入手。

表 3-7　世界银行扶贫协商小组普惠金融体系

层面	内　容
微观 （零售金融机构）	包括那些具备为穷人服务潜力的零售金融机构：非政府组织、国有银行、私有商业银行、邮政储蓄银行、储蓄和信贷合作社、成员所有的社区组织、其他非银行中介机构
中观 （金融市场基础设施）	市场基础设施有限或缺乏适合的市场基础设施都会严重影响零售金融机构向贫困客户扩展其服务的能力。市场基础设施包括：支付和清算系统、信息基础设施、技术支持和教育、信息发布机构、融资渠道、金融和资本市场
宏观 （立法、规制、监管）	政府在为支持建立服务于贫困人口的金融体系方面发挥着建设性作用，是唯一能够为促进广大金融服务供应商之间的竞争提供政策环境的参与者，同时又能保护消费者免受掠夺和欺诈的侵害

资料来源：根据世界银行扶贫协商小组《微型金融出资人良好实践指南》（*Good Practice Guidelines for Funders of Microfinance*）整理得来。

普惠金融与金融排斥（financial exclusive）为同一问题的两个方面。金融排斥是指部分人群被排除在金融服务之外，典型的金融排斥表现为金融机构不愿给偏远地区的人、劳动能力较低的人或不符合金融机构自身盈利要求的人提供金融服务。当不断地克服金融排斥，使得被排斥对象（而这种对象多位于农村地区）逐步获得与其需求对应的金融服务，才算实现普惠金融。

第四节　发展历程与网点布局

一、发展历程

农信社是指经由 1951 年中国人民银行第一次全国农村金融工作会议决定建立，由社员入股、实行民主管理的农村金融机构。

（一）动荡发展阶段（1951—1996 年）

该阶段包括了农信社自成立以来到 1996 年与中国农业银行分家，而这一阶段实际上还可再分为三个历史时期，只因该历史时期内农信社始终未接触到市场化的气息，网点布局均为行政主导，因此本章将其划分在一起：

表 3-8　农信社动荡发展阶段

历史时期	主要表现	网点布局特点
初创时期（1951—1958 年）	每个乡镇均建立农信社，国家以最贴近农民的合作金融为渠道抽取农村剩余资金；兼顾农业生产的资金需要	行政主导
停滞时期（1959—1978 年）	管理体制多次变更，发展思路不清晰，丧失合作金融性质，形成官办金融	行政主导
恢复时期（1979—1996 年）	国家明确农信社改革目标位服务“三农”的合作金融组织	行政主导

为解决农村地区的金融服务问题，中国人民银行召开的第一次全国农村金融工作会议决定建立农村信用合作社。由于该阶段同时也是中国重工业优先发展的时期，农信社同时也扮演了从农村地区抽取剩余的角色。1959—1978 年，农信社先后交由人民公社、生产大队、贫下中农进行管理，农信社的发展遭受了严重挫折。1984 年国务院批转了中国农业银行《关于改革信用社管理体制的报告》，主要内容是把农信社办成合作金融组织，接受中国农业银行的领导开展金融业务。这个时期内农信社已然成了中国农业银行在乡镇一级的基层机构，中国农业银行从业务到人员直接管理县（乡）联社和乡（镇）农信社。这

一时期的农信社丧失了经营自主权，从人员到业务上均接受中国农业银行的指令，造成大量的人员冗余和不良贷款。

（二）“行社脱钩”阶段（1996—2000 年）

1996 年 8 月 22 日，《国务院关于农村金融体制改革的决定》颁布，其中明确指出“建立和完善以合作金融为基础，商业性金融、政策性金融分工协作的农村金融体系”，农信社与中国农业银行正式脱离隶属关系，其业务上由县联社管理，而监管上由当地的中国人民银行承担。1996 年底，“脱钩”工作基本完成。该阶段对于农信社按照合作制进行规范，意欲把农信社办成农民自愿入股、社员民主管理、主要为社员服务的合作金融组织。

行社脱钩以后，农信社历史上积累的潜在风险逐渐暴露，突出表现在信贷资产质量差、亏损严重、资不抵债的农信社比例高等方面（杜金向，2009）。为化解和防范风险，1997 年国务院决定在中国人民银行内部设立农村合作金融监督管理局，行使对农信社的行业管理和监督。1997 年 9 月 15 日，中国人民银行颁布《农村信用合作社管理规定》，按照“由社员入股组成、实行社员民主管理、主要为社员提供金融服务”的要求对农信社进行改造。1998 年国务院转发了中国人民银行《关于进一步改革整顿规范农村信用合作社管理工作的意见》，该“意见”进一步明确了农信社按照合作制改革的方向。

（三）深化改革阶段（2000 年至今）

1. 改革初期

2000 年 7 月，中国人民银行与江苏省政府以江苏为试点进行改革，重点是明晰产权和完善经营机制。江苏省农信社改革探索出三种模式：①以县为统一法人、组建省联社，省内 1658 个农信社及 82 个县（市）联社合并为 82 个法人单位；②将常熟、江阴、张家港三地农信社改制为农商行；③改组农合行。

2. 八省（市）试点

2003 年以国务院发布《深化农村信用社改革试点方案》为标志，农信社新一轮的改革试点开始。国务院确定江苏、吉林、陕西、山东、江西、重庆、贵州、浙江八省（市）作为试点，各地农信社可以选择股份制、股份合作制、合作制这三种产权制度模式和县统一法人、县乡两级法人、农合行和农商行这四种组织形式，农信社全面商业化改革正式启动（汪小亚，2009）。

3. 全面推行

2004 年《国务院办公厅关于进一步深化农村信用社改革试点的意见》（国办发〔2004〕66 号）出台，除海南和西藏外的所有省份均纳入改革范围。2007 年海南省成立省联社，改革至此全面铺开。与此同时，为帮助消化农信社历史包袱，确保改革顺利开展，国家给予资金、财税、利率等多方面政策扶持。2004 年底，中国人民银行针对第一批 8 省（市）试点资不抵债额 880.94 亿元，已经发放专项票据 421.02 亿元。这种“花钱买机制”的做法意图建立一个商业（财务上）可持续发展的农信社体制。

在经历了上述三阶段的改革之后，推进农信社市场化运行的政策仍不断在出台。2010 年 9 月，银监会发布《关于高风险农村信用社并购重组的指导意见》，明确提出允许风险级别最高的农信社，用并购重组的方式化解风险。商业银行、农村合作金融机构、非银行金融机构以及优质企业均可以并购上述农信社。2014 年 12 月，银监会发布《关于鼓励和引导民间资本参与农村信用社产权改革工作的通知》，进一步调整放宽民间资本参与农信社产权改革的政策要求，有利于引导民间资本进入农村金融服务领域，从而有效增强农信社的资本实力、经营活力和竞争能力。

二、发展现状

（一）制度架构

2003 年的农信社改革将管理权交由省级人民政府，除四个直辖市建立了省（市）级农商行外，其余省份均组建了农信社省级联社，作为省级人民政府管理平台实行管理职能。

以河南为例，河南省农信联社组织架构如图 3-3 所示。

（二）三类组织形式

本章所指的农信社即包括改制后的农信联社、农合行和农商行，而这三类农信社组织的商业化程度，从低到高分别为农信社、农合行和农商行。

1. 农信联社

农信联社为原来的部分农信社改制而来，是由农民、农村工商业者、企业等组织组成的社区性地方金融机构。截至 2014 年底，全国农信联社共有 1 159 家，从业人员达到 423 992 人。

2. 农合行

农合行同样为原来的部分农信社改制而来，是由辖内农民、农村工商户、企业法人和其他经济组织入股组成的股份合作制社区性地方金融机构，主要任务是为农民、农业和农村经济发展提供金融服务①。1996 年《国务院关于农村

① 该定义来自《中国银行业监督管理委员会关于印发〈农村商业银行管理暂行规定〉和〈农村合作银行管理暂行规定〉的通知》（银监发〔2003〕10 号）。该文件已于 2018 年被废止。

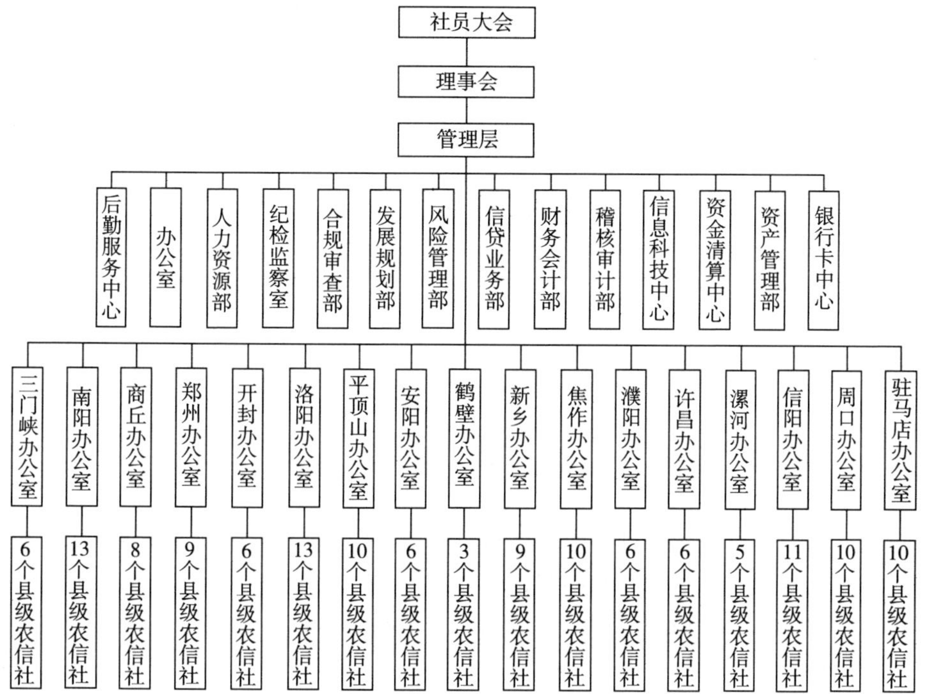

图 3-3　河南省农信联社组织架构

资料来源：河南省农信联社网站

注：县级农信社包括农信联社、农合行、农商行

金融体制改革的决定》发布，其中提出要建立和完善以合作金融为基础，商业性金融和政策性金融分工合作的农村金融体系，已经商业化经营的农信社可合并组建农合行。2011 年以后不再组建新的农合行，现有的农合行要全部改制为农商行。截至 2014 年底，全国农合行共有 89 家，从业人员达到 32 614 人。

3. 农商行

农商行的发起人与农合行相同，但组织形式与农合行具有差别，农合行为中国特有的股份合作制，而农商行则为典型的股份制。2011 年以后，农信社的改革只有农商行一个方向，鼓励符合条件的农信社改制为农商行。

目前农商行已经完全按照商业银行的标准运作，其不良贷款率较低。相对农合行和农信联社来说，虽然在组织形式、制度和人员的安排上还坚持合作制，但事实上大部分机构在竞争日益激烈的环境下以及资本逐利的天然驱动下，其商业气息已经覆盖了合作制的味道。有些的农商行也取得较大的规模和较高的知名度，甚至已经登陆资本市场。重庆农村商业银行已于 2010 年在中国香港特别行政区的香港联合交易所上市。无锡农村商业银行、吴江农村商业银行、江阴农村商业银行、常熟农村商业银行、张家港农村商业银行均于2014年向中国证监会递交申报材料，目前均已进入“已反馈”阶段。其中，无锡农村商业银行、吴江农村商业银行、常熟农村商业银行拟于上海证券交易所上市，江阴农村商业银行、张家港农村商业银行拟于深圳证券交易所上市。截至2014年底，全国农商行共有665家，从业人数达到373 635人。

2006—2016年农信社三类组织形式历年法人机构变化数如表3-9所示。

表3-9　2006—2016年农信社三类组织形式法人数变化

机构	2006年	2007年	2008年	2009年	2010年	2011年	2012年	2013年	2014年	2015年	2016年
农信联社	19 348	8 348	4 965	3 056	2 646	2 265	1 927	1 803	1 596	1 373	1 125
农合行	80	113	163	196	223	190	147	122	89	71	40
农商行	13	17	22	43	85	212	337	468	665	859	1 114

资料来源：2006—2016年银监会年报。

可以看到，农信社自商业化改革以后，原先坚持合作制的农信联社法人机构越来越少；实行股份制的农商行法人数则逐年上升；实行股份合作制的农合行法人数在2010年达到峰值，之后便逐年下降。

截至2014年底，农信社系统内机构总数达到2 350家，营业网点达到78 246个，从业人员达到830 241人（表3-10）。

表3-10　2014年底三类农信社机构、网点、人员概况

机构名称	机构数	营业网点数	从业人员数
农信联社	1 596	42 201	423 992
农合行	89	3 269	32 614
农商行	665	32 776	373 635
合计	2 350	78 246	830 241

资料来源：中国人民银行发布的《中国农村金融服务报告2014》。

（三）机构、人员、资产概况

截至2014年底，全国各类农信社网点达到近8万家，从业人员达到897 485人，资产总额达到213 343亿元。

截至2014年底全国各省份农信社基本情况如表3-11所示。

表3-11　2014年底各省份农信社机构、人员、资产概况

区域	机构数量（个）	从业人数（人）	资产总额（万元）
北京	711	8 561	5 237

（续）

区域	机构数量（个）	从业人数（人）	资产总额（万元）
天津	595	8 426	3 170
河北	4 848	47 598	10 601
山西	3 153	36 810	7 816
内蒙古	2 236	27 604	3 749
辽宁	2 222	29 779	4 402
吉林	1 574	22 789	3 694
黑龙江	1 981	27 846	3 368
上海	399	6 600	4 680
江苏	3 169	45 559	16 932
浙江	4 482	58 664	16 383
安徽	3 054	31 350	7 305
福建	1 907	20 179	5 080
江西	2 544	24 672	5 588
山东	5 007	73 442	15 417
河南	5 268	60 658	9 524
湖北	2 192	30 382	6 609
湖南	4 046	38 751	6 290
广东	5 794	71 959	21 527
广西	2 351	24 957	6 232
海南	434	5 124	1 300
重庆	1 770	16 362	6 141
四川	5 831	67 970	15 013
贵州	2 264	25 415	4 856
云南	2 387	21 725	7 179
西藏	—	—	—
陕西	2 842	24 410	6 205
甘肃	2 269	18 559	3 889
青海	376	3 534	726
宁夏	385	5 598	1 306
新疆	1 079	12 202	3 060

资料来源：根据中国人民银行发布的《2014 中国区域金融运行报告》整理得来。

而全国各省份农信社的发展水平也明显分为三个梯队。如图 3-4 所示，以农信社机构数量为横坐标，以农信社从业人数为纵坐标绘制气泡图，气泡大小代表该省农信社资产总额。括号内数字分别表示 2014 年各省农信社机构数、从业人数和资产总额。

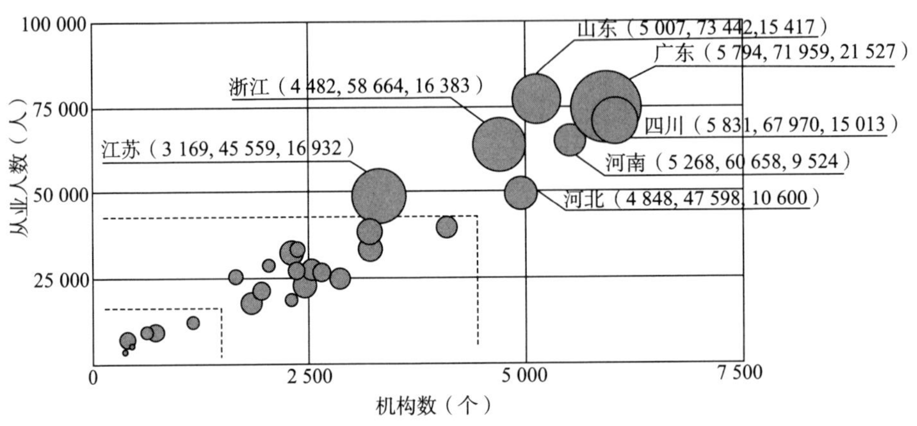

图 3-4　2014 年底各省份农信社机构、人员、资产示意

资料来源：根据中国人民银行发布的《2014 中国区域金融运行报告》整理得到

农信社体量最大的第一梯队省份包括广东、浙江、江苏、山东、四川、河北和河南。这些省份无论是在网点数量、从业人数还是资产规模上均居全国前列，它们的共同特点是经济强省和人口大省。第一梯队中的领头羊当属广东省，其农信社资产居全国第一，机构数量仅次于四川省居全国第二，从业人数仅次于山东省居全国第二。

农信社体量的第三梯队省份包括新疆、北京、天津、海南、宁夏、上海、青海和西藏。分布在该梯队的省份除直辖市外即是边疆地区和自治区。直辖市由于地理面积所限，虽然农信社分布密度较高，但体量终究无法与省级行政单位相比。而边疆地区和自治区由于经济环境所限，无法催生出适当规模的农村金融。

除上述梯队外，其余省份的农信社体量均位于第二梯队，其机构数量、从业人数和资产规模与第一梯队有着较大差距，但又远远超过第三梯队。该梯队分布着 16 个省份，数量超过第一梯队和第三梯队之和。

三、网点布局

（一）历程中的网点变化

从农信社设立伊始到 1953 年底，全国共建立各种形式的信用合作组织

25 290个，按其效能发挥程度分为信用合作社，信用合作组和供销合作社内附设的信用部，数量分别为 7 785 个，14 912 个和 2 593 个。1954—1957 年是农信社的大发展时期，1955 年底农信社数量已经增加到 15.9 万个，全国 80%的乡都有了农信社。经过 1956 年的调整和行政上的撤区并乡，农信社下降到 10.3 万个。而到 1957 年时，农信社仅剩余 88 368 个。

1962 年，随着《关于农村信用社若干问题的规定》的贯彻执行，农信社得到了恢复和发展，机构数量上升至 127 864 个。到 1996 年底，全国共有农信社基层社 49 532 个，联社 2 409 个。1951—1996 年的历史时期内，农信社的网点布局无法摆脱计划经济时代的印记，仍然是在国家行政机构在农村的延伸。（杜金向，2009；刘民权，2005；明洋，2011）

1996 年，《国务院关于农村金融体制改革的决定》颁布，其中明确指出建立和完善以合作金融为基础，商业性金融、政策性金融分工协作的农村金融体系。农信社与中国农业银行正式脱离隶属关系。“行社脱钩”以后是农信社网点进行大幅调整的阶段，大量经营不善、背负沉重历史包袱的网点被撤并，农信社网点布局开始向商业化靠拢，但这也在一定程度上加深了农村地区的金融排斥（董晓林，2012）。而放松管制及其带来的兼并、市场进入与市场退出等现象可能对特定人群或地区的金融服务可得性带来不利影响（Leyshon and Thrift，1996；Marshall，2004；Pollard，1996）。

2003 国务院下发《深化农村信用社改革试点方案》，在地方金融控制和农信社自身商业化背景下，农信社继续撤离基层网点。2003—2007 年，农信社营业网点数减少了 12 657 个，减幅为 14%，4 年内平均每年减少 3 164 个网点（周立，2012）。

从 2007 年以后，全国农信社总网点数变动幅度较小，但是各省内农信社网点数量却呈现不同的变动趋势（表 3-12）。

表 3-12　2007 年和 2014 年各省份农信社网点变化

区域	2014 年网点数（个）	2007 年网点数（个）	变动数（个）	变动比例（%）
山西	3 153	1 829	1 324	72.39
浙江	4 482	3 878	604	15.58
山东	5 007	5 606	−599	−10.68
广东	5 794	6 224	−430	−6.91
河南	5 268	5 677	−409	−7.20
辽宁	2 222	2 550	−328	−12.86
贵州	2 264	1 982	282	14.23
湖南	4 046	4 285	−239	−5.58

（续）

区域	2014 年网点数（个）	2007 年网点数（个）	变动数（个）	变动比例（%）
内蒙古	2 236	2 461	−225	−9.14
重庆	1 770	1 584	186	11.74
湖北	2 192	2 358	−166	−7.04
吉林	1 574	1 710	−136	−7.95
江西	2 544	2 411	133	5.52
安徽	3 054	3 154	−100	−3.17
河北	4 848	4 941	−93	−1.88
陕西	2 842	2 934	−92	−3.14
广西	2 351	2 275	76	3.34
上海	399	330	69	20.91
甘肃	2 269	2 337	−68	−2.91
江苏	3 169	3 106	63	2.03
天津	595	535	60	11.21
海南	434	385	49	12.73
云南	2 387	2 435	−48	−1.97
四川	5 831	5 879	−48	−0.82
福建	1 907	1 870	37	1.98
宁夏	385	367	18	4.90
北京	711	694	17	2.45
青海	376	365	11	3.01
新疆	1 079	1 074	5	0.47
黑龙江	1 981	1 985	−4	−0.20
西藏	—	—	—	—

资料来源：根据中国人民银行发布的《2007 中国区域金融运行报告》《2014 中国区域金融运行报告》整理得来。

从总数上看，2007 年与 2014 年全国农信社网点数均接近 7.8 万个，几乎没有发生太大变化。但是具体到各省份来看，网点数却在发生着大幅变动，其中变动程度超过 10%的省份几乎占据 1/3。变动最为剧烈的是山西省，其网点数从 2007 年的 1 829 个增至 2014 年的 3 153 个，增加了 1 324 个网点，变动幅度达到 72.39%；其他变动较大的还包括浙江省和贵州省，分别增加了 604 个网点和 282 个网点。而网点裁撤力度最大的是山东、广东、河南、辽宁等地，其中山东省减少了 599 个网点，广东、河南、辽宁也分别裁撤了 430 个、409

个、328个网点。

全国网点总数会掩盖各省份内部网点变化，容易使人误以为农信社网点没有发生变动。而省份总数同样也会掩盖省内各市的网点变化。但是由于数据可得性的原因，已无法再深入查看每市的网点变动，但可以合理推断，商业化改革的进程中，农信社网点动态变化的特征非常明显。

（二）当期网点布局

2014年全国各省份农信社网点数如图3-5所示，其中左侧为西部省份，中间为中部省份，右侧为东部省份。

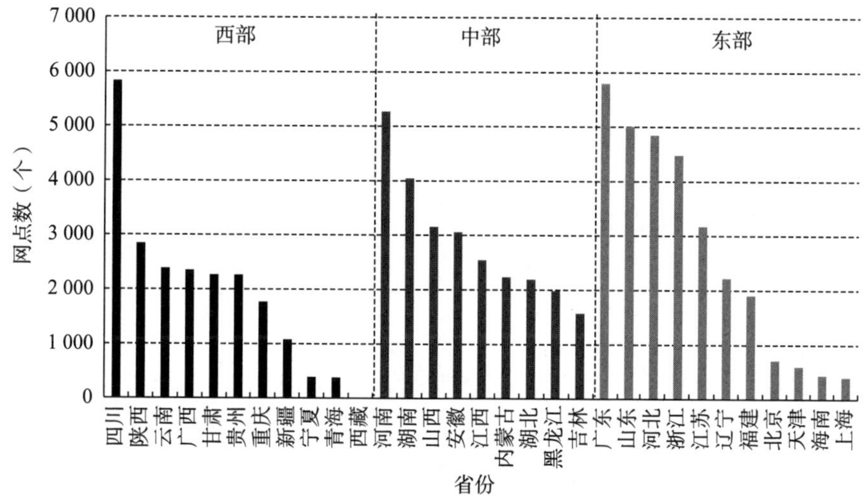

图3-5　2014年底东、中、西部农信社网点分布

资料来源：根据中国人民银行发布的《2014中国区域金融运行报告》整理得到

明显地，东、中、西部各省份农信社网点数量均成阶梯状。其中，西部地区农信社网点数量最多的为四川省，且数量远远超过其他西部各省，数量最少的为宁夏、青海和西藏；中部地区网点数量最多的为河南省，数量最少的为吉林省；东部地区则拥有最多的农信社网点数，广东、山东、河北、浙江的农信社网点数均居全国前列。

如表3-13所示，以胡焕庸线[①]为界，中国农信社网点大多分布在东南地区，其中山西、河北、山东、河南、浙江、江苏、福建、湖南、广东等省份的

① 胡焕庸线（Aihui-Tengchong Line），为中国地理学家胡焕庸（1901—1998）于1935年提出的划分中国人口密度的对比线，从黑龙江省瑷珲到云南省腾冲，线东南拥有全国国土面积的43.8%、人口总数的94.1%。胡焕庸线是中国地质、生态的分界线，进而成为中国人口分布和城镇化水平的分界线。

农信社网点数均在 3 000 个以上。而东北地区和西部地区农信社网点较少，仅四川一省拥有较多的农信社网点。农信社网点布局与人口分布、经济发展水平呈现相关性。

表 3-13 农信社网点分布

地区	数量（个）	地区	数量（个）
北京	711	湖北	2 192
天津	595	湖南	4 046
河北	4 848	广东	5 794
山西	3 153	广西	2 351
内蒙古	2 236	海南	434
辽宁	2 222	重庆	1 770
吉林	1 574	四川	5 831
黑龙江	1 981	贵州	2 264
上海	399	云南	2 387
江苏	3 169	西藏	0
浙江	4 482	陕西	2 842
安徽	3 054	甘肃	2 269
福建	1 907	青海	376
江西	2 544	宁夏	385
山东	5 007	新疆	1 079
河南	5 268		

资料来源：根据中国人民银行发布的《2014 中国区域金融运行报告》整理得到。

第五节 网点布局的全国分析

当农信社的网点布局以效率优先进行时，表现为其注重经营业绩的追求。而以公平优先进行的农信社网点布局则表现为注重覆盖的人群和地域。本节将分别从效率和公平两个维度构建指标，衡量农信社网点布局在效率和公平上的实现。

一、指标构建

微型金融双重目标问题的实质是对效率与公平的兼顾问题。世界银行专家

Yaron（1992）提出过针对农村金融机构业绩评估框架，这一框架即是针对客户的覆盖面和小微金融机构本身的财务可持续性两个维度进行评估（图 3-6）。

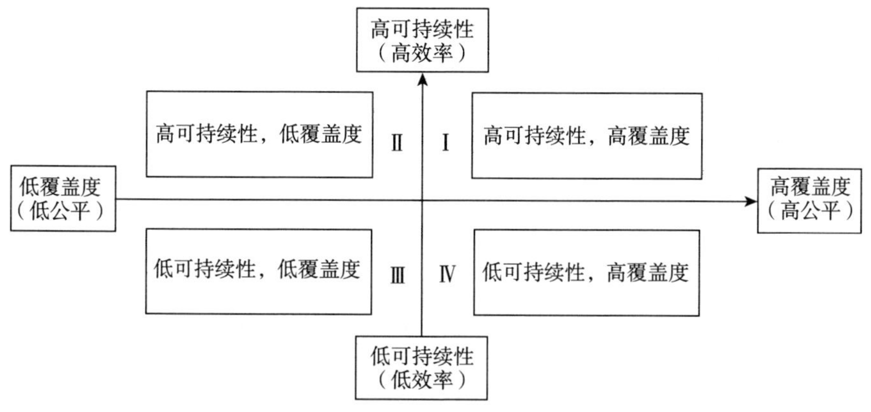

图 3-6　Yaron 农村金融机构评价体系

在该框架中，Yaron 分别以财务可持续性和对贫困地区人口的覆盖度作为衡量农村金融机构双重目标，并分别以之为横、纵两个维度，形成四个象限对农村金融机构的绩效进行评价。其中，象限Ⅰ为高可持续性和高覆盖度，处于该象限内农村金融机构实现了自身的经营绩效和社会责任双重目标；象限Ⅱ为高可持续性和低覆盖度，处于该象限内的农村金融机构仅仅实现了自身经营绩效目标而忽略了社会责任目标，在公平与效率的衡量中以效率优先作为原则；象限Ⅲ为低可持续性和低覆盖度，处于该象限的农村金融机构对于自身经营绩效和社会责任双重目标均没有实现；而象限Ⅳ为低可持续性和高覆盖度，处于该象限的农村金融机构对于自身经营绩效目标的实现程度较弱，但是对于社会责任的实现程度较好，在公平与效率的衡量中以公平优先作为原则。

本章中对于农信社网点布局的评价框架借鉴了 Yaron 的观点，但也有所不同。Yaron 仅仅提出从可持续性和覆盖度两个方面进行评价，但并没有将其提炼为效率与公平的权衡，也没有对可持续性和覆盖度进行进一步的指标规范。在农信社市场化改革的趋势以及国家对于普惠金融要求的大背景下，考虑到网点为农信社最基本的经营单位，并借鉴世界银行扶贫协商小组（2006）、褚保金（2011）、周治富（2011）等机构和学者研究成果，本章以县域为基本的分析单位，对于农信社网点在效率上的衡量将采用存款额、贷款额、存贷比、不良贷款额等指标来衡量，而对于农信社网点在公平上的衡量则采用每行政单位拥有网点数、每万公顷拥有网点数、每万人拥有网点数、每亿元第一产业增加值拥有网点数等指标来衡量。

（一）网点效率指标

农信社在一个区域布局的网点有效率，则意味着该网点具有良好的可持续经营能力，能够给社员或股东带来回报。具体则表现为该网点所承载的业务量大，盈利能力强，不良资产少。因此本章将采用网点存款额、网点贷款额、网点存贷比、网点不良贷款额四个指标来衡量农信社在一个地区布局的网点效率高低。

其中，网点存款额、网点贷款额、网点不良贷款额为规模效率指标。银行类金融机构为典型的边际成本递减行业，网点的存款额越大，每单位存款额负担的网点固定支出就越小，同时员工的业务熟练程度也会提高；网点的贷款额越大，其潜在的收入也越高，如果是针对同一客户的多次贷款，还可以大幅缩减尽职调查成本；网点不良贷款额为反向的规模效率指标，农信社不良贷款越小，其资产的安全性就越高。而存贷比衡量的是农信社资源的配置效率，反映农信社运用资金的能力。

本章中四项农信社网点效率指标构建如表 3-14 所示。

表 3-14　农信社网点效率指标构建

效率指标	单位	计算方式	缩写
网点存款额	万元	县农信社存款额/县农信社网点数	EI1
网点贷款额	万元	县农信社贷款额/县农信社网点数	EI2
网点存贷比	%	县农信社贷款额/县农信社存款额	EI3
网点不良贷款额	万元	县农信社不良贷款额/县农信社网点数	EI4

本章采用县作为基本分析单位，对于各省（市）农信社网点效率的衡量并非采用平均值，而是采用各省（市）处于中位数位置的县农信社网点效率来代表一省（市）的农信社网点效率。不直接采用省级数据主要有如下两个原因：①普惠金融和国家对于农信社的政策要求均是支援农村地区，采用一省（市）的农信社数据将把省（市）的地级市等城市地区纳入进来，不利于本章研究目标的实现，而采用县级数据契合本章的研究范围；②若直接采用省级数据衡量的该省农信社网点效率，计算结果是该省的平均值，平均值只有在对称分布中才具有代表性，而如广东、江苏等省份，其省内经济发展水平相差较大，省内农信社效率指标呈偏态分布，平均值代表性较差。下文中对于农信社公平指标的基本计算单位同样为县，原因与上述相同。

（二）网点公平指标

农信社网点公平的本质是要践行普惠金融，而普惠金融的反面是金融排斥，并且微型金融双重目标的最初讨论就是覆盖面与财务可持续的关系，因此本章对于农信社网点布局公平的衡量也将从覆盖面着手。本章借鉴并改进陈莎（2013）采用的四种衡量中国农村金融排斥的金融密度（financial density）指标（行政金融密度、地理金融密度、人口金融密度和经济金融密度）来衡量农信社网点的覆盖面，代表公平程度。此类金融密度指标用于衡量金融排斥时为反向指标，即指标值越大，代表金融排斥程度越低；用于衡量农信社网点公平布局时则为正向指标，即指标值越大，代表农信社网点普惠度越高。

具体而言，本章对于农信社网点公平的指标体系将从每万人拥有网点数、每行政单位拥有网点数、每万公顷拥有网点数以及每亿元第一产业增加值拥有网点数四个指标来衡量（表 3-15）。

表 3-15　农信社网点公平指标构建

公平指标	单位	计算方式	缩写
每万人拥有网点数	个/万人	县农信社网点数/县人口数	FI1
每行政单位拥有网点数	个	县农信社网点数/县行政村数	FI2
每万公顷拥有网点数	个/万公顷	县农信社网点数/县地理面积	FI3
每亿元第一产业增加值拥有网点数	个/亿元第一产业增加值	县农信社网点数/县第一产业增加值	FI4

二、经营效率表现

根据上文中的计算方式，得到 2010 年全国各省份农信社网点效率的四个维度指标数值并按各个指标分别排序，如表 3-16 所示。

表 3-16　2010 年各省份农信社网点效率指标排序

网点存款额（万元）		网点贷款额（万元）		网点存贷比（%）		网点不良贷款额（万元）	
上海	47 196.66	上海	19 675.69	辽宁	82	北京	1 686.55
北京	17 815.80	江苏	11 445.00	宁夏	82	吉林	1 559.83
江苏	13 612.65	山东	8 382.74	黑龙江	81	河南	789.26
天津	11 414.42	浙江	7 108.90	江苏	77	河北	718.85
山东	10 958.94	天津	7 086.75	河南	75	山东	682.16
浙江	9 707.48	河北	5 688.38	山东	75	山西	674.25
河北	8 929.76	广西	5 630.66	贵州	74	天津	575.39
新疆	8 539.00	河南	5 421.10	四川	71	湖南	554.79
广西	8 198.45	云南	5 204.17	浙江	71	江苏	507.93

（续）

网点存款额（万元）		网点贷款额（万元）		网点存贷比（%）		网点不良贷款额（万元）	
重庆	8 063.77	新疆	5 204.06	青海	70	广东	431.94
云南	7 927.40	广东	4 973.36	广西	69	四川	368.76
山西	7 714.00	宁夏	4 889.92	安徽	69	黑龙江	364.00
广东	7 567.13	吉林	4 805.17	吉林	69	辽宁	343.06
河南	7 513.13	辽宁	4 786.49	内蒙古	69	海南	338.67
湖北	7 379.28	福建	4 744.80	甘肃	68	贵州	334.38
福建	6 778.19	安徽	4 687.87	福建	68	江西	306.15
宁夏	6 735.53	山西	4 566.83	广东	66	安徽	302.39
吉林	6 626.40	北京	4 415.72	江西	66	上海	298.41
安徽	6 624.08	贵州	4 379.14	河北	64	青海	272.57
江西	6 507.67	四川	4 179.79	云南	64	云南	246.94
四川	6 214.00	江西	4 098.55	陕西	62	宁夏	245.57
海南	6 087.27	湖北	4 041.19	湖南	59	陕西	231.13
辽宁	5 979.07	黑龙江	3 539.92	山西	59	甘肃	219.75
湖南	5 561.50	陕西	3 489.09	湖北	58	内蒙古	183.00
贵州	5 550.88	湖南	3 370.43	新疆	57	广西	155.55
陕西	5 469.31	内蒙古	3 024.33	海南	49	浙江	142.46
黑龙江	4 413.52	甘肃	2 984.72	天津	45	湖北	116.42
甘肃	4 358.95	海南	2 967.67	上海	42	福建	105.67
内蒙古	4 330.03	青海	2 738.43	重庆	39	重庆	92.21
青海	4 182.50	重庆	2 721.41	北京	25	新疆	75.90
西藏	—	西藏	—	西藏	0	西藏	—

注：由于西藏地区没有农信社，故下文的讨论中涉及省份农信社各项指标比较时略去西藏，默认为各项指标最低，而不良贷款指标得分亦无参考价值。

2010 年，从网点存款额来看，上海以 47 196.66 万元位居全国第一位，其次为北京、江苏、天津和山东，上述 5 个省份农村地区农信社网点存款额均在 1 亿元以上。可以看到，经济较为发达的省份，其农村地区农信社网点存款额也较高，其中上海、北京、天津农信社目前均已改制为农商行。而网点存款额最低的省份分别为黑龙江、甘肃、内蒙古、青海和西藏，均处于边疆或西部省份。

而从平均每个网点贷款额来看，上海同样以 19 675.69 万元位居全国第一，其次为江苏、山东、浙江和天津，与网点存款额前五名相比，仅北京出局。事实上北京农商行在北京农村地区（指密云县和延庆县，2015 年撤县，设密云区和延庆区）只存不贷的特征表现得非常明显。网点贷款额最低的省份分别为甘肃、海南、青海、重庆和西藏。接下来将在网点存贷比和网点不良贷款额方面进一步分析。

从网点存贷比来看，辽宁和宁夏农村地区农信社网点的存贷比最高，达到82%，其次为黑龙江、江苏和河南。上述地区的农信社发挥了较好的支农效果，从农村地区提取的资金较大程度上支援了当地的建设。而农村地区存贷比最低省份分别为天津、上海、重庆、北京和西藏，需要指出的是，四个直辖市的农信社均已改制成农商行，其商业化的发展方向必然追求盈利性、安全性和流动性。"三农"由于内生的原因①受到商业金融的排斥，市场化程度最高的农商行必然在农村地区减少信贷规模，以缩减成本和规避风险，因此出现四个直辖市农村地区农信社的存贷比居于全国最后的状况。

从网点不良贷款额看，该指标为反向指标，即：不良贷款规模越大，其农信社网点效率越低。北京的网点均不良贷款额达到 1 686.55 万元，居全国首位；吉林以 1 559.83 万元紧随其后；其后为河南、河北和山东。事实上北京农商行一直受到不良贷款的困扰②，而根据银监会金融图集的数据显示，不良贷款在延庆县和密云县农村地区的网点表现得尤为明显。而不良贷款规模最低的几个省份分别为湖北、福建、重庆、新疆和西藏，其中，湖北、重庆和新疆农村地区农信社的存贷比原本就较小，因此也造成了其不良贷款额也较小，而福建农村地区的农信社则在不良贷款的控制方面做得较好。

接下来将对全国各省份农村地区农信社效率指标进行综合，得到各省份农村地区农信社效率排序。

对于评价体系中各指标如何确定权重，通常有主观赋权法和客观赋权法。其中，主观赋权法包括专家打分法法、层次分析法等；客观赋权法包括因子分析法、变异系数法、熵值法等。由于主观赋权法容易受到判分人主观因素的影响，虽然笔者拥有 46 位农信社高管对于各项指标的重要性判分，但考虑到样本代表性问题，故舍弃专家打分法。本章将根据数据本身的信息采用变异系数法对各效率指标进行权重计算。

变异系数法首先需计算各指标的变异系数来衡量各指标取值的差异程度：

$$CV_x = \frac{\sqrt{\frac{1}{n}\sum_{i=1}^{n}(x_i - \frac{1}{n}\sum_{i=1}^{n}x_i)^2}}{\frac{1}{n}\sum_{i=1}^{n}x_i}$$

① 陈莎（2013）认为农业、农村、农民由于内生原因，与商业银行的安全性、流动性、盈利性追求相背离，因此受到金融排斥。

② 刘艾琳，2012. 北京农商行股权转让遇冷 54 亿不良贷款压顶[N/OL]. (2012-09-26). http://bank.hexun.com/2012-09-26 / 146251728.html.

$$W_i = \frac{CV_i}{\sum_{i=1}^{n} CV_i}$$

然后通过各指标变异系数占变异系数总和的比重来确定其权重的大小，进而计算出其综合得分。由于个指标的量纲不同难以直接进行比较，因此本章首先将所有数据进行标准化处理，其中由于网点不良贷款为反向指标，原不良贷款额越高，标准化后的数值越低。

对数据进行标准化处理后，计算各个指标权重，结果如表 3-17 所示。

表 3-17 网点效率指标权重计算

指标	平均数	标准差	变异系数	权重
网点存款额	0.16	0.18	0.89	0.42
网点贷款额	0.17	0.26	0.64	0.30
网点存贷比	0.21	0.76	0.28	0.13
网点不良贷款额	0.22	0.75	0.29	0.14

最终得到各省份农村地区农信社网点效率综合得分，如表 3-18 所示。

表 3-18 各省份农信社效率指标标准化得分

区域	网点存款额	网点贷款额	网点存贷比	网点不良贷款额	综合得分
上海	1	1	0.51	0.82	0.911 059
江苏	0.29	0.58	0.94	0.7	0.520 596
浙江	0.21	0.36	0.87	0.92	0.439 396
山东	0.23	0.43	0.91	0.6	0.431 753
广西	0.17	0.29	0.84	0.91	0.398 717
宁夏	0.14	0.25	1	0.85	0.387 455
新疆	0.18	0.26	0.7	0.95	0.382 609
天津	0.24	0.36	0.55	0.66	0.376 687
福建	0.14	0.24	0.83	0.94	0.374 826
云南	0.17	0.26	0.78	0.85	0.374 074
辽宁	0.13	0.24	1	0.8	0.370 933
安徽	0.14	0.24	0.84	0.82	0.357 775
广东	0.16	0.25	0.8	0.74	0.355 063
湖北	0.16	0.21	0.71	0.93	0.352 460
河北	0.19	0.29	0.78	0.57	0.351 246
贵州	0.12	0.22	0.9	0.8	0.348 703

（续）

区域	网点存款额	网点贷款额	网点存贷比	网点不良贷款额	综合得分
河南	0.16	0.28	0.91	0.53	0.346 135
四川	0.13	0.21	0.87	0.78	0.343 920
江西	0.14	0.21	0.8	0.82	0.342 514
黑龙江	0.09	0.18	0.99	0.78	0.334 269
陕西	0.12	0.18	0.76	0.86	0.323 612
内蒙古	0.09	0.15	0.84	0.89	0.321 417
山西	0.16	0.23	0.72	0.6	0.318 709
甘肃	0.09	0.15	0.83	0.87	0.316 402
重庆	0.17	0.14	0.48	0.95	0.309 829
青海	0.09	0.14	0.85	0.84	0.309 818
海南	0.13	0.15	0.6	0.8	0.291 339
湖南	0.12	0.17	0.72	0.67	0.290 840
北京	0.38	0.22	0.3	—	0.268 432
吉林	0.14	0.24	0.84	0.08	0.254 845
西藏	—	—	—	1	0.140 511

注：上海农村地区仅包括崇明县；北京农村地区仅包括密云县和延庆县；天津农村地区仅包括宁河县、静海县和蓟县。

从表3-17中可以看出，中国农村地区农信社最有效率的地区分别为上海、江苏、浙江和山东，其综合得分均在0.4以上，而上海更是以0.91的得分远远高于其他各省份。西部农村地区农信社较有效率的地区包括广西、宁夏和新疆，虽然这三个地区的农信社网点存款额、网点贷款额和网点存贷比在全国仅为中等偏上，但也由其较低的网点不良贷款额跻身效率较高的行列。

而农村地区农信社效率较低的省份包括海南、湖南、北京、吉林和西藏，其综合得分均在0.3以下。其中海南、湖南农村地区农信社的网点存款额、网点贷款额、网点存贷比均较低，造成其综合得分也较低。北京农村地区仅包括密云县和延庆县，该地农信社网点不良贷款额为全国最高，在这一项中得分为0，同时其存贷比也排名较后，造成其综合排名较低。吉林农村地区的网点不良贷款额仅次于北京，同时其他指标也处于全国中游水平，造成其综合排名也较低。而西藏地区没有一家农信社，故其网点存款额、网点贷款额、网点存贷比三项指标全部为0，为最后一名。

全国22个省份农村地区农信社效率综合得分均在0.3～0.4这个区间内，多数省份农村地区农信社效率相差不大。

三、社会公平表现

根据上文中所定义的农信社网点布局公平程度的计算公式，得到全国各省份农信社网点覆盖度并按各指标进行排序，如表 3-19 所示。

表 3-19　各省份农信社公平指标排序

省份	行政公平（个/行政村）	省份	地理公平（个/万公顷）	省份	人口公平（个/万人）	省份	经济公平（个/亿元第一产业增加值）
黑龙江	0.19	天津	3.49	山西	1.00	山西	6.73
安徽	0.17	河北	3.14	内蒙古	0.98	甘肃	4.29
内蒙古	0.16	山东	2.70	天津	0.88	天津	3.24
吉林	0.15	上海	2.45	甘肃	0.87	陕西	2.86
云南	0.15	浙江	2.33	陕西	0.86	浙江	2.85
江西	0.14	河南	2.28	北京	0.81	贵州	2.73
辽宁	0.14	安徽	2.01	浙江	0.79	北京	2.64
重庆	0.14	江苏	1.98	吉林	0.73	重庆	2.39
海南	0.13	重庆	1.61	宁夏	0.71	江西	2.26
广东	0.13	四川	1.53	辽宁	0.70	云南	2.14
宁夏	0.13	北京	1.50	河北	0.68	宁夏	2.09
天津	0.13	山西	1.41	四川	0.64	四川	2.08
广西	0.12	湖南	1.38	江西	0.61	青海	2.04
甘肃	0.12	广东	1.20	黑龙江	0.60	内蒙古	1.99
江苏	0.11	江西	1.20	青海	0.59	河北	1.98
陕西	0.11	陕西	1.12	新疆	0.59	湖南	1.93
上海	0.11	福建	1.03	福建	0.57	安徽	1.75
四川	0.11	贵州	0.99	湖南	0.56	广东	1.69
福建	0.1	辽宁	0.97	云南	0.56	山东	1.36
新疆	0.1	海南	0.95	贵州	0.52	广西	1.32
河北	0.09	甘肃	0.84	重庆	0.52	吉林	1.32
贵州	0.09	湖北	0.78	广东	0.50	上海	1.26
北京	0.09	广西	0.74	山东	0.50	福建	1.24
山西	0.09	吉林	0.68	安徽	0.49	黑龙江	1.23
浙江	0.09	宁夏	0.58	广西	0.47	新疆	1.21
河南	0.08	云南	0.56	海南	0.46	辽宁	1.17

（续）

省份	行政公平（个/行政村）	省份	地理公平（个/万公顷）	省份	人口公平（个/万人）	省份	经济公平（个/亿元第一产业增加值）
湖南	0.08	黑龙江	0.51	上海	0.42	河南	1.10
湖北	0.07	内蒙古	0.26	河南	0.41	湖北	1.09
青海	0.07	新疆	0.07	湖北	0.36	海南	0.98
山东	0.05	青海	0.06	江苏	0.32	江苏	0.93
西藏	—	西藏	—	西藏	—	西藏	—

从行政公平来看，每个村拥有的农信社网点最多的是黑龙江、安徽、内蒙古、吉林和云南，这些省份每个村拥有的网点数在0.15个以上，也就是说每5～7个村就拥有一个农信社网点。而该项指标最低的分别为西藏、山东、青海、湖北和湖南，每个村拥有的网点数均在0.08个以下，即每13～20个村庄才能拥有一个农信社网点为其服务。

从地理公平来看，农信社网点分布最为密集的是天津、河北、山东、上海和浙江，这些省份每万公顷就有2.33～3.49个农信社网点。而地理分布最为松散的是黑龙江、内蒙古、新疆、青海和西藏，这些省份毫无例外均处于边疆地区，新疆、青海和西藏更是典型的地广人稀省份，这些地区每万公顷拥有的农信社网点不足1个。

从人口公平上看，农信社网点分布最密集的省份为山西、内蒙古、天津、甘肃和陕西，每万人拥有的农信社网点均在0.8个以上。山西省的农村金融市场较为活跃，同时又非人口大省，故其人均拥有的农信社网点数为全国第一。而人口分布最为松散的是西藏、江苏、湖北、河南和上海。江苏、湖北、河南均为人口大省，故虽然上述三省的农信社数量不在少数，但与庞大的人口基数相比，人均拥有的网点数显著降低了。

从经济公平来看，每亿元第一产业增加值拥有的农信社网点最多的是山西、甘肃、天津、陕西和浙江，该项指标的得分均在2.8以上。除浙江外，上述四省的农信社数量并非在全国前列，而是其第一产业增加值较低导致该项指标得分较高。经济公平最低的省份为河南、湖北、海南、江苏和西藏。河南和江苏的农信社网点数均在全国前列，但同时两省也为农业大省，导致每亿元第一产业增加值拥有的农信社网点数较低。基于同样的原因，浙江拥有的农信社网点数虽然与江苏接近，但由于其第一产业增加值仅为江苏的一半，故两省分别位于该项指标的前五名和后五名。

接下来同样对上述四项指标进行标准化处理，并按照变异系数法确定权重，权重计算结果如表3-20所示。

表 3-20 网点公平指标权重计算

指标	平均数	标准差	变异系数	权重
行政公平	0.20	0.58	0.34	0.17
地理公平	0.25	0.37	0.67	0.35
人口公平	0.20	0.60	0.34	0.17
经济公平	0.18	0.30	0.60	0.31

根据权重计算出 2010 年各省份农信社公平指标标准化得分，结果如表 3-21所示。

表 3-21 2010 年各省份农信社公平指标标准化得分

区域	行政公平	地理公平	人口公平	经济公平	综合得分
天津	0.68	1	0.88	0.48	0.765 297
山西	0.47	0.4	1	1	0.703 049
河北	0.47	0.9	0.68	0.29	0.601 892
浙江	0.47	0.67	0.79	0.42	0.580 514
甘肃	0.63	0.24	0.87	0.64	0.539 775
安徽	0.89	0.58	0.49	0.26	0.518 929
北京	0.47	0.43	0.81	0.39	0.492 165
陕西	0.58	0.32	0.86	0.42	0.491 434
重庆	0.74	0.46	0.52	0.36	0.486 483
上海	0.58	0.7	0.42	0.19	0.473 466
山东	0.26	0.77	0.5	0.2	0.462 266
四川	0.58	0.44	0.64	0.31	0.458 092
江西	0.74	0.34	0.61	0.34	0.455 618
内蒙古	0.84	0.07	0.98	0.3	0.432 846
河南	0.42	0.65	0.41	0.16	0.420 326
广东	0.68	0.34	0.5	0.25	0.401 334
辽宁	0.74	0.28	0.7	0.17	0.398 778
湖南	0.42	0.4	0.56	0.29	0.395 180
贵州	0.47	0.28	0.52	0.41	0.395 147
宁夏	0.68	0.17	0.71	0.31	0.394 778
江苏	0.58	0.57	0.32	0.14	0.394 385
吉林	0.79	0.19	0.73	0.2	0.391 200
云南	0.79	0.16	0.56	0.32	0.387 078
黑龙江	1	0.15	0.6	0.18	0.383 898

（续）

区域	行政公平	地理公平	人口公平	经济公平	综合得分
福建	0.53	0.3	0.57	0.18	0.348 913
海南	0.68	0.27	0.46	0.15	0.337 179
广西	0.63	0.21	0.47	0.2	0.324 547
青海	0.37	0.02	0.59	0.3	0.265 539
新疆	0.53	0.02	0.59	0.18	0.255 897
湖北	0.37	0.22	0.36	0.16	0.253 415
西藏	0	0	0	0	0

从表 3-20 可以看出，全国农村地区农信社布局最具公平普惠性的省份为天津、山西和河北，其综合得分均在 0.6 以上。天津农村地区每万公顷拥有的农信社网点居全国第一，而农村地区每万人拥有的网点数和每亿元第一产业增加值拥有的网点数居全国第三，因此其综合排名全国第一位。而山西省在人口公平和农业公平上的得分均为全国第一，其农村地区每万人拥有的网点数和每亿元第一产业增加值拥有的网点数全国最多，需要指出的是，山西并不是一个农业大省，其在 2010 年的第一产业增加值仅为 554.48 亿元，仅高于北京、上海、天津、青海、海南、西藏六地。而河北农村地区在每万公顷拥有的网点数上为全国第二，造成了其综合排名较高。

农村地区农信社布局最缺乏公平性的省份为青海、新疆、湖北和西藏，其综合得分均在 0.3 以下。其中，青海、新疆、西藏均因为地广人稀造成了其农村地区每万公顷拥有的网点数排名为全国后三位，该项指标拉低了上述三省的综合得分。而湖北农村地区农信社在行政、地理、人口、经济四项公平指标中均处于全国后几名。从农信社总数来看，湖北省 2010 年农信社网点数仅为 2 163 家，而分布在县域的仅有 863 家，新疆为 667 家，青海为 279 家，在全国农信社网点总数中处于下游位置。而湖北又是人口大省和农业大省，造成其农信社的人口公平和经济公平度较低。具体来看，湖北在 2010 年县域人口2 365 万人，县域第一产业增加值为 810 亿元。对比来看，新疆 2010 年县域人口为 1 281 万人，县域第一产业增加值为 641 亿元；青海 2010 年县域人口为 437 万人，县域第一产业增加值为 129 亿元。与新疆、青海相比，虽然湖北农村地区的农信社在总数上占优势，但新疆、青海的农村人口和第一产业增加值远远低于湖北，使得在人口公平和农业公平的指标上，湖北远远落后于新疆和青海，从而造成了湖北农村地区农信社公平普惠度低于新疆和青海。

必须指出的是，湖北省农信社已全部改组为农商行，其商业化运作的要求使得其收缩不保本点，转向经济效益较高地区的网点建设。仅 2007—2014 年，湖北省农信社就裁撤了 166 个网点。商业化运作的农商行以效率优先，其网点覆盖度较低，造成湖北省农信社网点布局在公平方面有待提高。

四、网点效率-公平分析

首先根据各省份网点效率与公平的得分，利用 STATA12.0 绘制散点图，如图 3-7 所示。

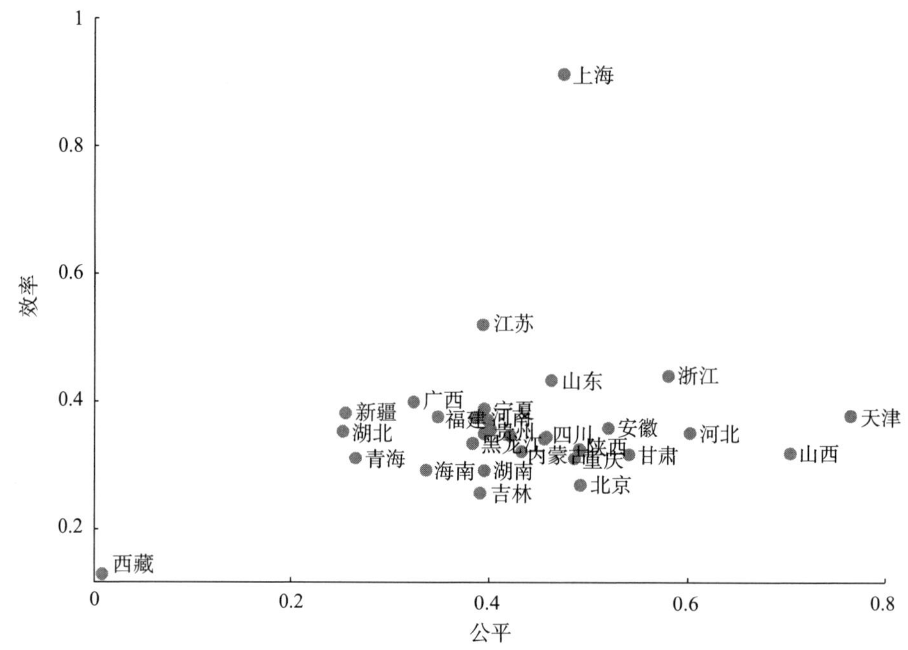

图 3-7　全国各省份农信社网点公平效率散点图

从图 3-7 中可以看到，上海属于农信社网点效率超高，而公平实现则相对较弱；西藏则由于没有农信社，故属于既没有公平，又没有效率。

由于上海和西藏这两个极端值的存在，使得多数地区的散点分布过于集中而不利于观测，因此将这两个排除掉，对其余地区进行散点图绘制，结果如图 3-8 所示。

从图 3-8 中大致可以看出，江苏省农信社网点布局为效率优先，而天津市则为公平优先，浙江省应为效率与公平双优先。但对于大部分省份，仍然缺乏一个统一的衡量数值用以划定哪些省份农信社网点效率或公平为高，哪些网点的效率或公平为低。故本章将采用相对衡量的方式，将各省份农村地区农信社效率指标和公平指标分别进行排序，并利用聚类分析（cluster analysis）的方

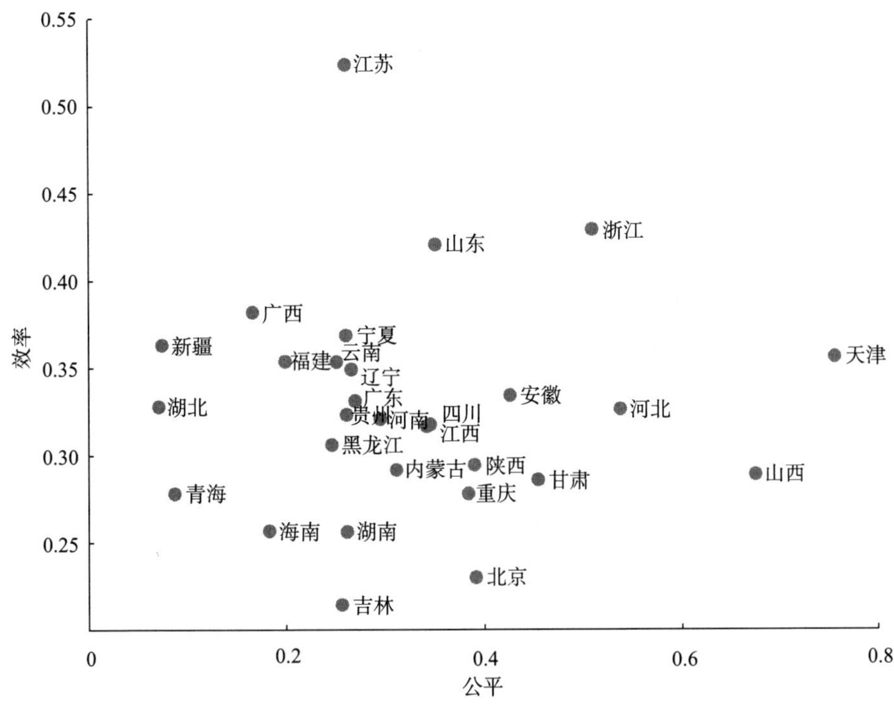

图 3-8 部分省份农信社网点公平效率散点图

法根据效率和公平的得分将不同地区分为三个层次。

聚类分析的思路是把相似的样本放在一组，从而使得组内的差异尽可能小、各组间的差异尽可能大，本章采用动态聚类法中的 K-means 聚类，又称为快速聚类法。是 MacQueen 于 1967 年提出的。其原理是将数据看成 K 维空间上的点，以距离作为测度个体“亲疏程度”的指标，根据确定的 K 个初始聚类中心，依次计算每个样本到 K 个聚类中心的欧式距离（Euclidean Distance），两个 n 维向量 A（X_{11}，X_{12}，…，X_{1n}）与 B（X_{21}，X_{22}，…，X_{2n}）之间的欧式距离为$D_{12}=\sqrt{\sum_{k=1}^{n}(X_{1k}-X_{2k})^2}$，并根据距离最近的原则将所有样本分到事先确定的 K 个类别中，反复迭代，直到新确定的聚类中心点与上一次迭代形成的中心点的最大偏移量小于指定的量。

采用聚类分析，根据效率指标将各地分簇，如表 3-22 所示。

表 3-22 各省份农信社效率得分聚类结果

簇别	包含地区	效率得分区间
簇 1 （高效率）	上海、江苏、浙江、山东	0.431 753～0.911 059

（续）

簇别	包含地区	效率得分区间
簇2（中等效率）	广西、宁夏、新疆、天津、福建、云南、辽宁、安徽、广东、湖北、河北、贵州、河南、四川、江西、黑龙江	0.334 269～0.398 717
簇3（低效率）	陕西、内蒙古、山西、甘肃、重庆、青海、海南、湖南、北京、吉林、西藏	0.141 511～0.323 612

根据公平指标得分，将各地分簇如表3-23所示。

表3-23　各省份农信社公平得分聚类结果

簇别	包含地区	公平得分区间
簇1（高公平）	天津、山西、河北、浙江、甘肃、安徽	0.518 929～0.765 297
簇2（中等公平）	北京、陕西、重庆、上海、山东、四川、江西、内蒙古、河南、广东、辽宁、湖南、贵州、宁夏、江苏、吉林、云南、黑龙江、福建、海南、广西	0.324 547～0.492 165
簇3（低公平）	青海、新疆、湖北、西藏	0～0.265 539

以效率高低为纵坐标，以公平高低为横坐标，形成效率-公平矩阵，如表3-24所示。在该矩阵中，各地区位置分布与上文中散点图相同且更易分辨其属于效率优先还是公平优先。

表3-24　各省份农信社效率-公平矩阵分布

	低公平	中等公平	高公平
高效率	Ⅰ	Ⅰ：上海、江苏、山东	Ⅱ：浙江
中等效率	Ⅰ：湖北、新疆	Ⅱ：广西、宁夏、福建、云南、辽宁、广东、贵州、河南、四川、江西、黑龙江	Ⅲ：天津、安徽、河北
低效率	Ⅱ：青海、西藏	Ⅲ：陕西、内蒙古、重庆、海南、湖南、北京、吉林	Ⅲ：山西、甘肃

当某个省份处于“高效率-低公平”“高效率-中等公平”“中等效率-低公平”的单元格内，认为其农村地区农信社布局为表现效率优先的原则，即矩阵中标记为Ⅰ的单元格内省份。

当某个省份处于“中等效率-高公平”“低效率-高公平”“低效率-中等公平”的单元格内，认为其农村地区农信社布局为表现公平优先的原则，即矩阵中标记为Ⅲ的单元格内省份。

而当某省份处于“高效率-高公平”，“中等效率-中等公平”，“低效率-低公平”的单元格中，认为其农村地区农信社布局分别表现为兼具效率和公平、效率中庸和公平中庸，以及既没有效率又没有公平，即矩阵中标记为Ⅱ的单元格内省份。

表 3-23 中，全国农村地区农信社布局按照效率优先原则布局的省份包括上海、江苏、山东、湖北和新疆。其中，上海、江苏、山东农村地区的农信社网点在具备高效率经营的同时，部分兼顾到了网点布局的普惠公平原则；湖北、新疆农村地区的农信社网点虽然不属于高效经营，但其在公平上的表现更差，因此也表现为效率优先。

表 3-23 中，全国农村地区农信社布局按照公平优先原则布局的省份包括天津、安徽、河北、山西、甘肃、陕西、内蒙古、重庆、海南、湖南、北京、吉林。其中，天津、安徽、河北在网点覆盖度上表现较好，同时部分兼顾到网点营业效率；山西、甘肃在网点覆盖度上表现较好的同时，没有兼顾好网点的经营效率；陕西、内蒙古、重庆、海南、湖南、北京、吉林在网点覆盖度方面表现中庸，但其在经营效率上表现更差，因此也表现为公平优先布局。

而由表 3-23 可以看出，全国各省份农村地区农信社分布最兼具效率和公平的只有浙江一省。浙江省农村地区的农信社不仅在经营上处于全国领先水平，而且在对农村地区行政、地理、人口和经济覆盖上也位居全国前列。而效率和公平均没有兼顾到的省份为青海和西藏，上述两地的农村地区的农信社不仅在经营上较差，而且没有按照普惠性的要求对人群和地域进行较好的覆盖。而多数省份农村地区的农信社在公平和效率上的表现均较为中庸。

另外，笔者对甘肃省农信社系统高级管理人员进行的调查①可以佐证上文结论。该项调查涵盖了甘肃省省联社、9 市（包括州、县级市、市辖区）和 36 县。具体调查对象包括：甘肃省联社稽核审计部、安全保卫部、创新研发部、科技信息部、“三农”业务部总经理，酒泉市、庆阳市、临夏回族自治州三地稽核审计中心主任；甘南藏族自治州合作市、夏河县、舟曲县、玛曲县、碌曲县、临潭县、迭部县、卓尼县，临夏回族自治州临夏市、临夏县、康乐县、和政县、东乡县、积山石县、永靖县、广河县，庆阳市西峰区、庆城县、镇原县、宁县、正宁县、环县、华池县，平凉市崆峒区、华亭县、灵台县、崇信县、静宁县、庄浪县，酒泉市、玉门市、敦煌市、瓜州县、金塔县、肃北县、

① 该项调查于 2015 年 10 月由中国人民大学农业与农村发展学院周立教授组织，调研成员除笔者外还包括中国人民大学农业与农村发展学院硕士研究生刘开宇，特此致谢。

阿克塞哈萨克族自治县、嘉峪关市，张掖市、临泽县、高台县、民乐县、肃南县、山丹县、民勤县的当地农信社、农商行、农合行党委书记、理事长、董事长。共计发放问卷 53 分，收回有效问卷 46 份。

在该次调查中，调研组对于调研对象在农信社新设立网点应当考虑的因素进行打分。当调研对象赋予农信社新设立网点经营绩效以较高的分数时，则表明其认为农信社网点设立应以效率优先；当调研对象赋予农信社新设立网点覆盖度以较高分数时，则表明其认为农信社网点设立应以公平优先；当两个选项得分相同时，则表明其认为两者同等重要。根据上文所述对问卷结果分类，如表 3-25 所示。

表 3-25　农信社网点设立考虑因素偏好

项　　目	样本数（份）	占比（%）
认为农信社新设立网点经营绩效为主要考虑因素	11	23.91
认为农信社新设立网点覆盖度为主要考虑因素	26	56.52
认为农信社新设立网点经营绩效与覆盖度同等重要	9	19.57

资料来源：调研资料整理所得。

其中，认为农信社新设立网点经营绩效为主要考虑因素，即认为效率优先的问卷有 11 份，占问卷总数的 23.91%；认为农信社新设立网点覆盖度为主要考虑因素，即认为公平优先的问卷有 26 份，占问卷总数的 56.52%；认为两者相同重要的问卷有 9 份，占问卷总数的 19.57%。从问卷数量来看，甘肃省农信社的高管认为农信社网点设立应以公平优先的占多数。

另外调研对象对农信社新设网点经营绩效与覆盖度的打分情况汇总如表 3-26所示。

表 3-26　农信社网点设立考虑因素得分

项　　目	得分总计
农信社新设网点经营绩效重要程度得分	298
农信社新设网点覆盖度重要程度得分	338

资料来源：调研资料整理所得。

将所有调研对象对于两者的重要程度打分进行加总，其中农信社新设网点经营效率重要程度得分为 298 分，而覆盖度的重要程度得分为 338 分。从得分来看，甘肃省农信社高管同样认为农信社网点设立应以公平优先。

综上所述，甘肃省农信社的高管总体认为其网点布局在人群和地域的覆盖上要比经营效率更重要，这与上文分析中甘肃省农信社处于公平优先的结论相一致。

五、小结

从全国范围来看，农信社网点布局凸显效率优先的省份包括上海、江苏、山东、湖北和新疆，而凸显公平优先的省份包括天津、安徽、河北、山西、甘肃、陕西、内蒙古、重庆、海南、湖南、北京、吉林。同时，对甘肃省农信社高管的调查也佐证了本章关于甘肃省农信社偏好社会公平的计算结果。从湖北省较低的公平得分来看，改制为农商行的农信社似乎更加注重经营业绩而非社会公平。

当凸显效率优先和凸显公平优先的省份较多，而同时兼顾效率和公平的省份较少时，本章将这种现象称为“两极化”；而同时兼顾效率和公平的省份较多时，本章称之为“中间化”。而上文的效率一公平矩阵来看，全国农信社网点布局在效率和公平两维度上的“两极化”和“中间化”均不明显，虽然在效率和公平维度表现均比较中庸的省份多达 11 个，但同时兼备效率和公平的省份只有浙江一省，多数省份在效率和公平两方面仍有提高的空间。

第六节　网点布局地区分析

上一节对全国范围内农信社网点效率与公平的表现进行分析，而本节选取河南省以及河南省的濮阳市农信社网点在经营效率与社会公平方面的表现进行描述和分析。

一、以河南省为例

从第五节的分析中已经得到，河南省农信社网点属于中等效率和中等公平的区间。河南是中国农村人口最多的省份，探究河南地区农信社网点布局的双重目标对于全国普惠金融的实现具有重要意义。截至 2014 年底，河南省农信社网点共有 5 268 个，仅次于四川和广东。河南省内各市农信社网点数如图3-9所示。

其中，南阳市拥有最多的农信社网点数，达到 483 个，同时南阳也是河南省地理面积最大的市；其次是河南的省会郑州市，拥有农信社网点数 476 个。拥有农信社网点数超过 400 个的还包括周口市和洛阳市。拥有农信社网点数最少的为济源市，其仅有 51 个网点。

2014 年底河南省农信社网点地理分布如表 3-27 所示。

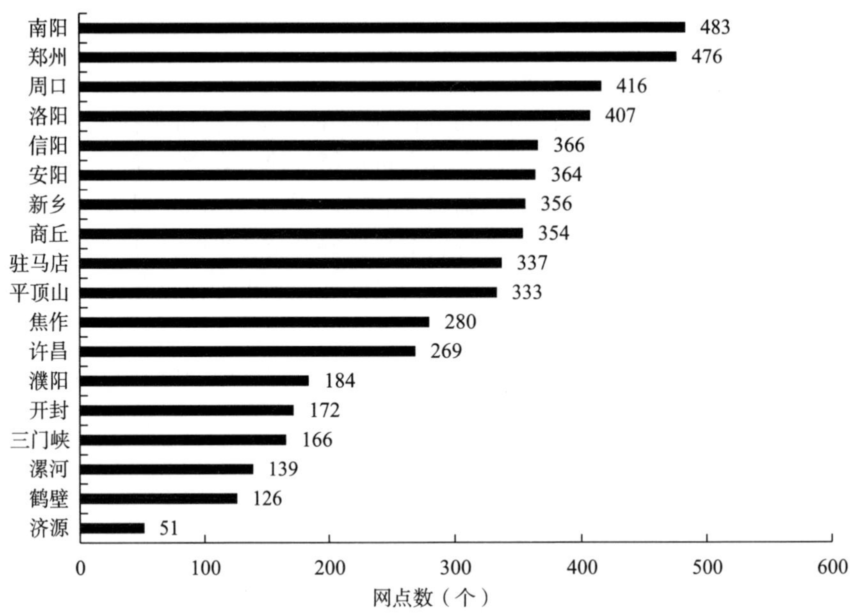

图 3-9　2014 年底河南省各市农信社网点数

表 3-27　河南农信社网点分布

地区	数量（个）	地区	数量（个）
安阳	364	开封	172
濮阳	184	商丘	354
鹤壁	126	许昌	269
新乡	356	平顶山	333
焦作	280	漯河	139
济源	51	周口	416
三门峡	166	南阳	483
洛阳	407	驻马店	337
郑州	476	信阳	366

从表 3-27 中可以看到，河南省农信社网点分布较为均匀，不存在过度集中于某一地区的情况，这与全国农信社网点多位于胡焕庸线东南部的布局有很大不同。

（一）经营效率表现

根据上文中的计算公式，得到河南省各市农信社网点效率的四个维度指标数值，并按各个指标分别排序，如表 3-28 所示。

表 3-28　河南省各市农信社网点效率指标排序

城市	网点存款额（万元）	城市	网点贷款额（万元）	城市	网点存贷比（%）	城市	网点不良贷款额（万元）
郑州	12 824.86	郑州	9 926.49	鹤壁	88	漯河	1 502.60
洛阳	10 077.71	洛阳	6 641.19	漯河	88	南阳	1 498.88
南阳	8 076.33	南阳	6 514.45	郑州	77	鹤壁	1 326.71
信阳	7 735.83	焦作	5 657.59	南阳	76	周口	1 245.55
焦作	7 601.59	信阳	5 452.47	许昌	76	郑州	1 157.51
濮阳	7 484.11	濮阳	5 421.00	三门峡	75	平顶山	929.73
许昌	7 127.41	许昌	5 372.90	洛阳	74	开封	862.28
驻马店	7 048.89	鹤壁	5 241.35	周口	74	商丘	706.55
三门峡	6 916.33	三门峡	5 169.22	安阳	73	焦作	664.54
平顶山	6 884.69	驻马店	4 903.71	焦作	73	安阳	634.66
周口	6 083.88	平顶山	4 864.24	新乡	73	濮阳	633.56
鹤壁	6 077.76	漯河	4 577.77	信阳	73	洛阳	627.98
安阳	5 538.00	周口	4 357.00	驻马店	73	驻马店	568.85
开封	5 529.48	开封	4 280.44	平顶山	71	新乡	529.12
商丘	5 510.56	新乡	3 942.90	濮阳	69	许昌	263.63
漯河	5 199.07	安阳	3 648.34	开封	67	信阳	227.08
新乡	5 137.55	商丘	3 287.08	商丘	64	三门峡	153.88

注：郑州为河南省会城市，下辖 6 个市辖区，5 个县级市和 1 个县，由于本章的研究地域为农村地区，故对郑州农村地区的分析仅对于中牟县。

从网点存款额来看，郑州和洛阳农村地区的农信社网点存款额最高，均达到 1 亿元以上，而郑州和洛阳两市也为河南省经济最为发达的地区。网点存款额最低的为安阳、开封、商丘和漯河，均在 6 000 万元以下。从网点贷款来看，同样也是郑州和洛阳农村地区的农信社网点最高，其中，郑州接近 1 亿元的水平。而网点贷款规模最低的地区为新乡、安阳和商丘，均在 4 000 万元以下。从网点存贷比指标来看，农信社资源配置效率最高的是鹤壁与漯河，存贷比均达到 88%。而存贷比最低的地区是濮阳、开封与商丘，均在 70%以下。网点不良贷款额最高的为漯河、南阳、鹤壁、周口和郑州，均在 1 000 万元以上，与最低的许昌和信阳形成了鲜明的对比。

同样对各项指标进行标准化处理并求得综合指标得分，如表 3-29 所示。

表 3-29 河南省各市农信社效率指标标准化得分

城市	网点存款额	网点贷款额	网点存贷比	网点不良贷款额	综合得分
郑州	1	1	0.54	0.26	0.756 357
洛阳	0.64	0.51	0.42	0.65	0.562 746
信阳	0.34	0.33	0.38	0.95	0.466 312
许昌	0.26	0.31	0.5	0.92	0.456 182
三门峡	0.23	0.28	0.46	1	0.447 242
焦作	0.32	0.36	0.38	0.62	0.402 334
驻马店	0.25	0.24	0.38	0.69	0.363 133
濮阳	0.31	0.32	0.21	0.64	0.359 225
南阳	0.38	0.49	0.5	0	0.355 484
鹤壁	0.12	0.29	1	0.13	0.344 621
平顶山	0.23	0.24	0.29	0.42	0.283 141
漯河	0.01	0.19	1	0	0.253 671
新乡	0	0.1	0.38	0.72	0.248 123
安阳	0.05	0.05	0.38	0.64	0.238 055
周口	0.12	0.16	0.42	0.19	0.205 596
开封	0.05	0.15	0.13	0.47	0.177 970
商丘	0.05	0	0	0.59	0.136 679

由表 3-29 可以看到，农信社网点效率得分最高的郑州与洛阳，两市在网点的存款规模和贷款规模均为全省前两名，且存贷比也均位于全省上游，故其最终得分也较高。而农信社网点效率最低为开封和商丘，两市在网点存款、网点贷款、存贷比方面均为全省后五名，且其不良贷款也较高。

（二）社会公平表现

根据上文中所定义的农信社网点布局公平程度的计算公式，得到河南省各市农信社网点覆盖度并按各指标进行排序，如表 3-30 所示。

表 3-30 河南各市农信社公平指标排序

城市	行政公平（个/村）	城市	地理公平（个/万公顷）	城市	人口公平（个/万人）	城市	经济公平（个/亿元第一产业增加值）
鹤壁	0.17	鹤壁	6.56	鹤壁	1.17	焦作	2.56
焦作	0.13	焦作	5.53	焦作	0.85	三门峡	2.52

（续）

城市	行政公平（个/村）	城市	地理公平（个/万公顷）	城市	人口公平（个/万人）	城市	经济公平（个/亿元第一产业增加值）
信阳	0.11	许昌	5.11	三门峡	0.77	平顶山	2.33
许昌	0.11	新乡	4.40	安阳	0.62	鹤壁	2.01
驻马店	0.11	安阳	4.27	许昌	0.57	新乡	1.79
漯河	0.10	漯河	3.87	新乡	0.55	濮阳	1.74
三门峡	0.10	濮阳	3.31	郑州	0.54	许昌	1.53
南阳	0.09	商丘	3.23	洛阳	0.51	安阳	1.46
平顶山	0.09	平顶山	3.14	平顶山	0.50	信阳	1.34
郑州	0.09	周口	3.12	漯河	0.49	漯河	1.28
安阳	0.08	郑州	2.61	信阳	0.46	洛阳	1.23
洛阳	0.08	驻马店	2.23	濮阳	0.43	商丘	1.10
新乡	0.08	开封	2.22	商丘	0.43	南阳	1.09
周口	0.08	信阳	1.87	南阳	0.41	周口	1.01
商丘	0.07	三门峡	1.69	驻马店	0.35	驻马店	0.99
开封	0.06	南阳	1.38	周口	0.34	郑州	0.81
濮阳	0.05	洛阳	1.17	开封	0.29	开封	0.73

由表 3-30 可以看到，鹤壁的农信社网点行政公平程度最高，达到 0.17 个/村，这意味着每 6 个村庄就有一个农信社网点为其服务，其次的焦作为 0.13 个/村，每 7 个村庄拥有一个农信社网点。而行政公平程度最小的为开封和濮阳，几乎每 20 个村庄才能有一个农信社网点。从地理公平上来看，得分最高的同样也是鹤壁和焦作，每万公顷分别有 6.56 个和 5.53 个农信社网点，而最低的为南阳和洛阳，农村地区每万公顷仅有 1.38 个和 1.17 个农信社网点。而从人口公平上来看，得分最高的依旧是鹤壁和焦作，每万人拥有的网点数达到 1.17 个和 0.85 个，而周口和开封的得分最低，每万人仅拥有 0.34 和 0.29 个农信社网点。从经济公平来看，得分最高的为焦作和三门峡，每亿元第一产业增加值拥有 2.56 和 2.52 个农信社网点为其服务，而郑州和开封的经济公平最低，每亿元第一产业增加值仅有 0.81 和 0.73 个农信社提供金融服务。

同样对各市的各项指标进行标准化处理，并按照变异系数法确定权重，最后得到综合得分，如表 3-31 所示。

表 3-31　河南省各市农信社公平指标标准化得分

城市	行政公平	地理公平	人口公平	经济公平	综合得分
鹤壁	1	1	1	0.7	0.923 764
焦作	0.67	0.81	0.64	1	0.777 454
三门峡	0.42	0.1	0.55	0.98	0.517 380
许昌	0.5	0.73	0.32	0.44	0.488 689
平顶山	0.33	0.37	0.24	0.87	0.451 335
新乡	0.25	0.6	0.3	0.58	0.432 253
安阳	0.25	0.58	0.38	0.4	0.403 369
漯河	0.42	0.5	0.23	0.3	0.353 659
濮阳	0	0.4	0.16	0.55	0.283 003
信阳	0.5	0.13	0.19	0.33	0.279 019
郑州	0.33	0.27	0.28	0.04	0.229 527
商丘	0.17	0.38	0.16	0.2	0.226 406
驻马店	0.5	0.2	0.07	0.14	0.211 104
周口	0.25	0.36	0.06	0.15	0.197 514
洛阳	0.25	0	0.25	0.27	0.194 530
南阳	0.33	0.04	0.14	0.2	0.170 026
开封	0.08	0.19	0	0	0.065 692

从表 3-31 中可以看到，鹤壁和焦作的农信社网点布局的公平程度大幅超过其他各市。其中，鹤壁在每乡镇拥有网点数、每万公顷拥有网点数、每万人拥有网点数均处于全省第一，而焦作在每亿元第一产业增加值拥有网点数的指标上为全省第一，其他指标得分也较高。而开封的农信社网点布局公平程度最低，得分仅为 0.07，远远低于其他各市。开封农信社网点在经济公平和人口公平上的得分均为全省最末，地理和行政公平得分也较低，直接造成了开封农村地区农信社网点布局公平程度最低。

（三）网点效率-公平分析

根据河南省各市农信社网点的公平效率得分绘制散点图，如图 3-10 所示。

从图 3-10 可以看出，郑州市农村地区农信社网点布局为效率优先，而鹤壁为公平优先。同样利用 STATA 进行聚类分析，根据河南省各市农村地区农信社效率指标将各市进行分簇，如表 3-32 所示。

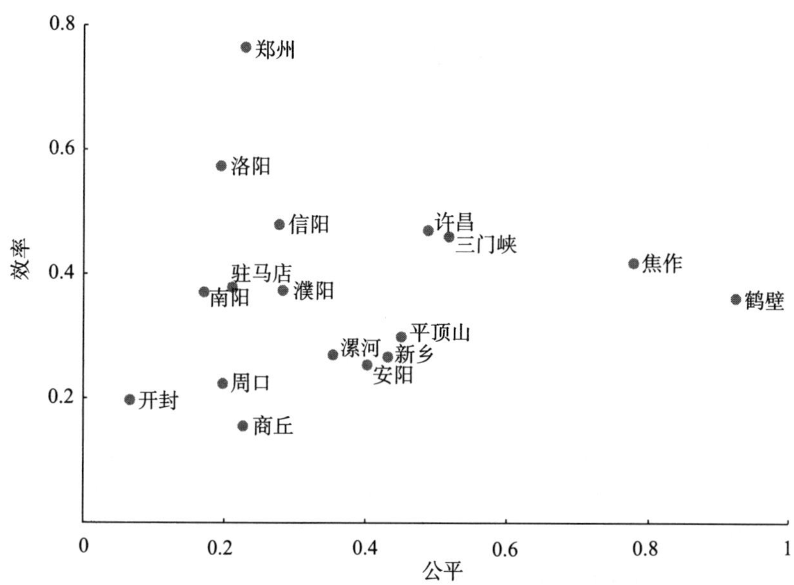

图 3-10　河南省各市农信社网点公平效率散点图

表 3-32　河南省各市农信社效率得分聚类结果

簇别	包含地区	效率得分区间
簇 1（高效率）	郑州、洛阳	0.562 746～0.756 357
簇 2（中等效率）	信阳、许昌、三门峡、焦作、驻马店、濮阳、南阳、鹤壁	0.344 621～0.466 312
簇 3（低效率）	平顶山、漯河、新乡、安阳、周口、开封、商丘	0.136 679～0.283 141

根据各市农村地区农信社网点公平指标将各市分簇，如表 3-33 所示。

表 3-33　河南省各市农信社公平得分聚类结果

簇别	包含地区	效率得分区间
簇 1（高公平）	鹤壁、焦作	0.777 454～0.923 764
簇 2（中等公平）	三门峡、许昌、平顶山、新乡、安阳、漯河	0.353 659～0.517 380
簇 3（低公平）	濮阳、信阳、郑州、商丘、驻马店、周口、洛阳、南阳、开封	0.065 692～0.283 003

形成效率-公平矩阵，如表 3-34 所示。

表 3-34　河南省各市农信社效率-公平矩阵分布

	低公平	中等公平	高公平
高效率	郑州、洛阳		
中等效率	信阳、驻马店、濮阳、南阳、	许昌、三门峡	焦作、鹤壁
低效率	周口、开封、商丘	平顶山、漯河、新乡、安阳	

表 3-34 中，河南省农村地区农信社布局按照效率优先原则的包括郑州、洛阳、信阳、驻马店、濮阳和南阳。其中，农信社网点效率最高的郑州和洛阳完全没有兼顾到农信社对于农村地域和人群的覆盖，凸显效率优先。而信阳、驻马店、濮阳和南阳农信社网点的效率表现一般，但其在公平的维度上表现更低，因此也划分到效率优先一类。

表 3-32 中，河南省农村地区农信社布局按照公平优先原则的包括焦作、鹤壁、平顶山、漯河、新乡、安阳。其中，焦作、鹤壁在网点覆盖度上表现最好，同时部分兼顾到网点营业效率，凸显公平优先。而平顶山、漯河、新乡和安阳在网点覆盖度方面表现中庸，但其在经营效率上表现更差，因此也表现为公平优先布局。

由表 3-32 可以看出，河南省各市农村地区农信社分布中没有同时兼具效率和公平的地区。而效率和公平均没有兼顾到的地区为周口、开封和商丘，上述三市农村地区的农信社不仅在经营上较差，而且没有按照普惠性的要求对人群和地域进行较好的覆盖。而许昌和三门峡两市农村地区的农信社在公平和效率上的表现均较为中庸。

（四）小结

从河南省来看，经济发达地区如郑州、洛阳地区的农信社网点凸显效率优先，而焦作和鹤壁农村地区农信社网点布局凸显公平优先。河南各市农信社网点布局出现了一定的“两极化”现象，在总计 17 个市级区划中，凸显效率优先和凸显公平优先的地区多达 12 个，且没有一个地区兼具效率与公平。河南省各市农信社网点布局在兼顾效率与公平上还有很大的提升空间。

二、以濮阳市为例

（一）濮阳市农村信用社网点分布概况

濮阳市农信社网点布局的公平和效率在河南均处中等，下面以濮阳市为例，分析市级区划内各县农信社网点布局。该市位于河南省东北部，面积

4 266平方千米，人口 385.93 万，2013 年地区生产总值 1 130.48 亿元，在河南 17 个市级区划中排第 13 位，城镇居民人均可支配收入 21 571 元，农村人均纯收入 7 904 元。濮阳下辖 2 区 5 县，分别为华龙区、开发区、濮阳县、清丰县、范县、南乐县和台前县。

由于本章的分析对象为农村地区，因此仅对 5 县农信社网点进行效率-公平分析，5 县地理、经济、社会概况如表 3-35 所示。

表 3-35　濮阳市 5 县概况

地区	地理面积（平方千米）	人口数量（万人）	地区生产总值（亿元）	第一产业增加值（亿元）
濮阳县	1 382	112	280	39
清丰县	828	73	164	38
范县	590	59	130	16
南乐县	624	56	124	29
台前县	393	40	72	9

采用 GIS 软件，将目前濮阳市各县农信社网点地理分布绘制如图 3-11 所示。

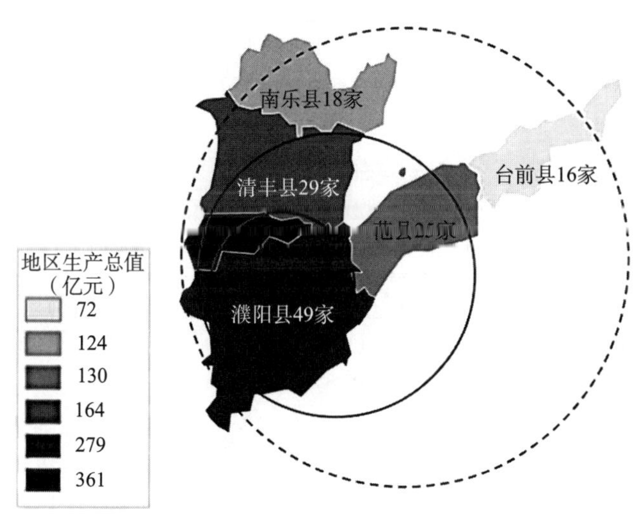

图 3-11　濮阳市 5 县农信社网点地理分布

图 3-11 中，灰色深浅代表该地区生产总值大小。可以看出，地理面积越大，地区生产总值越高的地区，拥有的农信社网点数越多。濮阳县拥有最高的地区生产总值和最大的地理面积，其境内的农信社网点数也最多；而台前县的地区生产总值和地理面积均为最小，其境内的农信社网点数也最少。根据距离

行政中心的远近，可以将5县分为3个圈层：濮阳县为最内层，清丰县和范县为中间层，南乐县和台前县为最外层；5县所处的圈层越靠进行政中心，其网点也越多。

濮阳市5县的县级法人农信社概况如表3-36所示。

表3-36 濮阳市5县农信社法人及机构数

地区	农信社（农商行）	机构数（个）
濮阳县	濮阳县农信联社	49
清丰县	清丰县农信联社	29
范县	范县农信联社	25
南乐县	南乐县农信联社	18
台前县	河南台前农村商业银行股份有限公司	16

自农信社深化改革以来，濮阳市5县农信社取得了长足的发展，资产规模逐年增大，经营绩效逐年提高。濮阳市2003—2014年资产情况如表3-37所示。

表3-37 2003—2014年濮阳市5县农信社资产额

单位：亿元

5县农信社（农商行）	2003年	2004年	2005年	2006年	2007年	2008年
清丰县农信联社	5.25	5.68	6.57	6.94	9.16	10.76
南乐县农信联社	4.27	5.20	5.79	7.16	8.86	10.53
范县农信联社	3.50	4.34	5.07	6.07	7.09	9.01
台前农商行	4.51	4.86	5.23	6.02	7.02	8.90
濮阳县农信联社	15.02	16.78	18.13	18.39	21.13	21.76
5县农信社（农商行）	2009年	2010年	2011年	2012年	2013年	2014年
清丰县农信联社	13.62	14.20	19.46	24.39	29.49	34.96
南乐县农信联社	12.81	15.62	19.94	24.18	29.45	35.66
范县农信联社	11.34	14.35	18.19	20.70	24.44	30.92
台前农商行	11.37	13.44	17.81	21.28	28.01	36.30
濮阳县农信联社	25.79	33.16	38.70	48.76	57.56	65.26

资料来源：2015年10月濮阳银监分局调研所得。

截至2014年，濮阳市5县农信社网点清单及分类如表3-38至表3-42所示。

1. 濮阳县

濮阳县为濮阳市地理面积最大，人口最多的县，包含10镇10乡，其地区生产总值也为5县之首。濮阳县在濮阳市中拥有最多的农信社网点数，包括

24 个农信社、18 个农信分社和 6 个农信社储蓄所。

表 3-38　濮阳县农信社网点

类型	名　称
法人	濮阳县农信联社
农信社	八公桥农信社、白罡农信社、城关农信社、海通农信社、红旗路农信社、胡状农信社、户部寨农信社、解放路农信社、郎中农信社、梨元农信社、梁庄农信社、两门农信社、柳屯农信社、鲁河农信社、清河头农信社、庆组农信社、渠村农信社、王称固农信社、文留农信社、五星农信社、习城农信社、小集农信社、徐镇农信社、子案农信社
农信分社	采油二厂农信分社、东关农信分社、豆堤农信分社、杜固农信分社、官人店农信分社、广场农信分社、红旗桥农信分社、黄庙农信分社、金刚集农信分社、刘楼农信分社、龙城农信分社、南环路农信分社、桥东农信分社、庆中农信分社、西街农信分社、兴镤农信分社、张庄农信分社、中心农信分社
农信社储蓄所	东街农信社储蓄所、红旗路农信社储蓄所、龙升农信社储蓄所、文北农信社储蓄所、文明路农信社储蓄所、西环路农信社储蓄所

2. 清丰县

清丰县的地理面积和人口总数位居濮阳市第二，下辖 5 镇 12 乡。其拥有 18 个农信社，6 个农信分社和 4 个农信社储蓄所（表 3-39）。

表 3-39　清丰县农信社网点

类型	名　称
法人	清丰县农信联社
农信社	城关农信社、大流农信社、大屯农信社、高堡农信社、巩营农信社、古城农信社、固城农信社、韩村农信社、科技农信社、柳格农信社、六塔农信社、马村农信社、马庄桥油区农信社、双庙农信社、瓦屋头农信社、仙庄农信社、阳邵农信社、纸房农信社
农信分社	北关农信分社、刘庄农信分社、马庄桥农信分社、南关农信分社、濮阳亭农信分社、西关农信分社
农信社储蓄所	顿丘农信社储蓄所、黄河路农信社储蓄所、黄庄农信社储蓄所、瑞霭路农信社储蓄所

3. 范县

范县的地理面积为濮阳市第四，人口数量为濮阳市第三，下辖 7 镇 5 乡。该县拥有 13 个农信社，7 个农信分社和 4 个农信社储蓄所（表 3-40）。

表 3-40　范县农信社网点

类型	名　称
法人	范县农信联社

（续）

类型	名　　称
农信社	白衣农信社、陈庄农信社、城关农信社、高码头农信社、龙王庄农信社、陆集农信社、孟楼农信社、王楼农信社、辛庄农信社、颜村铺农信社、杨集农信社、张庄农信社、濮城农信社
农信分社	板桥农信分社、北街农信分社、灯三农信分社、高沈农信分社、五零农信分社、西三街农信分社、濮城农信分社
农信社储蓄所	北街农信社储蓄所、二厂农信社储蓄所、西街农信社储蓄所、新区农信社储蓄所

4. 南乐县

南乐县的地理面积为濮阳市第三，人口数量为濮阳市第四，下辖 4 镇 8 乡。该县拥有 12 个农信社和 5 个农信分社，未设置农信社储蓄所（表 3-41）。

表 3-41　南乐县农信社网点

类型	名　　称
法人	南乐县农信联社
农信社	城关农信社、福堪农信社、谷金楼农信社、韩张农信社、近德固农信社、梁村农信社、千口农信社、寺庄农信社、西邵农信社、杨村农信社、元村农信社、张果屯农信社
农信分社	昌乐农信分社、国道农信分社、泰和农信分社、文化路农信分社、兴华路农信分社

5. 台前县

台前县地理面积和人口规模均为濮阳市最小，下辖 6 镇 3 乡。该县农商行拥有 12 个支行和 3 个分理处。根据对濮阳银监分局负责人的访谈，由于该县农信社在经营规模、不良贷款率等方面相比其他四县表现较优，因此在 2010 年改制为农商行，成为濮阳市农信社中唯一一家农商行（表 3-42）。

表 3-42　台前县农商行网点列表

类型	名　　称
法人	台前农商行
支行	城关支行、打渔陈支行、东街支行、凤台支行、侯庙支行、后方支行、夹河支行、马楼支行、南街支行、清水河支行、孙口支行、吴坝支行
分理处	金水路分理处、邱庄分理处、新区分理处

（二）经营效率表现

分别计算濮阳市各县农信社网点各项效率指标并分别排序，如表 3-43 所示。

表 3-43　濮阳市 5 县农信社网点效率指标排序

县域	网点存款额（万元）	县域	网点贷款额（万元）	县域	网点存贷比（%）	县域	网点不良贷款额（万元）
台前县	9 296.00	台前县	5 518.77	南乐县	72	濮阳县	1 348.58
南乐县	7 484.11	南乐县	5 421.00	濮阳县	70	清丰县	869.79
濮阳县	5 252.52	濮阳县	3 655.88	清丰县	69	南乐县	636.33
范县	4 961.44	范县	3 376.68	范县	68	范县	633.56
清丰县	4 738.45	清丰县	3 265.52	台前县	59	台前县	79.85

对于网点存款和网点贷款这两项指标，濮阳市 5 县的排序一致，台前县以 9 296 万元的网点存款和 5 518.77 万元的网点贷款居第一位；清丰县以 4 738.45万元的网点存款和 3 265.52 万元的网点贷款居最后一位。而对于网点存贷比来讲，台前县农信社网点的存贷比反而是最低的，同时其网点不良贷款也是最低。

结合濮阳市 5 县农信社总资产（表 3-43）来看，虽然台前农商行总资产规模在 5 县农信社中并非最大，但是其每个网点的存款额、贷款额均为 5 县最高，且其网点存贷比和网点不良贷款均为 5 县最低。

同样对其进行标准化处理后，得到濮阳市 5 县农信社网点效率指标综合排序，如表 3-44 所示。

表 3-44　濮阳市 5 县农信社效率指标标准化得分

县域	网点存款	网点贷款	网点存贷比	网点不良贷款	综合得分
台前县	1	1	0	1	0.841 284
南乐县	0.6	0.96	1	0.56	0.767 629
范县	0.05	0.05	0.69	0.56	0.252 058
濮阳县	0.11	0.17	0.85	0	0.225 876
清丰县	0	0	0.77	0.38	0.196 069

台前县以 0.84 的得分为 5 县第一，其单个网点效率在濮阳市最高。台前县农信联社于 2010 年改制，是濮阳市 5 县中唯一一家农商行，其单个网点不仅存贷款规模最大，不良贷款额也最低，商业化程度最高，并且其在农村地区的存贷比为 5 县最低。与其他农信社相比，其资金离农的倾向最为严重。这也从一个方面反映了商业化越彻底的农信社其网点效率越高。

（三）社会公平表现

根据上文中所定义的农信社网点公平计算公式，计算得到濮阳市 5 县农信社网点公平指标得分并分类排序，如表 3-45 所示。

表 3-45 濮阳市 5 县农信社公平指标排序

县域	行政公平（个/村）	县域	地理公平（个/万公顷）	县域	人口公平（个/万人）	县域	经济公平（个/亿元第一产业增加值）
南乐县	0.06	范县	4.24	范县	0.50	范县	2.25
清丰县	0.06	濮阳县	3.32	濮阳县	0.44	台前县	1.95
濮阳县	0.05	台前县	3.31	清丰县	0.43	濮阳县	1.74
范县	0.04	清丰县	3.30	台前县	0.37	清丰县	1.02
台前县	0.03	南乐县	2.90	南乐县	0.36	南乐县	0.83

表 3-43 中，对行政公平而言，南乐县每个村拥有的农信社网点为 0.06 个，也即是每 16 个村庄会有一个农信社网点，而台前县每个村拥有的农信社网点为 0.03 个，每 33 个村庄才会有一个农信社（农商行）网点。而对于地理公平而言，范县每万公顷有 4.24 个农信社网点，密度最低的南乐县每万公顷也有 2.9 个网点，差距并不太大。而对于人口公平，濮阳市 5 县的农信社网点也较为接近，最高的范县每万人拥有 0.5 个农信社网点，最低的南乐县每万人也拥有 0.36 个网点。5 县经济公平上的农信社网点数差别较大，范县每亿元第一产业增加值拥有 2.25 个农信社网点，而南乐县每亿元第一产业增加值仅有 0.83 个农信社网点。

同样对其各个公平维度指标进行标准化处理并得到综合得分，如表 3-46 所示。

表 3-46 濮阳市 5 县农信社公平指标标准化得分

县域	行政公平	地理公平	人口公平	经济公平	综合得分
范县	0.33	1	1	1	0.860 996
濮阳县	0.67	0.31	0.57	0.64	0.536 527
清丰县	1	0.3	0.5	0.13	0.460 200
台前县	0	0.31	0.07	0.79	0.294 336
南乐县	1	0	0	0	0.208 506

从表 3-46 可以看到，范县农信社网点在公平层面上表现最好，其每万公顷拥有网点数、每万人拥有网点数、每亿元第一产业增加值拥有网点数均为 5 县第一。而排名最后的南乐县在上述三项指标中排名均为 5 县最后。

（四）网点效率—公平分析

根据濮阳市 5 县农信社网点在公平与效率上的得分绘制散点图，如图 3-12 所示。

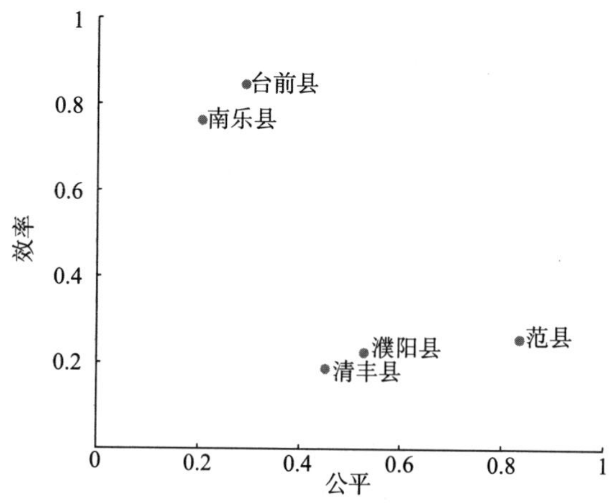

图 3-12　濮阳市 5 县农信社网点公平效率散点图

从图 3-12 中可以看出，濮阳市 5 县的农信社网点布局“两极化”特征非常明显，散点位置均贴近于坐标轴。台前县和南乐县农信社网点为明显效率优先布局，而范县为明显的公平优先布局。

同样采用聚类分析将濮阳市 5 县效率得分进行分簇（表 3-47）。

表 3-47　濮阳市 5 县农信社效率得分聚类结果

簇别	包含地区	效率得分区间
簇 1（高效率）	台前县	0.841 284
簇 2（中等效率）	南乐县	0.767 629
簇 3（低效率）	范县、濮阳县、清丰县	0.196 069～0.222 058

采用聚类分析对公平得分进行分簇（表 3-48）。

表 3-48　濮阳市 5 县农信社公平得分聚类结果

簇别	包含地区	公平得分区间
簇 1（高公平）	范县	0.860 996
簇 2（中等公平）	濮阳县、清丰县	0.460 200～0.536 527
簇 3（低公平）	台前县、南乐县	0.208 506～0.294 336

形成“公平-效率”矩阵，如表 3-49 所示。

表 3-49　濮阳市 5 县农信社效率—公平矩阵分布

	低公平	中等公平	高公平
高效率	台前县		
中等效率	南乐县		
低效率		濮阳县、清丰县	范县

濮阳市5县在公平效率上的表现呈现明显的“两极化”分布。

各县农信社布局按照效率优先原则的包括台前县和南乐县。其中，台前县农信社网点在具备高效率经营的同时，没有兼顾到了网点布局的普惠公平；南乐县农信社网点虽然不属于高效经营，但其在公平上的表现更差，因此也表现为效率优先。

各县农信社布局按照公平优先原则的包括范县、清丰县和濮阳县。其中，范县在网点覆盖度上表现较好，但没有兼顾到网点营业效率；濮阳县和清丰县在网点覆盖度方面表现中庸，但其在经营效率上表现更差，因此也表现为公平优先布局。

而由表3-47可以看出，濮阳市各县农信社分布没有一个兼具效率和公平，也没有一个县同时表现低效率和低公平。

（五）小结

由濮阳市5县农信社网点布局效率与公平分析结果来看，其“两极化”的程度较为严重，5县均位于效率一公平矩阵的对角线的两侧，没有一个县达到效率与公平兼顾，甚至没有一个县达到部分兼顾效率与公平。其中台前县和南乐县农信社网点凸显效率优先，尤其是商业化最为彻底的台前农商行，而范县、濮阳县、清丰县则凸显公平优先。

第七节　县域特征对公平效率的影响

上文分别对全国、河南以及濮阳市农村地区农信社网点布局进行公平与效率的分析。本节将采用计量建模的方法，以全国1 507个县为样本，以县域为基本的分析单位，探究各地农村地区的经济、社会特征对于农信社网点布局公平效率具有怎么样的影响。

一、变量选择、数据来源与描述统计

（一）变量选择

1. 因变量

本部分探究农信社公平效率的影响因素，因变量为按照前文的计算方法得到的各县农信社网点效率得分与公平得分。

2. 自变量

从前文的分析中可以看出，各地农信社网点布局的公平和效率可能受到当地社会、经济、地理特征的影响。参考陈莎（2013）、田杰（2012）、董晓林（2012）等学者关于农村县域地区金融排斥程度及金融机构网点分布的研究成果，设定自变量包括：各县农民人均纯收入、第一产业占比、政府规模管控、人口密度、城镇化率、地理区位。

其中，农民人均纯收入（Rinco）越高的地区，代表着在当地拥有更多的业务量，农信社也倾向于在该地设立网点，预期农民人均纯收入对于农信社网点的经营效率与社会公平均具有正向影响。

而第一产业占比（Agri）越大的地区，当地经济则主要以农业为主，由于农业额天然弱质性必然导致金融排斥，难以吸引金融机构进入（陈莎，2013）。但由于农信社的支农定位，其有可能在农业经济占比较大的地区进行网点布局，因此其对于农信社的公平效率的影响暂不确定。

政府规模管控（Gov）反映当地政府对市场的干预程度（董晓林，2012），同时也代表政府的行政控制力，这种控制力也涵盖到金融领域。对于中央政府促进农村金融发展的各项政策，政府控制力越强的地区越能更好地贯彻，因此预期其对于农信社效率与公平均具有正向影响。

人口密度（Popd）越大的地方，意味着当地的潜在客户越多，因此会造成该地区农信社网点效率的提高；人口密度的增大也意味着在同等的地理面积下，单个农信社网点辐射的人群增多，人均拥有的农信社网点则变少，因此预期人口密度越大的地方农信社网点的公平程度越低。

城镇化率（Urban）代表着当地城镇人口的比重。相对于其他地区，城镇化率较高的地区意味着经济结构的优化，人口分布的改变，较高的经济发展水平，是一个较为综合的指标。但城镇化率较高也会引来四大国有商业银行和其他股份制商业银行的进入，对于农信社而言市场规模扩大的同时竞争对手也增多。因此城镇化率对于农信社公平效率的影响暂不确定。

由于中国东、中、西部的地理环境、经济水平、社会文化等方面均具有显著差异，因此将东、中、西部这种地理区位（Locat）作为影响农信社公平效率的虚拟变量，其预期影响暂不确定。

除了各地区的经济、社会特征外，农信社本身的特征也会使得其网点布局的公平效率各有侧重。由于农商行和农合行在经营策略上更注重商业化（尤其是农商行），根据上文中对湖北省与濮阳市台前县农信社网点公平效率的分析，改制后的农信社的经营效率可能更好，而社会公平可能较弱。因此将农信社是否改制（Chan）为农商行或农合行作为影响农信社公平效率的虚拟变量，预期改制的农信社具有更高的经营效率和较低的覆盖度。

各变量名称及计算方式如表（3-50）所示。

表 3-50 变量名称及计算公式表

变量		名称	缩写	计算公式
因变量		网点效率得分	EI	详见上文
		网点公平得分	FI	详见上文
自变量	经济特征	收入水平	Rinco	农民人均纯收入
		农业占比	Agri	第一产业增加值/地方生产总值
		政府规模管控	Gov	地方财政支出/地方生产总值
	社会特征	人口密度	Popd	各县人口总数/各县地理面积
		城镇化率	Urban	城镇人口/人口总数
虚拟变量		地理区位	Locat	东部赋值为 0，中部为 1，西部为 2
虚拟变量		是否改制	Chan	改制赋值为 1，否则赋值为 0

（二）数据来源

本部分所使用的数据主要来自《中国银行业农村金融服务分布图集（2011）》，由于西藏境内没有农信社，故本部分计量分析中将西藏排除。

其中，因变量网点效率得分与网点公平得分所用原始数据包括：各县农信社网点数、农信社存款额、农信社贷款额、农信社不良贷款额；各县行政单位数、人口总数、地理面积、第一产业增加值。而自变量所用原始数据包括：各县地方生产总值、人口总数、农民人均收入、地方财政支出、乡村人口总数、省别、改制的农信社网点数量。需要指出的是，《中国银行业农村金融服务分布图集（2011）》部分县的农信社存款额、贷款额，县地方生产总值、地理面积、第一产业增加值等数据数据存在缺失和明显不合理之处，对于该部分数据用插值法、《中国县（市）社会经济统计年鉴 2011》以及 WIND 数据库数据进行补充和修正。

（三）描述统计

各个变量的描述性结果如表 3-51 所示。其中，农信社网点效率最高的县为陕西省神木县，效率得分为 0.913 3，上海市崇明县排第二位；而网点效率最低的县为河南省确山县，得分仅为 0.059 7。农信社网点公平最高的县为甘肃阿克塞哈萨克族自治县，得分为 0.490 5；山东省长岛县排第二位，得分为 0.466 3；网点公平最低的为青海省杂多县，得分仅为 0.004 4。

农民人均纯收入最高的县为山西洛川县，达到 16 660 元，而最低的为山西大宁县，仅为 1 368 元；第一产业占比最大的县为青海杂多县，达到0.809 4，而占比最小的为山西柳林县仅为 0.010 1；政府规模管控最高的县为四川省青川县，达到 2.468 6，而最低的县为河北滦南县，仅为 0.052 4；人口密度最大的县为福建惠安县，每平方千米生活着 1 432 个人，而人口密度最小的县为新疆若羌县，每平方千米仅有 0.17 个人；城镇化率最高的县为黑龙江漠河县，达到 0.935 3，而最低的县为贵州紫云苗族布依族自治县，仅为 0.039 5。

表 3-51　变量描述性统计结果

变量类型	变量缩写	样本个数	均值	标准差	最小值	最大值
因变量	*EI*	1 507	0.294 5	0.066 7	0.059 7	0.913 3
	FI	1 507	0.107 6	0.052 8	0.004 4	0.490 5
自变量	*Rinco*	1 507	5 217.204	2 112.863	1 368	16 660
	Agri	1 507	0.246 5	0.118 2	0.010 1	0.809 4
	Gov	1 507	0.291 3	0.267 6	0.052 4	2.468 6
	Popd	1 507	274.469 6	252.542	0.165 8	1 432.742
	Urban	1 507	0.212 2	0.132 1	0.039 5	0.935 3
	Locat	1 507	1.185 8	0.782 2	0	2
	Chan	1 507	0.104 2	0.305 5	0	1

二、模型设定与检验

结合上文的分析，分别对地域特征对农信社网点效率和网点公平的影响提出以下两组多元线性对数模型：

第一组模型（M1～M5）的形式如下，采用逐项进入的方式，分别形成各县经济特征、社会特征、地理区位、是否改制对于该县农信社网点效率的影响。

$$EI = \beta_0 + \beta_1 \ln(Rinco) + \beta_2 Agri + \beta_3 Gov + \varepsilon \qquad (M1)$$

$$EI = \beta_0 + \beta_1 \ln(Rinco) + \beta_2 Agri + \beta_3 Gov + \beta_4 \ln(Popd) + \beta_5 Urban + \varepsilon \qquad (M2)$$

$$EI = \beta_0 + \beta_1 \ln(Rinco) + \beta_2 Agri + \beta_3 Gov + \beta_4 \ln(Popd) + \beta_5 Urban + \beta_6 Locat + \varepsilon \qquad (M3)$$

$$EI = \beta_0 + \beta_1 \ln(Rinco) + \beta_2 Agri + \beta_3 Gov + \beta_4 \ln(Popd) + \beta_5 Urban + \beta_6 Chan + \varepsilon \qquad (M4)$$

$$EI = \beta_0 + \beta_1 \ln(Rinco) + \beta_2 Agri + \beta_3 Gov + \beta_4 \ln(Popd) + \beta_5 Urban + \beta_6 Locat + \beta_7 Chan + \varepsilon \qquad (M5)$$

第二组模型（M6～M10）的形式如下，同样采用逐项进入的方式，分别形成各县经济特征、社会特征、地理区位、是否改制对于该县农信社网点公平的影响。

$$FI = \beta_0 + \beta_1 \ln(Rinco) + \beta_2 Agri + \beta_3 Gov + \varepsilon \quad \text{(M6)}$$

$$FI = \beta_0 + \beta_1 \ln(Rinco) + \beta_2 Agri + \beta_3 Gov + \beta_4 \ln(Popd) + \beta_5 Urban + \varepsilon \quad \text{(M7)}$$

$$FI = \beta_0 + \beta_1 \ln(Rinco) + \beta_2 Agri + \beta_3 Gov + \beta_4 \ln(Popd) + \beta_5 Urban + \beta_6 Locat + \varepsilon \quad \text{(M8)}$$

$$FI = \beta_0 + \beta_1 \ln(Rinco) + \beta_2 Agri + \beta_3 Gov + \beta_4 \ln(Popd) + \beta_5 Urban + \beta_6 Chan + \varepsilon \quad \text{(M9)}$$

$$FI = \beta_0 + \beta_1 \ln(Rinco) + \beta_2 Agri + \beta_3 Gov + \beta_4 \ln(Popd) + \beta_5 Urban + \beta_6 Locat + \beta_7 Chan + \varepsilon \quad \text{(M10)}$$

采用相关系数对农信社网点效率因变量和各个自变量之间的多重共线性进行检验，所有变量之间相关系数在 0.5 以下，并采用方差膨胀因子检验，各变量 VIF 值均小于 2，各变量之间不存在严重的多重共线性。同时为了避免可能存在的异方差问题，采用稳健性回归。

三、回归分析及结论

（一）回归过程

对于网点效率，首先，仅将经济特征带入回归模型中得到 M1，此时仅有农民纯收入和农业占比对网点效率具有显著影响，模型拟合优度为 0.210 8；其次，将地区社会特征带入回归模型中得到 M2，经济特征的自变量显著性并没有降低，同时人口密度对于网点效率的影响也在 1%的水平下显著，模型拟合优度为 0.226 4；再次，将地理区位带入模型得到 M3，可以看到地理区位并没有对网点效率具有显著影响，模型拟合优度也没有显著提高，因此将是否改制替换掉地理区位得到 M4，得到是否改制对于网点效率具有显著影响，同时拟合优度也有显著提高上升到 0.256 1；最后，将所有自变量带入回归模型得到 M5，原先显著的自变量依然显著，相比于 M3，地理区位也在 10%的水平下显著，此时模型的拟合优度达到最大，为 0.258 2。

第一组模型回归结果如表 3-52 所示。

表 3-52　第一组模型回归结果

自变量	各县农信社网点效率得分				
	M1	M2	M3	M4	M5
ln（*Rinco*）	0.063 3*** (10.52) (0.006 0)	0.065 5*** (11.13) (0.005 9)	0.064 6*** (10.85) (0.006 0)	0.061 2*** (10.94) (0.005 6)	0.058 9*** (10.61) (0.005 6)

（续）

自变量	各县农信社网点效率得分				
	M1	M2	M3	M4	M5
Agri	−0.078 6*** (−5.51) (0.014 2)	−0.078 3*** (−5.62) (0.013 9)	−0.077 3*** (−5.41) (0.014 3)	−0.067 8*** (−5.15) (0.013 2)	−0.065 3*** (−4.82) (0.013 5)
Gov	−0.006 9 (−0.76) (0.009 1)	0.012 3 (1.23) (0.010 1)	0.013 3 (1.31) (0.010 2)	0.009 0 (0.91) (0.009 9)	0.011 0 (1.10) (0.010 0)
ln（*Popd*）		0.007 0*** (3.95) (0.001 8)	0.006 6*** (3.64) (0.001 8)	0.006 0*** (3.52) (0.001 7)	0.005 2*** (2.98) (0.001 7)
Urban		0.000 9 (0.06) (0.015 8)	−0.000 6 (−0.04) (0.016 5)	0.000 8 (0.05) (0.015 3)	−0.002 5 (−0.16) (0.016 0)
Locat			−0.002 2 (−0.81) (0.002 7)		−0.004 7* (−1.83) (0.002 6)
Chan				0.038 6*** (5.13) (0.007 5)	0.040 0*** (5.41) (0.007 4)
_cons	−0.221 0*** (　4.28) (0.051 6)	−0.280 5*** (−5.30) (0.052 9)	−0.268 4*** (−4.94) (0.054 5)	−0.244 2*** (−4.88) (0.050)	−0.216 9*** (−4.31) (0.050 3)
方差	0.210 8	0.226 4	0.226 9	0.256 1	0.258 2
样本数	1 507	1 507	1 507	1 507	1 507

注：①各变量下第一行括号内为 *t* 统计值，第二行括号内为标准误。

②***、**和 * 分别表示估计结果在 1%、5%和 10%的水平上显著。

对于网点公平，同样首先将经济特征带入回归模型得到 M6，其中农业经济占比和政府规模管控对网点公平具有显著影响，此时模型拟合优度为 0.169 2；其次将地区社会特征带入回归模型得到 M7，可以看到经济特征影响因素的显著性并没有降低，同时增加了城镇化这一显著自变量，模型拟合优度也增加到 0.197 3；第三将地理区位带入模型得到 M8，得到地理区位对网点公平得分也具有显著影响，模型拟合优度也上升至 0.199 2，但仅将是否改制带入模型的 M9 中，改制对于农信社网点公平并没有显著影响，拟合优度也有所下降；最后将所有自变量带入模型中得到 M10，此时是否改制也在 10%的水平下显著，模型的拟合优度也最高，达到 0.200 6。

第二组模型回归结果如表 3-53 所示。

表 3-53　第二组模型回归结果

自变量	各县农信社网点公平得分				
	M6	M7	M8	M9	M10
ln（*Rinco*）	0.007 1 (1.45) (0.004 9)	−0.000 4 (−0.08) (0.004 6)	0.001 2 (0.25) (0.004 7)	0.000 2 (0.05) (0.004 7)	0.002 0 (0.43) (0.004 8)
Agri	−0.185 3*** (−11.30) (0.016 4)	−0.182 0*** (−11.49) (0.015 8)	−0.183 6*** (−11.47) (0.016 0)	−0.183 5*** (−11.54) (0.015 9)	−0.185 6*** (−11.51) (0.016 1)
Gov	0.049 5*** (6.16) (0.008 0)	0.042 5*** (4.92) (0.008 6)	0.040 9*** (4.72) (0.008 7)	0.043 0*** (4.96) (0.008 7)	0.041 3*** (4.76) (0.008 7)
ln（*Popd*）		−0.011 (−0.69) (0.001 6)	−0.000 5 (−0.32) (0.001 6)	−0.000 9 (−0.60) (0.001 6)	−0.000 3 (−0.18) (0.001 6)
Urban		0.065 7*** (5.92) (0.011 1)	0.068 2*** (6.16) (0.011 1)	0.065 7*** (5.91) (0.011 1)	0.068 5*** (6.17) (0.011 1)
Locat			0.003 6** (2.19) (0.001 6)		0.004 0** (2.40) (0.001 6)
Chan				−0.005 3 (−1.50) (0.003 5)	−0.006 5* (−1.82) (0.003 6)
_ cons	0.078 8* (1.83) (0.043 1)	0.134 8*** (3.10) (0.043 5)	0.115 0*** (2.60) (0.044 2)	0.129 8*** (2.96) (0.043 9)	0.106 6** (2.38) (0.044 8)
方差	0.169 2	0.197 3	0.199 2	0.198 2	0.200 6
样本数	1 507	1 507	1 507	1 507	1 507

注：①各变量下第一行括号内为 t 统计值，第二行括号内为标准误。

②***、**和 * 分别表示估计结果在 1%、5%和 10%的水平上显著。

（二）回归分析

1. 对网点效率的影响（第一组模型）

从 M1～M5 各个模型的方差（R^2）不断增大，拟合优度不断提高。

如表 3-52 所示，对县域的经济特征进行分析，在五个模型中，农民纯收入（Rinco）对于农信社网点经营效率具有正向显著影响，当农民纯收入增加 1%时，农信社网点效率得分大约能提高 0.06%（系数虽然较小，但由于农信社网点效率得分经过标准化处理，其平均值也仅为 0.29，再考虑到样本量较大，有 1 507 个，因此即便系数较小还是具有很大影响）。农民越多的收入意味着更多的储蓄，同时农村地区的金融机构往往是农信社一家独大，农民也往往将钱存入当地农信社中，因此造成了农信社经营效率的提高，这与前文的分析一致。

而各地的农业产值（Agri）占比在五个模型中对于农信社经营效率的提高均为负向显著，由于农业的高风险和低利润，以农业经济为主的地区必然造成当地农信社效率的降低。当农业产值比重增加 1 个单位时，农信社网点效率得分将会降低约 0.07，这也与前文的分析一致。

政府规模管控（Gov）对于农信社经营效率的影响并不显著，事实上根据笔者与濮阳银监分局负责人的访谈，农信社在承担支农任务的同时，缺乏政府对其的相应补贴。而甘肃省农信社高管也提出目前对于农信社存在“上面要业绩，下面要待遇”的情况。政府管控这只看得见的手并不能显著提高农信社的经营效率。

对于县域的社会特征，人口密度（Popd）在三个模型中对于农信社的经营效率均具有显著影响，人口密度增加 1%，使得农信社网点效率增加 0.005%，人口越密集的地区意味着当地会有更多业务量，因而造成了当地农信社网点效率的提高，这也与前文的分析一致。

而城镇化（Urban）在 M2～M5 中对农信社网点效率均没有显著影响。本章用来衡量城镇化的指标是户籍人口城镇化，即使部分农户的户籍由农村转移至县城，可能还从事原来的工作。该种城镇化并不一定意味着产业结构改变和地区经济水平上升，农信社网点效率会对这种户籍人口城镇化的变化不敏感。

农信社所处的地理区位（Locat）对于其经营效率在 M3 中并没有显著影响，但在 M5 中在 10%的显著性下具有负向影响。当农信社所处的地理区位从东部变为中部，或从中部变为西部时，网点效率得分减少 0.005。中部和西部地区的农村地区相对于东部地区经济发展水平较低，进而造成了西部地区农信社网点效率相较于东部来说是较低的。

农信社是否改制（Chan）对于农信社经营效率具有显著影响，改制后的农信社其效率得分增加 0.04。进行改制的农信社由合作制变为股份合作制和股份制，改制后的农合行和农商行更倾向于商业化经营（尤其是农商行），相对于传统合作制的农信社更注重经营效率的提高，这与前文的分析一致。

2. 对网点公平的影响（第二组模型）

如表 3-53 所示，看各县的经济特征，农民纯收入（Rinco）在五个模型中对于农信社网点公平并没有显著影响，表明农信社网点的多少似乎并不把农民收入作为主要的考虑因素，即使当地的农民收入水平较低，农信社也会在当地进行网点布局，这表明农信社在一定程度上践行了普惠金融的要求。

而农业占比（Agri）在五个模型中对于农信社网点公平具有显著的负向影响，农业经济占比越大的地区农信社的网点布局越少。当某个地区的农业经济占比增加 1 个单位时，该地区的农信社网点公平得分会降低 0.18。

政府规模管控（Gov）在五个模型中对于农信社网点公平具有显著的正向影响，表明控制力越强的政府，就越有可能促使当地农信社落实普惠金融政策，如基础金融服务“村村通”。当政府规模管控的程度增加一个单位时，该地区的农信社网点公平得分会增加 0.04。

看各县的社会特征，人口密度（Popd）对于农信社网点公平具有负向影响，这与前文的分析一致。相同面积土地上的人口越多，意味着在该地区布局一个网点所能辐射的人群更多，农信社基于成本效益的考虑没有必要再增设网点，在保持地理公平不变的同时，反而造成了人均享有的农信社网点减少。不过人口密度对于农信社网点布局公平的影响并不显著。

而城镇化（Urban）对于农信社网点布局的公平程度同样具有正向影响，城镇化率越高的地区，农信社越可能增设网点。目前农信社网点布局的重心是城乡结合地带，城镇化率越高，代表着城乡结合部地区越多，使得农信社网点增设越多。城镇化率提高 1 个单位，农信社网点公平得分提高 0.07。

地理区位（Locat）对于农信社的网点公平具有正向影响，表明中部和西部地区的农信社网点覆盖程度相较东部会更高，当地区从东部变为中部，或者从中部变为西部时，农信社公平得分提高 0.004。由于中国经济发展水平由西部到东部逐步递增，因此四大国有商业银行及其他股份制商业银行从西部到东部的布局也逐渐增多，这无疑挤压了农信社的生存空间，造成了农信社网点数量的减少。分别对东、中、西部县域地区农信社网点占当地所有金融机构网点总数的比例进行计算，东部农村地区农信社市场占比为 45.61%，中部地区的占比为 48.27%，而西部地区的占比为 49.34%。从农信社的市场占比来看，从东部地区到中部地区和西部地区是逐步递增的。

而是否改制（Chan）对于农信社网点布局公平程度具有显著的负向影响，商业化经营的农信社会收缩其在不保本地区的网点布局。虽然农信社肩负着支农支小的任务，但该种政策性任务对于农合行和农商行的约束则要小得多，造成改制的农信社其网点布局的公平程度的减少。根据对濮阳市银监部门负责人的访谈，省联社虽然对于三类农信社机构在业务经营上具有显著影响，但改制后的农商行由于具有完整的“三会一层”现代公司治理体系，显然有着更大的自主经营权限，其必须为股东的利益最大化负责，省联社对其的影响相对较小。改制后的农信社其网点布局公平得分相较未改制的降低0.007。

第八节　结论与建议

一、研究结论

综合以上分析，本章得出以下结论：

1996年农信社与中国农业银行脱钩以来，农信社网点在商业化的驱动下不断进行撤并、增设和调整，农信社网点的地区分布结构不断变化。目前为止，各地农信社在商业化、规模化经营以及对人群和地域的覆盖上出现了明显的不同偏好。

(1) 就全国范围来看，上海、江苏、山东、湖北、新疆农村地区农信社网点布局相对拥有较高的经营效率和较低的人群和地域覆盖，表现为效率优先；而山西、甘肃、天津、安徽等地拥有较好的人群和地域覆盖和较低的经营效率，表现为公平优先。同时实现效率与公平双兼顾的只有浙江一省。全国农信社网点进行偏好布局的省份未占据大多部分，没有出现明显的“两极化”特征。

(2) 就河南省内来看，郑州、洛阳农村地区农信社网点布局拥有较高的经营效率和较低的人群和地域覆盖，表现为效率优先；而焦作、鹤壁农村地区的农信社网点拥有较高的人群和地域覆盖和较低的经营效率，表现为公平优先。河南各市农信社大部分表现为偏好布局，出现一定程度的“两极化”特征。

(3) 就濮阳市来看，台前县、南乐县农信社网点拥有较高的经营效率和较低的人群和地域覆盖，表现为效率优先；而范县、濮阳县、清丰县拥有较高的人群和地域覆盖和较低的经营效率，表现为公平优先。濮阳市5县的农信社全部表现为偏好布局，“两极化”特征非常明显。

(4) 农信社网点布局的效率公平确实受到当地经济社会因素的影响，其中农民收入、人口密度对于网点效率具有正向影响；农业经济占比对于网点效率具有负向影响。而政府规模管控、城镇化对于网点公平具有正向影响；农业经济占比对于网点公平具有负向影响。东部地区的网点效率较高而公平程度较低，而中西部正好相反；进行改制的农信社网点效率较高而网点公平程度则较低。

二、政策建议

从前文的描述性分析及后文的计量结果来看，东部地区、经济发达地区的农信社网点容易表现为效率较高而公平程度较低。由于东部等发达地区经济发展水平较高，即使农信社网点的分布密度较小，由于其他商业银行的存在，其农村地区整体受到的金融排斥程度相比西部也较低。但需要注意的是，东部地区仍然存在区域间发展的不平衡，其经济发展相对落后的地区既是农信社自身发展的蓝海，同时也是农信社支农支小、实现普惠金融的关键地区。

总的来说，针对农信社自身发展和普惠金融的要求，重点关注的应该是西部及欠发达地区。

越往西部，农信社网点的覆盖度增大而经营效率越低，较低的商业利润使得西部地区农信社面临着持续运营的压力，使得贯彻金融服务“村村通”等普惠金融政策面临更大的困难。对此地方政府不能单纯强调支农而忽略了对农信社的财政及政策支持。因此需要在以下两方面加强对农信社的支持：

1. 财政补贴调整

为贯彻2010年中央1号文件①精神，提高农村金融服务覆盖率，扩大农村金融定向费用补贴政策范围，财政部曾于2010年5月印发《中央财政农村金融机构定向费用补贴资金管理暂行办法》（财金〔2010〕42号），该办法规定对于基础金融服务薄弱地区的银行业金融机构（网点），可以享受中央财政按照贷款平均余额的一定比例给予定向费用补贴。但该项政策的补贴仅仅针对贷款，对于那些经济发展水平落后地区的农信社而言，由于贷款额少，因此能够享受到该项政策优惠也少。但该地的农信社确实为广大农户提供了存款、代理等基础金融服务，且一直承受着经营亏损的压力，如果不能享受到财政补贴，显然是不合理的。因此需要针对欠发达地区的农信社设计相应的补贴方案，具体可对基础金融服务薄弱地区的农信社网点，按照营运费用的一定比例进行补贴。同时还可采取税收优惠，对于偏远地区的农信社在5%的金融业增值税率基础上进行减免征收，对于农信社的未弥补亏损在5年的基础上，延长其企业

① 指《中共中央国务院关于加大统筹城乡发展力度　进一步夯实农业农村发展基础的若干意见》（中发〔2010〕1号）。

所得税抵免年限。

2. 监管指标放松

在财政补贴的基础上，还需给予西部等落后地区农信社以宽松的监管考核指标，增强其“以城补乡”的能力。在之前的访谈中已经提到，统一法人的农信社网点，只有部分网点的经济效益达到较好的水平，才能承受在偏远落后地区其他网点支出。

目前对于中国农信社的经营监管标准参照执行银监会 2006 年印发的《商业银行风险监管核心指标（试行）》，比商业银行多承担支农任务的农信社却参照商业银行的监管标准，这显然未能给农信社以有效的激励去开展业务。为了增强农信社的盈利能力，进而增强偏远地区增设网点的能力，需要给予农信社更为宽松的监管指标。

本章的研究结果还指出，进行改制的农商行相比于未改制的农信社拥有更高的经营效率，同时也减少了其对人群和地区的覆盖程度。由于 2010 年起银监会明确农信社未来只有农商行一种改革方向，需要防范改制后的农信社减少偏远地区的网点布局，不利于实现普惠金融的情况发生。对此需要决策层的双重考虑，完善农村地区的金融体系，在保障广大农户金融服务可得性的前提下进行农信社改革。

三、本章的不足之处及研究展望

本章的研究地域为农村地区，由于数据可得性的原因，同时参考董晓林（2012）、田杰（2012）、陈莎（2013）等学者对于农村的划分，采用县域这一广义的农村地区进行研究。虽然本章已参照其他学者在该方面处理的先例，将《中国银行业农村金融服务分布图集（2011）》中的市辖区、县级市等明显不符合农村特征的地域剔除，仅保留县级行政单位，但用县域来代表农村地区还是略显宽泛，未来可能根据县域的城镇化水平进行进一步划分，以更为严格的标准筛选出农村地区。另外，本章采取了构建指标体系的方式评价不同地区农信社网点效率和公平的实现程度，虽然本章所选取的指标已经具有很强的代表性，且在以往学者研究的基础上做了继承和改进，但不排除其他指标的增设可能使得评价体系更加趋于完善，因此未来可能随着研究的深入对指标构成和权重设计进行进一步增加和调整，丰富和完善本章的评价体系。本章的其他不足还包括回归结果分析部分，一些自变量的经济学解释还不够完善。

本章研究选取的时间节点上，大部分农信社还尚未改制为农商行。随着农信社商业化改革的不断推进，银监会对农信社改制方向的明确，农商行的数量将会不断增加。未来可能单独对农商行在不同地域间网点效率和公平的实现程度进行描述，并与当前农信社的研究成果作对比分析，形成跨时期的比较研究。

参 考 文 献

陈莎，2013. 中国农村金融排斥的空间差异及内生性研究[D]. 北京：中国人民大学.

程恩江，AHMED A D，2008. 信贷需求：小额信贷覆盖率的决定因素之一：来自中国北方四县调查的证据[J]. 经济学（季刊），7（4）：1391-1414.

褚保金，张兰，王娟，2007. 中国农村信用社运行效率及其影响因素分析：以苏北地区为例[J]. 中国农村观察（1）：11-23.

董晓林，徐虹，2012. 我国农村金融排斥影响因素的实证分析：基于县域金融机构网点分布的视角[J]. 金融研究（9）：115-126.

杜金向，2009. 中国农村金融体系研究[M]. 天津：南开大学出版社.

范业龙，陆玉麒，赵俊华，等，2015. 中国邮政储蓄银行网点空间分布研究：以山西省为例[J]. 南京师范大学学报（自然科学版），38（1）：147-153.

冯庆水，孙丽娟，2010. 农村信用社改革双重目标冲突性分析：以安徽省为例[J]. 农业经济问题（3）：78-84.

傅康生，2010. 农信社网点布局之思考[J]. 中国农村金融（10）：69-70.

甘犁，李运，2014. 中国农村家庭金融发展报告 2014 [M]. 成都：西南财经大学出版社.

国家统计局农村社会经济调查司，2011. 中国县（市）社会经济统计年鉴 2011 [M]. 北京：中国统计出版社.

韩俊，2008. 加快建立普惠型的农村金融体系[J]. 教学与研究（12）：10-14.

韩喜龙，苏加悦，2006. 农村信用社代办站撤并后的影响及对策：对某县农村信用社代办站撤并情况的调查[J]. 河北金融（6）：50-51.

何广文，2009. 农村信用社制度变迁：困境与路径选择[J]. 经济与管理研究（1）：50-54.

何广文，李莉莉，2005. 正规金融机构小额信贷运行机制及其绩效评价[M]. 北京：中国财政经济出版社.

何亚玲，2012. 双重目标下农村信用社改革与发展现状分析：以甘肃省为例[J]. 社科纵横（10）：42-44.

湖南省永州市银行业协会课题组，2009. 网点如何撤并仍是我国农村金融的难题：湖南农村金融网点布局与农村经济发展相适应情况调查[J]. 中国农村信用合作（7）：37-38.

黄惠春，褚保金，张龙耀，2010. 农村金融市场结构和农村信用社绩效关系研究：基于江苏省农村区域经济差异的视角[J]. 农业经济问题，31（2）：81-87.

黄惠春，徐佳，2013. 二元目标下小额信贷机构绩效评价与模式选择[J]. 金融纵横（2）：77-82.

焦瑾璞，黄亭亭，汪天都，等，2015. 中国普惠金融发展进程及实证研究[J]. 上海金融（4）：12-22.

焦瑾璞，杨俊，2006. 小额信贷和农村金融[M]. 北京：中国金融出版社.

金仁善，梁龙植，韩泉石，2008. 部分农信社“离农”倾向应高度关注[J]. 吉林金融研究（10）：68-69.

李赛辉，2008. 深化农村信用社改革需重点解决的几个问题[J]. 中国金融（24）：67-68.

李小鹤，2012. 地方性中小商业银行与村镇银行的使命漂移：以安徽长丰科源村镇银行为例[J]. 中国证券期货（A08）：181-183.

刘艾琳，2012. 北京农商行股权转让遇冷 54 亿不良贷款压顶[N/OL].（2012-09-26）. http://bank.hexun.com/2012-09-26/146251728.html.

刘民权，徐忠，俞建拖，等，2005. 农村信用社市场化改革探索[J]. 金融研究（4）：99-113.

刘明，刘震，郭峰，2014. 山东省普惠金融发展现状及影响因素分析：基于普惠金融发展指数的实证研究[J]. 金融发展研究（12）：54-59.

刘乃云，2010. 农村金融全覆盖需社会合力：贵州农信社金融服务空白乡镇网点建设的探索与思考[J]. 中国农村金融（12）：22-24.

刘珊珊，2013. 农民资金互助组织的使命漂移识别[D]. 南京：南京农业大学.

刘勇，2010. 中国农村信用社制度变迁研究[D]. 武汉：华中农业大学.

马九杰，2015. 农村金融须加强基层网点建设[J]. 农村金融研究（7）：77.

马九杰，曾雅婷，吴本健，2013. 贫困地区农户家庭劳动力禀赋与生产经营决策[J]. 中国人口·资源与环境（5）：135-142.

马九杰，沈杰，2010. 中国农村金融排斥态势与金融普惠策略分析[J]. 农村金融研究（5）：5-10.

明洋，2011. 农信社股份制改革及公司治理研究[D]. 成都：西南财经大学.

秦霄，2002. 对临高县农村信用社撤并机构网点问题的探讨[J]. 海南金融（6）：56-57.

曲小刚，2013. 村镇银行双重目标的困境[J]. 银行家（7）：82-85.

曲小刚，2013. 农村正规金融机构双重目标兼顾研究[D]. 杨凌：西北农林科技大学.

孙飞霞，2011. 中国普惠型农村金融市场体系运行效率评价体系指标研究[J]. 经济师（12）：9-10.

唐青生，陈爱华，袁天昂，2010. 云南省贫困地区农村金融服务与网点覆盖建设的财政金融扶持政策研究[J]. 经济问题探索（8）：179-184.

田杰，刘勇，陶建平，2012. 社会经济特征、竞争优势与农村金融机构网点布局：来自我国 278 家村镇银行的经验证据[J]. 西北农林科技大学学报（社会科学版），12（6）：86-92.

汪小亚，2009. 农村金融体制改革研究[M]. 北京：中国金融出版社.

王小平，贾涛，张满红，等，1998. 陇南地区农村信用社机构撤并利弊之剖析[J]. 甘肃金融（12）：8-9.

吴晓灵，焦瑾璞，2011. 中国小额信贷蓝皮书[M]. 北京：经济科学出版社.

夏玉洁，2014. 微型金融机构双重目标关系研究[D]. 北京：北京工商大学.

校志峰，2013. 农村信用社网点建设的几点思路[J]. 中国投资（S2）：155.

徐志远，阙一心，1999. 1+1>2：对浙江省松阳县农村信用社撤并后的调查[J]. 中国农村金融（11）：25.

许朗，张虎，韦荫芬，2007. 农信社经营效率的影响因素分析[J]. 现代金融（4）：8-9.

严盛虎，2004. 中国小额信贷可持续发展研究[D]. 北京：北京林业大学.

颜麟，2014. 小额信贷双重目标相关性分析[D]. 济南：山东大学.

杨娴婷，杨亦民，2012. 农村新型金融组织的双重目标：矛盾、原因及对策[J]. 农村经济（4）：60-64.

杨亦民，肖金桂，2012. 农村新型金融组织双重目标的冲突与协调[J]. 湖南农业大学学报（社会科学版），13（2）：23-26.

张兵，李丹，2014. 新型农村金融机构网点布局及农户信贷可获性研究：以江苏省村镇银行为例[J]. 江苏社会科学（2）：256-262.

张世春，2012. 小额信贷社会绩效与财务绩效的协调发展研究：基于福利经济视角[J]. 金融理论与实践（7）：19-22.

张正平，何广文，梁毅菲，2012. 微型金融机构社会绩效研究进展述评[J]. 经济学动态（1）：141-145.

张正平，梁毅菲，2013. 小额贷款公司社会绩效评估体系的构建：基于层次分析法的实证研究[J]. 农业技术经济（8）：111-120.

张正平，王麦秀，2012. 小额信贷机构能兼顾服务穷人和与财务可持续的双重目标吗？——来自国际小额信贷市场的统计证据及其启示[J]. 农业经济问题（1）：98-109.

中国人民银行农村金融服务研究小组，2015. 中国农村金融服务报告 2014 [M]. 北京：中国金融出版社.

中国人民银行，2015. 2014 中国区域金融运行报告[EB/OL].（2015-07-03）[2015-07-05]. http://www.gov.cn/xinwen/2015-07/05/content_2890468.htm.

中华人民共和国中央政府，2003. 国务院关于印发深化农村信用社改革试点方案的通知[EB/OL].（2003-06-27）[2005-08-13]. http://www.gov.cn/zwgk/2005-08/13/content_22249.htm.

钟崴，潘志刚，2011. 新设网点生存困境之忧：对广东省河源市空白乡镇新设金融机构的调查[J]. 中国农村金融（21）：78-80.

周立，陈莎，2012. 中国农村金融地理排斥的空间差异：基于“金融密度”衡量指标体系的研究[J]. 银行家（7）：106-109.

周天芸，2012. 农村小额信贷的“使命漂移”与中国验证[J]. 安徽师范大学学报（人文社会科学版），40（4）：500-504.

周治富，郭梅亮，2011. 中国农村信用社改革绩效评价：基于 Yaron 农村金融机构业绩评估指标的研究[J]. 经济问题探索（10）：59-65.

ANNIM S K，2009. Targeting the poor versus financial sustainability and external funding：evidence of microfinance institutions in Ghana [R]. Manchester：Brooks World Poverty Institute，University of Manchester.

CGAP，2006. Good practice guidelines for funders of microfinance [R]. Washington D C：the

World Bank.

CGAP，2004. Key principles of microfinance [R]. Washington D C：the World Bank.

CGAP，2006. Access for all：building inclusive financial systems [R]. Washington D C：the World Bank.

CGAP，2006. Financial inclusion 2015 [R]. Washington D C：the World Bank.

CGAP，2012. Financial inclusion in China [R]. Washington D C：the World Bank.

CHRISTEN P，ROSENBERG R，JAYADEVA V，2004. Financial institutions with a double bottom line：implication for the future of microfinance [R]. Washington D C：CGAP.

CONNING J，1999. Outreach，sustainability and leverage in monitored and peer - monitored leading [J]. Journal of development economics，60 (1)：51-77.

COPESTAKE J，2007. Mission drift：understand it，avoid it [J]. World development，43 (9)：731-755.

CULL R，DEMIRGÜÇ-KUNT A，MORDUCH J，2007. Financial performance and outreach：a global analysis of leading microbanks [J]. The economic journal，117 (517)：107-133.

DICHTER T W，1997. Questioning the future of NGOs in microfinance [J]. Journal of international development.

DOLIGEZ F，LAPENU C，2006. Stakes of measuring social performance in microfinance [R]. CERISE Discussion Papers.

DRAKE D，RHYNE E，2002. The commercialization of microfinance：balancing business and development [M]. Bloomfield C T：Kumarian Press.

FRANK C，LYNCH E，SCHNEIDER-MORETTO L，2008. Stemming the tide of mission drift：microfinance transformations and the double bottom line [R]Women' s World Banking Focus note.

HULME D，MOSLEY P，1996. Financial sustainability，targeting the poorest，and income impact：are there trade-offs for microfinance institutions [R]. Washington D C：the World Bank.

JOHNSON S，ROGALY B，1997. Microfinance and poverty reduction [M]. Oxford：Oxfam.

KERETA B，2007. Outreach and financial performance analysis of microfinance institutions in Ethiopia：Economic Conference 2007，nov 15-17th [R]. Addis Ababa，Ethiopia：African Economic Conference. African2007.

LEDGERWOOD J，1998. Sustainable banking with poor：microfinance handbook an institutional and financial perspective [R]. Washington D C：the World Bank.

LEYSHON A，THRIFT N，1996. Financial exclusion and the shifting boundaries of the financial system [J]. Environment & planning A，28 (7)：1150-1156.

MEESTERS A，LENSINK R，HERMES N，2011. Outreach and efficiency of microfinance institutions [J]. World development，39 (6)：938-948.

MIX，2011. Mix social performance indicators [R]. Washington D C：Microfinance Information Exchange.

PERERA D，2010. Commercial Microfinance：A Strategy to Reach the Poor? [R]. Kelaniya：Department of Accountancy，University of Kelaniya.

RHYNE E，1998. The Yin and Yang of micofinance：reaching the poor and sustainability [J]. MicroBanking Bulletin.

The World Bank，2008. Finance for all policies and pitfalls in expanding access [R]. Washington D C：the World Bank.

ZELLER M，MEYER R L，2002. The triangle of microfinance：financial sustainability，outreach，and impact [M]. Baltimore：Johns Hopkins University Press.

第四章　农信社支农激励的多任务委托代理[①]

导读：作为金融支农的主力军，农信社具有盈利和支农的双重目标。在2003年开始的新一轮改革中，盈利和支农任务的替代关系相对较高，金融当局作为单一委托人主导着农信社的经营和支农。改革前期，由于农信社亏损面较大，金融当局提供了专项中央银行票据、专项借款和保值储蓄补贴等固定激励来让农信社参与到改革中来。改革后期，为了提高支农任务的可监督性，金融当局于2007年制定了《涉农贷款专项统计制度》，从而为提高支农激励提供了依据。此后，涉农贷款增量奖励、定向费用补贴政策先后出台。

随着支农和盈利任务替代关系的下降，金融当局开始推动农信社的银行化改革。改制后的农商行双重目标开始分化，委托人也出现了分化。股东与董事会主要负责农商行的经营与盈利，更关注盈利目标；金融当局主要督促农信社的支农任务，更关注支农政策目标。伴随双重目标和委托人的分离，金融当局应继续提供适当的支农激励，并因为股东的引入而持续弱化盈利激励。

激励政策的制定主要跟支农任务的可监督性以及支农与盈利任务之间的关系有关。部分激励政策运用得当，发挥了很大作用，但也有部分政策存在低效和不足。激励政策的不当和不足使得农信社支农的动力和效率有所下降，成为导致农村地区金融供给不足的原因之一。有效的激励和有效的监督可以提高农信社的支农效率。本章认为：首先，要尽快改进《涉农贷款专项统计制度》，继续提高支农任务的可监督性；其次，在制定激励政策时还需考虑盈利和支农的关系，根据盈利和支农的关系变化顺其自然地推进改制；最后，对农信社的激励政策都应体现差别化激励，同时要健全各类扶持政策和资金使用的监管制度，保证促进农信社支农的支出真正能用于“三农”。

① 本章在刘开宇2017年硕士论文的基础上改编，周立指导该论文写作。原文标题为《改革背景下农信社支农的激励问题研究——基于多任务委托代理模型》。

第一节　前　　言

一、研究背景及问题提出

自2005年联合国提出普惠金融（inclusive finance）的概念以来，多数发展中国家都在积极践行这一理念，先后制定并出台了多项政策。近些年中国也在不断加强对普惠金融的支持力度，“三农”领域自然成为普惠金融的重点服务对象。为鼓励农信社等涉农金融机构扎根农村金融市场，提供更好的金融服务，财政部、中国人民银行、国家税务总局和银监会等部门制定了很多优惠政策，从支农再贷款到营业税、所得税减免，再到涉农贷款增量奖励、定向费用补贴等，覆盖了财税金融的方方面面，但“三农”资金需求仍得不到有效缓解，农村金融供给依然不足。需要借贷但未能从农村正式金融安排获得贷款的农户，约占调研农户的40%（韩俊等，2007）。农村金融市场金融排斥现象严重，贫困农户是典型的“边缘借款人”（马九杰和沈杰，2010）。农村银行排斥的主要根源是供给排斥，尤以价格排斥和营销排斥最为突出（粟芳和方蕾，2016）。当前农村金融价格竞争不充分，金融抑制严重（谢平和徐忠，2013）。中国社会科学院财经战略研究院发布的《中国“三农”互联网金融发展报告（2016）》显示，2014年“三农”金融的缺口达3.05万亿元。

农村正式金融安排供给不足给多家互联网公司的进入留下了市场空间。蚂蚁金服、京东金融将农村金融作为公司发展的重要战略之一，利用电商优势在线上获取用户，利用物流优势在线下下沉渠道，深耕农村金融业务。此外，还有翼龙贷、希望金融、什马金融、农分期等多家互联网金融公司在积极抢占农村金融蓝海市场。

上述研究和事实说明，供给约束，即现有农村金融体系不能满足“三农”金融需求，已成为业内共识。针对农村金融供给不足的原因，已有的研究多集中在“缺什么”上，例如缺健全的农村金融体系（谢平等，2006）、缺金融网点（湖南省永州市银行业协会课题组，2009）、缺担保品（马九杰等，2010）等。

这样分析的大前提是农村正式金融安排具有主动服务“三农”的意愿。然而事实上，农村正式金融安排服务“三农”的意愿和程度是一个动态变化的过程。以农信社为例，2003年后金融当局主导了农信社的发展，而在当前银行化改革的背景下，金融当局又在积极引入民间股东，这期间盈利与支农的关系在发生变化，激励政策也会有所不同。在农信社尚不能维持自身运转或追求更大的商业利益时，激励政策若不能有效发挥引导作用，支农便成了“表面功夫”。本章以农村正式金融安排的主力——农信社为研究对象，以 2003 年以来农信社的改革进程为背景，以激励政策为切入点，以研究激励理论的多任务委托代理模型为分析工具，提出导致农村金融供给不足的另一层面的原因：激励机制的不当与低效。

二、研究内容与方法

（一）研究内容

农信社面临着盈利和支农的双重任务，并且在银行化改革的背景下，经历了由单一委托人（金融当局）到双委托人（金融当局和股东）的转变①。首先，本章从多任务委托代理和基于双委托人的多任务委托代理理论出发，给出在单一委托人和双委托人的情况下，对两项任务的激励应当符合的条件、约束及其应有的变化；然后，对激励政策和调研案例进行批判性的分析与评价，判断已有的激励政策中哪些是有效的，哪些是低效的；最后，提出对政策改进的建议，并总结本章的不足。

（二）研究方法

首先，本章使用了多任务委托代理和基于双委托人的多任务委托代理理论，属于数理模型的应用，这个过程需要合理的假设和严格的数学推导；其次，为了验证由模型得出的结论，本章将使用案例进行分析。

三、研究问题界定

（一）研究范畴界定

按补贴、优惠、奖励等财税金融支农政策是否直接发放到农户手中或直接作用在农户身上，可以将支农政策分为直接支农政策和间接支农政策。两者的区别在于支农政策是否通过中间机构发挥作用。如果通过中间机构，则属于间接支农政策，如涉农贷款“两个不低于”、基础金融服务“村村通”等，农民间接享受着政策福利；如果不通过中间机构，就是直接支农政策，如种粮补贴、农机补贴等，农民直接就享受到优惠政策。间接支农政策的顺利施行需要

① 现实情况中，农信社面临着省联社、中国人民银行、银监会、地方政府和股东等多个“婆婆”的管理，存在多个委托主体。这些主体中，除股东外，其他部门可以算作中央为实行财税金融控制而设立的管理机构，本章将这些管理机构简化为一个主体“金融当局”。

中间机构的支持，如保险机构（农业保险公司）、银行机构（农信社、村镇银行）等。本章的研究范畴就是如何更有效地对农信社/农商行进行政策激励，使它们在追求盈利时也能更好地支农惠农，为“三农”提供更多的金融供给和服务，充分发挥间接支农的作用。

（二）相关概念界定

（1）农信社。农信社在广义上包括农信社、农合行和农商行三类法人机构，本章的“农信社”也是采用广义上的概念。

（2）银行化改革。通过全面消除资格股、引进民企股东等方式增资扩股，并利用资产置换等手段来满足监管指标要求，将农信社、农合行改制成股份制的农商行。

（3）金融当局。本章所说的金融当局包括中国人民银行、银监会、财政部、国家税务总局以及地方政府相关部门在内的对农信社具有重要影响的激励政策制定者。

（4）政策激励。为增强农信社的支农能力和意愿，使农信社能更好地为“三农”服务，金融当局制定了各种激励政策和手段。激励可以是正向的，也可以是负向的；可以是不变的固定激励，也可以是一定比例的分享激励。

固定激励是指委托人给予代理人的固定支付，有正向的（如固定工资、直接奖励），也有负向的（如对农信社的处罚等）。分享激励又称分享系数或激励系数，是委托人将归其所有的产出或收益的一定比例分享给代理人，一般是正向的，如金融当局在财税金融方面按一定比例进行奖励、补贴和优惠等。

（5）多任务委托代理。在委托代理关系中，代理人具有来自一个委托人的多项委托任务。本章主要分析的主要是盈利与支农这两项任务。

（6）双委托人。在委托代理关系中，代理人具有两个委托人。本章主要研究金融当局和股东这两个委托人。

（7）可监督性。代理人的努力向量和代理人努力产生的信息向量（委托人观测到的）之间存在一定的偏差，偏差越大，可监督性越差。

（8）双重任务的替代性和互补性。一项任务的边际成本除受这项任务本身影响外，还受其他相关任务的影响，据此可将多项任务分为替代性和互补性两大类。如果代理人在一项任务上越努力，执行另一项任务的边际成本就越高，即增加了另一项任务的边际成本，那么这两项任务之间就存在替代关系；如果代理人在一项任务上越努力，执行另一项任务的边际成本就越低，即降低了另一项任务的边际成本，那么这两项任务之间就存在互补关系。

在本章的分析中，盈利作为经营性目标，支农作为政治性目标。对农信社而言，盈利和支农在“政治一经济”张力下存在着替代关系，但是替代关系在不断降低，具体参见第四节中有关“概念框架”的内容。

四、结构安排

本章的结构安排主要由前言、农村信用合作社改革与激励政策、文献综述、研究基础与概念框架、理论模型推导与分析、政策与案例分析、政策建议与研究展望共7节组成。本章思路如图4-1所示。

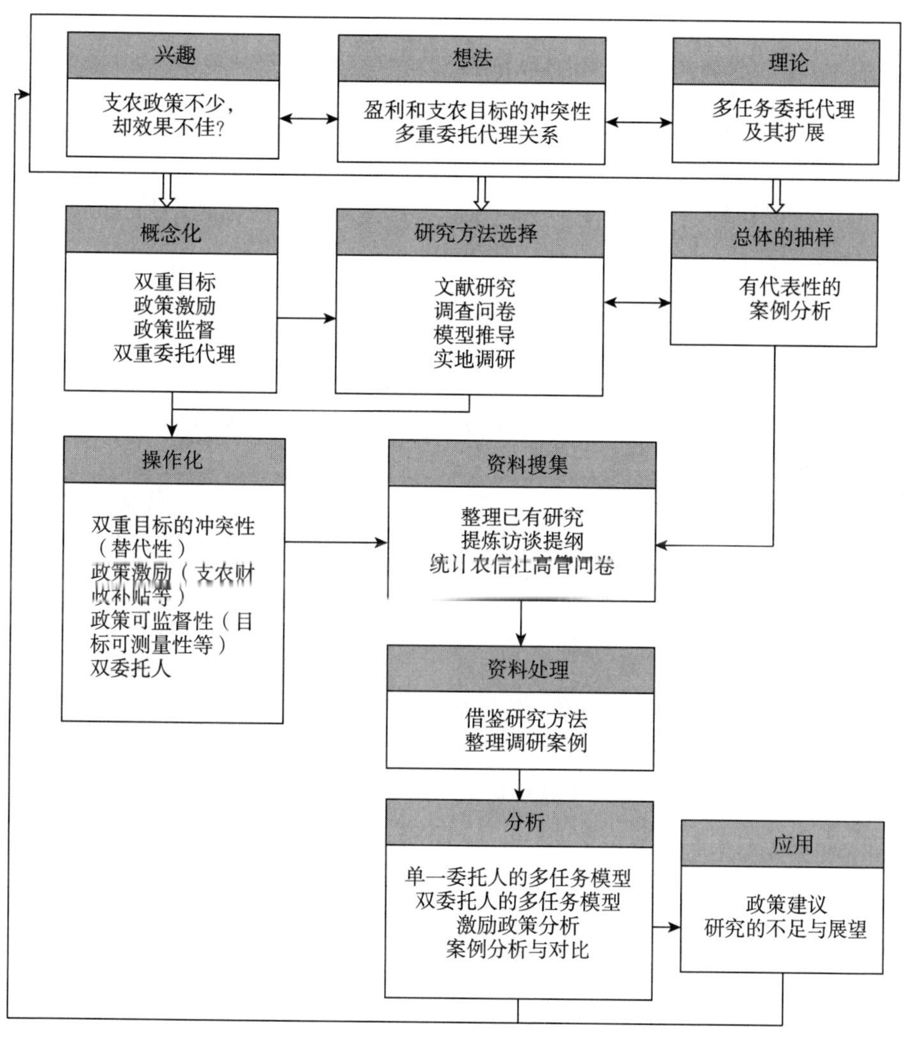

图4-1 本章思路

第二节 农信社改革与激励政策

一、农信社改革历程

本节依据农信社的制度导向，将农信社的改革进程按照“近实远虚、近详远略”的叙述方法分为合作制导向的农信社制度变迁、下放省级管理的改革以及股份制导向的银行化改革三个阶段。

（一）合作制导向的农信社制度变迁（1951—2000年）

这一历史时期跨度较长，虽然农信社的主管机构多次改变，但始终坚持合作制的改革方向。具体又可以分为以下四个阶段：

（1）初创阶段（1951—1958年）。以行政乡镇为单位组建农信社，一面抽取农村资金剩余，一面兼顾农业生产需求。

（2）停滞阶段（1958—1978年）。农信社先后交由人民公社、生产大队和贫下中农进行管理，合作性质渐失。

（3）恢复阶段（1978—1996年）。合作制的方向再次确立，农信社的领导和管理机构变为中国农业银行。农信社和中国农业银行在业务上存在重合和竞争，但农信社丧失了自主经营权，形成大量不良贷款。

（4）“行社脱钩”阶段（1996—2000年）。农信社脱离中国农业银行代管，由中国人民银行及其各地分支行承担监管责任。该阶段以“农民自愿入股、社员民主管理、主要为社员服务”为农信社办社目标。

然而合作制改革的方向并不能解决农信社产权不清晰、法人治理混乱的问题，农信社事实上成为地方政府的“第二财政”，“强制贷款、平调资产、摊派钱物、报销费用”等现象屡见不鲜，农信社缺乏自主经营和市场化运作的动力。根据2002年末的监管数据，全国农信社系统资不抵债3 300多亿元，不良贷款余额5 147亿元，不良贷款率37%，资本充足率为−8.45%，资本净额为−1 217.2亿元。1994—2003年，全国农信社连续10年亏损。其中，2002年亏损58亿元，亏损面33.5%。

（二）下放省级管理的改革（2000—2010年）

为了“拯救”农信社，2000年，江苏省开始试点农信社改革。2003年6月国务院颁布《深化农村信用社改革试点方案》，加快农信社管理体制和产权制度改革，农信社新一轮改革正式启动。各地农村信用试点了以县（市）为单位统一法人、农合行以及农商行（东部个别地区）等组织形式，并在此基础上先后组建省联社。

为帮助农信社消化历史包袱并积极参与改革，中国人民银行会同银监会及时制定发布了资金支持政策，并按照规定的程序和条件精心组织实施资金支持政策。2003年—2010年，全国农信社共消化历年亏损挂账1 070亿元，降幅达到81%（胡晓炼，2013）。“花钱买机制”成效明显，至少在财务上实现了可持续。

金融当局在这次农信社改革中付出了巨大的成本，必然要求这次改革“只许成功，不许失败”，必然会增强对农信社的控制和管理。而农信社股权高度分散、股东素质低下和自我管理能力薄弱也为金融当局进入提供了“正当理由”。因此通过这一轮改革，金融当局强化了对农信社的金融控制，并在盈利和支农之间寻找平衡。

（三）股份制导向的银行化改革（2011年至今）

2010年11月，《中国银监会关于加快推进农村合作金融机构股权改造的指导意见》发布，拉开了农信社银行化改革的序幕。《中国银监会关于加快推进农村合作金融机构股权改造的指导意见》指出：“在2015年底前取消资格股。今后不再组建农村合作银行，符合农村商业银行准入条件的农村信用联社和农村合作银行，应直接改制为农村商业银行；暂不符合条件的，要尽快将资格股全部转换为投资股，并改制组建为股份制的农村信用社。”

2011年8月，银监会原合作金融机构监管部明确提出，用五年左右的时间全面完成农信社的股份制改革，基本建立现代农村银行制度，同时鼓励银行机构和优质企业兼并重组高风险农信社。由于管理权限已下放给省政府，各省份将银行化改革列为政府的重要任务之一，明确改革的具体任务目标和时间表，制定资产置换、不良资产处置等政策，用行政力量推动农信社的银行化改革。

从2014年开始，农信社银行化改革的进程明显加快。2014年12月，银监会发布通知，继续调整放宽民间资本参与农信社股份制改革的条件。根据《中国银行业监督管理委员会2015年报》，截至2015年底，农商行达到859个，比2010年增加774个；县（市）级农信联社比2010年减少1 347个，2015年为1 299个；农合行比2010年减少152个，2015年为71个。到2016年底，安徽、江苏、湖北、山东和江西等5个省份全面完成农信社银行化改革。

与此同时，金融当局也在积极推进省联社改革。银监会于2012年9月出台了规范省级联社法人治理方面的指导意见，提出了“淡出行政管理职能，强化服务职能”；2013年11月，银监会领导在地方调研时，又提出了“小银行+大平台”的方向。近年来，银监会着手改革“省联社驻地（市）办事处”，改为“区域稽核审计中心”。

农信社的银行化改革，有助于建立起管理规范、治理有效的现代法人治理结构，健全的股东大会、董事会、监事会制度，完善的董事会决策、高级管理层经营、监事会监督的法人治理模式，权责分明而又相互制约，从而真正强化股东的责任和主体意识，增强股东参与经营管理的积极性和主动性。金融当局在经营上的影响力逐渐从农信社减退。

二、金融当局的激励政策

本章将中国人民银行、银监会、财政部和国家税务总局等部门制定的激励政策进行了详细的梳理。除此之外，地方政府也有相应的扶持政策，例如税款补贴、以土地置换不良资产、对在金融服务空白地区新增网点或服务采取补贴等，各地不尽一致，本部分主要讨论在全国层面具有统一影响的政策。有效的激励政策可以在增加农信社经营活力的同时避免偏离支农，盈利和支农能否在不同阶段协调好，将决定激励政策的好坏优劣。

（一）中国人民银行、银监会的激励政策

1. 中国人民银行的激励政策

（1）专项中央银行票据/专项借款。专项中央银行票据和专项借款是启动农信社改革试点以来，中国人民银行会同银监会设计的两种资金支持方式，由试点地区的农信社自主选择。专项中央银行票据发行额按 2002 年末实际资不抵债数额的 50%核定，发行和兑付与农信社改革实施进程挂钩，包括完善法人治理结构、增资扩股、提高资本充足率和降低不良贷款比例等。票据兑付后还有 3 年的票据兑付后续监测期。

专项借款是指中国人民银行为帮助资不抵债的农信社消化历史包袱而发放的专项再贷款，按 2002 年末实际资不抵债数额的 50%核定，其发放应与省政府制定的辖内农信社改革试点实施方案的实施进程挂钩。

（2）支农再贷款。中国人民银行从 1999 年开办再贷款业务，用来增加农信社可贷资金、促进扩大支农信贷投放，并向西部地区和粮食主产区倾斜。据《中国农村金融服务报告 2008》披露，1999—2007 年，中国人民银行共安排支农再贷款额度 1 288 亿元，累计发放 1.2 万亿元。此后，支农再贷款政策有两次调整：①2009 年，将支农再贷款的发放范围由农信社扩大到设在县域以下的存款类金融机构法人，将再贷款用途由只发放给农户扩大至其他涉农信贷；②2014 年，下调支农再贷款利率 0.25 个百分点，明确运用支农再贷款发放涉农贷款的考核标准。据《中国农村金融服务报告 2014》披露，2014 年 12 月

末，全国支农再贷款余额 2 154 亿元，当年累计发放 3 102 亿元。

（3）信贷政策导向评估。为真正发挥货币信贷政策对支农支小的引导作用，2014 年 2 月，《中国人民银行办公厅关于做好 2013 年度涉农和小微企业信贷政策导向效果评估有关事项的通知》发布。该通知将各项指标评分结果与再贷款、再贴现、同业拆借准入和限额调整、债券市场备案等有效结合。

（4）差别存款准备金率。从 2004 年 4 月 25 日起，中国人民银行实行差别存款准备金率制度，将存款准备金率与其资本充足率、资产质量等指标相关联，资本充足率相对较低的银行机构实行相对较高的存款准备金率。但农信社暂缓执行差别存款准备金率制度。

2006 年 6 月 16 日和 7 月 21 日，中国人民银行上调存款准备金率，这两次都暂不上调农信社（含农合行）的存款准备金率。农信社自 1999 年底执行 6%的准备金率以来，到 2006 年，已有 7 年没上调。

2010 年 1 月、2 月和 5 月，中国人民银行分三次上调准备金率 0.5 个点，但为增强支农资金实力，加大对“三农”和县域经济的支持力度，同期农信社等小型金融机构的存款准备金率均暂不上调，维持原来的 13.5%不变。这次调整后，农信社的准备金率比普通的中小型商业银行低 3 个百分点左右。

（5）定向降准。中国人民银行 2014 年引入定向降准作为一种货币政策工具，对审慎经营且满足一定标准的银行机构定向下调准备金率，精准调节开始发力。

2014 年 4 月，中国人民银行定向下调县域地区农商行准备金率 2 个百分点、县域地区农合行准备金率 0.5 个百分点。调整后县域地区农商行、农合行的准备金率分别为 16%和 14%。另外，对符合一定比例存款投放当地的县域农商行、农合行再降低 1 个百分点。

2015 年 4 月，中国人民银行整体下调准备金率 1 个百分点。在此基础上，对农信社、村镇银行等农村金融机构再额外降低 1 个百分点，并统一下调农合行的准备金率至农信社水平。

2015 年 9 月，中国人民银行额外降低县域农商行、农合行、农信社和村镇银行金融机构准备金率 0.5 个百分点。

（6）扶贫再贷款。2015 年，中国人民银行设立扶贫再贷款，并要求地方法人金融机构将借用的扶贫再贷款资金全部用于发放贫困地区涉农贷款，发放对象是贫困地区的农信社系统和村镇银行等。同时，为提高政策实效，中国人民银行加大对扶贫再贷款资金投向、用途、数量、利率等的监测分析和评估考核，建立健全正向激励制度。

（7）行政处罚。中国人民银行会对涉农贷款分类的统计造假、涉农专款资金挪用以及是否执行涉农贷款优惠利率等进行检查，并对不合规的单位责令整改或进行行政处罚。

2. 银监会的激励政策

作为监管机构，银监会和地方银监部门会对违法违规操作的部分机构进行处罚，这是体现激励政策负向的一方面。银监部门可以根据制定的行政法规对农村合作金融机构的违法行为进行行政处罚，例如对挪用支农资金、改变贷款分类等。而为了践行普惠金融，银监会也通过行政手段推动基础金融服务进村。此外，也有相关的正向激励政策。

银监会的激励政策如表 4-1 所示。

表 4-1 银监会的激励政策

文件名	文件号	政策主要内容
《中国银监会关于商业银行发行"三农"专项金融债有关事项的通知》	银监发〔2013〕39 号	"三农"专项金融债是商业银行按照规定发行，募集资金专项用于发放涉农贷款的金融债券。要满足最近两年涉农贷款年度增速高于全部贷款平均增速或增量高于上年同期水平，上一年监管评级为 3 级及以上
《关于重新发布银监会事业性收费项目的通知》	财综〔2010〕60 号	对农信社、农合行、农商行和三类新型农村金融机构（村镇银行、社区资金互助社和贷款有限责任公司）免收银行业监管费
《财政部 国家发展改革委关于重新发布银行业监管收费项目的通知》	财综〔2013〕106 号	对农信社、农合行、农商行和三类新型农村金融机构（村镇银行、社区资金互助社和贷款有限责任公司）免收银行业监管费。执行期自 2013 年 1 月 1 日至 2015 年 12 月 31 日，有效期满后由银监会重新申报
《关于重新发布中国银行业监督管理委员行政事业性收费项目的通知》	财税〔2015〕21 号	对农信社、农商行、农合行和三类新型农村金融机构（村镇银行、社区资金互助社和贷款有限责任公司）免收银行业监管费

（二）财政部、国家税务总局的激励政策

1. 财税号文件

财税号文件如表 4-2 所示。

表 4-2 财税号文件

文件名	文件号	涉及农村金融扶持政策的主要内容
《财政部 国家税务总局关于试点地区农村信用社税收政策的通知》	财税〔2004〕35 号	从 2003 年 1 月 1 日起至 2005 年底，对西部地区和江西、吉林省实行改革试点的农村信用社暂免征收企业所得税；对其他地区实行改革试点的农村信用社，按其应纳税额减半征收企业所得税。从 2003 年 1 月 1 日起，对改革试点地区所有农村信用社的营业税按 3%的税率征收

（续）

文件名	文件号	涉及农村金融扶持政策的主要内容
《财政部　国家税务总局关于进一步扩大试点地区农村信用社有关税收政策问题的通知》	财税〔2004〕177号	从2004年1月1日起至2006年底，对参与试点的中西部地区农村信用社暂免征收企业所得税；其他试点地区农村信用社，按其应纳税额减半征收企业所得税。从2004年1月1日起，对改革试点地区农村信用社取得的金融保险业应税收入，按3%的税率征收营业税
《财政部　国家税务总局关于延长试点地区农村信用社有关税收政策期限的通知》	财税〔2006〕46号	对财税〔2004〕35号文件和财税〔2004〕177号文件给予试点地区和进一步扩大试点地区农信社的企业所得税优惠政策，在执行到期后，再延长三年优惠期限，分别延至2008年底和2009年底。改革试点地区的农村信用社已改制为农商行的，不再享受本通知明确的税收优惠政策。改革试点地区的农信社要将上述免税收入专项用于核销挂账亏损或增加拨备，不得用于分红
《财政部　国家税务总局关于金融企业涉农贷款和中小企业贷款损失准备金税前扣除政策的通知》	财税〔2009〕99号	金融企业对涉农贷款和中小企业贷款进行风险分类后，按照比例计提的贷款损失专项准备金，准予在计算应纳税所得额时扣除，自2008年1月1日起至2010年12月31日止执行
《财政部　国家税务总局关于农村金融有关税收政策的通知》	财税〔2010〕4号	自2009年1月1日至2013年12月31日，对金融机构农户小额贷款的利息收入，免征营业税；在计算应纳税所得额时，按90%计入收入总额。自2009年1月1日至2011年12月31日，对农信社、村镇银行、农村资金互助社、由银行业机构全资发起设立的贷款公司、法人机构所在地在县（含县级市、区、旗）及县以下地区的农合行和农商行的金融保险业收入减按3%的税率征收营业税
《财政部　国家税务总局关于延长农村金融机构营业税政策执行期限的通知》	财税〔2011〕101号	将财税〔2010〕4号文件中规定的3%的营业税税率优惠的执行期限延长至2015年12月31日
《财政部　国家税务总局关于延长金融企业涉农贷款和中小企业贷款损失准备金税前扣除政策执行期限的通知》	财税〔2011〕104号	将财税〔2009〕99号文件中规定的金融企业涉农贷款和中小企业贷款损失准备金税前扣除的政策，继续执行至2013年12月31日
《财政部　国家税务总局关于延续并完善支持农村金融发展有关税收政策的通知》	财税〔2014〕102号	自2014年1月1日至2016年12月31日，对金融机构农户小额贷款的利息收入，免征营业税；在计算应纳税所得额时，按90%计入收入总额

（续）

文件名	文件号	涉及农村金融扶持政策的主要内容
《财政部　国家税务总局关于金融企业涉农贷款和中小企业贷款损失准备金税前扣除有关问题的通知》	财税〔2015〕3号	金融企业对涉农贷款和中小企业贷款进行风险分类后，按照比例计提的贷款损失准备金，准予在计算应纳税所得额时扣除，自2014年1月1日起至2018年12月31日止执行

2. 财金号文件

财金号文件如表4-3所示。

表4-3　财金号文件

文件名	文件号	涉及农村金融激励政策的主要内容
《财政部关于印发〈农村信用社保值储蓄补贴办法〉的通知》	财金〔2003〕123号	1994至1997年期间有年度经营亏损的农村信用社，由国家财政对其实付的保值贴补息给予补贴
《关于印发〈中央财政农村金融机构定向费用补贴资金管理暂行办法〉的通知》	财金〔2010〕42号	将西部基础金融服务薄弱地区的银行业金融机构（网点）纳入补贴范围，中央财政按其当年贷款平均余额的2%给予补贴
《关于印发〈财政县域金融机构涉农贷款增量奖励资金管理办法〉的通知》	财金〔2010〕116号	财政部门对县域金融机构当年涉农贷款平均余额同比增长超过15%的部分，按2%的比例给予奖励。奖励资金由中央和对方财政分担。东、中、西部地区，中央与地方财政分担比例分别为3∶7、5∶5、7∶3
《财政部关于印发〈农村金融机构定向费用补贴资金管理办法〉的通知》	财金〔2014〕12号	在财金〔2010〕42号文件的基础上，明确东、中、西部地区的中央与地方财政分担比例分别为7∶3、8∶2、9∶1，补贴期限分别为自该机构开业当年起的3、4、5年内
《财政部关于印发〈普惠金融发展专项资金管理办法〉的通知》	财金〔2016〕85号	明确其使用方向包括县域金融机构涉农贷款增量奖励、农村金融机构定向费用补贴、创业担保贷款贴息及奖补、政府和社会资本合作（PPP）项目以奖代补等四个。《财政县域金融机构涉农贷款增量奖励资金管理办法》（财金〔2010〕116号）、《农村金融机构定向费用补贴资金管理办法》（财金〔2014〕12号）、《小额担保贷款财政贴息资金管理办法》（财金〔2008〕100号）同时废止

3. 其他激励政策

其他的激励政策主要是关于扶贫贷款贴息方面的。中央财政自 1998 年起专门安排扶贫贷款贴息资金，并在 2008 年全面改革扶贫贴息贷款管理体制，下放管理权限到省。2001—2011 年，中央财政累计安排扶贫贷款财政贴息 59.84 亿元。

三、小结

将农信社改革与金融当局的激励政策结合来看，金融当局影响着农信社改革的进程。金融当局在不同阶段制定不同的激励政策，引导着农信社改革的方向。

2003 年之前的合作制既没有很好地解决所有者缺位的问题，也没能引入强势的金融当局来主导其阶段性发展，合作制改革的方向不能恰当平衡盈利与支农的替代关系，导致这一阶段农信社自身生存都成了问题，支农也便成为空谈。

在金融当局的介入和支持下，2003 年的改革是以金融当局提供专项中央银行票据等资金支持开始的，并以组建省联社为特色，强化了对农信社的金融控制。从激励的角度看，专项票据、专项借款以及保值补贴可以视为金融当局提供的一笔“固定激励”，以让农信社系统继续参与到改革和支农的任务中来。同时，为避免改革后的农信社过分追求盈利而忽视支农，《中国人民银行　中国银行业监督管理委员会关于建立〈涉农贷款专项统计制度〉的通知》（银发〔2007〕246 号）于 2007 年 7 月 25 日发布。金融当局和省联社强势主导着农信社的经营和管理，并在盈利和支农之间寻找着平衡。

经过 7 年左右的发展，在税收优惠、涉农奖励以及费用补贴等“分享激励”政策的支持下，扭亏为盈的农信社系统整体步入正轨并实现良性循环，自主生存已不成问题，“花钱买机制”的任务阶段性完成。“既当爹又当妈”的金融当局已不宜再对农信社的经营进行过多干涉，因此 2010 年银监会开始启动银行化改革，通过引入民间资本、建立“三会一层”来打造完整的公司治理体系，同时“抓紧研究制定省联社改革方案”，力推省联社去行政化。从“股东”位置上退出的金融当局，在农商行里只需扮演监督支农的“监工”角色。

总结上述过程，针对农信社制定的激励政策受到盈利和支农关系动态变化的影响。对金融当局而言，不同的阶段配合不同的激励，既要兼顾到农信社的经营压力，也要让其尽量有精力和动力去做支农的事情。同时，为了监督农信社支农任务的落实情况，金融当局还要制定相关的涉农监管制度。激励政策总体而言发挥了积极的作用，涉农监管制度也起到了一定的效果，但也都存在低效和不足的地方，本章将在第六节进行分析。

第三节　文献综述

一、农信社改革相关研究

从制度的角度，谢平（2001）认为，农信社改革的关键是做好产权改革；农村金融须坚持多样性。刘民权和徐忠（2003）认为，农信社改革应坚持合作制，同时给予农信社“三农”服务补偿，改革过程中还应避免成员资格的变相普及化并建立强有力的开除机制。明洋和郑伟（2011）认为在农信社社员（股东）产权中最为核心的控制权、剩余索取权都不存在，社员入股的股金本质上更接近于一种保本付息、随时支取的“特殊存款”，更是一种象征性的资本而不具备真正的资本属性。国家信用是农信社赖以生存和发展的“资本”，农信社的控制权、剩余索取权和风险责任均在国家。因此农信社不具备向合作制变迁的条件，股份制改革成为明晰产权、完善管理体制的必由之路。

从博弈的角度，王家传和宋磊（2005）分析了农信社产权改革的路径，最终的纳什均衡表明在现有基础上搞统一的合作制无法成功，农信社改革必须走“多元化”产权组织模式道路。张雪春（2006）认为，在中国，农信社更多是在充当政府支持“三农”的工具，而非独立的商业化金融。政府在农信社改革与发展中给予了很大帮助，但也存在干预过度。魏金明、张旭和陈敏（2007）认为，由于合作金融法的空缺、农信社承担服务“三农”的特殊职责以及农信社自身体制缺陷，基层政府不当干预农信社资金投向、人事安排并向其转嫁地方改革成本，省级政府应及时采取对策。阚先学、韩秀兰和罗剑朝（2009）分析了政府在农信社推行合作制的动态博弈，指出政府应以民主管理而非互助融资为标准来推行合作制。丁述军和关冬蕾（2011）分析了政府和农信社之间的博弈，认为政府与农信社在合作博弈的状态下可以实现帕累托最优，为了鼓励其发展，政府应建立高效的补贴机制、选择最优的合作制推行标准以及加强农村金融体系建设。邓岩（2012）以东部地区的山东省为例进行分析，结论是政府过多干预和行政化管理是导致农信社发展缓慢的关键原因，建议将省联社改组为社团法人性质的行业协会。朱承亮（2015）研究了农信社的支农和盈利双任务，为提高双重目标的协调性，提出单边突破、扬优补劣和跳跃式三种改革方式。

二、激励政策相关研究

总的来看，王洪斌和田希永（2007）认为，当前存在农村信贷资金供求矛盾、支农与企业化经营管理两个目标相悖、农村金融机构偏离支农等问题，急需建立健全监督机制，加强对各涉农金融机构支农任务的考核。陈治（2010）认为，目前中国存在着财政激励缺位或过度的问题，财政激励应遵循适度、市场化和开放性原则，在财政奖补、税收优惠、分担信贷损失等方面不断完善。叶雯、刘慧宏和熊德平（2015）认为，政府与金融机构在反复的博弈中也在不断调整策略，在支农初期，政府必须加大对金融机构的激励，谨慎监管，才能切实做到金融支农，实现发展农村经济的目标。

具体来看，对于专项中央银行票据和专项借款，董晓林、褚保金和杨晓蓉（2008）认为在该项政策支持下，农信社财务上改善显著，资本充足率、不良贷款均大有改观，但并未明显提高农信社的业绩和支农功能，“花钱买机制”效果不如预期。胡晓炼（2013）评价扶持政策落实到位，长期积累的沉重历史包袱有效化解，资产质量和经营财务状况明显改善，但还存在一些深层次体制机制问题。对于支农再贷款，曹崇福（2007）提出应调整政策界限，放宽使用范围；调整支农再贷款的期限设置，使其更符合农业生产周期和农户经营周期的需要；建立支农再贷款风险分担机制。对于定向降准，马理、娄田田和牛慕鸿（2015）以农业贷款作为定向降准政策的代表性调控目标，构建了跨期效用函数，研究了定向降准货币政策的传到渠道及商业银行的行为选择，结论显示定向降准具有一定的“调结构”功能，但还需要其他政策的协调配合。对于保值储蓄补贴，史晓林和任俊岭（2005）对山西省部分农信社保值储蓄补贴进行审核，国家要对山西省贴补保值补贴息 11.5 亿元，需要切实加强内部管理以巩固改革成果，并提出盈利的农信社也应享受保值储蓄贴补息。对于涉农贷款增量奖励，田凯文、毛术文和刘辉（2010）指出，目前政策存在增量奖励缺乏数据核实、部分机构对增量奖励政策缺乏了解以及奖励资金使用的局限性等问题，提出可以增加财政预算、加强工作协调、调整奖励比例等手段。

三、多任务委托代理相关研究

国内的学者结合本土化实践对多任务委托代理进行了论述，研究了很多热点问题，大致可分为以下四类：农村改革、官员腐败、国企激励和银行治理。聂辉华（2006）在多任务委托代理的框架下分析了取消农业税对乡镇政府行为的影响，当乡镇政府在获取财政收入的各种努力是替代关系时，就应取消其直接收费权，同时提供一个固定比例的转移支付。吴一平（2007）利用多任务模型探讨了以控制权收益为主的激励结构引发的腐败问题。陈永成和陈光焱（2010）基于多任务委托代理模型分析了腐败行为，当政府官员代理多项工作或任务时，高薪养廉必须具备门槛条件，而其门槛条件取决于不同工作或任务之间的关系是独立、互补还是替代。袁江天和张维（2006）在多任务委托代理模型下研究了国有企业经理的激励问题，假定国有企业经理有经营性目标、政治性目标和满足上级偏好等三项任务，在不同的任务之间的关系下，得出了不同的结论。晏艳阳和金鹏（2014）将委托人和代理人公平偏好同时引入模型，进一步分析了国企高管的激励问题。

黄新飞和张娜（2005）利用多任务博弈模型分析了影响国有银行激励机制的因素，认为财政负担带来激励机制的扭曲。蒋海、朱滔和李东辉（2010）认为多重委托代理和多任务性是银行治理中的两个最主要特征，基于此提出：在信息完全、委托人不存在激励冲突的条件下，由股东和监管部门各自提供激励，与由单一委托人（如股东）同时为两项任务提供最优激励契约，激励效果完全相同。王连军（2011）以多任务委托代理模型作为分析工具，提出政府应把维护社会稳定、经济增长的政策性任务交由政策性银行或财政部，商业银行则应在市场化的环境下经营贷款业务。曲世友和崔莹（2012）研究了多任务目标条件下商业银行激励契约优化研究，认为中国监管部门和社会公众无法提供最优激励时，管理层为保证产出会更加追求绩效，进而减少在风控和社会责任的努力。

在传统委托代理理论基础上，陈其安、刘艾萍和李红强（2015）建立了区分主次委托人的多任务委托代理模型。研究认为，代理人为次委托人付出的努力对主委托人存在外部性时，会影响到主委托人的预期收益以及主委托人给予代理人的激励水平；代理人在存在主次委托人条件下获得的预期总收益将高于其在单一委托人下获得的预期总收益。

四、文献述评

通过对农信社改革的文献梳理，已有研究多从制度变迁和政府与农信社之间博弈的角度来分析，却很少有文章将金融当局的激励政策和农信社改革进程结合起来分析。本章认为，激励政策也是驱动农信社改革的因素之一，并影响着农信社支农的意愿和动力，在农信社改革的背景下分析激励政策的合理与不合理之处，开辟了另外一个研究的视角。

在对激励政策的文献梳理中，已有研究多就支农谈支农，没有考虑到激励政策的制定和执行过程、委托代理机制等问题。这样虽然简化了分析，但不利于了解整个金融支农的决策以及激励（奖惩）政策运行的好坏。本章认为，金融支农既不是单纯的金融问题，也不是单纯的“三农”问题，由此会产生不同的利益冲突和矛盾，因此脱离政策机制的分析得到的结果有失偏颇。此外，前人的很多研究多在某项激励政策出台后，聚焦于单个激励政策的分析，而本章分析的时间跨度大、政策层次广，在农信社改革以及“三农”不断向前发展的背景下进行分析，是从动态的视角分析整个激励政策的发展脉络，并给出建议。

从对多任务委托代理理论的文献梳理可知，应用多任务委托代理模型的国内学者，多在农村、国企以及银行改革等单个领域进行研究，而应用该模型进行的跨领域研究较少。本章所研究的金融支农属于金融问题和农村问题的交叉地带，前人研究尚未涉及，具有较强的现实意义。在模型方法上，受陈其安等（2015）将主次委托人引入该模型的启发，本章将在传统多任务委托代理模型的基础上进一步研究存在双委托人的情况。

本章整体的安排为：首先，以进入 21 世纪以来的农信社改革为背景，由单委托人模型推广到双委托人模型，得出理论上的结论；然后，分析调研案例和激励政策，以理论结论为准则对案例和政策进行分析，总结成功和不足；最后，提出政策建议。

第四节　理论基础与概念框架

一、理论基础

委托代理理论又被称为最优合约理论或最优合同理论，是研究在信息不对称的前提下，委托人如何通过契约来激励代理人。在正式的委托代理理论的分析框架中，虽然委托人设计的合同受到信息不对称等条件的约束，而不同于 Arrow-Debreu 模型中的完美合同，但仍可算是“完全合同”（杨其静，2003）。从思想渊源上看，有学者认为张五常在《佃农理论》中已经表达了委托代理的理论要旨，但是其建立在严格的数学假设和推导之上的理论框架，则最早由 Hurwitz 教授开创。经过后来学者的发展，目前利用不同的数学方法建立起的分析框架大致可以分为三类：状态空间模型化方法、分布函数的参数化方法和一般化分布方法。

传统的委托代理理论只考虑了单一委托人以及代理人只从事一种活动的情况，而现实中多项任务和多重委托代理关系十分常见，因此传统模型的结论和应用范围有限。为解决该问题，Bengt Holmstrom 和 Paul Milgrom 在 1991 年合作发表的论文中，进一步提出了多任务委托代理模型[①]，其主要结论有：①激励契约不但能够驱动代理人付出努力，还可以引导代理人在各个任务之间合理分配精力；②对某一任务的激励强度，随着其他任务度量难度的增加而降低；③当某项任务完全无法度量时，信息方差无穷大，最佳的激励是对所有的任务都不提供激励，即只付固定工资。

后来的学者在多任务委托代理模型的基础上又进一步完善了理论，丰富了实践。Luporini 等（1996）研究了 19 世纪的意大利农民在租赁土地上种植粮食和经济作物的选择，分析认为农业技术发展带来的溢出效应降低了租赁经济对市场变化的适应性。Bai（2000）研究了转轨经济国家的国企改革问题，认为转轨国家的国有企业既要承担盈利目标，又肩负着吸纳就业、提供福利等社会职责。由于转轨经济国家的社会保障体系尚不健全，为了保证社会福利，政府只能给予国企在盈利任务上较低的激励强度。Bai 和 Xu（2001）研究了对单一任务有多个考核指标的情况，发现多个考核指标可以综合成一个新指标，因此只需给予每个综合后的新指标合理的激励。这得到了来自中国国有企业数据的实证结果的验证。Garcia（2003）发现委托人必须要在提高代理人努力程度和付给代理人信息费两者之间权衡。

二、概念框架

农信社改制成农商行，其资产质量必须达到一定的组建标准才可以，而资产质量达标需要盈利和支农替代关系的降低为前提。因此本章建立的分析框架有一个潜在假设，即：盈利和支农任务替代关系的下降，是农信社银行化改革的必要条件之一。

一方面，盈利和支农之间存在着一定的替代关系。一般情况下不同任务之间总有替代关系成立，因为代理人的精力是有限的，一项任务越努力，则另一项任务的边际成本就越高（蒲永健，2004）。而本章所说的支农，是包括扶贫在内的狭义上的支农，更侧重在一个“支”字，表明这项业务不完全是出于理性考量和权衡利弊后的选择，而是本身带有支持、扶持的意味，不在乎盈利的多少甚至是否盈利。即使对于改制后的农商行，由于信息不对称以及交易成本等问题，农商行支农的政策性目的与追求盈利的商业性目的也不兼容，农商行

① 2016 年诺贝尔经济学奖授予哈佛大学经济学教授 Oliver Hart 和 MIT 经济学教授 Bengt Holmstrom，以表彰他们在契约理论（contract theory）方面的杰出贡献。Holmstrom 的贡献主要在完全合同理论，他与 Milgrom 共同提出的多任务委托代理理论是其最重要的学术成就之一。

的选择是牺牲支农任务来完成盈利目标（刘锡良等，2013）。故而设定支农与盈利是一种替代关系，并有以下事实为根据：

（1）虽然截至 2012 年末农信社系统累计盈利 6 901 亿元，但这种盈利是在金融当局不遗余力的资金支持政策下达到的。改革并未带来盈利能力的提高，农信社的盈利主要来自优惠政策（谢平等，2006）。截至 2013 年 3 月末，中国人民银行共计对农信社安排资金支持 1 716 亿元、支付专项票据利息 90 亿元，占中央安排化解农信社历史包袱的 2 600 亿元资金的 60%（胡晓炼，2013）。此外，所得税和营业税的减免金额很高，以河南省某地级市为例，2010—2015 年当地仅减免农信社营业税就将近 1.1 亿元，优惠力度之大可见一斑。再加上各种财政补贴和奖励，扣除掉这些之后，农信社系统的盈利不会太高。而且当前农信社系统不良贷款率居高不下，仍需进一步提升盈利能力来消化不良贷款带来的风险损失。

（2）农信社当前的贷款结构中，真正用来发放农户或农业贷款的占比并不像涉农贷款的统计那么高，因为涉农贷款的统计包括地域、用途和受贷主体等多个方面。只从行业来看，农信社在制造业和房地产业也发放了很多贷款。根据在河南省某地市的调研，2015 年末当地农信社系统中房地产贷款占全部贷款余额的 12.64%，制造业贷款占全部贷款余额的 11.86%，而且这两类贷款质量比农、林、牧、渔业的贷款质量高，产生不良贷款少，贡献了较大利润。

（3）支农作为政治任务，担子依然很重。在普惠金融不断被提及的今天，支农的含义已经从最初的信贷扶持，扩展到开展基础金融服务“村村通”①，再到执行扶贫政策发放扶贫贷款②等多个方面。支农外延的扩展不断赋予农信社新的政治使命。

另一方面，盈利和支农的替代关系也在逐渐降低。随着农村金融改革不断推进，尤其是十八届三中全会后农村土地“三权分置”、土地流转和培育新型经营主体等新的生产关系的确立，在“互联网+”、供应链金融、农村承包土地的经营权和农民住房财产权“两权”抵押贷款等金融创新的支持下，农业产业化和规模化收益得到显现。因此总的来看，盈利与支农的替代关系进一步降低，金融当局也在 2013 年后加快推动农信社银行化改革的进程。

在以上分析下，结合农信社改革，图 4-2 可以更清晰展示出本章的逻辑

① 增设网点或惠农服务站通常都是在“赔本做买卖”。根据附录 5 对甘肃省农信社高管的问卷调研，目前金融网点的增设和机具的布放基本都是亏损覆盖，短期内难以收回成本。另据了解，山东省将农民自主金融服务列为了省长工程，规定每建一个自助点，政府给予 2 万元的财政补贴。

② 根据在河南省某贫困县的调研，当地农信社与政府扶贫办合作成立了扶贫担保基金，由担保基金对扶贫贷款提供担保，并对扶贫产生的不良贷款进行补贴。

结构。

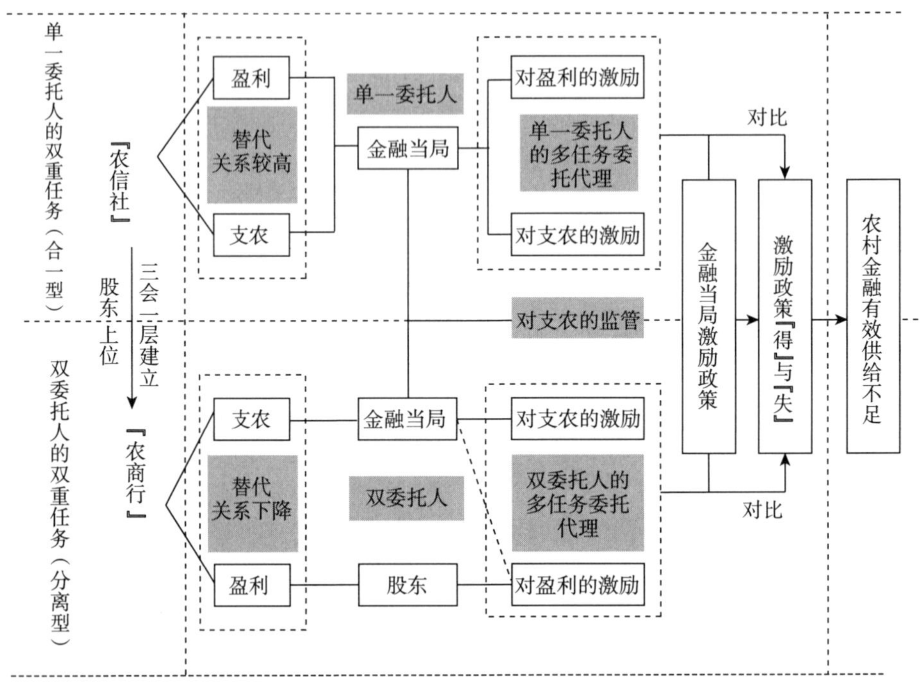

图 4-2 本章分析框架

第五节 理论模型推导与分析

一、单一委托人的多任务委托代理模型

本部分的分析对象为全面推进银行化改革之前的农信社，对应着下放省级管理的改革阶段（2003—2010 年）。这个阶段的农信社在金融当局的帮助下扭亏为盈，农信社的经营和管理受到金融当局的制衡，社员和社员代表大会没有实际决定的权利。传统的多任务委托代理模型中只有单一委托人，因此可以在技术处理上把单一委托人假定为金融当局。

（一）模型假定

假定 1：农信社面临经营性目标（盈利任务）和政治性目标（支农任务），且来自同一委托人——金融当局。

说明：①农信社面临的目标除了盈利和支农以外，还包括防范金融风险、支持地方经济等，为简化分析，本章抽取其中最主要的盈利和支农两项任务。②这一阶段农信社的社员和社员代表大会发挥作用十分有限，农信社主要受到省联社、中国人民银行、银监会和地方政府等多个“婆婆”的管理，这多个“婆婆”可以视为国家实行财税金融控制的管理机构，为简化分析，本章将以上几个委托主体简化为“金融当局”。

假定 2：农信社在盈利与支农任务上的努力产生不同方面的“业绩”信息，且信息之间相互独立。

说明：也就是说，不能从农信社在盈利上的努力得到关于支农的信息，也不能从农信社在支农上的努力得到关于盈利的信息。

假定 3：农信社完成盈利任务的努力选择是可由金融当局直接观测到的，不存在信息误差；而完成支农任务的努力选择是金融当局不可直接观测到的，存在一定的信息误差。

说明：由于金融业务信息联网、统一结算和风险监管，以及第三方会计师事务所的审计，金融当局可以观测到农信社在业务经营上的各项数据。但支农的相关统计存在着政策模糊化、口径不一致以及可人工调整等因素，因此假设金融当局不能直接观测到在支农任务上的努力。

假定 4：农信社为风险规避型，具有不变的绝对风险规避度 ρ，效用函数为 $u(w)=-e^{-\rho w}$，其委托人金融当局是风险中性的。

说明：这是原始模型的标准假设。

假定 5：农信社努力的成本函数为严格递增凸函数 $C(a_1,a_2)=(a_1^2+2\gamma a_1 a_2+a_2^2)/2$，$0<\gamma\leqslant 1$，盈利和支农任务之间存在替代关系，且替代程度较高。

说明：$C_{12}=C_{21}=\gamma$，努力的成本函数为凸函数，要求 $-1\leqslant\gamma\leqslant 1$。利用系数 γ 对两项任务的关系划分：$\gamma=1$，两项任务是完全替代性任务；$0<\gamma<1$，两项任务是不完全替代性任务；$\gamma=0$，两项任务是完全独立性任务；$-1<\gamma<0$，两项任务是不完全互补性任务；$\gamma=-1$，两项任务是完全互补性任务（张勇，2005）。

这一阶段，农信社既要扭亏为盈，也要兼顾支农扶贫，但农业规模化和产业化程度不高，再加上缺乏有效的金融创新，农信社主动支农的动力不强，因此在 2003 年新一轮改革阶段，盈利与支农任务之间替代关系较强。

（二）模型推导

农信社在两项任务上的努力是 $a=(a_1，a_2)$，其中，a_1 是农信社在盈利任务上的付出的努力；a_2 是农信社在支农任务上付出的努力。设 $B(a_1，a_2)$ 表示努力的期望收益，$B(a_1，a_2)$ 是严格递增的凹函数。

不妨设 $a_i \geqslant 0$，$i=1$，2。农信社选择的努力水平为 $a=(a_1, a_2)$ 时，从委托人角度观测到的信息为 $X=(x_1, x_2)$，考虑到信息偏差，因此有

$$X=a+\varepsilon$$

观测变量 $x_i=a_i+\varepsilon_i$，$i=1$，2。在本章分析的对象中，x_1 可理解为农信社的净利润或净资产收益率（ROE），x_2 就是涉农贷款、农业贷款或农户贷款等。ε 是服从正态分布的随机向量，均值为 0，协方差矩阵为 $\boldsymbol{\Sigma}=\begin{pmatrix}\sigma_1^2 & \sigma_{12} \\ \sigma_{21} & \sigma_2^2\end{pmatrix}$。根据假定 2，$\varepsilon_1$ 和 ε_2 互相独立，$\sigma_{12}=\sigma_{21}=0$；根据假定 3，$\sigma_1^2=0$，$\sigma_2^2 \gg 0$。因此 $\boldsymbol{\Sigma}=\begin{pmatrix}0 & 0 \\ 0 & \sigma_2^2\end{pmatrix}$。

农信社的收益函数为 $S(X)$，假定其为线性函数 $S(X)=\alpha+\beta^{\mathrm{T}}X$，其中，$\alpha$ 为固定激励；$\beta^{\mathrm{T}}=(\beta_1, \beta_2)$ 为分享激励。$S(X)$ 是随机变量，进而利润 $W=S(X)-C(a_1, a_2)$ 也是随机变量，因此需计算其确定性等价收入（certainty equivalence）。

利用确定性等价的公式[①]，将效用函数代入，得到

$$-\exp[-\rho CE]=\int[-\exp(-\rho\omega)f(\omega)\mathrm{d}w]$$

其中，$f(w)$ 是 S 的密度函数。通过数学推导，求出农信社的确定性等价为

$$CE=\alpha+\beta^{\mathrm{T}}a-\frac{\rho\beta^{\mathrm{T}}\boldsymbol{\Sigma}\beta}{2}-C(a_1, a_2)$$

其中，$\alpha+\beta^{\mathrm{T}}a$ 是收益函数 $S(X)$ 的期望，$\beta^{\mathrm{T}}\boldsymbol{\Sigma}\beta$ 是农信社的收益方差，$\frac{1}{2}\rho\beta^{\mathrm{T}}\boldsymbol{\Sigma}\beta$ 是风险贴水。

农信社的参与约束为

$$CE=\alpha+\beta^{\mathrm{T}}a-\frac{\rho\beta^{\mathrm{T}}\boldsymbol{\Sigma}\beta}{2}-C(a_1, a_2)\geqslant\bar{u}$$

激励相容约束为

$$(a_1, a_2)\in\operatorname{argmax}CE$$

委托人金融当局的期望收益为

$$B(a_1, a_2)-E[S(X)]=B(a_1, a_2)-\alpha-\beta^{\mathrm{T}}a$$

由于金融当局是风险中性的，故其期望收益就是其确定性等价收入。

参与约束中的固定激励 α 由农信社的保留支付 $\bar{u}$ 决定。委托人金融当局的问题就是选择恰当的激励系数 β，使其确定性等价的收益在两个约束条件下达

① 若 $u(X)=Eu(W)$，其中，W 为随机收入，$u(X)$ 为效用函数，则 X 称为 W 的确定性等价收入。

到最大化，用公式表示如下：

$$\max_{\beta} B(a_1, a_2) - E[S(X)] = B(a_1, a_2) - \alpha - \beta^{\mathrm{T}} a$$

$$\text{s. t.} \quad CE = \alpha + \beta^{\mathrm{T}} a - \frac{\rho \beta^{\mathrm{T}} \boldsymbol{\Sigma} \beta}{2} - C(a_1, a_2) \geqslant \overline{u}$$

$$(a_1,\ a_2) \in \operatorname{argmax} CE$$

通过求解最优化问题的一阶条件，可以得到 $\beta = [I + \rho(C_{ij})\boldsymbol{\Sigma}]^{-1} B'$（详见本章最后所附的“多任务委托代理模型中激励系数 β 的推导”），其中，$B' = \frac{\partial B}{\partial a}$。

给定盈利和支农双任务的情况，在假定 $\sigma_{12} = \sigma_{21} = 0$，$\sigma_1^2 = 0$，$\sigma_2^2 \gg 0$ 的条件下，有

$$\begin{aligned}
\beta &= [I + \rho[C_{ij}]\boldsymbol{\Sigma}]^{-1} B' \\
&= \left[I + \rho \begin{pmatrix} 1 & \gamma \\ \gamma & 1 \end{pmatrix} \begin{pmatrix} \sigma_1^2 & \sigma_{12} \\ \sigma_{21} & \sigma_2^2 \end{pmatrix}\right]^{-1} B' \\
&= \left[I + \rho \begin{pmatrix} \sigma_1^2 + \gamma\sigma_{21} & \sigma_{12} + \gamma\sigma_2^2 \\ \gamma\sigma_1^2 + \sigma_{21} & \gamma\sigma_{12} + \sigma_2^2 \end{pmatrix}\right]^{-1} B' \\
&= \left[I + \rho \begin{pmatrix} 0 & \gamma\sigma_2^2 \\ 0 & \sigma_2^2 \end{pmatrix}\right]^{-1} B' \\
&= \begin{bmatrix} 1 & \rho\gamma\sigma_2^2 \\ 0 & 1 + \rho\sigma_2^2 \end{bmatrix}^{-1} B' \\
&= D^{-1} B'
\end{aligned}$$

利用 $D^{-1} = \frac{D^*}{\det D}$ 可以求出 $D^{-1} = \begin{pmatrix} 1 & \frac{\rho\gamma\sigma_2^2}{1+\rho\sigma_2^2} \\ 0 & \frac{1}{1+\rho\sigma_2^2} \end{pmatrix}$

因此对农信社盈利和支农的激励系数分别为：

$$\beta_1 = B_1 - \frac{\rho\gamma\sigma_2^2}{1+\rho\sigma_2^2} B_2$$

$$\beta_2 = \frac{B_2}{1+\rho\sigma_2^2}$$

（三）结论

由上述分析和激励系数 β_1 和 β_2 的公式可以得出以下几个判断：

（1）由于农信社在这一轮改革初期是严重亏损的，金融当局在初期应提供足够的固定激励 α，以保证满足农信社的参与约束。

（2）金融当局对盈利和支农任务上的激励系数，取决于两项任务给金融当局带来的边际收益、两项任务之间的关系、支农任务的可监督性以及农信社的绝对风险规避度。

（3）金融当局对农信社在支农任务上的激励系数始终是正向的，且只跟支农任务本身有关，不受其盈利任务的影响。支农任务的可监督程度越低，金融当局对农信社支农的激励系数越低；当支农任务完全不可监督时，信息方差趋于无穷大，对支农的激励系数也趋近于0。

（4）金融当局对农信社在盈利任务上的激励系数符合“门槛型激励合同”，只有当在盈利任务上的边际收益大于门槛值时，对盈利的激励系数才是正向的。支农任务的可监督性越低，盈利和支农任务的替代程度越高，门槛值越高。

（5）盈利和支农任务为替代关系时，在支农任务不好监督的情况下，金融当局不仅应弱化对支农任务的激励，还应同时弱化对盈利任务的激励，因为较高的盈利激励将诱使农村金融机构把过多的精力花在盈利上而忽视支农。随着对支农任务的考察制度和监督体系逐渐完善，可以加大对支农和盈利任务的激励。

二、双委托人的多任务委托代理模型

本部分以正常条件而非行政强制下推进银行化改革的农信社，即自然组建的农商行为分析对象，并假设存在双委托人，在此基础上进行模型推导。

（一）模型假定

假定1：农商行面临经营性目标（盈利任务）和政治性目标（支农任务），分别来自两个委托人——股东和金融当局。

说明：清产核资，引入民间资本，农信社正在加快推进银行化改革。“三会一层”的现代公司治理制度在农商行建立起来，除享受分红外，股东在农商行经营中的话语权大大增强，因此假设盈利任务来自股东。而作为扎根县域、服务“三农”的中坚力量，农商行也面临着支农扶贫以及提高基础金融服务覆盖度的“政治任务”，这是金融当局的要求，因此假设支农任务来自金融当局。

综上，改制后农商行以追求盈利为主要目标，同时在自身利益驱动或外部压力作用下完成支农任务。

假定2：农商行在盈利与支农任务上的努力产生不同方面的“业绩”信息，且信息之间相互独立。

说明：不能从农商行在盈利上的努力得到关于支农的信息，也不能从其在支农上的努力得到关于盈利的信息。

假定3：农商行完成盈利任务的努力选择是可由股东直接观测到的，不存在信息误差；农商行完成支农任务的努力选择是金融当局不可直接观测到的，存在一定的信息误差。

说明：由于金融业务信息联网、统一结算和风险监管，以及第三方会计师事务所的审计，股东可以观测到农商行在业务经营上的各项数据。但支农的相关统计存在着政策模糊化、口径不一致以及可人工调整等因素，因此假设金融当局不能直接观测到在支农任务上的努力。

假定4：农商行为风险规避型，具有不变的绝对风险规避度 ρ，效用函数为 $u(w)=-e^{-\rho w}$，其委托人股东和政府都是风险中性的。

假定5：农商行努力的成本函数为严格递增凸函数 $C(a_1,a_2)=(a_1^2+2\gamma a_1 a_2+a_2^2)/2$，$0<\gamma\leqslant 1$，替代关系下降至低水平。

说明：在银行化改革阶段，盈利与支农两项任务之间的替代程度进一步下降，替代关系相对较低，农商行愿意扎根并深耕农村金融市场。

假定6：股东对农商行整体上为分享激励；而金融当局对农信社的激励既有分享激励，也有固定激励。

说明：金融当局的分享激励主要包括财政贴息、涉农贷款增量奖励、费用补贴等，固定激励则表现为金融当局的处罚；对股东而言，整体上其支付给机构、人员的固定费用、薪酬和奖金之和是跟业绩成比例的，因此假设股东的激励整体上可视为分享激励。

（二）模型推导

农商行在两项任务上的努力向量是 $a=(a_1,a_2)$，其中，a_1 是花在盈利上的努力，a_2 是花在支农上的努力。借鉴蒋海、朱滔和李东辉（2010）对收益函数的表示形式，本章用 $P(a_1)$ 和 $Q(a_2)$ 分别表示股东和金融当局的期望收益；其他条件与上文中多任务委托代理模型部分保持一致。因此股东的期望收益是 $P(a_1)-\beta_1 a_1$，金融当局的期望收益是 $Q(a_2)-\alpha-\beta_2 a_2$。

因此可以建立如下基于双委托人的多任务委托代理模型：

$$\max_{\beta_1} P(a_1)-\beta_1 a_1$$

$$\max_{\beta_2} Q(a_2)-\alpha-\beta_2 a_2$$

$$\text{s. t.}\quad CE=\alpha+\beta^{\mathrm{T}}a-\frac{\rho\beta^{\mathrm{T}}\boldsymbol{\Sigma}\beta}{2}-C(a_1,a_2)\geqslant\overline{u}$$

$$(a_1,a_2)\in\operatorname{argmax}CE$$

参与约束中的固定激励 α 由农商行的保留支付 $\overline{u}$ 决定。在求解最优化问题

中，参与约束中的等号成立，于是

$$\alpha = \overline{u} - \beta^{\mathrm{T}} a + \frac{\rho\beta^{\mathrm{T}}\boldsymbol{\Sigma}\beta}{2} + C(a_1, a_2)$$

由激励相容约束，求其最优化的一阶条件可得

$$\beta_1 = C_1(a_1, a_2) = a_1 + \gamma a_2 \text{ , } \beta_2 = C_2(a_1, a_2) = a_2 + \gamma a_1$$

联立以上两式可得

$$a_1 = \frac{\beta_1 - \gamma\beta_2}{1-\gamma^2} \text{ , } a_2 = \frac{\beta_2 - \gamma\beta_1}{1-\gamma^2}$$

将 α 的表达式代入金融当局的目标函数，在 $\sigma_{12}=\sigma_{21}=0$，$\sigma_1^2=0$，$\sigma_2^2\gg 0$ 的假定下，有

$$\max_{\beta_2} Q(a_2) - \overline{U} - C(a_1, a_2) - \frac{\rho\beta_2^2\sigma_2^2}{2} + \beta_1 a_1$$

对 β_2 求一阶偏导，得到

$$\beta_2 = \frac{Q'}{(1-\gamma^2)\rho\sigma_2^2 + 1}$$

由股东目标函数对 β_1 求一阶偏导，得到

$$\beta_1 = \frac{P'}{2} + \frac{\gamma}{2}\frac{Q'}{(1-\gamma^2)\rho\sigma_2^2 + 1}$$

(三) 结论

由上述分析和激励系数 β_1 和 β_2 的公式可以得出以下几个判断：

(1) 给予农商行在盈利和支农上的激励系数，取决于该项任务给委托人带来的边际收益、两项任务之间的关系、支农任务的可监督性和农商行的绝对风险规避度。

(2) 金融当局对农商行在支农任务上的激励系数始终是正向的。支农任务的可监督程度越低，金融当局对支农的激励系数越低；当支农任务完全不可监督时，信息方差趋于无穷大，对支农任务的激励系数趋近于 0。

(3) 股东对农商行在盈利任务上的激励系数始终是正向的。

(4) 一方面，随着对支农任务的可监督性提高，金融当局对农商行支农的激励系数和股东对盈利的激励系数会随之提高；另一方面，盈利和支农任务仍为替代关系，随着替代程度进一步降低，金融当局对支农的激励系数和股东对盈利的激励系数也会降低。

三、小结及讨论

(一) 小结

根据推导出的公式，结合现实情况可知，影响激励系数 β 的因素主要是支

农与盈利的关系 γ，以及对支农任务的可监督性 σ_2^2。以改革背景为时间轴，可以更清楚看到这两个变量的变化过程，如图 4-3 所示。

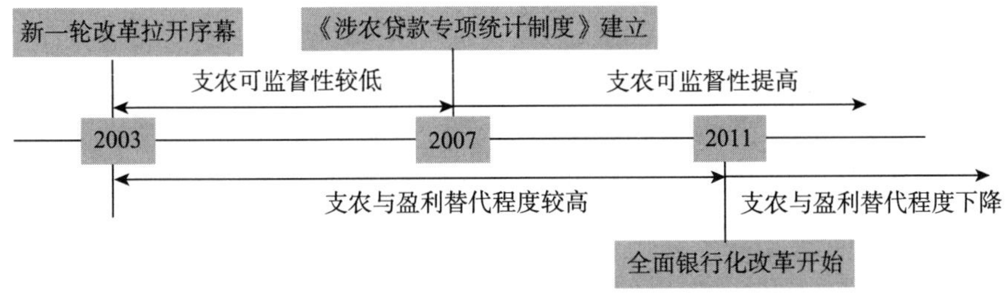

图 4-3　支农可监督性、替代程度变化与改革进程

将前述关于激励系数 β 的主要结论进行总结，如表 4-4 所示。

表 4-4　支农可监督性、替代程度与激励系数

项目	变化程度或变化趋势			
盈利和支农任务的替代程度	较高		较低	
支农任务可监督性	较低	较高	较低	较高
支农激励系数	弱化	提高	—	适中
盈利激励系数	弱化	提高	—	持续弱化

注：—表示这种情况在实际的农信社改革进程中不存在。

本节第一部分“单一委托人的多任务委托代理模型”对应着 2003 年下放省级管理的改革阶段（2003—2010 年）。这一阶段支农和盈利任务替代程度较高，除了有个别东部发达地区改制成农商行外，其余大部分地区的农信社都没有进行银行化改革，金融当局在这个阶段强势主导，同时这个阶段也经历了 2007 年《涉农贷款专项统计制度》的制定，支农任务可监督性由较低到较高，金融当局对盈利和支农的激励系数也会由弱到强。

第二部分“双委托人的多任务委托代理模型”对应着银行化改革阶段（2011 年至今）。这一阶段支农和盈利替代程度进一步下降，整体处于较低水平，同时 2011 年金融当局对《涉农贷款专项统计制度》的内容进行了修订，支农任务的可监督性进一步提高，所以不会出现表 4-4 中盈利和支农任务替代程度较高、支农任务可监督性较低的情况。根据双委托人多任务委托代理模型的结论，金融当局对改制后的农商行需维持一个适中的支农激励，和持续弱化的盈利激励（转由股东给予主要的盈利激励）。

（二）讨论

本节第一部分只考虑了单一委托人的情况。第二部分扩展到了双委托人，但仍有局限，因为双委托人中也存在主次之分，第二部分没有考虑这一点。根据本章对甘肃、云南、湖南省等地部分已改制地区的高管问卷调查，目前双委托人中仍然是以省联社为代表的金融当局居于更加主导的地位，股东相对而言居于次位。但随着银行化改革的深入和省联社改革的加快，金融当局只保留在支农任务上的话语权，股东或将慢慢获得在决策上的主导地位。

此外金融当局中的中国人民银行、银监会、财税部门以及地方政府等都在扮演着各自的委托人角色，因此可将委托人继续细分，这各个委托人之间在农信社的影响程度也不一样①。一个代理人同时有几个委托人的情况称为共同代理。Martimort（1990）和 Stole（1990a）首先研究了共同代理问题。当委托人的总数等于任务数，且每个委托人只能从一种任务中获益的情况下，委托人要么给予比次优情况下更低的激励，要么减少代理层级或中间环节（聂辉华，2006）。

多委托人讨论的情况将会比较复杂，且不易得到详细的结论。而单一委托人和双委托人的假设既考虑了现实，又利用了模型进行提炼，可以得到非常有用的结论。因此本章的案例部分将主要基于单一委托人和双委托人模型下的推导和结论进行分析。

第六节　政策与案例分析

在本章的框架和模型结论下，先对既往激励政策进行梳理和评价，判断分析激励政策的合理和不合理之处，再结合三个实地调研案例探讨激励政策对农信社带来的影响。其中，第二部分的一个案例是从某联社近十年支农和盈利关系的变化中观察税收激励的不当之处，第三部分的两个案例则是从对涉农贷款的统计来观察支农任务的可监督程度以及由此对激励政策产生的影响。

一、激励政策分析

（一）从满足参与约束到盈利导向强激励

1. 满足参与约束

在 2003 年新一轮改革阶段开始前，农信社资不抵债，亏损严重。为了让

① 根据附录 5 中对农信社（不含农商行）高管的问卷调研和访谈，多数农信社管理层认为：省联社、银监会（局）和中国人民银行分别是对其经营影响前三位的机构，地方政府为影响力第四位的机构，社员和社员代表大会的影响只能排到第五位。

农信社愿意并能够参与到改革中来，金融当局必须提供一定的“救济”措施，即首先要满足单一委托人多任务委托代理模型中所说的参与约束。参与约束要保证农信社参与到农村金融市场中所获得的收益大于等于其保留效用，而保留效用决定了模型中固定激励 α 的大小。因此金融当局在最初提供了有条件的“一次性”补偿措施，即专项中央银行票据、专项借款以及保值储蓄补贴，以此来帮助农信社解决历史包袱过重的问题。截至 2013 年第一季度末，共对 2 408个县（市）农信社发行专项票据 1 699 亿元，对 2 405 个县（市）兑付专项票据 1 694 亿元，对新疆、吉林、黑龙江三省（区）发放专项借款 17 亿元（胡晓炼，2013）。此外，改革初期地方政府相关部门通过组织存款、打击逃废债、协助清收不良资产等措施也对农信社提供了大力支持。

2. 支农弱激励

根据单一委托人多任务委托代理模型的结论，这一阶段（2003—2010 年）盈利和支农任务的替代关系相对较高，受支农任务可观测性较低的影响，金融当局应同时弱化对支农和盈利的激励。在支农上，除了传统的支农再贷款仍有发放外，中国人民银行实行了差别存款准备金政策，通常情况下，农信社的准备金率比一般商业银行低 2～3 个百分点，涉农贷款比例较高、资产规模较小的农信社的准备金率比一般商业银行低 5 个百分点。但由于差别存款准备金率是机构导向而非支农任务导向，并且支农任务尚不好监测，因此差别存款准备金政策对机构支农而言是一种弱激励。

3. 盈利导向的强激励

在盈利上，国家税务总局于 2004 年制定了所得税和营业税的优惠政策：在营业税上，给予所有的试点地区按 3%营业税税率征收；在所得税上，对中西部地区免征所得税，对其他试点地区减半征收。这样的税收优惠在初期可以让参与改革的农信社尽快实现“资本的原始积累”，进而完善农村金融服务。但后来农信社实现盈利并壮大起来，营业收入数以亿元计，净利润达到上千万元乃至上亿元，这样的税收激励事实上“演化”为一种盈利导向的强激励。根据单一委托人多任务委托代理模型的结论，这会在一定程度上使农信社致力于盈利而忽视支农，导致农信社没能提供预期的农村金融服务。

税收优惠政策并非没有进行调整。2006 年财税〔2006〕46 号文件明确表示，对已改制为农商行的地区，自 2007 年不再享受所得税优惠。根据双委托人多任务委托代理模型的结论，改制农商行的支农和盈利的替代关系一般较低，进入的股东也会主动增加对盈利的激励，金融当局在盈利上的激励要持续地弱化，这样的税收优惠调整是必要的。

但遗憾的是，大部分农信社在这一阶段并未改制成农商行，它们经营大幅改善后依然享受着巨大的税收优惠，而且所得税优惠政策一直延续到了 2009

年底，营业税优惠政策一直延续至 2016 年 4 月 30 日。由于盈利导向的税收强激励以及对支农任务较低的可监督性，农信社主动支农扶贫的动力不足，导致“三农”资金需求得不到较大改善，农村金融供给约束并没有因为 2003 年的改革而明显缓解。

由于在 2003 年的新一轮改革中，对农信社的管理权限下放到省，地方政府对农信社负责，因此这一阶段对盈利的激励也体现在地方政府的激励上。由于地方经济发展少不了农信社的信贷支持①，地方政府便将名誉奖励、物质奖励等与农信社经营业绩挂钩。在名誉奖励方面，农信社积极参评各种先进单位；农信社县联社的理事长和行长位列正科级，而且在位业绩突出者可以申请评为副处级干部。在物质奖励方面，在河北调研某地农信社时，该农信社理事长提到，前些年业绩完成情况不错的时候，县政府会给奖励公车。

因此不论是国家税务总局还是地方政府，在支农任务尚不好监督的情况下提供较强盈利导向的激励政策，都会导致农信社偏离支农的轨道。对这一轮改革的诸多研究也表达了类似的担心，认为 2003 年的改革过分强调商业化，盈利成了第一要务，支农任务被轻视，本章分析的上述激励政策失调便是诱导因素之一。

（二）从提高支农可监督性到提高支农激励

1. 提高支农任务的可监督程度

支持农信社不等于支持“三农”。既然要求农信社支农，就必须先把对支农任务的考核和监督制度建立起来，即提高支农任务的可监督性，否则对农信社的扶持资金很难真正被用在“三农”的刀刃上。因此中国人民银行和银监会在 2007 年联合制定了《涉农贷款专项统计制度》。《涉农贷款专项统计制度》设计了各类统计口径对支农任务完成情况进行量化，填补了在涉农贷款统计方面的空白，在很大程度上提高了对支农任务的可观测性。正是有了《涉农贷款专项统计制度》对涉农贷款、农户贷款、农村企业及各类组织贷款以及农户等的界定，才为后续相关激励政策的制定提供了依据。

然而该项制度也存在诸多不足，最为人诟病的就是其对涉农贷款的统计主要按照地域原则，导致涉农贷款的虚增。本章将在下一节运用案例分析基层如何利用《涉农贷款专项统计制度》的漏洞增加和改变涉农贷款，导致实际发挥的作用有限。但虽然有这些不足之处，总体上《涉农贷款专项统计制度》还是给金融当局制定支农激励政策提供了可参照的标准。

① 农信社往往是当地市场份额最大的金融机构，还是独立法人，没有垂直上级领导，地方政府话语权较大。

2. 提高支农激励

对支农监督考察制度的建立提高了对支农任务的可观测程度，降低了金融当局了解支农任务努力情况的信息偏差，根据单一委托人多任务委托代理模型的结论，对支农的激励会提高。支农导向的具体激励政策开始制定并实施。

在货币信贷政策方面，2009年中国人民银行扩大了支农再贷款的用途范围，由只发放农户贷款扩展到其他涉农贷款，加强了支农任务导向的激励。

在税收方面，国家税务总局改变了针对机构的优惠政策，制定了专门针对支农任务的优惠。例如，2009年出台了农户小额贷款的利息收入免征营业税并按照90%计入应纳税所得的政策，该政策延续至2016年12月31日；2009年出台了涉农贷款的损失准备金在计算应纳税所得额时扣除的政策，该政策延续至2018年12月31日。不同于前文所述的税收强激励，以上税收优惠强调支农导向，而且力度适中，发挥了积极的引导作用。

2010年财政部下发了《财政县域金融机构涉农贷款增量奖励管理办法》，拿出预算来奖励涉农贷款投放。截至2014年底，中央财政累计向试点地区1.74万户次县域金融机构和小贷公司拨付奖励115.34亿元。但涉农贷款增量奖励政策在实施条件上没有考虑东中西部的差异，没有考虑已实施银行化改革与尚未改制地区间的差异，一定程度上削弱了财政奖励资金的预期效果。

2010年，财政部印发了《中央财政农村金融机构定向费用补贴资金管理暂行办法》，对西部基础金融服务薄弱地区的银行业金融机构（网点）给予费用补贴。该项对盈利的补贴政策区分了地区差异，不补贴中东部地区，实现了差别化激励的目的。截至2014年底，中央财政累计向5 062户次农村金融机构拨付补贴资金103.15亿元。

（三）银行化改革阶段的激励变化

根据双委托人多任务委托代理模型的分析和表4-4的总结，进入银行化改革阶段，由于支农和盈利替代关系的降低以及股东的引入，金融当局只需维持适中的支农激励和持续弱化的盈利激励。

1. 持续弱化的盈利激励

银行化改革后，由股东和董事会等执行对盈利任务考核的“天职”，金融当局将逐渐退出对盈利任务的督促，激励也将持续弱化。从税收激励来看，营业税优惠虽一直没有取消，但从2016年5月1日起金融机构全面实施营业税改增值税，今后改交增值税，3%的营业税优惠税率也没有了意义；从地方政府的激励来看，在银行化改革过程中，地方政府为置换农信社的不良资产付出了成本，其中部分地区改制成本较高，这也使地方政府要求改制后的农商行不再在经营上依靠地方政府的“兜底”，真正实现公司化经营、市场化运作，因此也将持续弱化对盈利的激励。

2. 适中的支农激励

这一阶段的政策变化是财税支持政策比之前有所下降，金融当局应用了更多差别化的货币信贷政策达到激励目的。

一方面，财税支持有所下降。税收优惠中的所得税优惠从 2010 年开始取消，但还保留着不合理的营业税优惠（正如前文“从满足参与约束到盈利导向强激励”部分所分析的）；在涉农贷款增量奖励上，中央政府的奖励资金可以及时到位，但地方财政部门严格了涉农贷款的认定，认为涉农贷款的口径过宽，需剔除掉部分原本统计在涉农贷款里的数据，然后按照剔除后的增量金额进行发放[①]，而且发放往往不及时，时常会有拖欠。2016 年财政部将县域金融机构涉农贷款增量奖励和农村金融机构定向费用补贴两块纳入普惠金融发展专项资金中进行管理，进一步严格资金使用标准。

另一方面，金融当局实行了更多的差别化货币信贷支农政策。2013 年《中国银监会关于商业银行发行“三农”专项金融债有关事项的通知》发布，其中规定，满足上一年监管评级为 3 级及以上、最近两年涉农贷款年度增速高于全部贷款平均增速或增量高于上年同期的商业银行可以申请发行“三农”专项金融债，发债所得资金只能用于发放涉农贷款。在支农再贷款上，2014 年 12 月，中国人民银行下调支农再贷款利率 0.25 个百分点，明确运用信贷政策支持再贷款发放的涉农贷款的监测考核标准，全面规范完善再贷款业务管理。差别的存款准备金政策升级为定向降准，2014 年以来，中国人民银行已实施数次定向降准，到 2015 年 8 月，已经形成农商行（18%）、法人在县域的农商行（16%）、农合行（14.5%）、法人在县域的农合行与农信社（14%）等四个层级的存款准备金率。2015 年，中国人民银行创设了扶贫再贷款，借助扶贫办对贫困户的建档和对贫困片区的监测，实现信贷扶贫的政策激励。

以上差别化的货币信贷政策可以更好地发挥精准调控、支持“三农”的作用，涉农贷款和扶贫等统计制度的建立提供了资金运用的监督保障。只是目前的定向降准政策虽然增加了农村金融机构的可贷资金，但并没有规定对因定向降准而增加的可贷资金必须投向“三农”或小微企业，因此定向降准的相关制度有待进一步完善。

---

① 可以看出，中国人民银行和银监部门制定的涉农贷款统计分类在地方财政部门并不被完全认同。

二、支农和盈利任务的关系——河南省濮阳市案例

本小节以河南省濮阳市某联社作为研究案例，该案例能够说明以下问题：①激励政策在起初提供了足够的激励使农信社积极参与到2003年的改革；②盈利导向的税收强激励没有随着支农和盈利关系的变化而及时调整，从而使该联社在支农和盈利上侧重于盈利而忽视了支农。

该联社的主要经营和涉农数据如表4-5所示。

表4-5　河南省濮阳市某联社的经营和涉农数据

年份	净利润（万元）	成本收入比（%）	不良贷款率（%）	营业税减免金额（万元）	农户贷款（万元）
2008	−1 357	137	33.19	—	—
2009	990	—	22.93	161.371 4	—
2010	224	—	15.93	233.402	—
2011	333.7	—	14.53	333.073 4	106 126.63
2012	888.76	—	7.78	412.366 3	122 583.46
2013	1 612.84	35.02	3.89	510.720 1	129 389.14
2014	6 711.8	29.80	3.39	659.655 8	150 633.75
2015	9 107.79	27.43	2.86	1 042.782 7	134 029.94
2016	10 354	28.46	2.72	—	21 265.12

注：①2016年数据截至2016年11月底。
②“—”表示该项数据没有得到。

据该联社统计，截至2015年末，政府通过中国人民银行专项扶持资金、财政拨付保值补贴以及营业税减免等方式共计扶持该联社123 725 823.4元，将涉农贷款增量奖励以及免征监管费等优惠考虑在内，这些优惠、奖励和补贴政策或已接近其近几年盈利总额19 868.89万元（该联社从2009年开始盈利）。若再将目前的不良贷款考虑进去，当前盈利能否消化不良贷款额还是个未知数。因此从这个角度来讲，一方面支农任务仍然和盈利之间存在替代关系；但另一方面，替代关系也在下降。例如，该联社的成本收入比从2008年的137%降到2016年的28.46%，不良贷款率从2008年的33.19%降到2016年的2.72%。

（一）满足参与约束的改革激励

2003年改革前，该联社也处于“技术上破产”的状态，盈利与支农任务的

替代关系非常高，急需金融当局提供一笔“救济经费”才能参与到改革中来（即满足模型中的参与约束），继续在农村和县域地区提供金融服务。根据从该联社获得的数据，该联社共计获得中国人民银行拨付专项票据资金93 938 165.52元。其中，2007 年 9 月 6 日兑付专项中央银行票据 85 000 000.00 元，用于置换不良资产 55 252 770.93 元，弥补历年亏损 29 747 229.07 元；2008 年 9 月兑付的专项中央银行票据 8 938 165.52 元，置换不良资产 7 689 626.35 元（兑付前已收回 244 563.00 元），弥补历年亏损 1 248 539.17 元。合计置换不良贷款 62 697 834.28元。2007 年 9 月 6 日以来，累计收回 2 020 576.87 元（2010 年前收回的用于弥补历年亏损挂账，2011—2013 年收回的用于增提贷款损失准备金，2014 年收回的用于增加一般风险准备），尚未收回置换不良贷款余额 60 677 257.41元，已建立档案，并由专人负责清收和管理。

中国人民银行的专项票据资金和其改革实际效果挂钩，在 2003 年这一轮改革之初发挥了很好的激励作用。2010 年该联社资本充足率由负转正，不良贷款率大幅下降，同时经营上扭亏为盈，从 2009 年的－686 万元到 2010 年实现盈利 1 191 万元。

此外，该联社收到财政拨付的保值补贴共计 3 532 407.00 元。其中，2005 年收到 1 180 000.00 元，2006 年收到 1 180 000.00 元、2007 年收到1 172 407.00 元。财政拨付的保值补贴全部用于弥补历年亏损挂账，降低了该联社的历史包袱。

（二）税收激励的不当

因为执行 3%的营业税优惠税率，2012—2015 年，该联社共计减免营业税税收 18 156 040.41 元，税收优惠额度较大。其中，2012 年减免 4 123 663.03 元，2013 年减免 5 107 201.85 元，2014 年减免 6 596 558.56 元，2015 年减免 10 427 827.44 元。2012 年和 2013 年减免的营业税用于增加贷款损失准备，2014 年和 2015 年减免的营业税全部用于补充一般减值准备。

近几年该联社盈利情况比较可观，2014 年盈利 6 711.8 万元、2015 年盈利 9 107.79 万元，2016 年盈利 10 354 万元。在农信社已有较大盈利的情况下，盈利和支农的替代关系已经大大下降，该联社完全有能力从盈利中提取贷款损失准备或一般减值准备，而非依靠减免的营业税。继续执行如此大力度的营业税优惠政策显然不合理，但金融当局并没有及时调整，营业税减免一直延续到了 2016 年 4 月底。以这种方式支持农信社并不等于真正支持了“三农”，因为这不仅是财税资源的一种低效使用，还会像前文分析的那样，导致农信社更加追求盈利而使支农任务偏废。

三、支农任务的可监督性——两地农村信用合作社调研

不论是单一委托人还是双委托人的多任务委托代理模型中，金融当局对支农的激励和支农任务可监督性之间都存在反向关系。本小节主要利用在河北省和河南省的调研作为案例进行分析。这两个案例能够说明以下问题：①关于涉农贷款的界定存在不合理的地方；②对支农任务的可监督性虽有较大提高，但仍很难防范基层联社虚增虚报涉农数据的“道德风险”；③因为《涉农贷款专项统计制度》的不完善，涉农贷款增量奖励政策并没有达到预期的激励作用。

（一）两地农信社调研

1. 河北省定州市农信联社

2015 年 5 月 26 日，中国人民银行石家庄中心支行对河北省定州市农信联社进行了项目名称为“金融统计”的执法检查，并做了询问笔录。询问情况需要被询问人、询问人（联社主任）和记录人签名，并加盖定州市农信联社公章。

这次检查出来的问题包括“大中小专项统计表”和“涉农贷款专项统计表”中出现的问题。在“大中小专项统计表”中，贷款行业划分错误 23 笔，金额 37 032 万元；大中小划型错误 26 笔，金额 26 135 万元。在“涉农贷款专项统计表”中，截至 2015 年 3 月 31 日，涉农贷款 6 554 笔，金额 326 486 万元，其中错误笔数 25 笔，错报金额 18 006 万元；支农贷款错报 47 笔，金额 63 407 万元。具体而言，虚报农村经济组织贷款 5 笔，金额 9 000 万元，5 笔均为农村企业贷款，误归入农村经济组织贷款。虚报农村企业贷款 11 笔，金额 8 090 万元，其中，1 笔非农户贷款 280 万元，5 笔农户贷款 1 510 万元，5 笔城市企业贷款 6 300 万元，均错归入农村企业贷款。虚报农户贷款 9 笔，金额 316 万元，其中，农村企业 8 笔 315 万元归入农户，1 笔农村经济组织贷款 1 万元归入农户。

定州市农信联社的贷款分类错误被查出后，中国人民银行要求整改，但整改后该农信联社当年涉农贷款“两个不低于”的任务就很难完成。从这个角度看，错报虚报涉农贷款可能是定州市农信联社为完成涉农贷款“两个不低于”任务的折中之举，同时也不排除该农信联社想获得更多涉农贷款增量奖励的可能。

中国人民银行的执法检查不可能每次都能查出涉农贷款的虚增虚报，由此可知目前的涉农贷款统计存在很大的水分，这会给政策制定者和决策者带来很

大的干扰。

2. 河南省农信联社

2014年底，河南省农信联社下发了《关于涉农贷款填报注意事项等问题的通知》，干预涉农贷款的划分和统计，以确保完成涉农贷款“两个不低于”的任务等。现摘录部分如下：

“……今年11月份新一代IT系统上线时，老核心系统数据向新核心移植过程中，业务状况表中农户贷款（1301）、农村经济组织贷款（1302）、农村企业贷款（1303）三科目数据进行了批量调整，主要是根据客户号、注册地等信息将认为不属于涉农贷款的数据调整至非农贷款（1304）。造成当月全省农信社涉农贷款数据较上月大幅下降，数据波动巨大。后虽将大部分数据从非涉农科目恢复至涉农科目，但由于多种原因，仍有部分数据无法从非农科目恢复至涉农科目。

在当前的信贷管理系统中，最终每笔贷款的产品类别和相应会计科目是经办信贷人员选择的，12月省联社发现部分市（县）非农贷款增长较快，经调查，主要是将部分应填为‘农村企业或各类组织的贷款’错选为‘非农贷款’，在此再次对农村企业及农村各类组织贷款的概念予以明确，所谓农村企业及农村各类组织贷款，指发放给注册地位于农村区域的企业及各类组织的所有贷款（即不区分行业，只要注册地在农村区域）。而农村区域指除地级及以上城市的城市行政区及市辖建制镇之外的区域。以郑州为例，除市区、郊区外，其他区域如中牟、荥阳等均属农村区域，且只要该企业注册地在农村区域，无论其属哪类行业，对其投放的贷款均属涉农中的农村企业贷款。如农信社对注册地在中牟的一家钢厂的贷款，也属于农村企业贷款。

请各县级行社相关信贷人员，在今后信贷管理系统对公类贷款产品类比和会计科目选择时要注意。在据实填报的基础上，尽可能实现涉农贷款‘两个不低于’目标……”

在该通知下发后，信贷人员在省联社的信贷系统中选择是否属于涉农贷款的选项时，系统会自动弹出窗口“准确填报涉农贷款的提醒”，提示道：“农信社的贷款大部分是涉农贷款，客户经理应准确理解涉农贷款定义，做到应填尽填，尽可能扩大涉农贷款占比!!!”

从该案例可以看出，当前关于涉农贷款的界定不清晰，造成了基层信贷人员在划分时都很难区别到底哪些贷款涉农、哪些贷款不涉农；而河南省家信联社为了完成涉农贷款“两个不低于”的政治目标，则尽可能在宽口径下进行统计。真正的问题并非出现在农信社或省联社，而是《涉农贷款专项统计制度》在最初设计时有不合理之处，才使得政策在执行时给人以“可乘之机”。

（二）涉农贷款统计的问题

目前基层对涉农贷款口径的扩大和统计数据的虚报在很大程度上是因为2007年的《涉农贷款专项统计制度》标准模糊不清。《涉农贷款专项统计制度》中对涉农贷款的统计包含用途、地域和受贷主体三个方面，但实际情况中为了尽可能扩大涉农贷款口径、完成涉农贷款“两个不低于”的任务，农信社大都选择按照地域进行统计，即只要在所谓“农村区域”的贷款都归为涉农贷款，哪怕是跟“农”毫不沾边。而《涉农贷款专项统计制度》中将“农村区域”界定为“除地级及以上城市行政区及市辖建制镇之外的区域”，将注册地位于“农村区域”的企业及各类组织均包含在内，这就变相地给扩大涉农贷款统计口径留下了“依据”。

此外，《涉农贷款专项统计制度》中对农户贷款的界定也不合理。农户贷款中对“农户”的定义为“长期（一年以上）居住在乡镇（不包括城关镇）行政管理区域内的住户”，但由于农民工流动性较大，以所在地生活年限认定农户有难度。

（三）对激励政策的影响

在涉农贷款增量奖励发放的过程中，财政部门也产生了关于涉农贷款口径和分类的争议。根据在河南省某县联社的调研，自涉农贷款增量奖励实行以来，地方财政累计应奖励213.48万元，但至今未兑付；另外一家贫困县的县联社则从未得到过地方财政奖励。背后原因在于涉农贷款的划分得不到财政部门的认同，地方财政上认为涉农贷款的口径过于宽泛，对部分农信社划为涉农的贷款（如发放在城关镇的贷款、市区农贸市场的贷款等）不认定为涉农贷款。地方财政部门会审核农信社报上来的涉农贷款分类及相关材料，剔除掉部分原本统计在涉农贷款里的数据，导致很多农信社不符合涉农贷款增量奖励发放的条件，符合条件的农信社也要按照剔除后的增量金额进行发放。这样一来，很多农信社申报涉农贷款增量奖励的积极性就被打消了，因为即使报了也可能被财政部门否决，还浪费时间和精力，有的农信社近几年干脆就不再上报材料，主动放弃申请这块奖励资金。

四、小结

本节通过政策与案例分析指出了以下激励政策的不当和低效之处：在支农任务和盈利的替代性较高以及支农可监督水平较低的阶段，盈利导向的税收激励和地方政府激励过强，导致农信社在2003年开始的新一轮改革后过分追求商业化而没能有效支农；《涉农贷款专项统计制度》的建立没能形成有效的支农监督体系，这也同时导致涉农贷款增量奖励政策在地方得不到落实；涉农贷款增量奖励没能对中西部地区实施倾斜，没有在农信社和农商行之间进行区分，不能实现差别化激励的目的；定向降准增加了农信社和农商行的可贷资金，但并不能确保增加的可贷资金用于支农。此外，目前对涉农贷款“两个不低于”的任务，如果农信社当年没能完成，并没有处罚，最多就是中国人民银行和当地银监分局找负责人谈话督促一下，不会有实质性的后果，这就相当于打破了紧约束，让农信社很难真正在支农上全力以赴。

以上激励政策的不当和低效之处，使得农村金融机构在支农任务上的动力不足，从而在一定程度上间接导致了农村金融供给不足。

第七节　政策建议与研究展望

一、政策建议

激励政策制定既要考虑支农任务的可监督性，也要考虑支农和盈利之间替代关系的变化，同时还要进一步完善差别化考核办法，强化在支农任务上的约束措施。

(1)《涉农贷款专项统计制度》的建立虽然提高了对支农任务的可监督性，但当前仍处于低水平。完善的支农统计制度是支农激励政策发挥“四两拨千斤”作用的关键，只有进一步提高支农任务的可监督性，增加支农激励才会有效率，地方财政对涉农贷款增量奖励才能有更加可靠的依据。中国人民银行和银监会应尽快改进《涉农贷款专项统计制度》，摒弃原来按地域统计的口径，只按用途和受贷主体进行统计，作为受贷主体的农户也需在新的形势下重新界定。

(2) 在制定激励政策时还需要考虑盈利和支农之间的关系变化。追求盈利本身没有错，但追求盈利的同时不能让支农偏废。在当前支农任务可监督性仍处于低水平的情况下，对盈利和支农任务替代关系仍相对较高的中西部地区的农信社，中央不宜制定盈利导向过强的激励政策，而且在当前的银行化改革中也不应要求这些地方的政府给予过多优惠条件。虽然银监会对银行化改革限定了时间表，但对中西部地区自身条件尚不成熟的农信社而言，其盈利能力尚不能得到市场检验，通过地方政府置换土地或不良资产等方式强制达到组建农商行的标准，只会进一步增强农信社追求盈利的动力，而因为付出较大成本，地方政府也会“纵容”农信社追求盈利，从而有可能陷入一种脱离支农的恶性循环。

关于银行化改革，本章认为应当根据盈利和支农任务两者之间的关系变化而定，顺其自然地达到组建标准再改制，这时地方政府不必付出较大改制成本，将盈利任务交给引进的股东和董事会后，还可以更好地监督农商行支农。因此必须考虑到不同地区所处的发展阶段不同，盈利和支农任务的替代关系也不一样，当前“一刀切”的改制政策只适合在东部地区和中部省份的部分地区实行，并不适合在全国推而广之。

（3）针对农信社等农村金融机构的激励政策都要体现差别化激励，“不患寡而患不均”，差别化的激励政策更能体现政策的倾斜，达到激励的目的。以涉农贷款增量奖励为例，对东部或者已改制为农商行的地区，涉农贷款增量奖励应当提高标准或者择机取消，将节省下的财政资源更多运用于西部金融服务薄弱的地区。

（4）本章建议在支农任务上继续完善约束措施，健全各类支农政策和资金使用的监管制度，保证中央用于促进金融支农的支出真正用于“三农”。

二、研究展望

本章是从政策激励的角度分析农信社支农不力的原因，虽然很重要却也只是一方面，不能代表全部因素。随着制度的完善以及在农信社发展过程中盈利和支农两大任务的关系变化，新的条件下可能会得出更加完善的结论。

此外，本章讨论的激励政策时间跨度较大，更多是从理论和案例来讨论对农信社支农和盈利任务的激励，而限于相关数据的可得性，没能从计量经济学的实证角度来做进一步研究。后续如果积累了更多的调研数据，可以再对本章的部分结论进行计量上的验证。

参 考 文 献

曹崇福，2007. 金融杠杆与风险分担：支农再贷款操作效应的实证研究[J]. 金融研究（2）：174-182.

陈其安，刘艾萍，李红强，2015. 存在主次委托人条件下的委托代理问题：理论模型和实验研究[J]. 中国管理科学（4）：139-147.

陈永成，陈光焱，2010. 基于多任务委托代理模型的腐败行为分析[J]. 当代财经（5）：26-31

陈治，2010. 财政激励，金融支农与法制化：基于财政与农村金融互动的视角[J]. 当代财经（10）：25-33.

邓岩，2012. 农村信用社变迁进程的政府行为与效率因应：鲁省证据[J]. 改革（3）：90-96.

丁述军，关冬蕾，2011. 农村信用社改革过程中的博弈分析[J]. 宏观经济研究（8）：65-71.
董晓林，褚保金，杨晓蓉，2008. 农信社央行专项票据置换的政策效应评估：基于安徽亳州的实证分析[J]. 金融研究（9）：176-187.
董玄，周立，刘婧玥，2016. 金融支农政策的选择性制定与选择性执行：兼论上有政策、下有对策[J]. 农业经济问题（10）：18-30.
弗登博格 D，梯若尔 J，2015. 博弈论[M]. 黄涛，译 . 北京：中国人民大学出版社 .
韩俊，2007. 中国农村金融调查[M]. 上海：上海远东出版社 .
胡晓炼，2013. 农信社改革资金支持政策的正向激励作用[J]. 中国金融（14）：9-11.
湖南省永州市银行业协会课题组，2009. 网点如何撤并仍是我国农村金融的难题：湖南农村金融网点布局与农村经济发展相适应情况调查[J]. 中国农村信用合作（7）：37-38.
黄新飞，张娜，2005. 国有商业银行激励机制的影响因素分析：一个多重任务的博弈分析框架[J]. 数量经济技术经济研究，22（11）：112-121.
纪敏，牛慕鸿，陈得文，2016. 存款准备金政策的创新[J]. 中国金融（1）：59-61.
蒋海，朱滔，李东辉，2010. 监管、多重代理与商业银行治理的最优激励契约设计[J]. 经济研究（4）：40-52.
阚先学，韩秀兰，罗剑朝 . 政府在农村信用社推行合作制的动态博弈分析[J]. 中国软科学，2009（2）：46-50.
刘民权，徐忠，2003. 农村信用社改革和政府的职能[J]. 经济学（季刊），2（2）：555-572.
刘锡良，刘利红，刘海二，2013. 农信社股份制改革绩效评价：农商行案例分析[J]. 财经科学（8）：28-38.
马九杰，沈杰，2010. 中国农村金融排斥态势与金融普惠策略分析[J]. 农村金融研究（5）：5-10.
马理，娄田田，牛慕鸿，2015. 定向降准与商业银行行为选择[J]. 金融研究（9）：82-95.
明洋，郑伟，2011. 农村信用社股份制改革中的产权、治理和管理体制分析[J]. 西南金融（8）：68-71.
穆争社，2009. 破解农村信用社法人治理结构的“民有资本官营化”困局[J]. 金融研究（7）：161-169.
聂辉华，2006. 取消农业税对乡镇政府行为的影响：一个多任务委托代理模型[J]. 世界经济（8）：71-78.
曲世友，崔莹，2012. 多任务目标条件下商业银行激励契约化研究[J]. 预测（4）：58-62.
冉光和，温涛，李静，2008. 中国农村经济发展的金融约束效应研究[J]. 中国软科学（7）：27-37.
史晓林，任俊岭，2015. 由财政补贴农村信用社保值贴补息引起的思考[J]. 中国财政（11）：34-35.
宋磊，王家传，2006. 农村信用社产权与内部治理结构优化的制度经济学分析[J]. 金融发展研究（2）：6-8.
粟芳，方蕾，2016. 中国农村金融排斥的区域差异：供给不足还是需求不足？——银行、保险和互联网金融的比较分析[J]. 管理世界（9）：70-83.

田凯文，毛术文，刘辉，2010. 县域涉农贷款增量奖励政策有待完善[J]. 中国金融（8）：91.

王洪斌，田希永，2007. 当前金融支农中存在的主要问题及对策[J]. 河北金融（6）：61-63.

王连军，2011. 金融危机背景下政府干预与银行信贷风险研究[J]. 财经研究（5）：112-122.

魏金明，张旭，陈敏，2007. 基层政府不当干预农村信用社的原因及对策[J]. 华东经济管理，21（3）：68-71.

吴一平，2007. 经济转轨、契约设计与银行改革：基于多任务委托-代理理论的经济学分析[J]. 山西财经大学学报，29（2）：102-108.

谢平，2001. 中国农村信用合作社体制改革的争论[J]. 金融研究（1）：1-13.

谢平，徐忠，2013. 中国农村金融改革十年得失[N]. 21 世纪经济报道，05-13.

谢平，徐忠，沈明高，2006. 农村信用社改革绩效评价[J]. 金融研究（1）：23-39.

许圣道，田霖，2008. 我国农村地区金融排斥研究[J]. 金融研究（7）：195-206.

晏艳阳，金鹏，2014. 公平偏好下的多任务目标与国企高管薪酬激励[J]. 中国管理科学（7）：82-93.

杨其静，2003. 从完全合同理论到不完全合同理论[J]. 教学与研究（7）：27-33.

叶雯，刘慧宏，熊德平，2015. 金融机构支农的政策激励机理：动态博弈的分析框架[J]. 科技与管理（3）：75-80.

袁江天，张维，2006. 多任务委托代理模型下国企经理激励问题研究[J]. 管理科学学报（3）：45-53.

张雪春，2006. 政府定位与农村信用社改革[J]. 金融研究（6）：109-116.

张勇，2005. 一类多任务委托代理模型[J]. 现代管理科学（9）：37-38.

张振海，茹少峰，2011. 陕西省金融支农效率评价及影响因素分析[J]. 农业技术经济（7）：82-89.

赵耀华，蒲永健，2010. 博弈论与经济模型[M]. 北京：中国人民大学出版社.

周立，李萌，陈莎，等，2016. 金融排斥、金融排异与农村金融普惠[M]. 北京：中国农业出版社.

朱承亮，2015. 支农 VS 盈利：农村信用社双元目标协调性研究：来自陕西省 8 市 79 区县的证据[J]. 经济与管理评论（5）：117-125.

BAI C E，LI D D，TAO Z G，et al，2000. A multi-task theory of the state enterprise reform [J]. Journal of comparative economics，28（4）：716-738.

BAI C E，XU L C，2001. The system of incentives for CEOs with multitasks：theory and evidence from Chinese state-owned enterprises [J]. Social science electronic publishing.

GARCÍA，DIEGO，2014. Optimal contracts with privately informed agents and active principals [J]. Journal of corporate finance（29）：695-709.

HOLMSTROM B，MILGROM P，1991. Multitask principle-agent analysis：Incentive contracts，asset ownership，and job design [J]. Journal of law，economics & organization（7）：24-52.

HOLMSTROM B，MILGROM P，1994. The firm as an incentive system [J]. The American economic review，84（4）：972-991.

LUPORINI A，PARIGI B，1996. Multitask sharecropping contracts：the Italian Mezzadria [J]. Economica，63（251）：445-457.

MARTIMORT D，1990. Multiple principals and asymmetric information [J]. Mimeo，Université de Toulouse.

SIQUEIRA K，SANDLER T，CAULEY J，2009. Common agency and state-owned enterprise reform [J]. China economic review，20（2）：208-217.

STOLE L，1990. Mechanism design under common agency [R]. Cambridge，Massachusetts：Massachusetts Institute of Technology.

附：多任务委托代理模型中激励系数β的推导

$$\max_{\beta} B(a_1,a_2)-E[S(X)]=B(a_1,a_2)-\alpha-\beta^{\mathrm{T}}a$$

$$\text{s.t.}\quad CE=\alpha+\beta^{\mathrm{T}}a-\frac{\rho\beta^{\mathrm{T}}\boldsymbol{\Sigma}\beta}{2}-C(a_1,a_2)\geqslant\overline{u}$$

$$(a_1,a_2)\in\operatorname{argmax}CE$$

在最大化委托人确定性等价收入情况下，参与约束必为等式，于是

$$\beta^{\mathrm{T}}a=\overline{u}-\alpha+\frac{\rho\beta^{\mathrm{T}}\boldsymbol{\Sigma}\beta}{2}+C(a_1,a_2)$$

代入委托人的期望收益（即确定性等价收入）表达式，得到

$$B(a_1,a_2)-\overline{u}-\frac{\rho\beta^{\mathrm{T}}\boldsymbol{\Sigma}\beta}{2}-C(a_1,a_2)$$

这样，委托人的问题就变成选择β使总的确定性等价收入$B(a_1,a_2)-\frac{\rho\beta^{\mathrm{T}}\boldsymbol{\Sigma}\beta}{2}-C(a_1,a_2)$最大化。

对激励相容约束求解一阶条件，得到

$$\beta_i=\frac{\partial C(a_1,a_2)}{\partial a_i}=Ci(a_1,a_2),i=1,2 \tag{4-1}$$

式（4-1）决定了努力函数$a_i=a_i$（β）。

在式（4-1）两端对a_i求导，得

$$\frac{\partial\beta}{\partial a}=(C_{ij}) \tag{4-2}$$

在式（4-1）两端对β求导，得

$$(\delta_{ij})=(C_{ij})\frac{\partial a}{\partial\beta} \tag{4-3}$$

式（4-3）中，δ_{ij}为单位矩阵。

故

$$\frac{\partial a}{\partial\beta}=(C_{ij})^{-1} \tag{4-4}$$

这里有

$$\frac{\partial\beta}{\partial a}=\begin{pmatrix}\frac{\partial\beta_1}{\partial a_1} & \frac{\partial\beta_1}{\partial a_2}\\ \frac{\partial\beta_2}{\partial a_1} & \frac{\partial\beta_2}{\partial a_2}\end{pmatrix},(C_{ij})=\begin{pmatrix}C_{11} & C_{12}\\ C_{21} & C_{22}\end{pmatrix},C_{ij}=\frac{\partial C_i}{\partial a_j},i=1,2$$

最大化总的确定性等价收入的一阶条件为：

$$\left(\frac{\partial B}{\partial a}\right)^{\mathrm{T}}\frac{\partial a}{\partial \beta}-\rho\,\beta^{\mathrm{T}}\boldsymbol{\Sigma}-\left(\frac{\partial C}{\partial a}\right)^{\mathrm{T}}\frac{\partial a}{\partial \beta}=0$$

由激励相容约束式（4-1），有$\left(\frac{\partial C}{\partial a}\right)=\beta$。

故有

$$\left(\frac{\partial B}{\partial a}\right)^{\mathrm{T}}\frac{\partial a}{\partial \beta}-\rho\,\beta^{\mathrm{T}}\boldsymbol{\Sigma}-\beta^{\mathrm{T}}\frac{\partial a}{\partial \beta}=0$$

$$\begin{aligned}\beta^{\mathrm{T}}&=\left(\frac{\partial \beta}{\partial a}\right)^{\mathrm{T}}\frac{\partial a}{\partial \beta}\left[\rho\,\boldsymbol{\Sigma}+\frac{\partial a}{\partial \beta}\right]^{-1}\\&=\left(\frac{\partial \beta}{\partial a}\right)^{\mathrm{T}}\frac{\partial a}{\partial \beta}\left[\left(\rho\,\boldsymbol{\Sigma}+\left(\frac{\partial a}{\partial \beta}\right)^{-1}+\boldsymbol{I}\right)\frac{\partial a}{\partial \beta}\right]^{-1}\\&=\left(\frac{\partial \beta}{\partial a}\right)^{\mathrm{T}}\frac{\partial a}{\partial \beta}\left(\frac{\partial a}{\partial \beta}\right)^{-1}\left[\boldsymbol{I}+\rho\,\boldsymbol{\Sigma}\left(\frac{\partial a}{\partial \beta}\right)^{-1}\right]^{-1}\\&=\left(\frac{\partial \beta}{\partial a}\right)^{\mathrm{T}}\left[\boldsymbol{I}+\rho\,\boldsymbol{\Sigma}\left(\frac{\partial a}{\partial \beta}\right)^{-1}\right]^{-1}\end{aligned}$$

其中，$\boldsymbol{I}$ 为单位矩阵。由式（4-4），有 $\beta^{\mathrm{T}}=\left(\frac{\partial B}{\partial a}\right)^{\mathrm{T}}$ $[\boldsymbol{I}+\rho\,\boldsymbol{\Sigma}\ (C_{ij})]^{-1}$。利用矩阵（$C_{ij}$）和 Σ 的对称性可得

$$\beta=[\boldsymbol{I}+\rho(C_{ij})\boldsymbol{\Sigma}]^{-1}B'$$

其中，$B'=\frac{\partial B}{\partial a}$。

第五章　农信社双重目标兼顾的三省调研分析[①]

导读：农信社和农商行虽然承担金融支农工作，却不是政策性银行，因此至少面临政策性和商业性的双重目标。本章就农信社与农商行面对双重目标相关问题以调研报告的形式展开研究，所用数据由调研问卷和回访内容两部分组成。其中调研数据来源于湖南、云南、贵州三省农信社（农商行）高管的调研问卷，回访内容来源于对前述高管的电话回访。

为了研究农信社（农商行）的双重目标问题，本章从农信社的两种组织形式入手并从委托代理关系的角度对双重目标问题加以分析。因此，本章主体内容分为“两种组织形式”“两类委托代理关系”以及“双重目标”三个部分，前两部分是为第三部分做铺垫。具体来看，作为改制前后农信社的两种组织形式，农信社是合作制，农商行是股份制。农信社与农商行都面对四个行政委托人，即银监会、中国人民银行、地方政府以及省联社。而农商行还面对着资本委托人。其中，行政委托人既向农信社（农商行）提出政策性目标，也提出商业性目标；资本委托人提出的主要是商业性目标。针对政策性和商业性的双重目标，本章研究了三大核心问题：目标间冲突性，软、硬目标，目标重要性异同。主要结论为：①政策性目标和商业目标间冲突与互补共存。冲突主要体现在政策性目标下支农子目标与商业性目标之间，互补更多体现在政策性目标下支持地方经济子目标与商业性目标之间。②无论是对于农信社还是农商行，商业性目标的重要性都高于政策性目标。农信社与农商行对于政策性目标都存在变通执行的情况，但现在正逐步规范。③农商行与农信社对政策性目标下支农目标的重视程度相似（横向与纵向），既有行政委托人方面的原因，也有宏观经济与自身发展的考虑。农商行比农信社更加重视商业性目标（横向与纵向），原因主要来自资本委托人的要求，也有来自行政委托人的压力。从以上结论可知，不需要过于担心改革改制引起的“脱农”问题。未来，随着农商行股东对自身权利意识的不断加强，与省联社之间或许将有一定冲突。

---

① 本章在杨晨玥2017年硕士论文的基础上改编，周立和清华大学经济管理学院的赵冬青副教授联合指导了该论文写作。原文标题为《双重目标下农信社的选择——基于三省农信社调研的分析》。

第一节 前　言

一、研究背景

农信社是经中国人民银行获批成立的农村合作金融机构。农信社由社员入股，主要职能是为社员提供各类金融服务。到目前为止，农信社依然承担着“支农主力军”的职责，核心任务是筹集农村闲散资金，支持“三农”经济发展。随着商业化改革的进行，农信社渐渐改制成为了农商行。改革的脚步是否会带来“脱农”的趋势成为了学者以及其他利益相关者的隐忧。

改制前的“农信社”，与改制后的“农商行”，是农信社不同发展阶段不同组织形式的体现，都属于“广义”的农信社，本章标题中的“农信社”即指广义的农信社，包括农信社和农商行。农信社（农商行）既不同于一般商业银行，它们承担着金融支农的任务；又不同于政策性银行，它们也要追求盈利。因此农信社（农商行）至少有政策性和商业性的双重目标，这也是本章标题中“双重目标”的具体含义。本章将基于云南、贵州、湖南三省的调研数据围绕着农信社（农商行）如何看待政策性目标以及商业性目标，并试图从委托代理关系的角度进行解释。在此之前，有必要先对中国农村金融现状、金融支农现状以及农信社改革历程进行梳理，然后再依次按照“两种组织形式”“两类委托代理关系”“双重目标”的顺序对报告主体内容进行阐述，其中“两种组织形式”“两类委托代理关系”这两部分的内容是为本章报告重点“双重目标”部分作铺垫。图 5-1 即为本章整体结构的示意图。

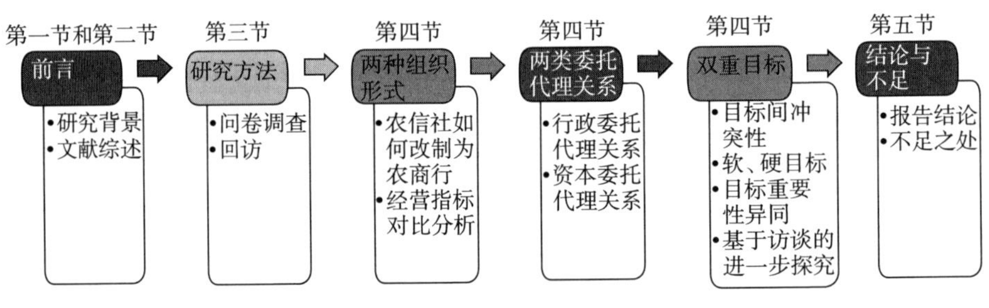

图 5-1　本章结构安排

（一）中国农村金融现状

1978 年第十一届三中全会召开后，中国对内开启了一场场改革，对外迈出了开放的脚步，生产力得到迅猛发展。作为典型的发展中国家，中国在从农业经济向工业经济转型的过程中，不得不面临“城乡二元结构”问题，即生产生活方式落后的农村与日新月异的现代化城市之间出现了明显的界限，体现在生产方式、基础设施、教育、金融服务等多个方面。其中，农村地区的金融服务问题日益得到人们的关注。

农村金融一直是中国比较薄弱的环节，Nagarajan et al.（2005）对农村金融下过一个比较全面的定义：农业金融是指通过多样的正式、非正式、半正式的机构安排以及存款、贷款、保险及汇款等形式的产品服务来为拥有不同收入水平的、异质的农村、农业及非农业人口提供金融服务。不同于城镇地区茁壮成长的金融业，农村地区由于地广人稀、相对贫穷以及文化程度低等原因，导致金融机构服务单个客户收入低而成本高，且服务“三农”往往需要铺设大量网点，这又对金融机构提出大笔一次性投入及后续维护费用的要求。当前农村金融生态环境较为脆弱，一方面，银行服务“三农”成本高风险大；另一方面，小规模非正式金融安排面临严格准入要求。

在农村金融服务的“需求”与“供给”方面，学者的争论从未停止。持“供给约束”观点的学者们认为，金融服务提供者为农户提供的贷款有限，抑制了农户对贷款的潜在需求。持“需求约束”观点的学者们认为，相比于供给约束，需求约束才是主要的问题，许多农户并非不能而只是不愿申请贷款，尤其是在繁琐的申请程序下。此外，也有学者认为供给约束与需求约束并存。除了金融服务提供有限之外，在农业风险不可控、农产品市场经济不完善等背景下，农户生产性借贷需求也被抑制了。此外，农村金融的改革、资源配置以及市场逻辑等问题也是研究的热点。

（二）金融支农的意义

党和国家一直以来都非常重视“三农”问题，“三农”指的是农村、农业和农民。在诸多“三农”问题中，金融支农一直进度缓慢。在农村基础金融需求无法满足的现状下，国家及相关单位出台了各项金融支农的政策。

国家在推动金融支农政策方面扮演着重要的角色。一方面，农村金融对于支持“三农”经济成长、缓解城乡二元经济结构问题、维护国家安全稳定具有重大意义。赵冬青和李子奈（2009）等学者通过调研数据得出，对于中国当前所处的阶段而言，在农村金融方面，最基本的是资金方面的问题，这很大程度上决定了农户是否能够脱贫致富。从生产角度来看，获得贷款能够帮助农户维持农业耕作的资金链，进行扩大再生产；从非生产角度来看，农民可在需要时通过借款为子女教育、医疗、建房等开支提供及时的资金支持。从另一个角度来看，正规的金融机构在没有国家扶持的条件下，缺乏在农村地区深耕的动力。为“三农”提供金融服务面临收入少、成本高且抵押物缺乏等与收益不匹配的高风险。面对着城镇金融市场蛋糕的诱惑，追求商业利润的金融机构往往离开农村。金融常常“跟随”而不是“创造或领先”经济发展，农村经济的落后无法带动金融的发展，因而陷入了恶性循环，需要国家金融支农政策来打破这一循环。

在金融支农政策方面，目前有两条主线。

第一条主线围绕放开市场准入以及金融创新这两个关键词展开。2004—2015年，围绕“三农”问题的12个中央1号文件中，有8个提及农村金融“创新”，主要涉及金融体制方面的创新和具体到产品与服务方面的创新。从2006年起，国家陆续颁布和实施了“发展农村资金互助组织”以及“放宽农村金融市场准入”的农村金融新政，鼓励村镇银行、资金互助社以及贷款公司进入农村金融市场，其他类型的非正式的金融机构也陆续获得了合法地位。从目前的法律政策来看，只要法律法规不禁止，新型金融机构就可以在农村开展业务。

第二条主线是关于普惠金融。普惠金融是金融排斥的对立面。目前，旨在为农村地区提供存款、贷款、汇款等基础金融服务的普惠金融支农政策陆续出台，力争从广度及深度两方面普及金融服务。例如针对空白乡镇的金融服务问题，2009年银监会方面表示，要努力实现中国各个乡镇基础性金融服务全方位的覆盖，希望能用三年的时间完成这一目标；2013年，十八届三中全会决议提到了普惠金融，鼓励市场和产品两方面的创新；2014年，《国务院办公厅关于金融服务“三农”发展的若干意见》发布，其中再次强调了农村普惠金融方面工作的重要性，包括开展金融服务‘村村通’工程以及推动农村金融服务全方位的覆盖；2015年，中央1号文件第一次提到了加强农村普惠金融的工作思路。普惠金融既包含了增长的目标，也体现了“均等”的思想，可以说是未来金融支农的一个明确方向。

（三）农信社的发展改革历程

农信社的发展和改革历程如图5-2所示。

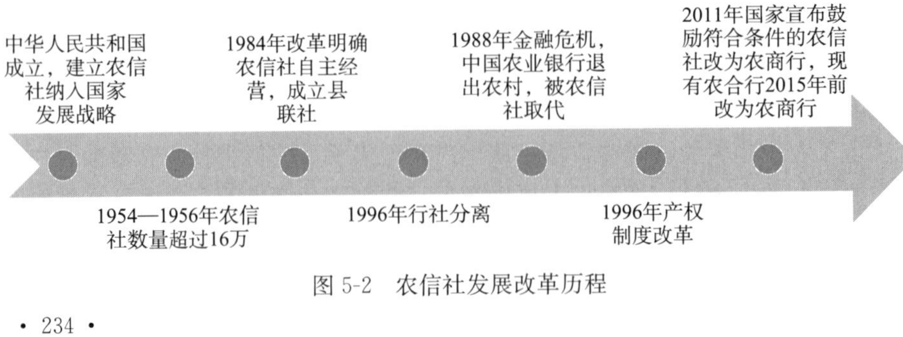

图5-2　农信社发展改革历程

中华人民共和国成立之初，建立农村信用合作社就被纳入国家发展战略。中国人民银行第一任行长指出，信用合作的主要工作是通过安排农民的自有资金，协调、解决社员的生产及非生产方面的资金需求。农信社也可代理银行的部分委托业务，为农村金融注入活力。在党和国家的支持下，1954—1956 年，农村信用合作社的数量迅速超过了 16 万个。然而好景不长，在过度行政手段的干预下，农信社在之后的日子里几经易主，分别由中国人民银行、人民公社、生产大队领导，到由中国人民银行、贫下中农领导，再到由中国农业银行领导。1984 年的改革标志着农信社县联社的成立，并将农信社的发展方向指定为自主经营、自负盈亏。县联社成立后，便利了基层工作的展开，农信社的独立经营能力得以提高。伴随着农信社实力与活力的加强，1996 年国务院发布通知，宣告农信社与中国农业银行脱钩，农信社自此正式迈向回归自我、独立发展的路途。

自 1996 年“行社脱钩”后，农信社的首要目标就是金融支农，时任总理的朱镕基在 1998 年讲话中将农信社定位为“支农主力军”。1998 年爆发的金融危机促使中国农业银行关注金融风险，并大幅撤并农村地区的基层网点。而在中国农业银行退出农村的空白期内，农信社承担起了中国农业银行在农村的工作，并在拓展农户资金可得性上取得了佳绩。然而，在市场经济以及金融市场化的发展浪潮中，遵循“合作制”的农信社感到力不从心。因此，在 2003 年，应国务院的要求，农信社围绕“明确产权关系、增强约束机制、强化服务功能、国家适度帮扶、地方政府负责”进行改革，明确了地方政府的管理责任，农信社不再被“合作制”所束缚，可以根据自己的情况选择合适的经营发展路径，进行产权制度改革。

然而，在金融机构商业化的趋势下，当农村金融改革的关注点从融资问题转向自身发展的体制改革，农信社对于“支农主力军”这一角色的承担变得微妙起来。2011 年 8 月，银监会有关人员答记者问时表示要在 2015 年之前，彻底消除农信社资格股，推动并倡导满足条件的农信社改制组建成为农商行。此外，目前所有的农合行都要改制组建成为农商行。农商行是农信社股份制改革后的产物，从股权上看，农商行比起农信社引入了更多外部股东，股权更为集中。

农信社改制为农商行似乎是大势所趋。中国有省（或直辖市）、地级市（或直辖市下的区）、县级市、县或区之分，农信社也有省级联社、办事处以及县联社之分。因此，农信社改革也具有多种形式，下面是对农信社改制为农商行几种常见形式的梳理：

1. 最传统的省联社一县级联社二元体制

如图 5-3 所示，在这种结构下，农信社县级联社作为独立法人出资成立省联社，而省联社对县联社具有管理职能。省联社在地级市成立办事处，对市辖区县的县联社进行管理。需要注意的是，不是所有的地区都将省联社在地级市成立的机构称为“办事处”，但不管如何称呼，这些机构的职责是一样的。

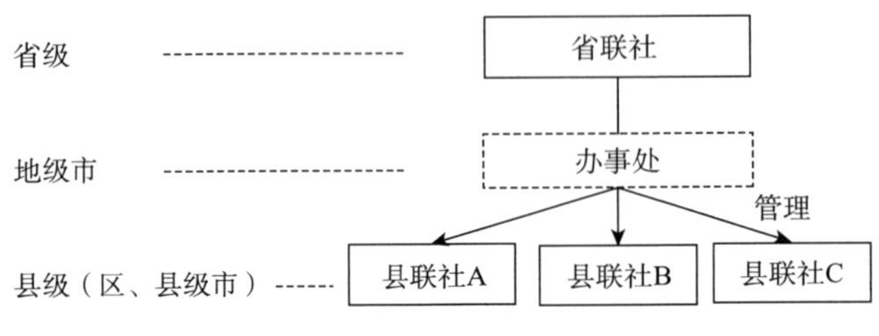

图 5-3　省联社—县级联社二元体制

2. 农信社县级联社改制为县级农商行

如图 5-4 所示，目前，这种改制形式最为普遍。在农信社县级联社达到一定水平改制为县级农商行后，县级农商行依然作为独立法人存在，受农信社省级联社的管理。

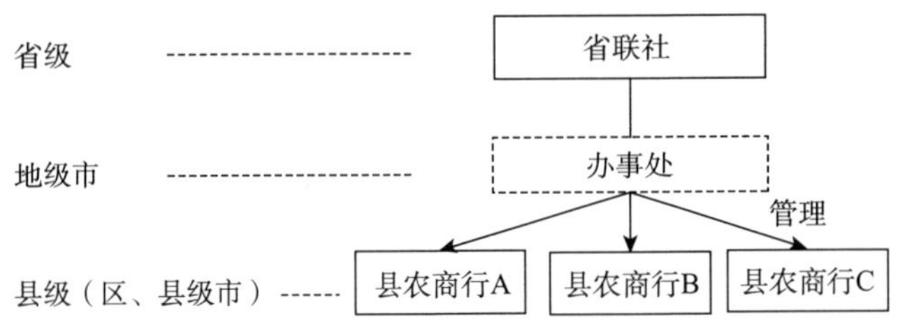

图 5-4　县级联社改制为县级农商行

3. 省联社大一统改制为农商行

如图 5-5 所示，在这种改制形式下，该省或直辖市只存在一家农商行作为独立法人，原有的县级联社成为该农信社的分支。在该模式下，农商行自负盈亏，与其他商业银行结构相同，省联社已经消失。目前，这种形式只存在于北京、上海、重庆等直辖市。

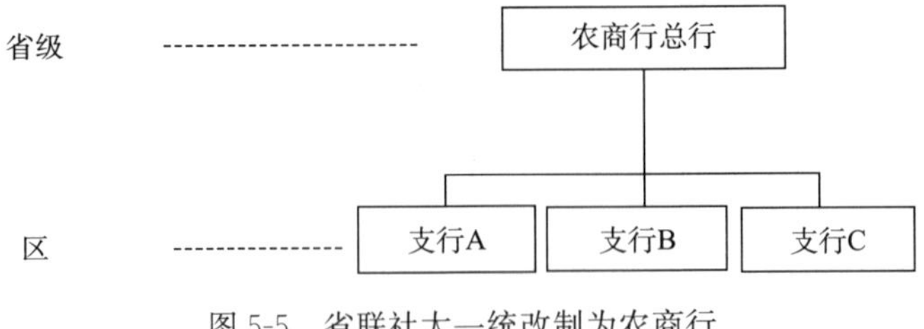

图 5-5　省联社大一统改制为农商行

4. 省联社改制为农商行

如图 5-6 所示，在此模式中，省级联社直接改制为农商行，对原本的县级联社（或农商行）进行管理。目前唯一采用这种方式的是黄河农村商业银行，该银行由宁夏回族自治区农村信用合作社联合社（省联社）改制而来。根据黄河农村商业银行官网的说明，黄河农村商业银行党委对全区各县市联社（农商行）的党组织和主要负责人实行垂直领导、统一管理①。值得关注的是，在资本管理方面，传统的省联社—县级联社二元体制下，县级联社是省联社的出资人。而宁夏回族自治区农村信用合作社联合社改制为黄河农村商业银行后，黄河农村商业银行成为了县市联社（农商行）的第一大股东，扭转了原本的资本结构，符合《中华人民共和国公司法》（以下简称《公司法》）的要求，向县市联社（农商行）派出理事或董事参与决策。

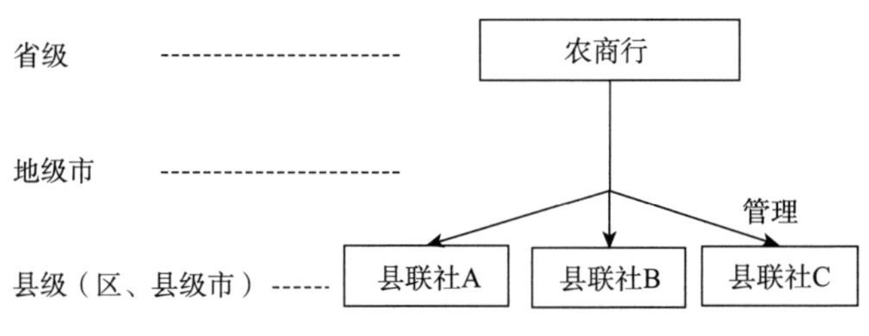

图 5-6　省联社改制为农商行

5. 市办事处与县联社共同改制为市级农商行

如图 5-7 所示，在这种模式下，办事处与县联社同时改制为农商行，此时原有的县联社变为农商行的分支机构。市农商行受省联社管理。青岛农商银行就是该模式下的一个例子。青岛农商银行由 4 家农合行、胶州、平度等 4 家农信联社及青岛市联社合计 9 个单位组建得来②。

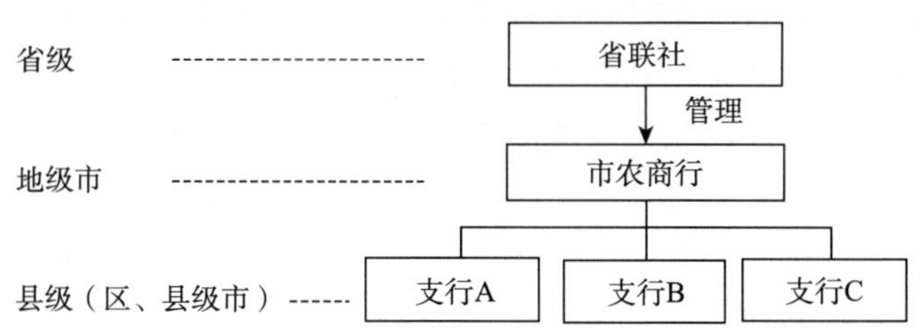

图 5-7　市办事处与县联社共同改制为市农商行

① 资料来源：黄河农村商业银行简介，黄河农村商业银行官网，http://www.bankyellowriver.com/aboutme.jhtml。

② 资料来源：青岛农商银行官网，http://www.qrcb.com.cn/qrcbcms/html/aboutus/。

6. 地级市市辖区农信社联合成立农商行，其余县市各自成立农商行

如图5-8所示，在这种模式下，地级市市辖区的联社共同改制为市农商行，与其他县级市或县农商行处于平级关系，共同受省联社管理。例如，烟台市辖的五个区农信社改制成立烟台农商行，但其与烟台市下的海阳市、栖霞市、龙口市、莱州市农商行之间是平级关系，不存在谁听从谁的命令，共同受省联社派驻烟台的办事处等管辖。

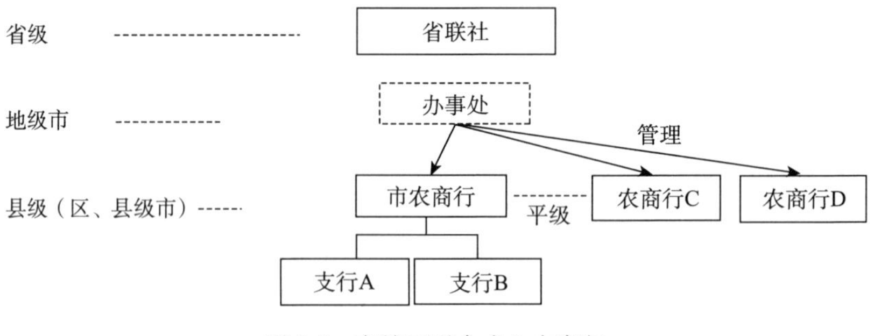

图5-8　市辖区联合成立农商行

7. 其他模式

农信社联社改制为农商行的模式是灵活可变的，因地制宜。例如，在天津，天津省联社大一统改制为天津农商银行，而比天津农商银行成立更早的天津滨海农商银行与天津农商银行共存，且并不受天津农商银行管辖；又如，广州农商行名义上由广东省联社管辖，但实际上两者相对独立。

目前，农信社的主要客户是农户、个体工商户以及小企业，这些客户规模小、实力弱，且分布分散。他们往往收入来源单一，抗风险能力差，因此增加了涉农贷款的成本和风险。从外部环境来看，财政政策将农信社放在一个不利的位置上，农信社在资金安排、账户开设、业务发展等方面受到不少阻碍。

需要注明的是，无论是县级联社、省级联社还是农合行或农商行，都可看作农信社发展不同阶段的具体存在形式，因此本章题目中所指的“农信社”是广义的农信社。此外，农合行也是农信社的改制形式之一，但根据银监会的要求，农合行将会全部改为农商行，并且不再组建新的农合行。目前来看，农合行与农商行形式较为相似而且相对数量较少，因此，本章在之后的讨论中以农商行来指代农商行和农合行。

二、研究主题及研究意义

本章研究的主题是两类组织形式的农信社如何看待政策和商业的双重目

标，并从委托代理的角度分析原因，所用数据基于调研问卷和回访。

相比于其他银行，农信社显得与众不同，它是一个具有中国特色的金融机构。它的特殊主要体现在：①农信社（或农商行）是国家“支农主力军”，是支农任务最直接的执行者，因此其至少面对商业和政策两大类目标；②从结构上来看，农信社异于其他银行的地方在于，农信社受省联社监管，和地方政府间也关系更为密切；③农信社普遍规模较小且没有上市，公开数据的缺乏为农信社披上一层神秘色彩。

农信社改革是业界和学界共同关注的问题。从目前的政策导向来看，国家鼓励满足条件的农信社改制为农商行。由于改制后，农商行的运营机制、股权结构以及内部治理机构更为完善，农商行相较于农信社是否会更加重视商业目标而忽略政策目标这一问题引起很多人的关注。例如，笔者家乡有一家上海农村商业银行，在不少本地人看来该银行已经和其他商业银行相差无几。目前上海农村商业银行在积极筹划上市工作，力争在2018—2020年完成上市。农信社和普通的商业银行有何不同？农信社和农商行对待支农任务的态度是否会有不同？农商行相比于农信社追求利润的动机是否更强？这些问题都令人好奇。

为了更清晰地探索这些问题，必须了解农信社和农商行的关系与差别、理清农信社（农商行）面对的委托代理关系。因此，本章在第四节有关调研结果的分析中将依次按农信社的两种组织形式、两种委托代理关系以及双重目标这一顺序进行汇报。

具体到各个细分问题，本章的研究意义至少体现在以下几个方面：

(1) 梳理农信社（广义）的两类组织形式——农信社和农商行之间的关系，即农信社改制为农商行的多种路径，统计农信社与农商行目前的各项经营情况和指标。这有助于直观了解农信社和农商行的由来及异同，对目前农信社的改制现状有一个系统的认识。

(2) 分析和总结农信社（农商行）面临的多重委托代理关系以及各类委托人对农信社（农商行）提出的目标。这有助于从“动机”的角度把握农信社的行为。

(3) 在上述委托代理关系下，分析商业性目标和政策性目标之间是否存在冲突。从直觉上判断，当一个金融机构面临着来自不同委托人的不同目标时，似乎目标间很可能存在冲突，那么事实又是否如此呢？

(4) 对于农商行（农信社）而言，政策性目标和商业性目标谁更重要？对于重要性相对较低的那类目标，农信社（农商行）是否会变通执行呢？对这一问题的探究能够为上层及中层金融机构拟定政策提供借鉴。

(5) 分析农信社与农商行（即改制后的农信社）看待两类目标重要性的异同。农信社改革后是否会引发“脱农”倾向是学者和政界都非常关心的问题。

已有文献大多从客观涉农数据出发分析这个问题，本章通过调研农信社（农商行）高管，得以从主观的角度考察“脱农”问题，丰富这方面的研究。

（6）由于本章的调研问卷为横截面数据，且获得信息有限。因此，笔者将通过对农信社高管的回访了解其所在农信社改制前后看待双重目标重要性的变化，并且对目标间的冲突性以及其他相关问题进行探索，从而对本章结论作一个纵向的补充和佐证，同时也能获得对上述相关问题原因更深入的探索。

第二节　文献综述

一、农信社的两种组织形式及改革改制相关问题的研究

农信社改革主要分为管理体制的改革以及产权制度改革。目前农信社的产权形式有合作制、股份合作制以及股份制这三种形式。合作制对应的组织形式为传统农信社，股份合作制对应的组织形式是农合行，股份制相应的是农商行。其中，传统的省联社一县级联社二元体制以及农商行是目前农信社最主要的两种组织形式。从图 5-9 和图 5-10 的统计数据可以看到，2008—2015 年，农信社逐渐改制为农商行。截至 2015 年，农信社剩余 1 373 家，农商行数量达 859 家。

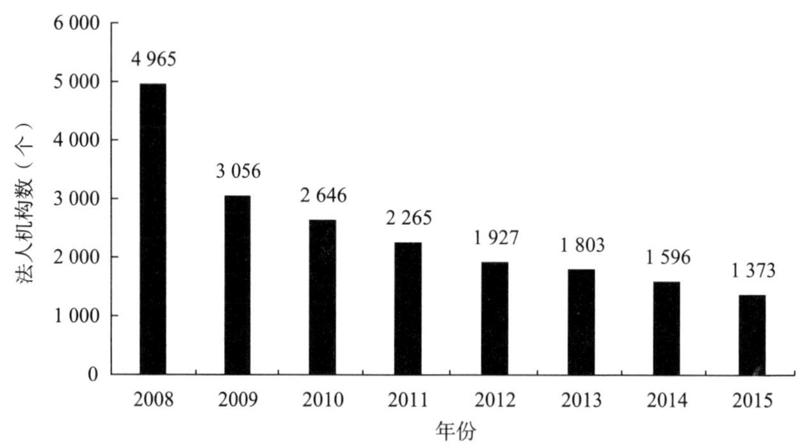

图 5-9　农信社法人机构数

资料来源：Wind

近年来，关于农信社的研究热度最高的当属农信社改革相关问题。乔瑞（2010）研究了农信社向农商行转型过程中遇到的问题，认为农信社改制为农

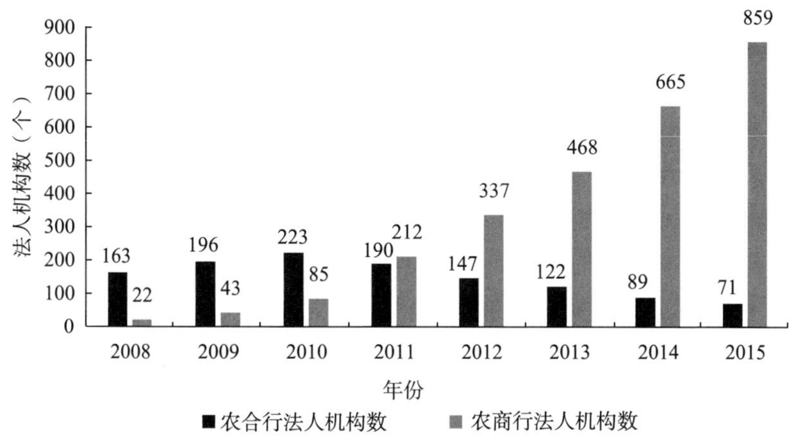

图 5-10　农商行及农合行法人机构数

资料来源：Wind

商行后，作为老企业有历史遗留包袱，具体体现在不良率较高、信息系统落后、人员素质低下，这些历史问题仅靠自己消化任务艰难；同时，作为新银行，农商行与其他商业银行相比差距较大，体现在经营理念、公司治理以及制度体系建设等方面。应对这些问题的对策有：完善运行机制和经营理念、加强风控、健全激励约束、重视软硬件储备等。任志龙和张军（2012）也研究了相同的问题，指出目前阻碍农信社向农商行转型的阻碍主要有：①银监会的监管指标；②股权结构不合理，具体体现在，一方面出资人很少想真正参与农信社经营决策，另一方面自然人股东占比很大，不符合改制为农商行的要求；③不良资产处置难，④法人治理结构有形式但实际作用不大。

具体到农信社改革对绩效、战略等多个细分领域的影响，张珩等（2016）以陕西省为例研究了 2003 年的产权改革对农信社资本充足率的影响，并探讨了地区性差异在该影响中扮演的角色。研究发现，改革前后农信社资本充足率平均提升较低，仅为 0.3%，不同地区提升程度差异较大。谢平等（2006）通过多省份的调研数据，从管理模式、股权结构、绩效（包括盈利、不良贷款率、利差等）、支持“三农”情况等对农信社改革与预期目标即商业可持续和满足农村地区信贷需求的差距做出了评价。研究表明，扩大农户贷款方面，农信社改革试点贡献不高，改革中推行的“花钱买机制”是一大创新点，但改革对不同地区的有利程度不同。展望未来，谢平等认为一个有效治理结构的特征是将企业的权责明确到数个自然人，且该自然人拥有完整的企业经营权以及企业经营成果的分享权，基于这一观点，农信社私有化或成为未来的改革方向。战明华和许月丽（2009）通过浙江省的面板数据研究了农信社改革是否会影响农户的借贷行为以及影响的具体表现形式。研究发现，在微观方面，农信社改革有效减少了农户借贷行为产生的交易成本；在宏观方面，改革增加了农村地区的金融供给，但改革效果在不同类型农户间具有较大差异，受益最多的反而是从事非农产业的农户。由此可见，相比于一般商业银行的改革，农信社改革并未很好地体现其独有的特征，也没有很好利用区域内的社会资本。刘民权（2005）等认为，农信社改革忽略了市场约束和竞争对于金融机构拥有活力的必要性。为了解决这一问题，刘民权等提出了一个市场化改革设想，旨在打破农信社经营的地理限制并促进相互间的竞争兼并。在中央政府承诺注资大举推动农信社改革的背景下，张杰和高晓红（2006）通过研究发现，此次注资更像政府间的一场博弈，农村金融的真正需求者却不被改革所关注。

作为支农主力军，农信社的改革是否会影响支农力度，学术界对此存在着一定的争议。有学者认为，市场化改革会使得农信社面临更强的市场约束和市场竞争，在多种因素的作用下农信社会寻求金融创新，增加金融产品和服务的供给量及其质量，“支农”能力得以提升；另一些学者则持相反意见，他们认为农信社改革反而引发了农信社的“脱农”倾向。例如，赵峦和孙文凯（2010）通过全国农村固定观察点农户调查数据，研究农信社改革是否能够促进金融支农。研究发现，农信社改革没有显著促进农户信贷的总体覆盖面。对于贫困村农民，其信贷可得性下降，故农信社改革缓解了农信社信贷资源的选择性配给问题；对于非贫困村农户，第一批试点省份中，只有以农业为主业农户的信贷可得性得到提升，第二批试点省份中，各类农户的信贷可得性都未受到农信社改革的显著影响。刘树新（2011）认为，当农信社想用数据说明农信社改革后支农效力得到增强时，这一结论却被研究否认。刘树新认为，农村金融环境差、金融优惠政策力度有限以及身份转换共同造就了农信社“脱农”，这一步伐甚至有加快的趋势。唐丽英（2013）也对农信社改革前后的信贷支农情况做了比较，以宜昌辖内农信社涉农贷款数据为例，研究发现，农信社改革增强了农信社的信贷能力，体现在信贷支农绝对水平显著上升，信贷支农质量明显改善，其中有80%的农信社改革后贷款利率平均上浮比率有所下降。然而，改革后农信社的支农对象向大客户倾斜，体现了一定程度上的“脱农”倾向。唐丽英的研究结果与孙少岩和石洪双（2013）的研究结果不谋而合。孙少岩和石洪双在研究中提到，农信社的股份制改革强化了来自内部和外部的双重硬约束，导致对传统农户的信贷供给不增反降，对商业化农户、农村企业和组织等金融供给得到增加，也就是说，农信社股份制改革强化了对农户的金融需求抑制。刘锡良等（2013）以西部地区两家农商行为研究对象做了案例分析，发现农信社股改后公司治理、风险管理、盈利水平均获得提升，但支农占比却有所下降，说明农商行牺牲支农来转而提高其盈利水平。最后，国务院发展研究中心金融研究所（2012）总结了新形势下农信社改革面临的挑战，认为当前农信社面临的主要问题包括可持续的商业发展模式不清晰、管理体制和运行模式存在一定冲突以及监管协调方面的问题，并呼吁要尽快推进农信社以可持续发展为根基提升服务“三农”的能力。

二、多元目标以及相关理论的研究

多元目标是指某一主体同时需要满足多个目标。在教育、政策、宏观金融、企业管理等多个领域都存在着多元目标的相关研究。

具体到农信社面临的多元目标问题，谢平（2001）认为，多元目标冲突是农信社绩效低下的一个重要因素，农信社面临的多元目标包括合作制目标、政策性目标、盈利性目标以及规模经济目标（包括防范风险、提高市占率及扩大业务和品种范围），面对多元目标的金融机构必然会面临经营思维混乱和机会主义问题。张波（2009）认为，农村合作金融机构面临着多元目标，这些目标包括合作制目标、政策性目标、商业性目标以及规模经济目标，并且相互之间存在着冲突。刘开宇等（2015）在河北省调研后认为，寻求商业效益是县联社首先拥有的目标，此外还有 4 个目标，分别来自 4 个不同的委托人。其中，银监会监管风险，中国人民银行管理利率以及贷款规模管控，省联社管理经营状况并批准规模以上贷款，地方政府和省联社间或存在人情关系。李珣等（2015）通过对甘肃省农信社高管的调研，认为农信社面临的目标至少有控制经营风险、实现经营绩效以及合作金融改革等。其中，控制风险被认为是最主要的目标。在多目标权衡中，风险和绩效的权衡影响最大。此外，董玄等（2016）[20-21]① 通过建立二层分析框架研究金融支农政策的选择性执行问题，研究发现，中央的多项金融政策具有多元目标，这些目标至少包括促发展、支持“三农”以及保障金融安全。下层的政策执行者（即涉农金融机构和金融当局的地方机构）在完成利润目标的同时要兼顾金融支农任务，而金融支农任务或会带来政策性包袱。

对于农信社面临的多元目标，以上分类方法不尽相同，本章将它们主要梳理为两类目标，即商业性目标和政策性目标。其中，商业性目标即包括提升绩效也包括控制风险；政策性目标涵盖内容较多，以支农目标为主。不少学者认为这两类目标间是冲突的，尤其是商业性目标和支农目标。例如，温铁军（2004）认为，银行商业化改革与服务“三农”存在矛盾。农户经营分散，资

① 角标方框里的数字对应本章最后附的“高管回访内容整理”中论据（下划线部分）的角标序号，说明正文中的结论可用访谈中的论据证明。

金需求小额且风险大，这与商业银行追求利润规避风险的目标相互冲突。冯庆水和孙丽娟（2010）认为，农信社改革有双重目标，分别为提升农信社服务“三农”的能力和提升其商业可持续性，此外，实证分析发现农信社绩效和支农力度是可以同时兼顾的，即双重目标的矛盾是可调和的。

三、委托代理关系相关研究

委托代理关系指的是双方（或多方）中其中一方担任委托人，另一方担任代理人，代理人代表委托人在某一特定领域内进行决策（Ross，1973）。委托代理关系有以下几个特征（何维达，1997）[17-18]：①经济利益性，委托人设定报酬机制激励代理人最大限度完成委托人的目标，而代理人则根据这一机制选择实现自身效益最大化的努力程度；②契约性，委托人和代理人间存在契约关系，可以是书面协议，也可以是口头约定或心理认定；③权利对等，享受的权利与承担的责任是对等的；④契约不完备性，因为情况的动态变化、信息不对称（指委托人没有办法准确衡量代理人工作的勤奋程度，而代理人自己很了解自己为了完成任务付出的汗水）等因素，委托人代理人间达成的契约无法面面俱到；⑤可操作性，契约内容应该简明易懂，有讨价还价的空间。

要建立委托代理关系，需符合以下的要求（何维达，1997）[18]：①委托人及代理人具备建立契约的能力；②委托人有支付“报酬”的能力，这是针对委托人是资本所有者而言的；③代理人具有信息优势；④存在市场不确定性风险；⑤委托人和代理人双方都可以退出契约，取消委托代理关系。

委托代理关系最早被经济学家提出，用来研究公司所有权和经营管理权两权分离情况下，代理人让委托人利益受到损害的问题。随后，委托代理关系的应用范围被迅速拓展到公共政策领域（李艳霞和胡东，2008）[70-71]。在中国，政策的制定者和执行者往往不是同一方，因此也存在两权分离的情况，可以将下层机构的执行者看作代理人，将上层机构的政策制定者看作委托人。中国政策系统中，往往存在多个层级的委托代理关系，除代理链的两端之外，链上的人都具有委托人和代理人的双重身份。需要注意的是，各层级委托人和代理人间地位不平等，即存在上级与下级这样的关系。此外，会通过上级检查、下级汇报以及同级监督等方式对委托代理事务进行管理（李艳霞和胡东，2008）[71-72]。因此，本章将公司领域中，股东作为委托人、管理者作为代理人的委托代理关系称为资本委托代理关系或股权委托代理关系，将政策领域中，上级政策制定者作为委托人、下级政策执行者作为代理人的委托代理关系称为行政委托代理关系。与资本委托代理类似，行政委托代理中也存在委托人与代理人间利益冲突、信息不对称以及委托人无法全方位监管政策的执行情况等问题。资本委托代理中，企业所有者可以较为容易地更换管理层。而行政委托代理中，对代理人的罢免流程更为复杂，政权所有者更难达成统一，因此行政代理人被撤换的忧患意识要弱于资本代理人（李艳霞和胡东，2008）[72]。

基于委托代理关系，兴起了委托代理理论，该理论研究的问题主要是在信息非对称以及利益冲突的背景下委托人怎样设计最优的合约来激励代理人（刘友贵，蒋年云，2006）[69]。当前的委托代理理论，大多数是从委托人的角度出发，研究委托人和代理人的表现行为以及如何最好地去缓解委托代理问题。最基本的委托代理理论是基于一个委托人、一个代理人以及一个任务，本章称之为双边委托代理关系。最早研究双边委托代理关系的主要学者 Ross（1973）和 Spence et al.（1971）得出的基本结论是，信息不对称会引发效率损失，只能达到次优状态，而无法达到帕累托最优，代理人必定会承担一部分的风险。最优的契约安排决定于效率和对代理人的激励间的权衡取舍（刘友贵，蒋年云，2006）[71-73]。以双边委托代理模型为基础，又发展出了其他更为复杂的委托代理理论。其中，研究多代理人理论的著名学者有 Holmstrom（1982）和 Mookherjee（1984）等。多代理人是在双边委托代理模型的基础上将单个代理人的条件改为多个代理人，并且假定他们之间可以彼此影响。研究结论为，最优的契约安排是让对某个代理人的薪酬支付与其他代理人的表现挂钩。共同代理理论研究的是单个委托人变成多个委托人的情境，主要的结论是，多个委托人合谋作为一个团体与代理人签订一个合约是最优的方式。多任务代理理论研究的是单个委托人、单个代理人和一系列任务的情况，这个问题研究的代表作为 Holmstrom 和 Milgrom（1991）写的一篇文章。结论是，对于其中任何一个任务，当其他任务的难度在增加时，对该任务的激励应当减少，如果无法准确衡量任务的难易程度，那么最优的做法是对所有的任务提供固定工资（刘友贵，蒋年云，2006）[75-76]。

不少学者研究了关于农信社的委托代理关系。周立等（2014）指出，农信社县联社有四个“婆婆”，分别为中国人民银行、银监会、地方政府以及省联社，这四个“婆婆”对农信社提出了不同的诉求。其中，中国人民银行在贷款规模、准备金、支付结算等方面对农信社进行管控；银监会对农信社的业务、市场进入及退出、任职、网点安排以及合规等方面进行管辖；地方政府有同省联社合谋的可能性，使得县联社成为地方政府的“提款机”，地方政府也会对县联社的财务报表以及贷款投向等提出要求；省联社是由各个县联社入股组成的，可以说是农信社的内部管理机构，省联社既为县联社谋求了福利，同时又带来负担。福利体现在省联社在与地方政府的博弈中话语权更高；负担在于县联社需向省联社缴纳管理费，并且省联社会吃掉利差。

第三节　研究问题及研究方法

一、研究问题

在本章第一节中的“研究主题及研究意义”部分，已经列出了本章的研究任务，本章将在接下来的篇幅中依次对其进行展开讨论。其中，“双重目标”部分是本章研究的重点；“两种组织形式”部分是本章探讨农信社和农商行如何看待双重目标、比较异同的前提；“两类委托代理关系”部分有助于更好地了解农信社（农商行）的处境以及行为动机，更是解释“双重目标”部分结论的基础。所以，本章按照两种组织形式—两类委托代理关系—双重目标的顺序加以展开。

1. 两种组织形式

归纳农信社改制为农商行的多种方式［这部分内容已经在第一节中的“研究背景”（即农信社的发展改革历程）中完成］；利用调研数据描述农信社（农商行）目前的各项经营情况和指标，并进行对比。

2. 两类委托代理关系

分析农信社（农商行）面临的两类委托代理关系，即行政委托代理关系与资本委托代理关系，梳理各类委托人对农信社（农商行）提出的要求及其异同。

3. 双重目标

归纳出委托人对农信社（农商行）提出的双重目标，即政策性目标和商业性目标；研究上述政策性目标与商业性目标之间是否存在冲突；讨论政策性和商业性目标哪个更重要，探究农信社（农商行）是否会变通执行以完成软目标（即相对不重要的目标）；分析农信社与农商行（即改制后的农信社）看待不同类型目标重要性的异同，从委托代理关系的角度解释存在这种异同的原因。通过回访对改制前后农信社看待目标重要性的差别进行探究，并进一步探索目标间冲突（或不冲突）、变通执行以及省域差异的情况及原因。

本章的研究框架如图 5-11 所示。

二、研究方法

本章采用调研的方法对以上问题展开研究，具体分为两个部分，即问卷调研和高管回访。

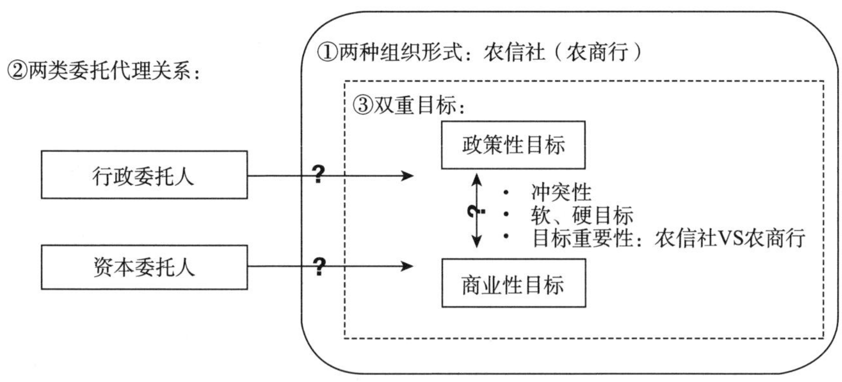

图 5-11　本章研究问题的框架

1. 问卷调研

调研问卷来自中国人民大学周立教授主持的课题——国家自然科学基金项目“多元目标下金融支农政策的选择性执行研究”（编号：71573265）。该调研问卷旨在从经营目标及任务、利润风险、支农情况以及改革转制等方面，对农信社的情况进行调查。笔者作为项目组的成员之一，已获得授权使用该调研数据。由于问卷调研的对象是农信社高管，一般人难以直接接触，因此该问卷主要由周立教授等人发放和收集，保证了数据较高的可信度。问卷基本情况如下：

调研地点：湖南、云南、贵州。

调研时间：2016 年 11 月 19 日（湖南），2016 年 6 月—2016 年 12 月（云南），2016 年 5 月 9 日（贵州）。

调研对象：农信社（农商行）高管（主要为主任/行长、理事长/董事长、监事长以及理事会、党委会或监事会成员等）。

2. 高管回访

高管回访环节由笔者独立完成，共回访了来自湖南、云南、贵州三省的 9 名高管，回访方式为电话回访，回访时间为 2017 年 3 月 6 日—2017 年 3 月 10 日。回访内容的整理详见本章最后附的“高管回访内容整理”。

第四节　调研结果及分析

一、调研数据描述

问卷调研的数据来自湖南、云南及贵州三省。剔除明显无法使用的问卷后，共获得来自湖南的农信社高管问卷 63 份，来自云南的农信社高管问卷 148 份，来自贵州的农信社高管问卷 77 份。由于不同问卷内容质量的参差不齐，以及使用问卷本身的题目差异，针对不同问题使用的有效问卷在数量会与上述数字存在差异。

填写问卷的农信社高管分别来自湖南、云南和贵州的省级农信社、县级农信社、农合行、县级农商行以及市农商行等。其中，湖南省的调研问卷有 10 份来自县级农信社，50 份来自县级农商行，3 份来自市农商行；云南省的调研问卷有 7 份来自省级农信社，129 份来自县级农信社，6 份来自农合行，5 份来自县级农商行，1 份来自市农商行；贵州省的调研问卷有 2 份来自省级农信社，42 份来自县级农信社，33 份来自县级农商行。总计共 9 份问卷来自省级农信社，181 份问卷来自县级农信社，88 份问卷来自县级农商行，6 份问卷来自农合行，4 份来自市农商行。由于农合行也是由农信社改制而成，按照政策要求将全部转为农商行，且农合行调研问卷数相对较少，因此本章将来自农合行的问卷也归入农商行的分类。因此，本次调查共有合计 190 份问卷来自农信社，98 份问卷来自农商行，如图 5-12 所示。

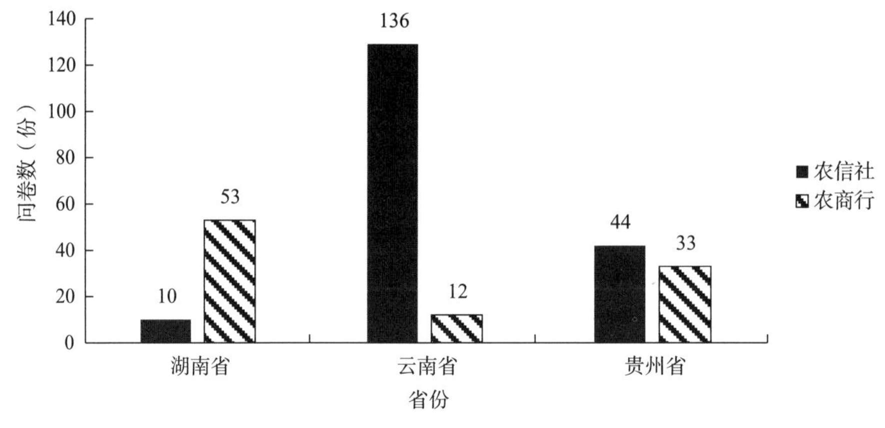

图 5-12　问卷来源分布

二、两种组织形式的经营情况

本章删除了内容缺失或者明显不合理（例如计算得出的比率大于 1 的情况），以及来自同一家农信社的重复数据，并对三省被调研的部分农信社（农商行）2015 年的资产、负债、贷款、不良贷款以及跨区经营情况进行了统计。

需要说明的是，本次统计的农信社（农商行）经营数据是由高管填写，而人记忆的往往是一个大致的数字，因此数据并不精确，与实际值可能存在偏差。此外，农信社（农商行）上报的数据可能有美化的成分，而高管提供的数据为读者了解农信社（农商行）的实际经营状况提供了一个新的视角。

（一）农信社（农商行）资产与负债情况

农信社的资产与负债情况如图 5-13 和图 5-14 所示。

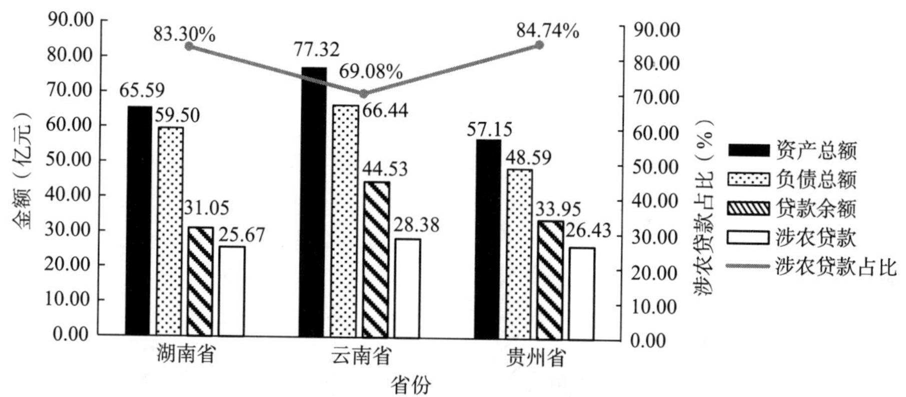

图 5-13　被调研农信社（农商行）资产与负债情况：分地区

注：图中所展示的各项数据均为各省内被调查农信社（农商行）的数据的平均值。例如，涉农贷款比率$=\frac{1}{n}\sum_{i=1}^{n}\frac{a_i}{b_i}$。其中，$a_i$ 为省内第 i 家农信社（农商行）的涉农贷款余额；b_i 为省内第 i 家农信社（农商行）的各项贷款余额；n 为省内被调查农信社（农商行）的总数

分地区来看，云南省农信社（广义农信社，包括农商行）的平均资产、负债、贷款以及涉农贷款数额位居三省之首，而涉农贷款占比却为最低（69.08%）。从图 5-13 中可以看到，每个地区的平均资产负债率都比较高，都超过了 85%以上。

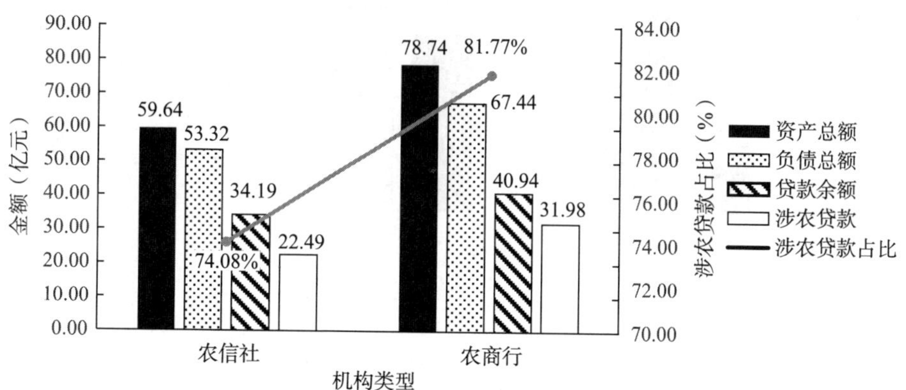

图 5-14　被调研农信社（农商行）资产与负债情况：分类型

从机构类型的角度来看，农商行在平均规模上明显超过农信社，体现在资产、负债、贷款以及涉农贷款这四个方面，这与本章的直觉是一致的，即改制后农商行的实力增强了。具体来看，涉农贷款方面，农商行涉农贷款平均额为31.98亿元，比农信社的22.49亿元高出了42.20%；农商行的涉农贷款占比平均为81.77%，也高于农信社（74.08%）。这和许多学者得出的结论是相符的，即改制后农商行总的涉农贷款绝对值有所提高，此外，涉农贷款占整个贷款的比例也获得了提升。

（二）农信社（农商行）经营情况

本次调研涉及的农信社经营情况如图5-15和图5-16所示。

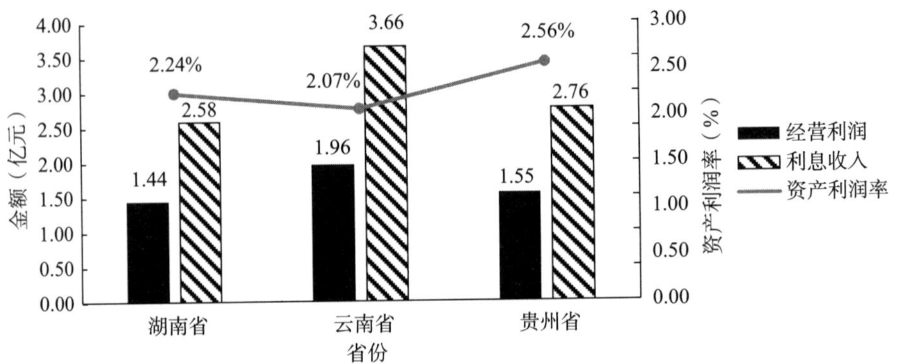

图5-15　被调研农信社（农商行）经营情况：分地区

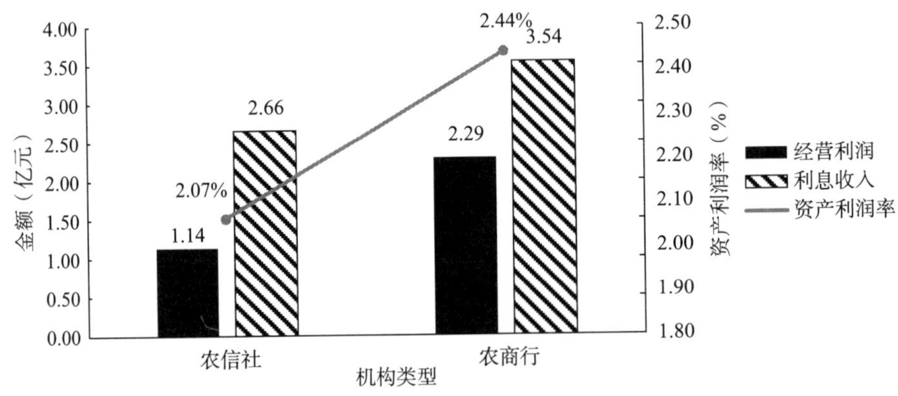

图5-16　被调研农信社（农商行）经营情况：分类型

分地区来看，从绝对水平而言，云南省的平均每家农信社的经营利润和利息收入均为最高，贵州省其次，湖南省第三。然而，从经营效率上来说，云南省的平均资产利润率最低，仅为 2.07%；湖南省其次，为 2.24%；贵州省平均资产利润率最高，达 2.56%。

从不同类型机构的角度看，农商行的平均经营利润比农信社平均经营利润高 100.88%，平均利息收入比农信社高 33.09%。此外，农商行的平均资产利润率也明显高于农信社，高出 0.37 个百分点。这可能是因为，相比农信社，农商行面临更加激烈的市场竞争，促使其提高自己的资产利用效率。

（三）农信社（农商行）不良贷款情况

不良贷款情况是研究金融机构，特别是涉农金融机构的关注重点之一。此次调研的农信社不良贷款情况如图 5-17 和图 5-18 所示。其中，不良贷款比率＝不良贷款余额/贷款余额，涉农不良贷款比率＝涉农不良贷款/不良贷款余额。

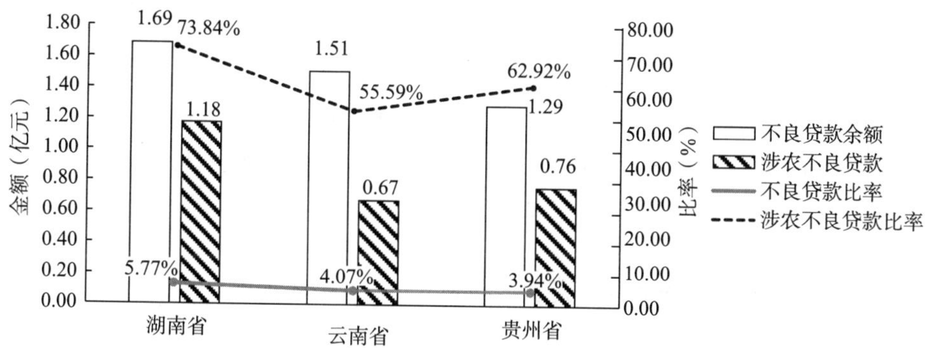

图 5-17　被调研农信社（农商行）不良贷款情况：分地区

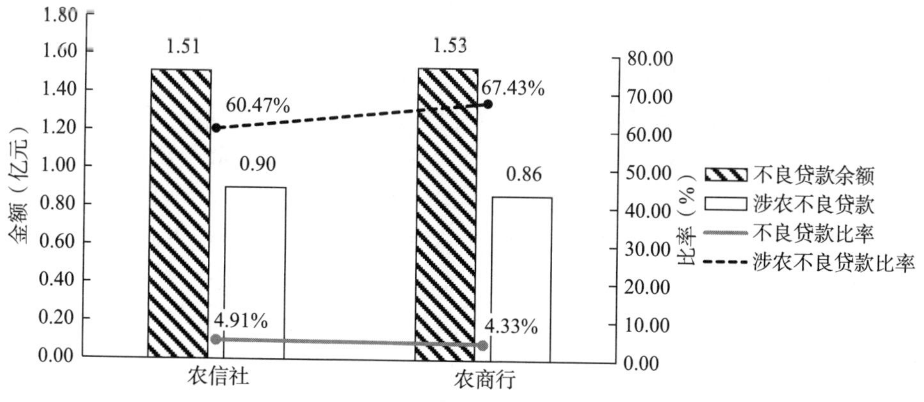

图 5-18　被调研农信社（农商行）不良贷款情况：分类型

分地区来看，不良贷款余额均值各地区均在 1.5 亿元上下，湖南省最高，云南省其次，贵州省最低。涉农不良贷款额的均值湖南省最高，超过了 1 亿元，云南省与贵州省相差不多，均值在0.7亿元上下。从贷款比率上来看，湖南省平均每家农信社的不良贷款占贷款余额比例最高，为5.77%，云南省和贵州省的平均不良贷款比率相近，在4%左右。不良贷款中，涉农不良贷款的平均占比也是湖南省最高，云南省其次，贵州省最低。

分类型来看，农商行平均每家的不良贷款比率相比农信社有所下降，其中涉农不良贷款比率的均值从60.47%上升至67.43%。这可能是因为改制后银行会更加重视风险，提升资产质量，剥离或控制不良贷款。然而，承担支农任务的农信社在改制为农商行后对于存量的涉农不良贷款无法立即处理，因此可能造成涉农不良贷款占整个不良贷款的比重上升。

（四）农信社（农商行）跨区经营情况

最后，本章关注农信社的跨区经营情况。分地区来看，贵州省农信社跨区经营比率最高，达到15.63%；湖南省和云南省调研的农信社中分别有4.00%和5.17%进行跨区经营。分类型来看，农商行10.61%存在跨区经营，而农信社这一比例为4.05%。考虑到湖南省改制步伐最快，拥有的农商行占所有当地农信社比例最高，而跨区经营比例最低，本章认为，影响农信社跨区经营的因素除了是否改制，地域可能也是重要的因素之一。

三、两类委托代理关系

农信社（广义，包括农商行）的主要利益相关者分别有银监会、中国人民银行、地方政府、省联社以及所有者（股东）。其中，银监会、中国人民银行以及地方政府是常见的银行监管者，这三个监管机构对普通的商业银行也会下达相应任务。对于农信社而言，银监会主要提出了资本充足率、不良贷款率等指标的要求；中国人民银行往往会对农信社提出贷款规模限制、贷款投向比例等各方面的要求，而地方政府则可能会关注农信社的贷款重点投放的行业/企业、贷款支持基础设施建设、商业化改革、支持“三农”相关项目以及支持就业安置项目方面的进度。因此，银监会、中国人民银行以及地方政府都是农信社的委托人，它们对农信社下达政策，以期农信社完成特定的目标。银监会、中国人民银行以及地方政府和农信社之间并非所有者关系，而是行政上的上下级关系，因此它们都是农信社（管理层）的行政委托人。

省联社的存在是农信社区别于普通商业银行最主要的特征。从资本结构而言，省联社由县联社出资成立，县联社是省联社的所有者；然而从行政关系方面，省联社和县联社存在一定程度的上下级关系。所以严格来看，农信社省联社与县联社之间存在着双向委托代理关系，行政上省联社是县联社的委托人，而资本上县联社是省联社的委托人，但是目前这种结构在省联社改革呼声的背景下也在调整中。这种双向关系与现代公司体系不同。对于公司制企业而言，股东是公司的所有者，有权决定公司的人事、经营等事务，公司经营结果与股东直接相关。对于农信社而言，一方面，基于行政控制关系，省联社对县联社的党建、高管任免、招聘、薪酬体系、贷款审批等方面拥有决定权；另一方面，基于资本控制关系，省联社也为县联社提供平台、研发等统一服务。本章在此重点研究省联社作为委托人、县联社作为代理人的行政委托代理关系，这种关系即使在县联社改制为农商行后，依然存在。

改制前的农信社是合作制，其所有者的特点为：①入股的社员比较分散，平均每位社员的出资数额非常小；②所有者不明晰，与农信社经营成果几乎不相关。因此，可以认为改制前的农信社不存在所有者与农信社管理层间的委托代理关系。农信社改制为农商行之后，所有者（即股东）的权力变得明晰，且与农商行的经营结果直接相关，因此农商行的股东是农商行（管理者）的委托人，对其提出盈利性目标，双方之间具有资本委托代理关系。

农信社（农商行）的委托代理关系如图 5-19 所示。

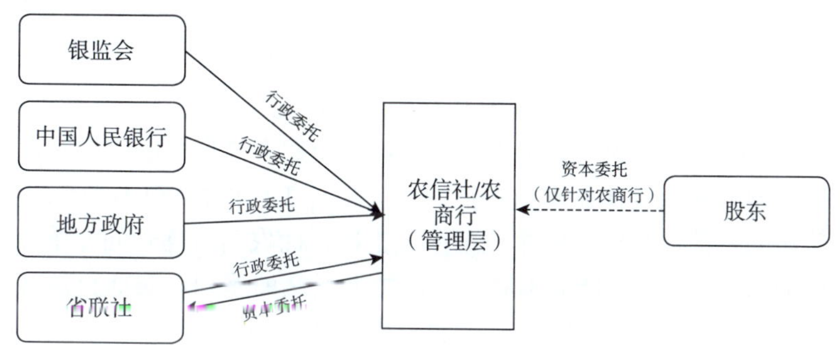

图 5-19 农信社（农商行）委托代理关系

接下来，本章对以上四类行政委托代理关系进行具体分析，考察不同委托人对农信社（农商行）提出的要求及其异同。由于贵州省未统计该部分数据，因此本章仅讨论湖南和云南两省。此外，在对每一类委托代理关系进行讨论时，本章会同时总结该关系下委托人对农信社（农商行）提出的目标。

在前述文献的梳理中可以归纳得出，农信社面临的目标是多元化的。本章归纳并重点考察两类目标：商业性目标和政策性目标。其中，商业性目标下的任务主要包括追求绩效以及控制风险，政策性目标包括支农目标等。

（一）行政委托人——银监会

目前，银监会对农信社（农商行）提出了资本充足率、不良贷款率等指标的要求。同时，在涉农贷款增速方面，提出了“两个不低于”（或“一个不低于”）的要求，即涉农贷款增幅不低于各项贷款增幅，贷款增量不低于上年的贷款增量，对小微企业贷款也提出了贷款增速及增量方面的要求[①]。此外，银监会提出力争用3～5年时间，总体实现“村村通”这一目标，推动以存、贷、汇为代表的基础金融服务向行政村延伸。

由于银监会提出的目标覆盖范围及适用性广，且目标较为明确，因此本章在这里不具体统计银监会要求的差异性，而是讨论银监会提出要求的执行情况（表5-1）。

表5-1 银监会提出的目标完成情况

单位：%

分类		资本充足率、不良贷款率等指标完成率	“两个不低于”/“一个不低于”完成率	“村村通”完成率
按省份分	湖南省	40.98	60.66	24.59
	云南省	75.86	81.38	54.48
按机构分	农信社	70.83	78.47	52.78
	农商行	53.23	67.74	29.03

注：此处完成率指剔除空白数据后完成该目标的调研问卷数占总数之比。

1. 资本充足率、不良贷款率等指标的满足情况

从表5-1中可以看到，资本充足率、不良贷款率等指标的完成情况具有较为明显的地域特征以及体制类型特征。在农信社工作的高管中，有70.83%表示自己所在的农信社完成了资本充足率等指标；而农商行高管问卷中完成指标的比率仅为53.23%。地域的不同进一步拉大了这种差别，农商行居多的湖南省完成率为40.98%，而农信社居多的云南省完成率高达75.86%。湖南省在经济发展上明显优于云南省（湖南省2016年地区生产总值总量为31 244.70亿元，2015年人均地区生产总值为42 753.86元；云南省2016年地区生产总值总量为14 869.95亿元，2015年人均地区生产总值为28 806.00元），然而农信社（包括农商行）资本充足率、不良贷款率等指标却不尽如人意。

2. 涉农贷款“两个不低于”或“一个不低于”的执行情况

涉农贷款“两个不低于”或“一个不低于”的执行情况反映了农信社支农任务完成情况。从表5-1的数据中来看，农商行的完成率为67.74%，低于农信社的完成率78.47%，且不同地域农信社完成率的差距更大。云南省农信社

① 中共中央，国务院，2011. 中共中央 国务院关于加快推进农业科技创新持续增强农产品供给保障能力的若干意见[EB/OL].（2011-12-31）[2017-04-11]. http://www.gov.cn/gongbao/content/2012/content_2068256.htm.

完成率为81.38%，比湖南省农信社完成率高出20.27个百分点。本章认为造成这种差异的原因主要可能有以下几方面：①农商行体量大于改制前的农信社，基数大导致了同等情况下完成相同增速更为困难；②农商行更注重盈利，对支农任务的重视程度降低；③农商行主体地位更加明确，话语权更高，因此不完成涉农贷款指标的代价更小。

3. "村村通"目标的完成情况

基础金融服务"村村通"是实现普惠金融的一项金融支农举措，旨在让所有农户获得存、贷、汇等基础服务。然而从表5-1中可以看出，仅有29.03%的被调研高管所在的农商行完成了此项目标，而完成此项目标农信社达52.78%，是前者的近两倍。1998年金融危机以及2003年农信社下放政府后，分别出现了一拨基层网点撤并的浪潮。农信社若要成功改制为农商行需要符合一定条件，所以往往实力更强、商业指标表现优秀的农信社更容易改制成功，而更强的商业动机可能会迫使其谨慎考虑对基层网点或服务的铺设，偏离普惠金融的目标。

总体而言，银监会对农信社（农商行）提出的目标既包括控制风险的商业性目标，也包括涉农贷款增速、普惠金融等支农政策性目标。

（二）行政委托人——中国人民银行

问卷询问了每位高管中国人民银行对其所在农信社（农商行）提出的要求，结果如表5-2所示。其中，合意贷款是指央行对银行业金融机构在一个时期内的贷款总额进行投放节奏与投放规模的调控。它根据各项经济指标及相关数据计算得出，每年有一个限度控制的总规模，并具体到每家银行、每个月。

表5-2　中国人民银行提出的要求

单位：%

分类		提到该要求的问卷数占比			其他要求
		贷款规模限制	贷款投向	合意贷款	
按省份分	湖南省	50.00	60.34	43.10	金融扶贫、产品创新等
	云南省	86.71	74.83	43.36	风险控制、支农支小、存贷款增长等
按机构分	农信社	85.82	73.76	44.68	人民币流通质量要求、支农支小、普惠金融等
	农商行	53.33	63.33	40.00	金融扶贫、贷款增长等

从表5-2的总结中可以观察得出，中国人民银行对超过一半的调研者所在农信社（包括农商行）提出了贷款规模以及投向方面的要求；而对于合意贷款的要求，这一数字未超过一半。中国人民银行对农商行提出贷款规模和贷款投

向要求的比例相比于农信社减少了，且提出贷款投向的要求多于提出贷款规模的要求，而对农信社则反之。因此，很有可能在农信社改制为农商行后，中国人民银行对于贷款的关注点从贷款规模更多转向贷款投向比例。

此外，根据对其他要求的统计，中国人民银行也会对农信社（农商行）提出支农支小、精准扶贫、风险控制、产品创新的方面的要求。

总体而言，中国人民银行对农信社（农商行）提出的目标包括政策性目标和商业性目标（风险）。

（三）行政委托人——地方政府

问卷询问了每位高管地方政府对其所在农信社（农商行）提出的要求，结果如表 5-3 所示。

表 5-3　地方政府提出的要求

单位：%

分类		提到该要求的问卷数占比						其他要求
		贷款重点投放行业	贷款重点投放企业	贷款支持基建	支持“三农”项目	支持就业安置项目	加快商业化改革	
按省份分	湖南省	51.72	62.07	37.93	65.52	12.07	17.24	扶贫、跨区域设立机构等
	云南省	67.13	56.64	75.52	76.92	48.25	18.18	扶贫、政策性贷款等
按机构分	农信社	63.83	58.16	73.05	75.89	45.39	14.18	扶贫、政策性贷款、向农商行转变等
	农商行	60.00	58.33	45.00	68.33	20.00	26.67	扶贫贷款、产业扶贫、政绩工程、跨区域设立机构等

从表 5-3 中可以发现，无论是在哪种分类下，地方政府均对 50%以上高管所在的农信社（农商行）提出了贷款重点投放企业、贷款重点投放行业以及支持“三农”项目这三项要求，对不到 50%的高管所在农信社（农商行）提出了支持就业安置以及加快商业化改革这两项要求。进一步观察发现，地方政府对于农信社贷款重点投放行业、企业的要求比例和对农商行该项要求的比例基本相等。地方政府对农商行提出贷款支持基建、支持就业安置项目的要求相比于农信社明显减少，提出贷款支持“三农”项目的比例小幅下降，加快商业化改革的要求比例反而明显上升。由此可见，对于农商行，地方政府弱化了贷款支持基础设施建设以及就业安置等政策性项目，提高了对农商行加速商业化的关注。

总体而言，地方政府对农信社（农商行）提出的目标既包括贷款投向以及支持“三农”等政策性目标，也包括例如加快商业化改革的商业性目标。

（四）行政委托人——省联社

相比于其他委托人，省联社的职能更为细致，包括党建、高管任免、招聘、薪酬、战略、改制、财务、贷款、业务、供应商选择、基建等方面。

对于省联社的要求，剔除空白数据后整理得到了表 5-4 所示的结果：

表 5-4　省联社提出的要求：分地区

单位：%

排序	湖南省		云南省	
	要求	提到该要求的问卷数占比	要求	提到该要求的问卷数占比
1	党建考核	89.66	党建考核	93.01
2	岗位招聘	89.66	薪酬激励	92.31
3	薪酬激励	87.93	经营任务分配	91.61
4	财务管理	84.48	高管任免	90.21
5	经营任务分配	82.76	岗位招聘	89.51
6	高管任免	79.31	改制安排	82.52
7	统一研发	77.59	财务管理	81.82
8	战略制定	75.86	战略制定	81.12
9	贷款规模与额度控制	75.86	统一研发	79.72
10	平台服务	75.86	平台服务	77.62
11	业务指导	74.14	贷款额度及规模控制	75.52
12	商品或服务的供应商选择	72.14	业务指导	75.52
13	改制安排	63.79	商品或服务的供应商选择	75.52
14	基建服务	62.07	基建服务	70.63

由表 5-4 可知，不同地区省联社提出的要求既有相同之处也存在着一些差异，且以上 14 项要求被提到的频率均超过半数。各要求被提及的比例在总体上呈现党建＞薪酬岗位相关＞经营任务、财务＞平台、研发、战略、贷款控制＞业务指导＞供应商选择＞基建服务。具体来看，相同之处在于，党建考核被提及的比例在湖南省和云南省都是最高的，基建服务均最少被提及。此外，薪酬激励、岗位招聘、财务管理在两个地区都是比较热门的要求（相对排名类似或提及比例相近），统一研发、战略制定排名或被提及比例都位于中游，贷款规模及额度控制、业务指导、商品或服务供应商的选择的排名都处在相对靠后的位置，且提及比例相近。比较明显的不同之处在于，湖南省有 63.79%的

问卷提到省联社对自己所在的农信社有改制安排的要求，在所有要求中排名第十三；而在云南省这一比例高达82.52%，居于第六位。主要是因为湖南省大部分农信社已经改制为了农商行，因此省联社相对减弱了对改制安排的要求，而云南省改制步伐慢于湖南省，因此改制安排的要求也被更多提及。此外，省联社对经营任务分配、高管任免的要求在云南省相对更重要（云南省这两项要求的占比分别为91.61%和90.21%，而湖南省这两项的占比为82.76%和79.31%）。

将调研问卷按照农信社类型来划分（表5-5），比起按照地区来划分，体现了更为明显的差异。具体来看，对于农信社，经营任务分配是被提及频率最高的要求，比例达到92.20%，而对于农商行问卷，这一比例下降至81.67%，排名第六，由此可见，改制后，省联社对经营任务的干涉可能有所减少；农信社问卷中，有80.14%的高管提到改制安排这一要求，排名第八，而在农商行问卷中，这一比例减少到70.00%，排名倒数第二，主要是因为农信社改制为农商行后，改制安排任务大体完成，省联社对此的要求自然就减弱了；此外，相比于农信社，省联社对农商行提出的统一研发、平台服务、商品或服务供应商的选择以及基建服务的相关要求也相应减少，由此可见改制后的农商行其独立性有所提高。

表5-5 省联社提出的要求：分类型

单位：%

排序	农信社		农商行	
	要求	提到该要求的问卷数占比	要求	提到该要求的问卷数占比
1	经营任务分配	92.20	党建考核	95.00
2	薪酬激励	91.49	薪酬激励	90.00
3	党建考核	90.78	岗位招聘	88.33
4	岗位招聘	90.07	高管任免	85.00
5	高管任免	87.94	财务管理	83.33
6	财务管理	82.27	经营任务分配	81.67
7	战略制定	80.85	战略制定	76.67
8	改制安排	80.14	贷款规模及额度控制	75.00
9	统一研发	80.14	统一研发	75.00
10	平台服务	78.72	业务指导	73.33
11	商品或服务供应商的选择	76.60	平台服务	73.33
12	贷款规模及额度控制	75.89	改制安排	70.00
13	业务指导	75.89	商品或服务供应商的选择	70.00
14	基建服务	70.92	基建服务	61.67

省联社与农信社间往往存在着双向委托代理关系。从表5-5整理出的条目来看，经营任务分配、薪酬激励、党建考核、岗位招聘、高管任免、财务管理、战略制定、改制安排、商品或服务供应商的选择、贷款规模及额度控制、业务指导、基建服务这些要求是省联社作为委托人、农信社作为代理人这一行政委托代理关系下省联社对农信社提出的要求；统一研发、平台服务是农信社作为委托人、省联社作为代理人这一资本委托代理关系下省联社为农信社提供的服务。其中，行政委托代理关系下，省联社对农信社提出的要求可归类为两类目标：①政策性目标：包括经营任务分配、财务管理、战略制定、改制安排、薪酬激励、岗位招聘、高管任免等；②商业性目标：贷款规模及额度控制等。随着省联社改革呼声的愈加强烈，目前，这种双向委托代理关系也在不断调整中。

（五）资本委托人——股东

从前文的分析中可得知，股东和农信社（管理者）的委托代理关系只存在（至少明显存在）于改制后的农商行。股东作为农商行的所有者，通过分红、资本增值等方式直接享受农商行的经营成果。因此，在该委托代理关系下，股东最关注农商行的绩效和相应风险，对农商行（管理者）提出的目标主要是商业性目标。

四、双重目标

至此，本章可以将上述委托代理关系归纳为两类，并将两类委托代理人提出的目标梳理为商业性目标和政策性目标。商业性目标主要包括提升绩效、控制风险等内容；政策性目标实际包含内容比较多，例如与“三农”相关的支农任务、支持地方经济、商业化改革、人事任免等。其中，对于农信社（农商行）来说，支农目标是最有特色也是最重要受关注度最高的政策性目标。本章以支农目标为代表研究政策性目标的特点。

行政委托人既会提出政策性目标，也会提出诸如贷款规模控制、资本充足率等有关风险的商业性目标，而资本委托人提出的一般都是商业性目标（图5-20）。

（一）双重目标间的冲突性

对于一般商业银行，商业性目标总是放在第一位的。那么，作为“支农主力军”的农信社，其政策性目标和商业性目标间是否存在冲突，是政策性目标更重要还是商业性目标更重要呢？

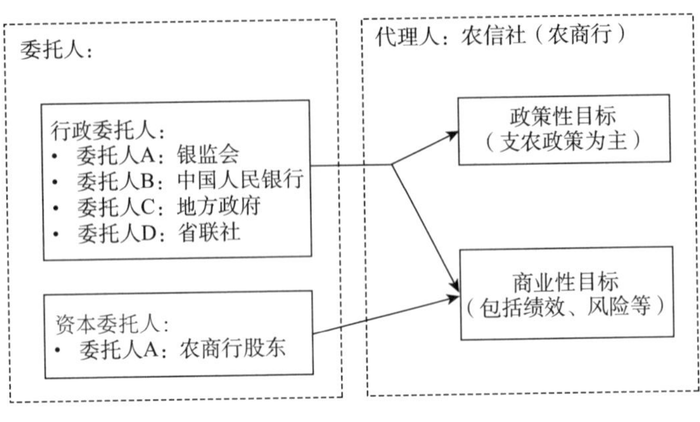

图 5-20　委托人提出的目标

本章首先讨论这两个目标间的冲突性。针对银监会对农信社（农商行）提出的涉农贷款以及“村村通”任务要求，本次调研分别询问了农信社（农商行）高管们，若严格执行该政策，对其所在行/社经济效益的影响。该问题为选择题，回答选项为：“非常不利”“比较不利”“适中”“比较有利”以及“非常有利”。回答选项对称分布，因此，本章可以将这些选项赋予分值，即非常不利=1，比较不利=2，适中=3，比较有利=4，非常有利=5，并计算平均值。若平均值>3，则认为农信社的商业性目标和政策性目标间倾向于不存在冲突；若平均值<3，则倾向于认为两目标间存在冲突。图 5-21 和表 5-6 是对这一问题的统计。

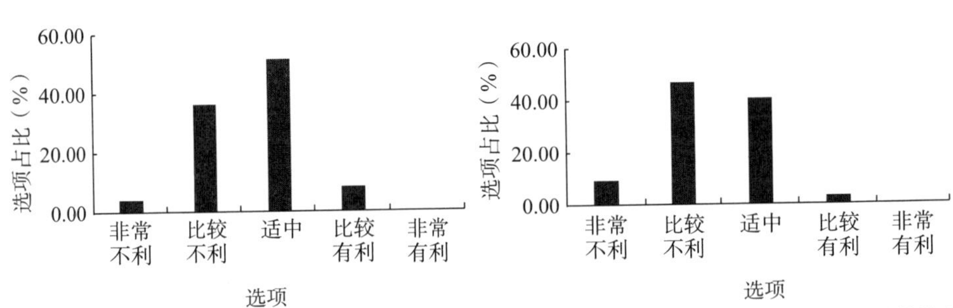

（a）农信社执行涉农贷款政策对经济效益的影响　（b）农商行执行涉农贷款政策对经济效益的影响

图 5-21　执行涉农贷款政策对经济效益的影响

表 5-6　执行涉农贷款政策对经济效益影响的均值

项目	农信社	农商行
执行涉农贷款政策对经济效益影响的均值	2.64	2.38

由图 5-21 和表 5-6 可知，关于涉农贷款政策，无论是农信社还是农商行高管，大部分高管都更倾向于认为执行该政策对经济效益有不利影响，只有少数的高管认为执行该政策对经济效益比较有利。比较农信社和农商行高管对执行该政策经济影响看法的平均值，本章发现农商行高管比起农信社高管更加倾向于认为执行涉农贷款政策对经济效益有着不利的影响（2.38<2.64）。

由图 5-22 和表 5-7 可知，关于普惠金融政策，无论是农信社还是农商行的高管，大部分都倾向于认为执行该政策对经济效益有不利影响，只有少数的高管认为执行该政策对经济效益比较有利或者非常有利。从均值来看，农商行高管比起农信社的高管更加倾向于认为执行普惠金融政策对经济效益有着不利的影响。

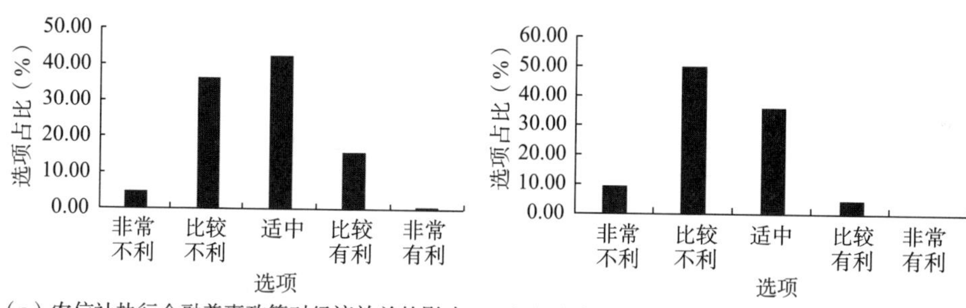

（a）农信社执行金融普惠政策对经济效益的影响　（b）农商行执行金融普惠政策对经济效益的影响

图 5-22　执行普惠金融政策对经济效益的影响

表 5-7　执行普惠金融政策对经济效益影响的均值

项目	农信社	农商行
执行普惠金融政策对经济效益影响的均值	2.71	2.36

通过对执行涉农贷款政策以及执行普惠金融政策（村村通）的分析，可以得出结论：对于农信社（农商行）来说，其政策性目标和商业性目标之间存在一定程度的冲突，对于农商行，这种冲突更加明显。然而，也需要关注到，政策性目标和商业性目标之间也并非总是冲突，依然有一部分高管认为执行支农政策有利于经济效益。例如，在执行"村村通"政策的过程中，通过在农村铺设网点可以帮助激发农民的金融需求，提升农信社（农商行）的经营绩效。因此，政策性目标和商业性目标之间冲突和互补同时存在，但总体而言冲突更为主要。

（二）软、硬目标问题

1. 哪类目标更重要

下面，本章首先考察对于农信社（农商行）而言，商业性目标更重要还是政策性目标更重要。问卷询问了每位高管所在农信社（农商行）实际经营过程中各项任务的重要性，并要求选出最重要的三项任务进行排序。可选的任务包括："提升经营绩效""控制风险""支农支小""支持地方经济""完成改革转制""空白乡镇网点覆盖"。本章将"提升经营绩效"以及"控制风险"归类为商业性目标下的商业性任务（图 5-23），将"支农支小""空白乡镇网点覆盖""支持地方经济""完成改革转制"归类为政策性目标下的政策性任务，并按照排名赋予相应权重（第一名记 3 分，第二名记 2 分，第三名记 1 分）。对于每一位被调研的高管，如果商业性任务的总分大于政策性任务总分，则认为商业性目标优于政策性目标，商业性目标是硬目标，政策性目标是软目标；若商业性任务总分小于政策性任务总分，则认为政策性目标优于商业性目标，政策性目标是硬目标，商业性目标是软目标。

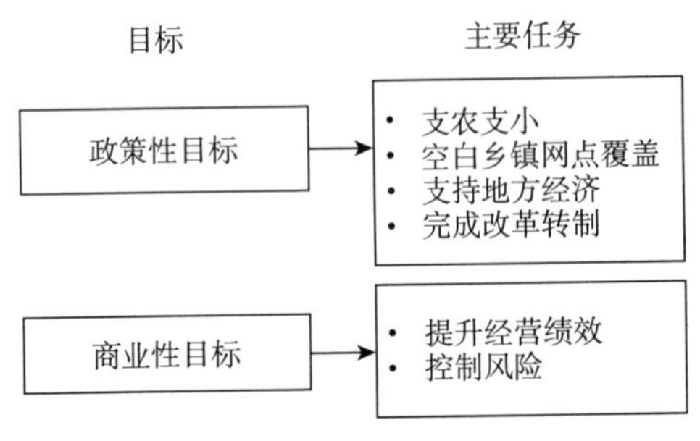

图 5-23　两类目标及其对应任务

从图 5-24 和图 5-25 可知，无论是对于农信社还是农商行，大多数高管（>65%）都认为商业性目标的重要性大于政策性目标，只有约 12%的高管认为政策性目标比商业性目标更重要。这体现了目前农信社（农商行）作为独立的金融机构，商业性目标（包括提绩效和控风险）是第一重要的，而政策性目标（包括支农支小和普惠金融）处于次要地位。此外，农商行比起农信社可能更加看重商业性目标（78%>67%）。

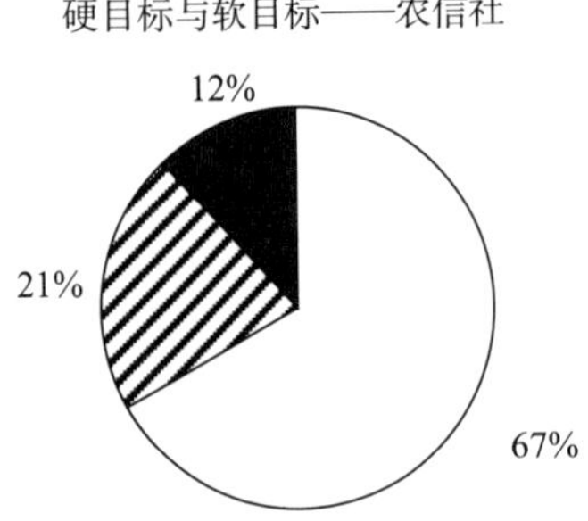

图 5-24　硬目标与软目标：农信社

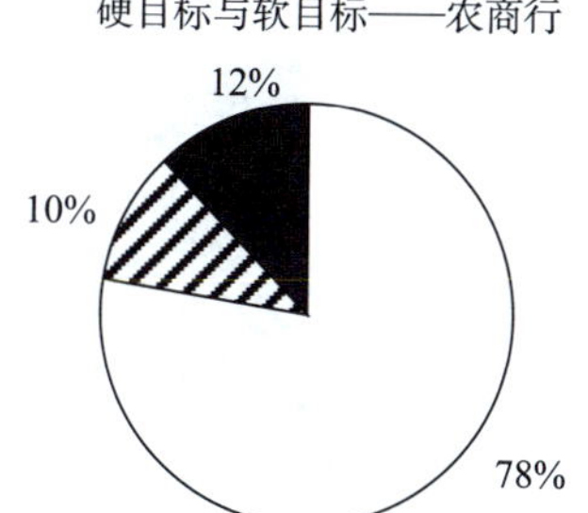

图 5-25 硬目标与软目标：农商行

根据以上分析，本章认为农信社（农商行）面临的商业和政策的双重目标间彼此存在着一定的冲突。此外，无论是对于农信社还是农商行，商业性目标更多情况下都置于政策性目标之前，可以认为商业性目标是硬目标，而政策性目标是软目标。

2. 是否会变通执行软目标

一项政策从制定到落地，执行机构除了顺从执行和拒绝执行外，实际上还有变通执行这一个中间选项。董玄等（2016）[21]通过建立三层分析框架研究了金融支农政策的选择性执行问题，认为对于清晰且容易的政策，金融机构会选择顺从执行；对于清晰但困难的政策，金融机构会拒不执行；对于模糊且困难的政策，金融机构会变通执行；对于模糊且容易的政策，金融机构会顺从执行。

作为金融支农政策主要执行者的农信社，在面对更加激烈的商业竞争环境时，为了完成居于次要位置的软目标即政策性目标，是否会变通执行呢？

针对银监会提出的涉农贷款“两个不低于”或“一个不低于”政策以及基础金融服务（存、贷、汇）“村村通”政策，问卷对农信社（农商行）的执行情况进行了调查。问卷中，设置了一些问题从不同角度考察变通执行情况。问题与统计结果如下：

（1）涉农贷款“两个不低于”/“一个不低于”政策。

①所在农信社（农商行）是否将注册地位于县域的企业及各类组织的贷款都划为涉农贷款。统计情况如图 5-26 所示。

②所在农信社（农商行）是否有过为完成政策要求倒推涉农贷款数据、凑数字的情况。统计情况如图 5-27 所示。

③执行这项政策的具体过程中存在的变通处理（如采用流动服务、调整统计口径等）的空间。统计情况如图 5-28 所示。

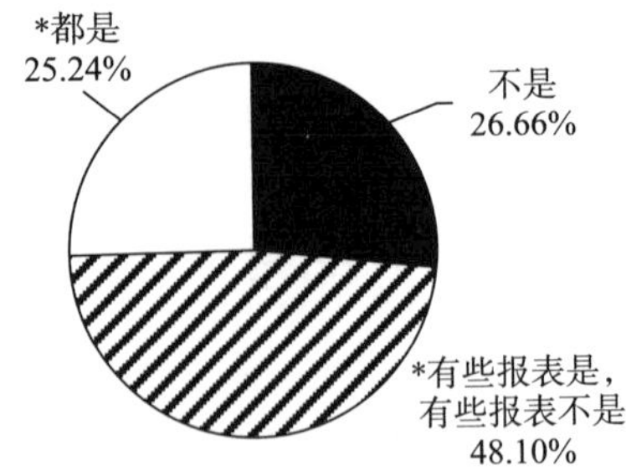

图 5-26　涉农贷款的划分

注：标 * 的选项体现了农信社（农商行）的选择性执行

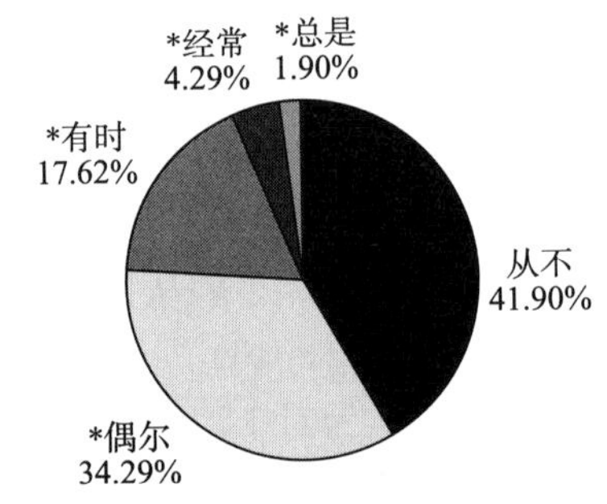

图 5-27　涉农贷款是否凑数字

注：标 * 的选项体现了农信社（农商行）的选择性执行

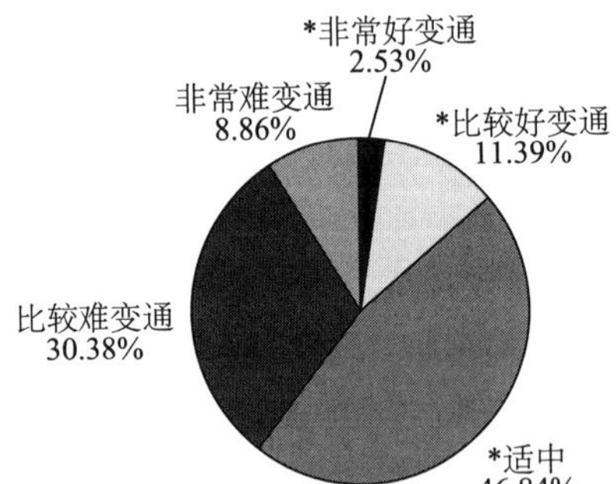

图 5-28　执行涉农贷款的变通空间

注：标 * 的选项体现了农信社（农商行）的选择性执行

④所在农信社（农商行）采取何种方式应对这项政策。统计情况如图 5-29 所示。

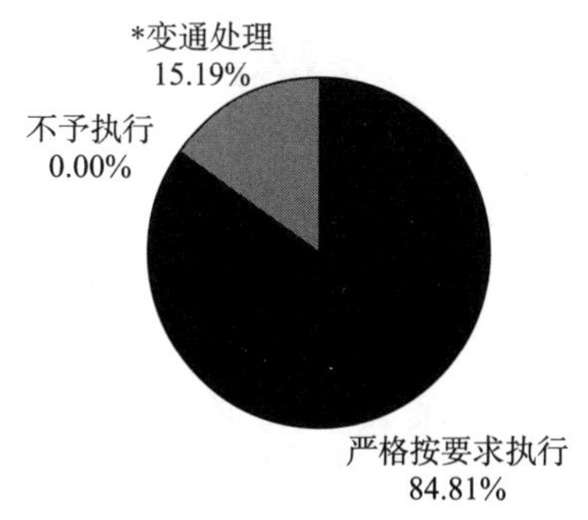

图 5-29 执行涉农贷款的应对方式

注：标＊的选项体现了农信社（农商行）的选择性执行

（2）基础金融服务（存款、贷款、汇款）“村村通”政策。

①执行这项政策的具体过程中存在的变通处理（如采用流动服务、调整统计口径等）的空间。统计情况如图 5-30 所示。

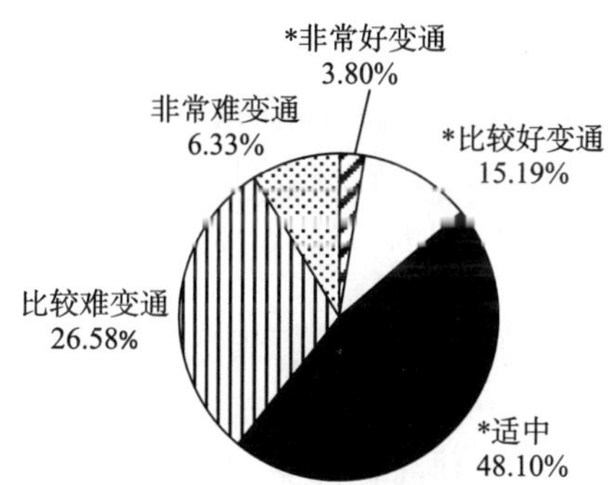

图 5-30 执行“村村通”的变通空间

注：标＊的选项体现了农信社（农商行）的选择性执行

②所在农信社（农商行）在执行这项政策中采取何种方式应对。统计情况如图 5-31 所示。

从图 5-26 中可以发现，对于涉农贷款政策，超过 73％的高管表示曾将注册地位于县域企业以及各类组织的贷款都划分为涉农贷款，也就是说这些高管

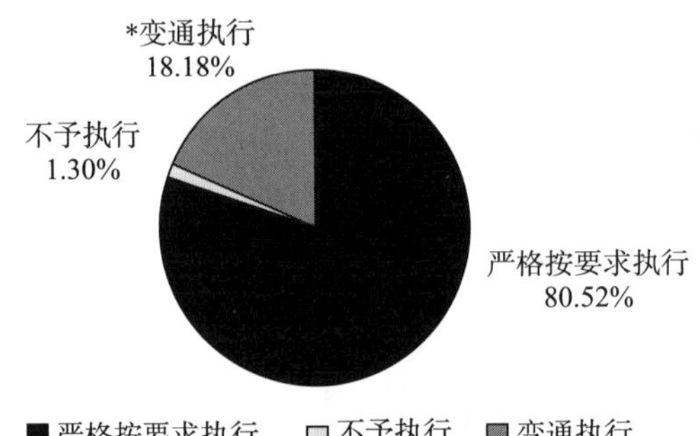

图 5-31 执行“村村通”的应对方式

注：标＊的选项体现了农信社（农商行）的选择性执行

所在农信社上报的涉农贷款额高于真正具有“三农”意义的贷款；从图 5-27 中可以发现，除了调整统计口径之外，合计共有接近 60％的高管所在农信社曾有过为完成政策要求而倒推涉农贷款数据、凑数字，其中有超过 5％的受访者表示这种做法已经习以为常。如果说调整口径这一做法还是有理可循，那么倒推数据或是凑数字就是更加“明目张胆”的变通执行了。除了从行为角度对软目标的变通执行进行了考察，笔者还通过询问高管执行涉农贷款的变通空间，从可能性的角度进行调查。其中，有 2.53％的受访者认为非常好变通，有 11.39％的高管认为比较好变通，有 46.84％的高管认为适中，有 30.38％的高管认为比较难变通，另外有 8.86％的高管认为变通难度非常大（图 5-28）。但是，当询问农信社（农商行）高管执行涉农贷款政策的应对方式时，仅有 15.19％的高管认为采取了变通处理（图 5-29）。因此，笔者推测诸如调整口径、倒推数字等方法对于农信社（行）来说可能已成习惯，不会给予过多关注。

对于“村村通”政策，从执行角度，有 18.18％的高管承认自己所在行（社）存在变通执行，有 1.30％的高管表示拒不执行，而有 80.52％的高管则表示严格按照要求执行。考虑到高管可能更愿意对外展示自己“顺从”的一面，所以实际变通执行的情况可能比数据反映的要更多。

由于调研问卷中，针对同一项政策可能会通过多个问题来探究对该政策的变通执行情况，因此本章假定只要对任一问题的回答体现了选择性执行，就认为针对该政策，其所在农信社（农商行）存在变通执行。经统计，本章发现涉农贷款政策有 89.57％变通执行，“村村通”政策有 70.89％变通执行。由此可见，农信社（农商行）确实在较大程度上存在“软目标软执行”的情况。

（三）目标重要性的差异分析

调研问卷询问了每位高管所在农信社（农商行）实际经营过程中各项任务的重要性，并要求选出最重要的三项任务进行排序。可选的任务包括："提升经营绩效""控制风险""支农支小""支持地方经济""完成改革转制""空白乡镇网点覆盖"。按照排名赋予相应权重（第一位得 3 分，第二位得 2 分，第三位得 1 分），得到每份问卷中高管对于各项任务重要性的打分、对于政策性目标重要性打分，以及高管对于商业性目标重要性的打分。

1. 目标重要性概览

本章首先来分析来自不同地区、不同类型农信社的高管对每项任务的平均打分。计算方法为：

$$\text{Score}_k = \frac{3 \cdot \text{First}_k + 2 \cdot \text{Second}_k + 1 \cdot \text{Third}_k}{n}$$

其中，First_k、Second_k、Third_k分别代表任务 k 在每一分类下出现在第一位、第二位和第三位的次数，n 代表该分类的问卷数。结果如下：

（1）提升经营绩效。如图 5-32 所示，对于提升经营绩效这一任务，农商行的得分明显高于农信社的得分（1.94>1.60），因此可以认为农商行相比农信社，将提升经营绩效这一商业性任务排在更靠前的位置。此外，不同地区对该任务的重要性评价也有比较明显的差异。湖南最高，平均分数达到 2.00。

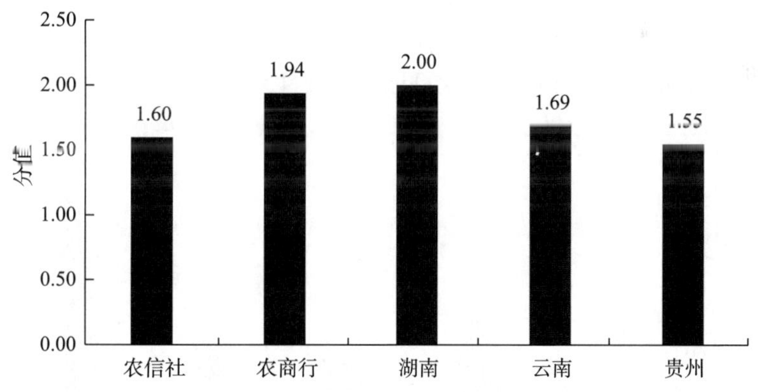

图 5-32　目标重要性概览：提升经营绩效

（2）控制风险。如图 5-33 所示，农信社和农商行对控制风险这一任务的重要性得分几乎相同，而且都超过了 2 分。由此可见，无论是对于农信社还是农商行，控制风险在所有任务里居于首要地位，甚至超过了提升经营绩效这一任务。即使作为商业银行，风控也是立命之本。从地区角度来看，湖南和云南两地农信社（农商行）高管比起贵州更加重视控制风险，但所有地区该项任务得分均超过 2 分。

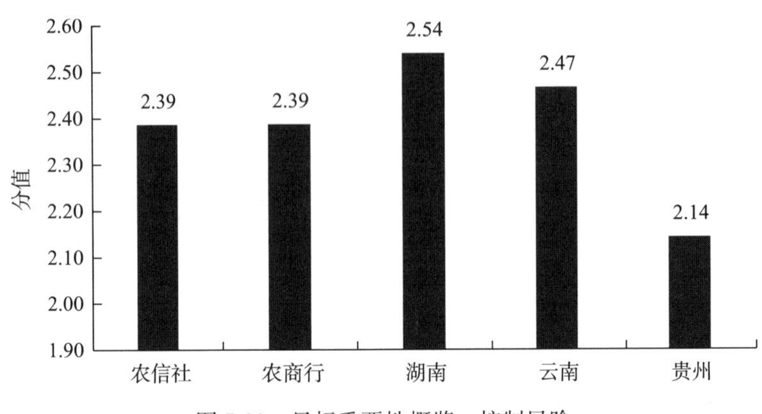

图 5-33　目标重要性概览：控制风险

（3）支农支小。如图 5-34 所示，对于支农支小这一任务，农信社与农商行在该任务上的重要性得分非常相近（0.85>0.83）。支农支小是农信社（农商行）政策性目标下最主要也是最特色的任务，因此，本章认为农信社和农商行对支农支小任务以及政策性目标的重视程度几乎没有区别。从地区角度来看，贵州省的行（社）对支农支小这一任务的重视程度明显高于湖南和云南，得分超过另外两省之和。可见，农信社（农商行）对支农任务的重视程度具有明显的地区特征。此外，支农支小作为政策性目标下平均得分最高的任务，其得分仍然明显小于商业性目标下的任务（即提升经营绩效和控制风险），这从另一个角度说明了政策性目标是软目标，商业性目标是硬目标。

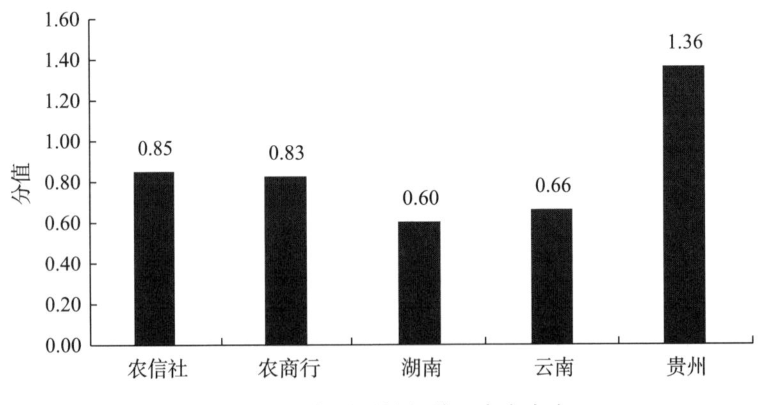

图 5-34　目标重要性概览：支农支小

（4）支持地方经济。如图 5-35 所示，对于支持地方经济这一任务，每种划分方式下的平均打分均在 0.5 左右，差别不大。其中，农信社高管对该任务的平均重要性打分高于农商行高管（0.55>0.48）。本章认为，农信社在支持县域经济上更为坚定，而农商行实力一般强于农信社，所以向外拓展的野心更强。

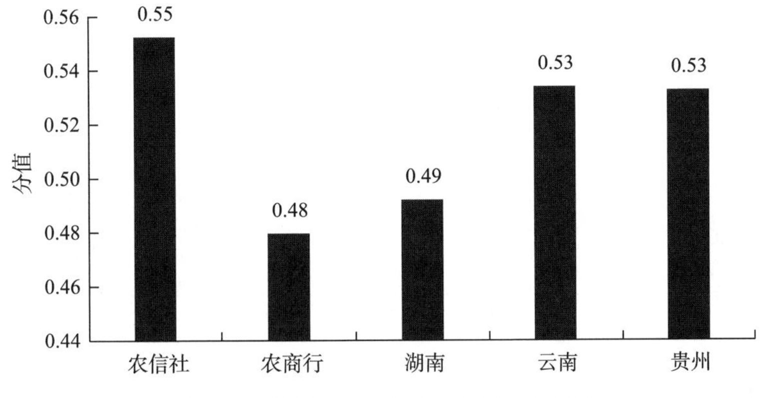

图 5-35　目标重要性概览：支持地方经济

（5）完成改革转制。如图 5-36 所示，完成改革转制实际上是一个特殊的政策性目标。因为不同于其他目标，改革转制是一项阶段性目标，当农信社成功改制为农商行后，基本上这一使命就此结束。从图 5-36 中可以看到，农信社高管看待该任务的重要性得分几乎是农商行的两倍（0.60>0.33）。此外，不同地区由于改制进度的不同，对该任务的重视程度也存在明显差异。

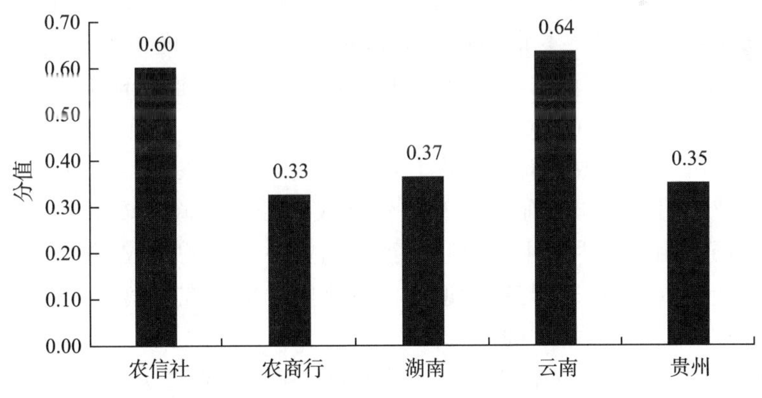

图 5-36　目标重要性概览：完成改革转制

（6）空白乡镇网点覆盖。如图 5-37 所示，在所有任务中，空白乡镇网点覆盖是相对最不被重视的任务，体现在得分基本低于 0.05。相比于农信社，农商行高管对该任务更加重视，可能是因为农商行相对实力更强，而空白乡镇网点覆盖需要更多的资金投入，因此农商行更倾向于将此任务放入日程。从地区角度来看，贵州省的行（社）对该任务最重视（0.05），湖南省最不重视（0.00）。

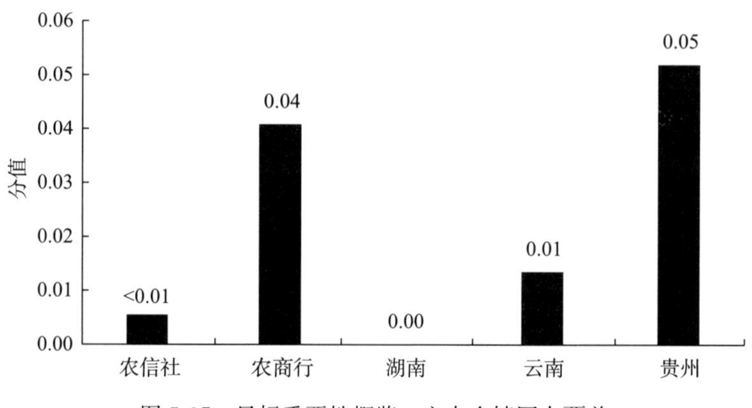

图 5-37 目标重要性概览：空白乡镇网点覆盖

2. 政策性目标及商业性目标重要性的异同：农信社 VS 农商行

在农信社逐渐商业化改制的背景下，有的学者认为，商业化改制增强了农信社的综合实力，市场竞争会促使农信社增强效率，寻求金融创新。因此，活力与实力的共增的农信社会有更强的支农能力。另一些学者认为，追逐利润与支农目标之间存在冲突，商业化改革激发了农信社追求利润的动力，因此会诱发其"脱农"倾向。一些学者通过支农调研数据说明了改革后信贷支农绝对水平上升，但是支农对象向大客户集中，对传统农户的信贷供给情况甚至不增反降。本章通过调研数据，从主观角度出发，研究农商行（即改制后的农信社）和农信社看待政策性目标和商业性目标重要性的异同。与之前的研究方法相同，本章将六大任务（支农大小、空白乡镇网点覆盖、支持地方经济、完成改革转置、提升经营绩效、控制风险）分别对应政策性目标和商业性目标。很明显，提升经营绩效和控制风险与农商行（农信社）的商业性密切相关，因此本章将它们视为商业性目标的组成部分；其他目标或多或少带有政策色彩，与银行追求商业化的动机存在偏离，因此本章将其余任务都对应政策性目标（图 5-23）。

按照排名赋予相应权重（第一位得 3 分，第二位得 2 分，第三位得 1 分）后，即可得到每份问卷中高管对于政策性目标和商业性目标的打分。计算方法为：

$$Importance_{G} = \sum w_i \, task_i$$

其中，G 代表政策性目标或商业性目标，$task_i$代表政策性或商业性目标下的第 i 个任务，w_i代表$task_i$所处排名对应的权重。

本章通过比较来自农信社和农商行的问卷对于政策性目标或商业性目标重要性打分的均值来考察农信社和农商行看待两类目标重要性的异同。由于不能确定样本总体的分布，所以本章用 Mann-Whitney 检验来比较均值，检验结果如下：

（1）政策性目标重要性的异同。对于政策性目标，本章得到了如图 5-38 所示的检验结果，其中分类 1 来自农信社的高管问卷，分类 2 来自农商行的高管问卷。检验结果显示，农信社高管看待政策性目标重要性的得分显著高于农商行高管，2.01>1.67[①]。需注意到，造成这一显著差异的主要原因是农信社高管对"完成改革改制"这一任务的平均均值明显高于农商行高管（0.60>0.33），前者几乎为后者两倍。"完成改革改制"是一项鼓励达到标准的农信社改制为农商行的政策，在上级部门的推动下，农信社的积极努力下，近年来农信社改制速度不断加快。因此，"完成改革改制"任务拥有阶段性、紧急性以及重要性三个特征，是造成农信社和农商行看待政策性目标重要性存在差异的主要原因，体现了临时性任务"压倒一切"的趋势。

秩

	分类	N	秩均值	秩和
所有政策性目标	1	181	148.51	26 880.00
	2	98	124.29	12 180.00
	总数	279		

检验统计量[a]

	所有政策性目标
Mann-Whitney U	7 329.000
Wilcoxon W	12 180.000
Z	-2.740
渐近显著性（双侧）	0.006

a.分组变量：分类

图 5-38　检验结果：政策性目标

上述对政策性目标的检验包括了所有的四项任务。通过仔细分析，可以发现这四项任务的属性并不完全相同。其中，"完成改革改制"这项任务明显与其他三项任务存在差异。原因在于，"支农支小""空白乡镇网点覆盖""支持地方经济"是长期任务，而"完成改革改制"是阶段性任务，只对农信社以及

① 此处两个得分数据为前文中四个政策性目标的分数加总所得。其中，农信社高管看待政策性目标重要性的得分 2.01=0.85（支农支小）+0.55（支持地方经济）+0.60（完成改革转制）+0.01（空白乡镇网点覆盖），农商行的得分 1.67=0.83（支农支小）+0.48（支持地方经济）+0.33（完成改革转制）+0.04（空白乡镇网点覆盖）。

刚完成改制的农商行产生影响。因此，本章将政策性目标拆分成两类子目标：一类为长期目标，对应任务为“支农支小”“空白乡镇网点覆盖”和“支持地方经济”；一类为阶段性目标，对应任务为“完成改革改制”（图 5-39）。

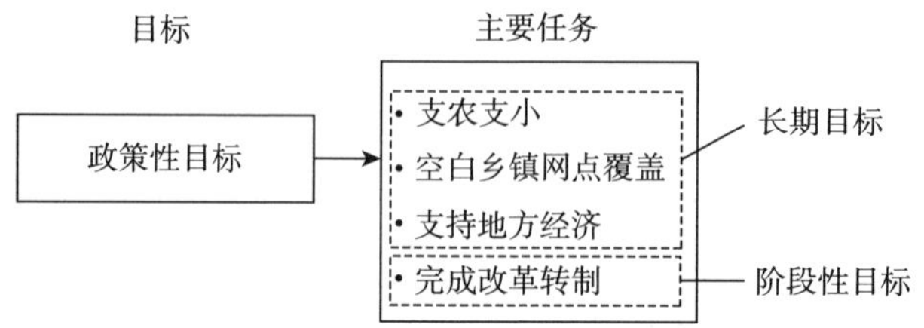

图 5-39　政策性目标：长期目标与阶段性目标

下面，首先对“完成改革改制”这一阶段性子目标在农信社和农商行间的差异进行检验，结果如图 5-40 所示。检验结果表明，农信社看待“完成改革改制”的相对重要性显著高于农商行，这一结果与本章的预期相符。

秩

	分类	N	秩均值	秩和
阶段性目标	1	181	149.51	27 062.00
	2	98	122.43	11 998.00
	总数	279		

检验统计量[a]

	阶段性目标
Mann-Whithey U	7 147.000
Wilcoxon W	11 998.000
Z	–3.245
渐近显著性（双侧）	0.001

a.分组变量：分类

图 5-40　检验结果：政策性目标子目标——阶段性目标

接着，对长期政策性目标，即“支农支小”“空白乡镇网点覆盖”“支持地方经济”进行检验，结果如图 5-41 所示。

检验结果表明，此时农信社高管和农商行高管看待长期政策性目标的重要性没有明显差异。在长期政策性目标对应的三项任务中，“支持地方经济”这一任务虽然总体上偏向政策性，但其也不可避免带有商业性色彩，此外，社会各界针对农信社问题目前最为关注的是农信社改制为农商行后是否会诱发“脱农”倾向。因此，本章对政策性目标中涉及支农目标（图 5-42）的任务（即“支农支小”和“空白乡镇网点覆盖”）的重要性差异进行检验，检验结果如图 5-43 所示。

秩

	分类	N	秩均值	秩和
长期目标	1	181	140.45	25 421.00
	2	98	139.17	13 639.00
	总数	279		

检验统计量[a]

	长期目标
Mann-Whithey U	8 788.000
Wilcoxon W	13 639.000
Z	–0.136
渐近显著性（双侧）	0.892

a.分组变量：分类

图 5-41　检验结果：政策性目标子目标——长期目标

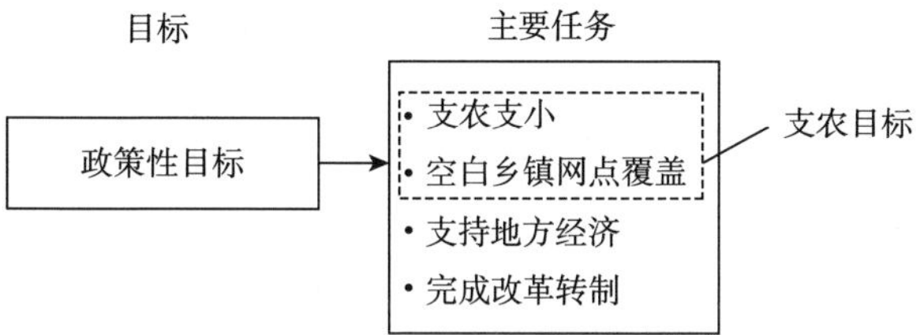

图 5-42　政策性目标：支农目标

秩

	分类	N	秩均值	秩和
支农目标	1	181	137.69	24 921.50
	2	98	144.27	14 138.50
	总数	279		

检验统计量[a]

	支农目标
Mann-Whithey U	8 450.500
Wilcoxon W	24 921.500
Z	–0.697
渐近显著性（双侧）	0.486

a.分组变量：分类

图 5-43　检验结果：政策性目标——支农目标

检验结果表明，农信社与农商行高管看待政策性目标下支农目标的重要性仍然不存在显著差异。这在一定程度上反映了农信社改制为农商行后很可能不会诱发“脱农”倾向。但与此同时，这一检验结果也并非具有完全的说服力，因为本章比较的是横截面数据，即农商行和农信社的异同，而非同一家农信社在改制前后的差别，即时间序列数据，此外，“完成改革改制”这一选项的存在，或许也会对检验结果产生影响。为了增强说服力，本章会在后续对农信社（农商行）高管的回访中针对这一问题进行考察。

（2）商业性目标重要性的异同。对于商业性目标，本章得到了如图 5-44 所示的检验结果。同样的，分类 1 来自农信社的高管，分类 2 来自农商行的高管。根据检验结果，来自农商行高管的商业性目标重要性得分均值显著不同于来自农信社高管的商业性目标重要性得分。又因为来自农商行高管的均值大于来自农信社高管的均值（4.33＞3.99）①，可以认为农商行高管看待商业性目标的重要性明显高于农信社高管看待商业性目标的重要性。

秩

	分类	N	秩均值	秩和
商业性目标	1	181	131.49	23 800.00
	2	98	155.71	15 260.00
	总数	279		

检验统计量[a]

	商业性目标
Mann-Whithey U	7 329.000
Wilcoxon W	23 800.000
Z	–2.740
渐近显著性（双侧）	0.006

a.分组变量：分类

图 5-44　检验结果：商业性目标

3. 原因分析

对于政策性目标中支农任务的执行，问卷中设置了这样一个问题：“您认为改组为股份制银行和省联社去行政化改革，是否会在一定程度上造成农信社减小支农力度?”，并给出了“是”和“否”两个选项。在剔除空白数据后，得到了以下结果（图 5-45）。

部分高管给出了影响支农力度的原因，如表 5-8 所示。

① 此处两个分数为前文中两个商业性目标的分数加总所得。其中，农信社高管看待商业性目标重要性的得分 3.99＝1.60（提升经营绩效）＋2.39（控制风险），农商行的得分 4.33＝1.94（提升经营绩效）＋2.39（控制风险）。

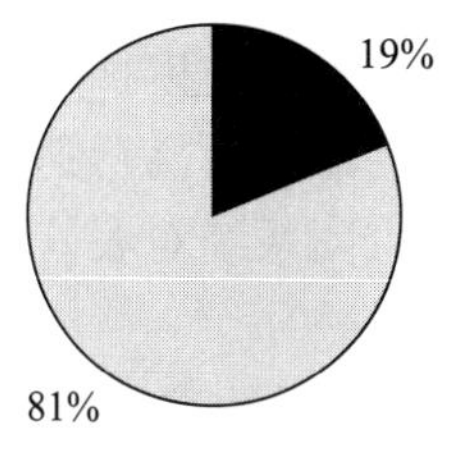

(a) 农信社是否会减小支农力度

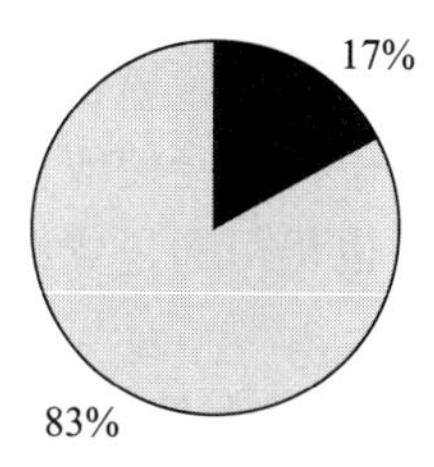

(b) 农商行是否会减小支农力度

图 5-45　改制及省联社去行政化对支农力度的影响

表 5-8　影响支农力度的原因

观点	农信社高管给出的原因	农商行高管给出的原因
会减小支农力度	• 股份制公司核心追求是利益最大化，而“三农”是弱势领域，投入大，收益小； • 保证股东利益； • 行政约束弱化，支农支小需要强制政策指导； • 改制后可能会失去部分政府政策及项目支持； • 竞争激烈，考核及监管要求趋严	• 股东追求利润最大化，风险最小化，而支农带有政策性，见效慢，风险大； • 商业化后社会效益相对减弱； • 改制影响了股权结构和公司法人治理结构； • 省联社考核指标的政绩观会造成盲目经营和“脱农”
不会减小支农力度	• 农信社与当地农村、农民有情感基础，网点覆盖多，更了解“三农”的需求； • 改制坚持“改名不改姓，改制不改向”的原则； • 国家对“三农”扶持力度加大； • 农信社离开“三农”难以发展，发展城镇市场的同时不会放弃农村市场； • “三农”贷款风险分散，虽然管理成本高，但引发大规模风险的可能性低； • 政府的行政干预以及中国人民银行的监管仍然存在； • 改制、去行政化与支农支小并不矛盾，去行政化能给农信社更多自主空间，使其更能灵活发挥支农作用	• 历史、资源、情感等因素，网点在农村，竞争优势在农村； • 监管机构对涉农和小微有相关考核指标； • 服务“三农”的宗旨和支农支小、服务小微企业、支持县域发展的市场定位不变

本次调研对象中，有几位来自省联社的高管。他们对此也是各持看法，认为改组股份制银行及省联社去行政化改革会造成农信社减小支农力度与认为相关改制和改革不会造成农信社减小支农力度的意见几乎各占一半。一位持肯定

会使农信社减小支农力度意见的高管认为改制后农商行服务对象进一步上浮，支农支小的力度下降，覆盖乡镇的动力减弱，且资金规模扩大使其追求更高的风险收益；另一位持不会使农信社减小支农力度意见的高管则认为即使省联社在去行政化之后也仍可通过党组织、工会、共青团系统对农信社（农商行）进行管理。

从图 5-45 可知，大部分来自农信社以及农商行的高管都认为改制及省联社去行政化不会促使农信社减小支农力度（80%以上）。进一步分析表 5-8 中所列原因，可以发现，在回答是否减少支农力度的原因时，一部分高管提到了改制的影响，另一部分描述了省联社去行政化的影响。改制和去行政化对支农力度各自都既有正面也有负面影响。此外，虽然这一问题是针对支农任务执行力度，但有些高管的回答涉及改制对商业性任务的影响。本章利用表 5-8 中归纳的内容来解释农商行及农信社对待政策性目标和商业性目标异同的原因，如图 5-46 和图 5-47 所示。

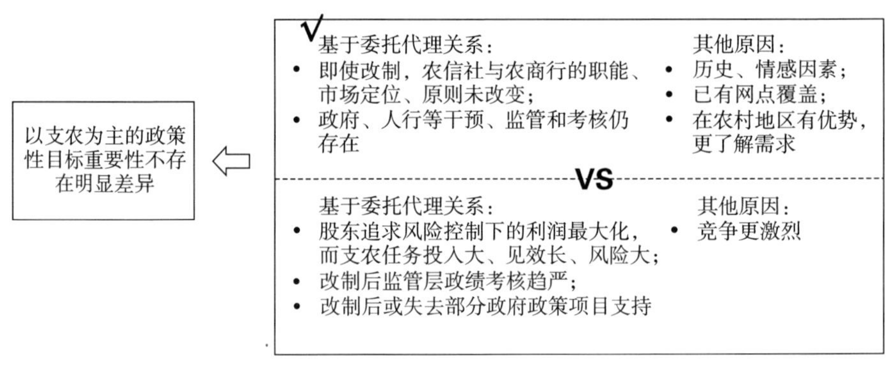

图 5-46　以支农目标为代表的政策性目标重要性差异的结果及原因分析

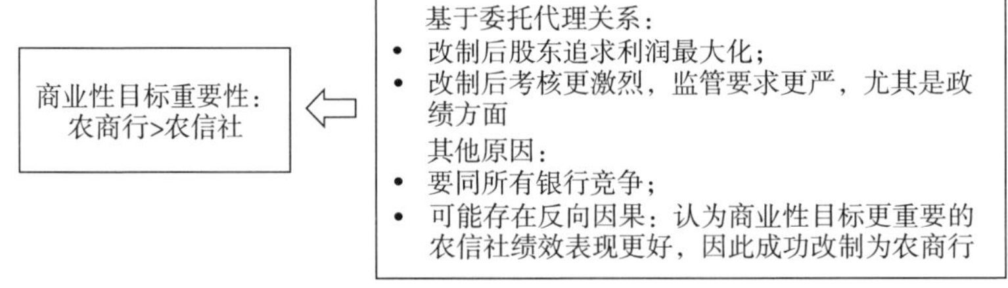

图 5-47　商业性目标重要性差异的结果及原因分析

（四）基于访谈的进一步探究

前文针对三类问题（即目标间冲突性，软、硬目标，目标重要性异同）进行了分析和讨论，可概括为以下结论：①目标间冲突性。政策性目标和商业性目标间确实存在一定程度的冲突，但也不是完全冲突。对于农商行，政策性目标与商业性目标间的冲突性更为明显。②软、硬目标。无论对于农信社还是农商行，商业性目标一般来说都比政策性目标更重要，存在变通执行以完成政策性目标的情况。商业性目标为硬目标，政策性目标为软目标，软目标有时会软执行。③目标重要性异同。农信社与农商行对以支农目标为主的政策性目标（或长期政策性目标）的重视程度与农商行没有显著差异，农商行比起农信社更重视商业性目标。

上述基于问卷调研的分析揭示了一些现象和结论，但仍有一些问题尚待探究。本章将通过对农信社（农商行）高管的访谈来对其中一些问题进行探究。尚待探究的问题包括：①问卷数据是横截面数据，只能比较农信社与农商行看待目标的异同。那么，同一主体改制前后对政策性目标和商业性目标重要性看法的变化也符合之前的结论吗？（为了便于访谈，这里只考虑政策性目标下的支农目标和商业性目标）②之前在讨论商业性目标与政策性目标间的冲突性（或互补性）时，问卷调查较为笼统，需要进一步探究冲突与否的具体原因是什么？③什么情况下软目标会被软执行，是否还有其他变通执行的方式？④相比其他省，贵州省的农信社（农商行）为什么更重视支农支小的任务？（均分1.36＞0.66≈0.60）

在接下来的篇幅中，本章将依次讨论这四个问题的访谈结果。

1. 改制前后目标重要性的变化

访谈询问了农信社（农商行）改制前后对支农目标（例如支农支小、空白乡镇网点覆盖）的重视程度是否会产生变化及其原因。通过对访谈内容的整理（详见本章最后所附的“高管回访内容整理”），本章归纳得出了如图5-48所示的结论。图5-48中的数字与本章最后所附的“高管回访内容整理”论据（下划线部分）的角标序号相对应，说明访谈内容支持图中论点。

（1）政策性目标下支农目标的重要性。从访谈情况来看，几乎所有高管都认为支农目标重要性没有变化，至少没有减少。主要原因来自三方面：监管压力（即来自行政委托人的原因）、宏观经济以及自身的主客观情况。具体而言，从委托代理关系的角度来看，行政委托代理关系依然存在，行政委托人在改制前后对农信社（农商行）的考核要求依然存在，其中省联社对农信社（农商行）的市场定位从未改变，农信社几乎一直以来都身负支农等政策性的担子，改制为农商行之后也会因路径依赖而继续做下去。此外，受省联社等改革以及经营思路调整的影响，有高管认为其所在农信社改制后甚至加强了对支农目标的重视程度。从宏观经济的角度来看，当前全球的经济环境并不好，我国的经济也面临下行压力，比起钢铁、地产等传统行业，农业贷款反而相对稳定风险可控，且大环境的疲软使得优质项目数量稀缺，因此尽管“三农”项目收益较

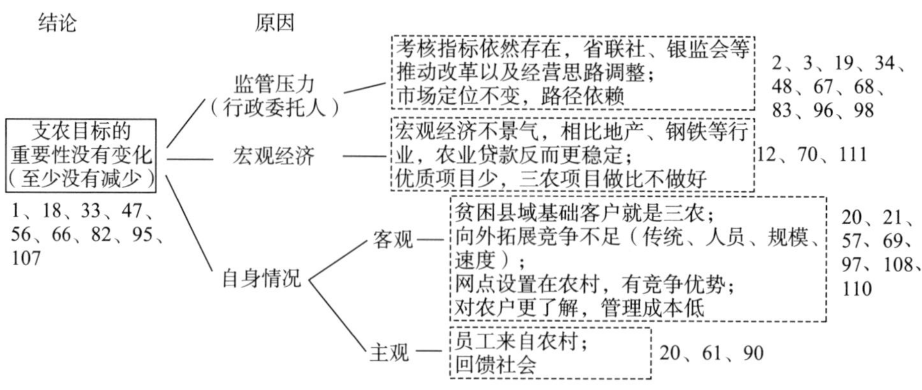

图 5-48　目标重要性变化：政策性目标下的支农目标

低，但做总比不做要好。此外，从农信社（农商行）的自身情况的角度考虑，从客观上来看，许多农信社（农商行）还是扎根偏远落后地区，其基础客户本来就来自农村，改制与否并没有改变其主要客户群体。即使农信社（农商行）想和其他全国性银行或城市商业银行竞争城区业务，先天的不足已经让其难以追上这些银行的脚步，具体体现在农信社（农商行）员工文化程度相对较低、自身规模小以及长期在县域发展等背景因素导致的创新意识不足。在农村，农信社（农商行）反而相对如鱼得水，农村的网点布局形成了竞争壁垒，使其牢牢站住农村主战场，对农户更为熟悉降低了农信社的管理成本，形成了竞争优势。从主观上来看，农信社（农商行）的员工往往来自农村，因此服务“三农”意识强，农信社起源于“三农”，因此也有回馈社会的美好愿景。在以上因素的共同作用下（以行政委托人方面的原因为主），目前来看，农信社改制为农商行后，对支农目标的重视程度没有发生明显变化，至少对支农目标的重视程度没有减少。改制没有引发“脱农”。

（2）商业性目标的重要性。如图 5-49 所示，图 5-49 中数字与本章最后所附的“高管回访内容整理”论据（下划线部分）的角标序号相对应，说明访谈内容支持图中论点。

访谈中几乎所有高管都认为改制后对商业性目标的重视程度有所增加，主要来自两方面的原因：①来自资本委托人的原因，即改制后股东的利润诉求受到重视。改制前，农信社由千家万户所有，因此“持股”较为分散，且社员入股主要是为获得贷款；改制后，股东的股权较为集中，持股动机主要是为了盈利，且股东大会的成立进一步提升了股东的话语权。为了满足股东的盈利需求，农商行增加了对商业性目标的重视程度。然而，需要注意的是，目前股东的话语权还未强到靠资本力量说话的程度，主要是因为农信社即使改制为农商

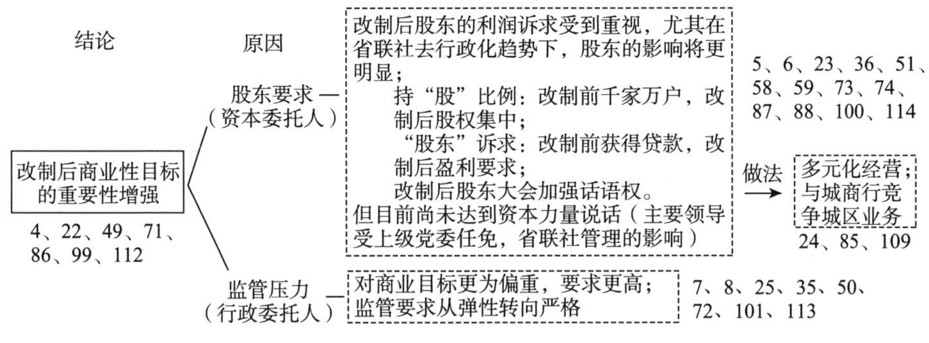

图 5-49　目标重要性变化：商业性目标

行，主要领导还是受上级党委任免，省联社管理的影响依然不可忽视。考虑到不少农信社完成改制至今经历的时间尚且不长，在省联社去行政化的呼声下，未来股东的影响将更为明显，股东和省联社间或将存在冲突。②来自行政委托人的原因。行政委托人对商业目标提出的更高要求也是农信社改制为农商行商业性目标重要性增加的一个原因。具体来看，行政委托人对改制后农商行商业性方面的要求更为偏重，要求更高也更严。具体到执行层面，农商行会更加重视多元化经营，并且与城市商业银行竞争城区业务等。

2. 目标间冲突性的进一步探讨

对于政策性目标与商业性目标是否冲突，前文已进行了初步探索。对于两目标冲突性更为细致的讨论以及原因的分析，本章通过访谈在此进一步讨论，详见图 5-50。图 5-50 中数字与本章最后所附的“高管回访内容整理”论据（下划线部分）的角标序号相对应，说明访谈内容支持图中论点。

本章把政策性目标拆分为支农和支持地方经济这两个子目标（暂不讨论政策性目标下除该两子目标外的其他内容），把讨论政策性目标与商业性目标间的冲突问题拆分成支农目标与商业性目标是否冲突和支持地方经济这一目标与商业项目部间是否冲突这两个子问题。

对于支农目标，认为其与商业性目标冲突或不冲突的几乎各占一半。其中，认为支农目标与商业性目标有冲突的，主要是考虑到支农项目，尤其是“村村通”这类项目，投入和维护费用巨大，从纯收益的角度来看一般是亏损的，只能说有良好的社会效益但没有直接的经济效益。对于这类社会效益性强的工作，政府财政扶持力度不足，真正到农信社（农商行）手中的钱款很可能无法覆盖这些项目所需要的投入。然而迫于监管要求，农信社（农商行）还是要去做，这就和农信社（农商行）的经济效益产生了冲突。认为支农和实现商业目标没有冲突的，主要是从自身需要、经济形势、社会效益反哺经济效益以

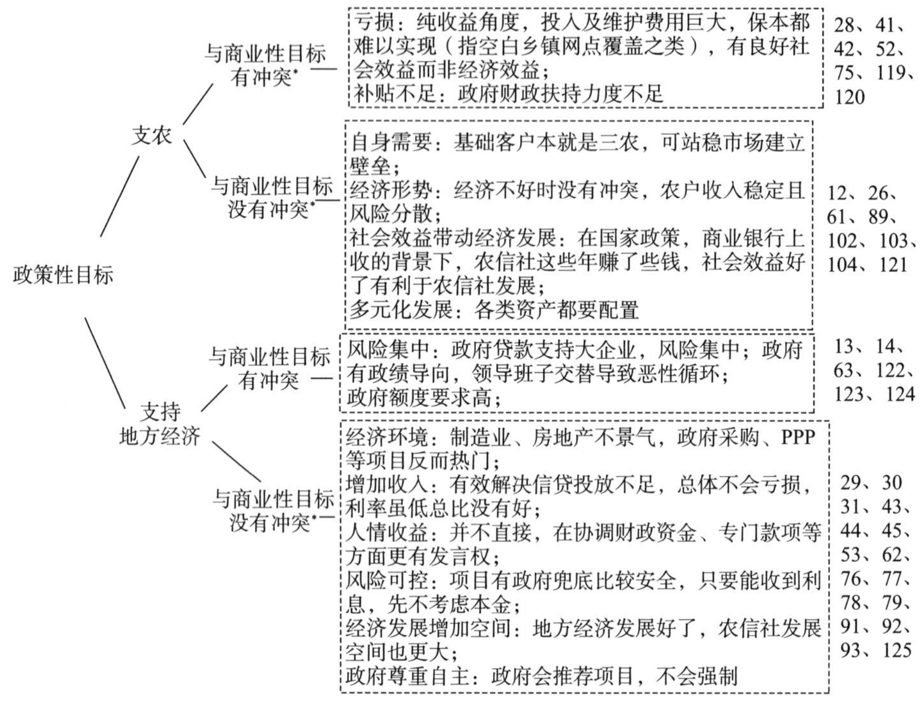

图 5-50 目标间冲突性的进一步探讨

注："*"代表访谈对象的主要观点。

及多元化发展的角度考虑的。自身需要指农信社（农商行）面对的基础客户本来就是"三农"，所以支农和追求商业目标本身就是相辅相成的，且完成支农任务（例如"村村通"）可以引导和帮助农信社（农商行）建立市场壁垒，从这个角度来说两目标间甚至是互补的。从经济形势方面来看，经济形势好的时候，支农目标和商业性目标间或许存在冲突，然而近年经济形势不好，相比之下农户收入稳定且风险分散，从这个角度而言农户、农业贷款反而是相对优质的资产。在国家政策鼓励和商业银行收缩农村网点的背景下，农信社（农商行）深耕农村市场，这些年也赚了些钱，因此反哺社会也是应该的，而且较好的社会效益反过来也会再拉动经济效益。从多元化发展的角度考虑，"三农"业务和非农业务是并行发展的，资产配置上各类资产都应当配置，因此支农目标与商业性目标不存在冲突。

对于支持地方经济这一子目标，大部分受访高管都认为其与商业性目标之间不存在冲突，主要基于以下原因：①从经济环境上来看，传统行业如制造业不景气，而政府采购、政府和社会资本合作（PPP）项目反而比较热门。贷款给地方政府，能够有效解决农信社（农商行）的信贷投放不足，虽然利率可能低一些，但是有总好于无，能够增加农信社（农商行）的收入。除了直接的金钱收益，支持地方经济还能够收获间接的人情收益，毕竟中国某种程度上是人情社会。当然这种人情收益的体现方式并不明显也相对次要，例如在协调财政资金、专门款项方面拥有更多的发言权。从风险角度考虑，政府项目至少有当地政府兜底，所以也相对安全。而且存在这样的情况，任期内的农信社（农商行）高管更关注是否能收到贷款利息，是否能收回本金相对次要。从长期来看，地方经济发展得好，农信社（农商行）才有更大的发展空间。此外，地方政府尊重农信社（农商行）的自主决策权，只会向其推荐项目，而不会强制。综合以上因素，支持地方经济和商业性目标并不冲突。但也有少数高管认为，两者之间还是有一些冲突，但不会太多，主要是因为政府对贷款额度的要求比较高，即贷款额度大，一方面会使得风险更为集中，另一方面也可能会挤占对“三农”的金融供给。

综上，在政策性目标下，支农子目标与商业性目标间存在一定冲突，支持地方经济这一子目标和商业性目标间基本上没有冲突。

3. 软目标变通执行的具体情况

软目标变通执行情况如图 5-51 所示。图 5-51 中数字与本章最后所附的“高管回访内容整理”论据（下划线部分）的角标序号相对应，说明访谈内容支持图中论点。

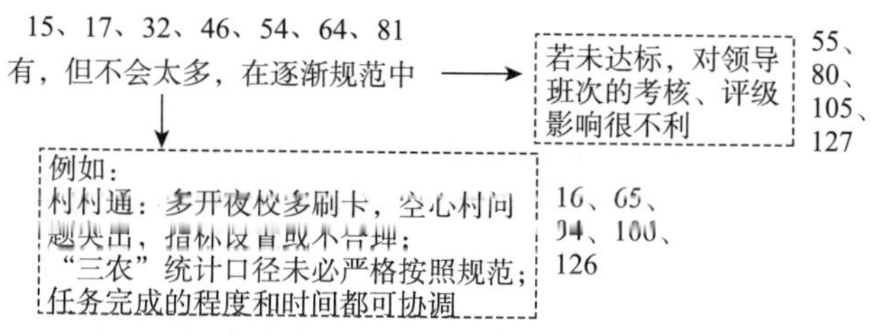

图 5-51 软目标变通执行情况

从访谈情况来看，目前变通执行政策性相关任务的情况较少，但也需考虑到高管在访谈中不愿意透露的可能性。即使有，也在逐渐规范中。访谈中提及的变通执行方式有：为了完成“村村通”这一任务，农信社主动帮村民开夜校学习知识，把柜台上的终端通过流动服务站带过去给他们演示开户、补办卡等业务。然而，目前农村“空心化”问题比较突出，劳动力大多外出务工，只有老人、妇女和小孩留守在村中。但是农信社该完成的指标还是得完成，因此得通过多开几次夜校或者将同一张卡演示多次的方式使考核数字达标。为了完成涉农贷款增速的要求，有的农信社在实践中对涉农贷款的统计口径未必严格按照规范统计。此外，若是完成任务有困难，有的农信社可向当地政府以及相关管理部门汇报并就具体任务执行层面能做到何种程度以及何时能完成等进行沟通。目前变通执行情况正在逐渐规范中，正如一位农信社领导所说："这几年我们在做实而不是做虚，以前是在做虚。"逐渐规范的动机主要是因为如果变通执行被检查发现并予以处理，会对农信社（农商行）领导班子的考核、评级产生很不利的影响。

4. 省域差异的原因分析

在前文的"目标重要性概览"这一部分，农信社（农商行）出现了一定的省域差异，尤其是在支农支小方面，贵州省对这一子目标的重视程度大大超过了其他两省。因此，在访谈阶段笔者也针对这一省域差异问题向贵州省的农信社（农商行）高管了解了背后的情况和原因。

贵州省重视支农支小的原因如图 5-52 所示。

• 监管层、政府的要求： 　• 省级到县级领导对农信社的定位都很清晰； 　• 省联社经营思路从抓大企业回归基层农业	9、10、11、39、116
• 经济条件： 　• 贵州以农业为主，工业化程度低，客户以三农为主	38、40、60、115
• 历史因素： 　• 几十年传统的传承； 　• 信用工程起步早，农户诚信意识高	37、117、118

图 5-52　省域差异的原因分析

如图 5-52 所示，贵州省农信社（农商行）重视支农支小的原因主要有三个方面：①监管层、政府（即行政委托人）方面。贵州省从省级到县级的领导对农信社的定位都很清晰，而且省联社的经营思路也从抓大企业回归到了基层农业。②经济条件。贵州省以农业为主，工业化程度较低，客户也主要以"三农"为主。③历史因素。从内在文化来说，对支农支小的重视是贵州省几十年传统的传承；从实践角度来看，贵州省的信用工程起步较早，在对"三农"进行评级授信的过程中也培养了农户的诚信意识。

第五节　结论及研究展望

一、结论

本章从农信社的两种组织形式（农信社与农商行）入手研究其双重目标（政策性目标和商业性目标）问题，并从委托代理关系的角度解释相关问题的原因。图 5-53 是对本章整体逻辑和结论的梳理。

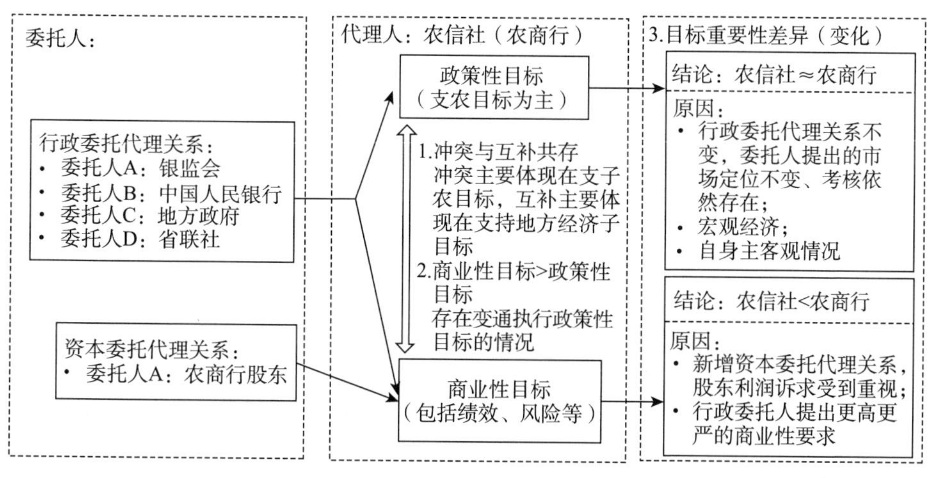

图 5-53　总体结论

农信社与农商行分别是改制前后农信社的两种组织形式，其中农信社是合作制，而农商行是股份制。农信社与农商行都面对四个行政委托人，即银监会、中国人民银行、地方政府以及省联社，而农商行还面对着资本委托人，即股东。农信社（农商行）承担着金融支农主力军的角色，但又不是政策性银行，因此面临着政策性和商业性两大类目标。针对双重目标，本章研究了三大核心问题，主要结论如下：

（1）政策性目标同商业目标间冲突与互补共存。冲突主要体现在政策性目标下支农子目标与商业性目标之间，互补更多体现在政策性目标下支持地方经济子目标与商业性目标之间。

（2）无论是对于农信社还是农商行，商业性目标的重要性都高于政策性目标。对于政策性目标，存在变通执行的情况，但现在正在逐步规范。

（3）农商行与农信社对政策性目标下支农目标的重视程度相似（横向与纵向），既有行政委托人方面的原因，也有宏观经济与自身发展的考虑；农商行比农信社更加重视商业性目标（横向与纵向），原因主要来自资本委托人的要求，也有来自行政委托人的压力

因此，本章认为，不需要过于担心改革改制引起的“脱农”问题。未来，随着农商行股东对自身权利意识的不断加强，与省联社之间或许将有一定冲突。

二、本章的不足之处及研究展望

本章以调研报告的形式对农信社（农商行）双重目标问题进行了努力的探

索，但依然有一些欠缺的地方。首先，本章的研究深度方面可能还有待提升。作为调研报告，笔者试图通过本章让读者对农信社双重目标问题有一个直观以及尽可能全面的认识，但在研究深度上可能还是略有不足。其次，在数据量上，无论是问卷调研还是访谈，获得的数据量都或多或少可能存在片面性，这也是本章可能存在的不足。

参考文献

董玄，周立，刘婧玥，2016. 金融支农政策的选择性制定与选择性执行？——兼论上有政策、下有对策[J]. 农业经济问题（10）：18-30.

冯庆水，孙丽娟，2010. 农村信用社双重改革目标冲突性分析：以安徽省为例[J]. 农业经济问题（3）：78-84.

国务院发展研究中心金融研究所“深化农村信用社改革”课题组，张承惠，陈道富，2012. 新形势下农信社改革面临的挑战[J]. 发展研究（11）：4-7.

何维达，1997. 论委托代理关系的涵义、特征与构成条件[J]. 金融与经济（4）：16-18.

李珣，刘开宇，周立，2015. 农信社高管如何看待金融支农[J]. 银行家（12）：112-115.

李艳霞，胡东，2009. 公共政策执行中的委托代理关系分析[J]. 天水行政学院学报（1）：70-72.

刘开宇，李晓雨，周立，2015. 农信社县级联社的多元目标和选择性执行：河北调研报告[J]. 银行家（9）：117-119.

刘民权，徐忠，俞建拖，等，2005. 农村信用社市场化改革探索[J]. 金融研究（4）：99-113.

刘树新，2011. 农信社改革面临“脱农”的艰难抉择[J]. 西南金融（8）：4-6.

刘锡良，刘利红，刘海二，2013. 农信社股份制改革绩效评价：农商行案例分析[J]. 财经科学（8）：28-38.

刘有贵，蒋年云，2006. 委托代理理论述评[J]. 学术界，24（1）：69-78.

乔瑞，2010. 农信社向农商行转型中遇到的问题及对策[J]. 中国农村金融（8）：19-22.

任志龙，张军，2012. 农信社向农商行转型中面临的问题及对策[J]. 河北金融（6）：55-56，69.

孙少岩，石洪双，2013. 农信社股份制改革：商业化经营、公司治理与市场定位[J]. 学术交流（2）：104-108.

唐丽英，2013. 农信社改革前后信贷支农情况比较[J]. 武汉金融（12）：63-64.

温铁军，2004. 市场化改革与小农经济的矛盾[J]. 读书（5）：106-110.

谢平，徐忠，沈明高，2006. 农村信用社改革绩效评价[J]. 金融研究（1）：23-39.

谢平，2001. 中国农村信用合作社体制改革的争论[J]. 金融研究（1）：1-13.

战明华，许月丽，2009. 农村工业化、农户分层与农信社改革绩效：来自浙江面板数据的证据[J]. 财经研究，35（6）：65-76.

张波，2009. 多元目标冲突与农村合作金融机构可持续发展[J]. 中国农村金融（5）：24-25.

张珩，罗剑朝，牛荣，2016. 产权改革对农信社资本充足率的影响及其区域差异研究：以陕西省为例[J]. 农业技术经济（4）：59-70.

张杰，高晓红，2006. 注资博弈与中国农信社改革[J]. 金融研究（3）：48-56.

赵冬青，李子奈，2009. 农村金融的根本问题与现实选择[J]. 金融理论与实践（3）：3-8.

赵峦，孙文凯，2010. 农信社改革对改善金融支农的政策效应评估：基于全国农户调查面板数据的倍差法分析[J]. 金融研究（3）：194-206.

中共中央，国务院，2011. 中共中央 国务院关于加快推进农业科技创新持续增强农产品供给保障能力的若干意见[EB/OL].（2011-12-31）[2017-04-11]. http://www.gov.cn/gongbao/content/2012/content_2068256.htm.

周立，杨铁尘，董玄，2014. 如何摆正县联社的法人地位？[J]. 银行家（6）.

HOLMSTROM B，MILGROM P，1991. Multitask principal-agent analyses：incentive contracts，asset ownership，and job design [J]. Journal of law economics & organization，7 (Special Issue,)：24-52.

HOLMSTROM B，1982. Moral hazard in teams [J]. Bell Journal of economics，13（2）：324-340.

MOOKHERJEE D，1984. Optimal incentive schemes with many agents [J]. Review of economic studies，51（3）：433-446.

NAGARAJAN G，MEYER R L，2005. Rural finance：recent advances and emerging lessons，debates，and opportunities [R/OL]. [2012-02-08]. http://agris.fao.org/agris-search/search.do?request_locale=zh_CN&recordID=US2012208542&query=&sourceQuery=&sortField=&sortOrder=&agrovocString=&advQuery=¢erString=&enableField=&aggregatorField=.

ROSS S A，1973. The economic theory of agency：the principal's problem [J]. American economic review，63（2）：134-139.

SPENCE，MICHAEL，ZECKHAUSER，et al，1971. Insurance，information，and individual action [J]. Uncertainty in economics，61（2）：380-387.

附：高管回访内容整理

第一部分：回访问题模板

(1) 针对农信社：如果将来有一天贵社改制为农商行之后，您觉得贵社对支农目标（例如支农支小、空白乡镇网点覆盖）的重视程度会有所变化吗？为什么？

或针对农商行：贵行在改制前后，对支农目标（例如支农支小、空白乡镇网点覆盖）的重视程度有发生变化吗？为什么？

(2) 针对农信社：如果将来有一天贵社改制为农商行之后，您觉得贵社是否会比原先更加重视商业目标（例如提绩效、防风险）？为什么？

或针对农商行：贵行在改制前后，对商业目标（例如提绩效、防风险）的重视程度有没有发生变化？为什么？

(3) 仅针对贵州：我们通过前期的调查，发现贵州省的农信社和农商行对支农支小任务的重视程度超过其他省不少，请问贵社（行）对支农支小任务为什么这么重视？

(4) 您认为执行"两个不低于""村村通"这样的政策对贵社（行）经济效益有什么样的影响？您认为存在冲突或不存在冲突的具体原因是什么？您认为支持地方经济这一任务和贵社（行）的经济效益存在冲突吗？为什么？

(5) 有一些政策性任务，例如"两个不低于""村村通"等，若不能完成或很难完成，你们有没有什么变通处理的办法？

第二部分：主要回访内容整理

回访一

回访对象：云南省某县级农商行高管

回访内容：

1. 严格来讲，支农目标重视程度与改革改制的关系不大[1]，主要是各家农信社经营思路的问题，例如有的是以支农支小为主，有的比较喜欢做一些大的、强的客户。像我所在的农信社一直以来都是做一些支农支小，持续在做[2]，包括今年提出一些思路，例如针对农户贷款要求扩大贷款面，增加贷款需求[3]。

2. 更重视商业性目标是比较明显的[4]，以后程度还会增加。很可能以后会逐渐出现一个现实的问题就是以股东为主[5]，但我们现在还是以省联社管理为主。现在省联社下达一些经营目标、任务，我们更重视的是这些。但是完全改制之后，可能会重视一下股东的问题[6]。未来省联社可能会逐步淡化，但是银监会这一块直接监管的话，对改制后的农商行监管指标要求就会比较严格了[7]。例如，以前有些监管指标个别出现问题，可以过去跟它们协调，现在的话监管指标要求比较严格，就是完全按照商业银行的要求来[8]。

3. 省和省之间确实有较大差别，主要是经营高管思路的问题，经营高管、政策导向[9]，更多的是这些因素。就像我们前几年更多针对一些大一点的企业，抓这块抓得比较多，但是去年省级联社做了经营思路的调整，开始回归基层、回归农业[10]，重视这些方面的考核。省联社的思路是很重要的，因为有考核导向在里面[11]。

4. 以前的话还是有一定的冲突，毕竟经济形势比较好。现在的话其实不仅不冲突，而且风险分散，收入也比较稳定[12]。现在是比较相辅相成的。支持地方经济和经济效益之间存在一定冲突，但不会太大[13]。我们做的主要是比较大的企业，支持地方产业政策这块，因为政府主导的话，是支持一些比较大的企业，对农商行或农信社风险就比较集中[14]。因为政府更多是一些招商引资，不需要承担很多责任，所以更多问题还是农信社来承担。

5. 变通处理的方法有，这个事实上还是有一点，但是不会太多[15]。例如，在统计上面对统计口径做调整[16]，更多的是这样一种方式。凑数字这种方式以前有，但是现在已经在逐步规范了，这其实也是一种政策导向[17]，该完成的我们还是要完成的。

回访二

回访对象：湖南省某县级农商行高管

回访内容：

1. 改制前后重视程度没有改，没有减少[18]。因为农商行本身是从农信社改制过来的，农信社原来也是从农村发展起来的[19]，所以我们的网点还是全部在农村，再一个我们的工作人员和业务也都主要在农村[20]，从这个角度来看我们对支农的支持没有减少。除了历史和人员的因素，从现在发展的角度来看，城市的经营机构现在比较多了，有的地方十几家、二十家。但是农村这一块相对来讲还是少一些，所以我们做农村这块的业务有得天独厚的条件[21]，把农村这块阵地站住了以后，对我们基础经营这块还是好一些。我们不是迫于监管的压力去做支农，我们是自觉自愿地去做。

2. 对商业性目标的重视程度是增加的[22]。因为改制成农商行之后，要为股东服务，追求利润的力度就肯定会大一些[23]。所以我们讲就是把农村这一块站住之后，在城区的业务尽力去和城区的商业银行抗衡[24]。改制成农商行后，监管机构对商业目标的要求会有所偏重，在业务的利润方面要求就比较高一些[25]，监管条件加大，例如存款准备金，原来农信社的时候要求就低一些，改制成农商行以后存款准备金的要求就升高了。

3. 执行支农任务与经济效益之间没有冲突[26]。因为单位、企业“两个不低于”“三个不低于”这些方面也是我们要去做的[27]。同样的资源放到“村村通”建设还是商业运作上，肯定有我们自己的想法，这些方面我们农信社做肯定要做，但是人员及费用方面肯定会加重负担[28]。这些政策性任务总体而言带给了管理层压力。支持地方经济和农商行的经济效益间没有冲突[29]。因为支持地方经济的发展对于农商行或农信社而言一方面是应该做的，因为我们是地方的金融机构，支持地方经济发展是我们的职责；另一方面，支持地方经济发展对农信社而言还是有好处的，支持地方经济发展可以增强我们的活力，存款增多了，信贷投放增加了，对我们都是有好处的[30]。支持地方经济可能会带来一些“人情收益”，地方政府对我们还是比较支持的，要做什么事情向地方政府请示之后还是会容易批准的[31]。

4. 我们没有采取变通[32]，就是实实在在去做。万一没有完成，我们自己也觉得没办法，不会去搞一些虚假的东西，对政府、对我们都是没有用的。

回访三

回访对象：贵州省某县级农信社高管

回访内容：

1. 改制后对支农目标的重视程度不会有变化[33]。不会变化是由市场定位决定的[34]。

2. 监管对商业的要求会更严一些[35]，也应该会有来自股东的压力[36]。

3. 贵州省对支农支小任务重视一是历史[37]，二是市场包括区域经济环境[38]，三是地方政府和省委、省政府的相关要求[39]，是这三种因素的综合作用。这三种因素和其他地方都是有区别的。贵州省工业化程度不高，面对的客户群体主要只有“三农”[40]。

4. 支农政策对经济效益的影响很大，非常不利[41]。从纯粹的收益角度来看，基本上是亏的[42]，按照商业化的角度来看，空白乡镇网点覆盖之类的连保本都做不到。支持地方经济和农信社的经济效益总体上没有冲突[43]。但是细化下来之后也会有冲突，例如某一些项目、某一些产品是亏的，但总体上来说是不会亏的[44]。几乎不存在除了正常收益外其他的与地方政府相关的人情收益，但是在地方上人熟悉，例如一些村镇干部会将涉农的财政资金都存放在我们这边，其他的地方政府方面的多大优惠说不上[45]。

5. 没有变通执行的办法。目前也不存在无法完成指标的情况，最低的要求肯定能完成[46]。

回访四

回访对象：湖南省某县级农商行高管

回访内容：

1. 我们2010—2014年变化蛮大的，重视程度变大了[47]。因为我们是国家贫困县，对支农支小这边进行了改革，通过改革后业务发展肯定比以前幅度会大一些。这个改革主要是银监部门和省联社推动的[48]。

2. 对商业目标的重视程度加强了[49]。原来银监部门对我们农信社的监管有一定的弹性。改制成商业银行之后，会按照银行的标准来要求和检查[50]。改制后，股东方面的影响也蛮大的，以前农信社刚刚组建的时候，股东不是以盈利为目的的，但是随着盈利能力的增强，尤其是外部来的董事等开始关注自己的权益[51]。

3. 影响挺大的，服务“三农”的项目基本上由我们农商行来承担，这一块政府投入大量的工作，但是执行方面还是全部我们自己来做，所以力度越大，我们投入就越多，目前来说社会效益还是有，但是经济效益不是很多。经济效益差主要是因为，这边是贫困县，现在弄的金融服务站按理来说国家这边应该要有政策来补贴，但是真正补贴到我们手里的时候就没有钱了，所以这一块的建设投入就要靠我们搞[52]。如果我们不搞，监管部门的监管力度又比较大，不搞也不行，所以这一块政府响应或支持的力度有，但是支持还不够。相比于改制前，改制后政府对农商行的支持力度增加了。虽然改为了农商行，但服务“三农”的责任还是由我们农商行全权扛着的，但政策支持的力度还是不够。支持地方经济和经济效益不冲突[53]，因为支持地方经济就是在发展自身的业务，主要压力还是在普惠金融这一块，因为普惠金融和金融扶贫基本上是由我们农商行来承担，但这块还是需要财政扶持的。

4. 没有什么变通处理的办法，就是实打实地去做[54]。如果没达标被警告，对内部班次考核有影响，而且影响蛮大[55]。

回访五

回访对象：贵州省某县级农信社高管

回访内容：

1. 不会变化[56]。不是因为不想，而是因为不能。主要是因为我们离不开农民，农村是我们的主战场。我们和股份制银行竞争不过，产品研发等方面都比不上。造成这种差异的原因包括历史积累，再加上农信社服务县域已久，缺乏动力去创新，且人员素质也相对低下，比起其他股份制银行先天太不足了。即使有一天改制为农商行之后，也无法弥补先天的不足。因为我们改变的速度太慢，跟不上其他大型股份制银行的脚步。此外，规模小也是一个不利因素，农信社虽然是省联社统一管，但还是县级法人[57]。

2. 不会发生太大的变化。但是股东追求利润肯定会带来一定的压力，因为资本是逐利的[58]。我们现在遇到最大的问题是改制很难引入股东。如果是法人股东，那资本收益率低，人家不愿意加入；如果是政府股东，那肯定会对农信社经营产生大的干预，这个是我们不想看到的。现在作为农信社，所有者也会提出利润的要求，但肯定不大。因为现在农信社所有者非常分散，投入数额也小，基本上 1 万元、3 万元这样的规模，而且农信社所有者入股主要是为了获得贷款，拿到贷款之后就自己去经营，不管农信社的事务了。目前农信社所有者非常分散，没有股东大会，因此也没有话语权。但是股改之后，股东的投入都是几十万、几百万甚至几千万元，话语权很强，而且建立了股东大会。股东大会要是想否决某个政策或任命，那根据《公司法》，我们也是不好拒绝的[59]。

3. 造成这种差异的原因主要是贵州省的省情以及县情[60]。只有把农村的经济搞活了，农信社才有生存的土壤。因为农信社在城里面没有竞争力，只有把农村这边的业务提升了，效益才会提升。往大了说追求经济效益反哺社会、社会责任等都是相辅相成的。只有农村有钱了，农民才有生存的根基。农户要是没钱了，农信社也没法生存。

4. 实际上“村村通”和“两个不低于”都是我们发展所必须要做的事情。因为这几年在国家政策扶持和商业银行收缩农村网点的情况下，农信社还是挣了一点钱，所以也要尽一尽自己的社会责任。我们这一块老百姓非常非常穷，而且老百姓为了取一点低保，坐车到县城或者到乡镇，低保的钱就没有了，我们看到这一块心里很急，所以想把这一块做好，反过来也加深我们与农民间感情的沟通，真正地帮助发展[61]。支持地方经济的任务和经济效益之间有冲突的一面也有相辅相成的一面。农信社受经营范围的限制，如果地方经济没有发展，县域经济没有弄起来，农信社就失去了根基，发展就肯定差了。地方经济好了，农信社才有更多发展的空间[62]，这些是相辅相成的方面。但是负面的地方肯定也有，如果政府过多地干预，例如指定你非要对什么人群、对哪些项目发放贷款，这就很麻烦了[63]。因为政府应该是要做好服务的，它不是市场的经营主体，过多干预就会出问题，因为它是通过行政手段而非市场经济手段。

5. “两个不低于”不存在这种情况，“村村通”这块也就是我们在引导老百姓用卡的过程，进程比较缓慢[64]，因为现在老百姓大多数都外出务工了，在家的都是老的、小的，文化素质偏低，我们通过不断地晚上把老百姓集中到一起给他们开夜校脱盲，把我们柜台上的终端通过流动服务站带给老百姓，给他们办理开户、补办卡等业务，现场给他们演示如何办卡以及使用，但是这个进程还是比较慢，目前初步显现效果。但是改变老百姓的生活习惯还是比较困难的，第一个原因是老百姓还是想到农信社坐坐，因为农信社里冬天有空调，暖和，夏天有空调，凉快。而且想顺便看一下亲戚朋友，因为大家都聚集到那里。第二个原因，他们想看到存折，存折能直接看到上面有钱，心里就踏实了，银行卡总是觉得不踏实。我们一般还是按照实际发生的来汇报。不能完成的时候（例如经营夜校的时候），就用老百姓的卡进行多次刷卡演示，数字就能上去了；也可以再多开几场经营夜校，把老百姓都集中起来，这样的话数字就上去了。但是有些村上级要求的指标在数值上不一定合理，因为全村加起来就两百个人，非要一个月这个“村村通”要发生三百个业务，那就没办法了[65]。现在很多村都是“空心村”，人都到镇里去了或者到外边务工去了，还是比较恼火的。春节附近可能回来的人要多一点，发生的业务大一点，平时发生的业务就小一点，例如取一点社保、低保这一块的零花钱。

回访六

回访对象：云南省某县级农合行高管

回访内容：

农合行是基于农信社和农商行之间的一个产物，但它同规范的商业银行等一样，其法人治理结构也是比较完善的。农合行是基于当时经济条件下成立的，我觉得它在股权方面跟商业银行稍有区别，但是说具体区别有多大，因为我们还没有改成农商行，所以也不是最清楚。我觉得农合行是一个过渡时段的产物，最终还是要改成农商行的。

1. 重视程度首先是没有减少的[66]。不管是叫农信社，还是叫农合行，都是以农为本，以支农支小为主业，是支持农村金融、农业产业发展的主力军[67]。重视程度是肯定不会减少的，因为每年中国人民银行、银监会“两个不低于”等政策都是有严格的要求。但是重视程度是否增加，我觉得不算减少。我们还是严格按照相关监管机构以及地方政府、省政府的要求来开展相应的业务，支持农村经济发展[68]。在支持农村经济发展方面，每年不管是农信社还是农合行都投入大量的精力，这么说也算是重视吧。成立了农合行之后也要求我们在这方面做得更好。肯定是没有减少，但是否增加不好说。像云南偏远山区比较多，这些固有的“三农”客户是不会放弃的[69]，再加上现在大的一些传统行业如钢铁、房地产等并不景气，反倒是农民做高原特色产业，相对还比较稳定，不良率还少一点[70]，即使监管放松在“三农”方面也不会有太大改变。

2. 理论上讲是增加了[71]。首先改成农合行也是要符合监管指标的要求，在 2007 年，云南全省有 130 家联社，只有 4 家联社改为了农合行。对资产收益率、不良率等都是有要求的。银监会对农合行的要求要更严。所以从政策面和自身来讲，都会更重视经营上的风险指标[72]。我们全省 4 家农合行的资产质量、风险权重指标等确实相对较好。我们每年都会召开股东代表大会（农信社叫社员代表大会），公布经营情况以及分红情况，股东们会表达自己的想法，如分红比例、配股还是现金[73]。从现在运行情况来看，主要领导是上层党委任免，所以有的高管又是党委班子又是董事长，所以现在股东的话语权还不重，目前还达不到靠资本力量说话[74]。如果这套模式不改变，那股东的话语权就不会获得大幅提升。

3. 影响还是有的。“村村通”这些更像一些行政命令，为什么这些任务需要我们去做，可能也是跟我们自身的网点布局有关系。商业银行不做，是因为它们在偏远地区设置网点的成本肯定比较高，效益比较低。所以我认为这些是基础民生性的工作，它不赚钱，需要投入巨大的人力、物力、财力。只能说有良好的社会效益，但是没有很好的经济效益[75]。支持地方经济和银行的经济效益间不冲突。结合现在的经济环境来看，制造业、房地产行业不是特别景气，现在比较热门的就是政府采购服务、政府和社会资本合作这些以及基础设施建设[76]，在传统信贷以及固有优势企业或行业都不行的情况下，转向民生性的基础设施建设的话，首先也不是投入到高风险的行业中去，而是转向政府支持地方经济发展的一些项目，例如基础设施建设、政府采购服务的项目。最起码可以有效解决信贷投放不足的情况，虽然相应利率要低一些，低于商业贷款利率，但是有总比没有好，有利于银行收入[77]。在2005—2006年的时候中国人民银行置换了一些不良贷款，其中就包含了一些当时的政府贷款。不能说这些贷款就很好，但最起码有政府兜底，相对来说还比较安全一点[78]。资产方面来说，政府贷款从单笔角度来看不见得是最好的，但是从长远来看，风险相对小一点。中国是一个人情社会，支持地方经济难免会有一些好处，但并不是直接的。主要是，如果你支持地方经济发展，在一些地方政府可以支配的财政收入方面，肯定会有一些相应的照顾；支持地方经济做得好，并且和地方政府关系密切的话，要协调一些财政资金、专门款项，肯定是要比没有关系的单位更有发言权，所以说在人情上是会有一定收益的[79]。

4. 其实现在“两个不低于”“村村通”都是每年的硬性指标，基本上都是要完成的。如果完不成，监管机构会对主要领导人进行谈话问责的[80]，所以说还没有出现完不成或者怎么协调的问题，因为这是非常硬性的指标，这几年我们也严格按照最低线来完成[81]。

回访七

回访对象：湖南省某县级农商行高管

回访内容：

1. 没有发生变化[82]。改制为农商行后，我们的目标还是支农支小，省联社每年有工作计划，会提出支农支小的要求。当然银监部门也有这个要求[83]。

从自身发展角度，因为我们是地方性经营机构，我们把支农支小当做主要的发展目标，我们主要面对的就是“三农”[84]。我们也有考虑过做一些面对城镇居民跨区经营的业务，但必须是在满足“三农”的前提下去做。商业银行毕竟还是有商业方面的兴趣，还是要去做一些。“三农”是主要客户，非农客户也会做一些。既做“三农”也做非农客户是出于自身盈利的想法，因为仅靠农村客户收入相对还是比较小的，作为一个农商行还是有利润指标的要求。要发展，如果不创造利益、不创新是不行的，要实现客户的多元化[85]。

2. 改制为农商行后更重视商业目标[86]，商业目标是必须要考虑的。毕竟我们不是政策性银行，如果是政策性银行，那可以全部做政策业务。我们是商业性经营机构，肯定还是要考虑这个问题的。更重视商业目标跟股东之间也有一定的关系，因为股东大会上股东对我们农商行的经营指标肯定是有一些要求的，作为股东而言他们肯定希望利益最大化，如果我们全部做农业，那利润很小，那他们肯定就不会满意[87]。目前股东的思想和我们还是比较统一的，主要是满足“三农”的需求，然后再做一些商业性的产品等，没有很大的矛盾，股东也是会支持的。以前农信社是集体资产，由千家万户所有，现在改制为农商行之后，股东、董事会有很大的话语权，不能完全由我们说了算，重大决策要通过董事会来决定，要看股东大会是否通过。相对来说股东的话语权是比较多比较重要的[88]。

3. 我认为“两个不低于”在实践过程中没有什么冲突，不会造成很大的影响，都是可以做好的，“村村通”对经济效益也是没有冲突的[89]。从农商行角度来说，赚到利润之后也是要回报社会的。目前“三农”业务和非农业务是同时去做的，不存在什么取舍[90]。“村村通”可以解决农村知识解放的问题，让农民在村里就可以办理一些业务如转账、取现等。“村村通”也持续了挺多年了，也一直在做。“村村通”要求的投入也不多，通过 POS 机等就可以满足农民的需求。支持地方经济和银行的经济效益间也是不存在冲突的，我们把贷款投放到地方上，我们自己也得利了，又不是无偿贷款，只要把风险管控好就可以了[91]。贷款给政府的利率总体上同贷款给其他客户的利率是差不多的，风险控制上我们需要政府提供一些担保抵押物[92]。改制前政府给了我们置换不良贷款的支持，改制后贷款这方面政府也没有过多干预，没有要求哪些贷款一定要放，只是把一些贷款项目推荐给我们，让我们自己选择，放不放贷款还是由我们自己决定。对某一项目是否放贷或者利率多少，政府都不会提出强制要求[93]，改制前政府也没有强制。

4. 目前我们没有搞变通的方法。要是完不成，有困难，我们还会向政府以及相关管理部门汇报，还是可以沟通的。任务定下来之后我们能够做到哪种程度或者什么时候能够完成这个任务，都是可以多方一起沟通的，没有说完全做不到或者采取了什么处罚[94]。

回访八

回访对象：湖南省某县级农商行高管

回访内容：

1. 相对来说我们可能比以前力度更大了[95]，因为我们是湖南的一个贫困县。一方面，我们省联社对农商行的定位还是要支农支小、服务“三农”[96]；另一方面，我们的基础客户也是在农村[97]。此外，中国人民银行、银监会特别是对金融产业扶贫这块要求也比较高[98]。所以基于这几个方面的考虑，我们在这方面的力度反而比改制之前更大了。

2. 对商业目标的重视程度肯定增加了[99]，我们是“新瓶装旧酒”。一方面是吸取改制之前的经验，原来的农信社在管理方面确实还是有很多的漏洞，改制之后对商业目标的重视有自身发展的需要，此外这也是我们回馈股东在这方面的要求，股东方面，包括公司的董事会、监事会对这方面都有要求[100]。监管方面的要求也是有的[101]。改制以前我们没有来自股东的压力，以前的小额股东现在都已经被清退了，真正的所有人还是没有给我们这个压力的。

3. 涉农贷款、小微企业这边本身就是我们的主业，我们的根基也主要在这块。如果按照大“三农”的统计口径来统计涉农贷款，那这块我们没有什么压力[102]。我们其实有提出，涉农贷款的“两个不低于”我们建议实行总量控制，对贷款总额做要求，然后涉农贷款占一定比例，达到80%～90%，只要达到这个比例就行了，如果还要要求更高的比例，那就有点压力了。我们向当地的中国人民银行提了很多建议，涉农这块一个是把口径放宽，第二个是可以设定一定的占贷款总额比例。要每年保持涉农贷款的增长速度，还要增速超过所有贷款的增速，这个确实难度很大。“村村通”这块也不是我们一家在做，整个涉农机构都在做，包括淘宝村淘、电商平台，都已经进入进来，所以这块也是我们自身发展的需要，我们要去抢占这块市场，所以说和经济效益基本上是没什么冲突的[103]。我们这一块主要是支持农村产业结构调整，支持新型的农业经营主体。县域这块像一些大型的基础设施建设、其他的大项目是几家国有银行在做。现在我们在做的这些跟经济效益肯定有冲突但也不大，涉农贷款整个收益水平是偏低的，成本相对于全区客户来讲比较高，但尽管有影响也还是要去做，因为我们的根基还是在这块。资产配置方面，高收益的资产要配置，但是低收益的也要去做，只是说这里也是要有一个平衡[104]。

4. 指标完不成的话，监管部门、中国人民银行对我们的评价和考核都会有影响[105]，涉农这块难度确实有点大。如果实在完不成的话，可以将一些具体情况跟上级机构做一个汇报和沟通[106]，但是在考核评价这块肯定要严格按照他们的评价体系去做。

回访九

回访对象：贵州省某县级农信社高管

回访内容：

1. 不会发生变化[107]。最主要还是自身发展的考虑。因为我们的基础客户主要还是来源于“三农”，以后根据社会的发展，“农转非”了，但是我们客户还是不变，毕竟农商行是立足于县域的[108]。目前县域的业务除了我们还有村镇银行在做，但是它们规模比较小，而且他们是选择性地去做，例如某一个乡镇富裕一点就会去做。但是我们不是针对区域，我们是针对整个县域的客户去做。跨县这块也是要做的，假如规模扩大了，整个县域蛋糕就这么大，我们肯定要往外边想，但是我们基础这块还是不会丢的[109]。我们现在不大会从利润率的角度选择客户，我们主要考虑客户的黏度，例如之前是否和我们有过经济往来，诚信是怎么样的。我们在乡镇这块管理成本反而要更低，因为我们对涉农客户了解[110]，而且城镇客户流动性很大。如果贷款给乡镇，一般都是传统行业，我们对它的风险把控会好一些。城镇这块，反而一些新兴的行业我们对它管理的心思可能还要多花一点[111]。

2. 整体经济下行，对风险把控这一块肯定是要更重视的[112]。改制成农商行的过程中，银行监督管理的准入条件肯定会严格得多，所以说这块肯定要更重视一点[113]。但不是说我在选择客户的时候标准比以前高了，我觉得选择客户的标准还是不会变的。但在管理客户的过程中花的精力可能会多一点。农信社的股东他们履行管理义务的意识没有这么强烈，素质还没有那么高，未来严格按《中华人民共和国公司法》来做的可能性还是比较小的。农信社多年沉淀是从小股东积累起来，包括我们改制成农商行，在章程里也会规定在党的领导下完成工作，而且在股东会上会签承诺书，因此股东会顾及服务“三农”“两个不低于”这些政策需求。在现行的政治体制下，农信社即使改制，严格按照“三会”来做的可能性也是很小的[114]。在经济下行的形势下，目前农信社的回报率还是比较高的，而且我们也想把蛋糕不断做大。

3. 首先主要是贵州的环境决定的，贵州“三农”占比高，农业是主要产业[115]。第二是农信社自己的定位，从省联社之前的很多领导到现在的领导，包括县域的领导，对农信社的定位还是很清晰的[116]。我们也不是在刻意追求数字上的好看。同时也是几十年的传统的传承[117]。此外，贵州省自己也在做信用工程，信用工程主要是针对“三农”做农户评级授信，发放信用证，可以依据信用证来发放贷款，在很早的时候就开始做这个东西，还是做出了一定的效果，农户的诚信意识方面不断提高[118]。

4. 主要看我们宣传这一块。对于县域来说，真正的存款大客户、低成本客户是来自政府。在老百姓心目中，我们做支农还是有正面的影响的。地方政府最关注的是单笔最多能贷款多少。“村村通”肯定会影响绩效，“村村通”需要花人力成本去维护，而且我们还得支付给商户手续费[119]。现在既然已经投入了，我们也想实实在在地为老百姓服务，也不可能再去减少投入（例如裁员），所以这块成本肯定是增加了的。短期来看，涉农贷款增速、“村村通”这样的政策对绩效负面影响比较大[120]，长远来看正面影响比较大[121]。以“村村通”为例，一旦建设好了，客户习惯已经形成了，那其他银行再想进来就很难了。所以长期肯定有利，但短期要投入大量成本。例如地方政府这块基础设施建设项目，想要我们一笔就贷给它1亿元、2亿元的资金，但我们农信社最大单户贷款可能还不到4 000万元，而且我们认为农民基础发展的资金需求对我们来说是很重要的，但地方政府更在意能放几个亿贷款给它而不是我们对全体居民放贷多少[122]。对于我们来说，放贷给地方政府最担心的是政府违约。如果政府项目造成损失，那肯定对我们不利[123]，但如果是好的项目，或者只要这笔贷款不会形成不良贷款，我觉得还是没什么冲突的。地方政府现在融资很困难，利率高，“三农”这块利率就很低了（基准利率上浮30%～40%）。地方政府需要大笔贷款来做出政绩，这一届地方政府贷了款只管做出目前能看到的成绩，它不会考虑走了以后下一届是否还得起，下一届地方政府上台后可能继续融资，长期下去形成恶性循环[124]。但是换句话来说，政府不存在了，那社会也不存在了，所以很多银行就抱着这样的思路，只要地方政府需要，我就发放贷款。很多银行抱着种树摘果子的心态，觉得只要地方政府付得起我的利息就行了，本金就不管了[125]。但是如果有一天中央真正要清理地方债务了，会发现实际上很难，因为如果要清理，那很多银行可能就倒闭了。

5. 我们在“三农”统计这方面，在缴纳税款的时候，“三农”统计口径就和银监会与中国人民银行的统计口径不同。后者是大“三农”统计口径，只要在县域投放的都是涉农。税务这块“三农”的范围就会小一点。之前统计人员在统计的时候可能没有严格按照文件要求的标准，现在我们也意识到这个问题，所以我们也在不断调整，把以前不符合规则的地方不断剔除。这几年我们在做实而不是做虚，以前是在做虚[126]。我们之所以做实主要是因为担心风险，例如涉及一些补贴，现在是没有查，假如有一天来查，我们管理层也不敢承担这种责任。所以逐渐在调整、做实[127]。

附录1　三轮农村金融改革评价与方向探讨[①]

导读： 2004年和2005年连续两个中央1号文件，要求进行“多种所有制形式的农村金融体制创新”。2006年中央1号文件明确提出：“鼓励在县域内设立多种所有制的社区金融机构，允许私有资本、外资等参股。大力培育由自然人、企业法人或社团法人发起的小额贷款组织，有关部门要抓紧制定管理办法。引导农户发展资金互助组织。规范民间借贷。”社区金融、外资入股、资金互助等满足农村融资问题的新型金融组织，已在农村金融新体系的设计考虑之中。可以预见，一个正式部门和非正式部门信贷分层的垂直合作型农村金融体系已经进入了政策设计视野，一个朝向解决农村融资问题的金融体系开始破题。

农业部门庞大、农村人口众多，是中国相较于世界上其他国家的最大不同之处。独特的体制和工业化道路，更使得中国对于农村金融体系的安排具有自己非常鲜明的政府主导型特色。20世纪80年代以来，伴随农村经济的发展和金融形势的变化，农村金融体制经历了三轮重大的改革。总体看来，三轮改革之后，以解决农村融资问题为方向的改革才算真正开始启动。

一、第一轮改革：建立起单独的农村金融安排

第一轮改革之前，国家对于农村的金融安排，只是扮演动员农村储蓄、支持城镇工业化发展的角色，并没有建立起单独的为农民生活、农业生产和农村发展服务的真正的农村金融组织。农信社在中国人民银行管理的大制度框架下，有过若干次的隶属关系调整，最有代表性的是曾交给人民公社管理（1958—1961年）。农业只能从财政获得援助，金融机构只作为储蓄动员机器存在。这几年，笔者去过很多地方的农村调查，时常看到农民的老房子里还挂着“有余粮卖给国家　多储蓄支援建设”字样的对联，由此可以看到当时农村金融安排的明显的国家政策痕迹。

① 本文由周立撰写。

计划经济时期对农村生产效率的压抑和对农业剩余的过度剥夺，在1978年后有所松动。农村作为国民经济的薄弱环节，在巨大的生存危机下，成为了改革先锋。伴随包产到户的实施，2亿多农户从人民公社和生产队体制下逐步解放出来，重新成为农村经济主体，农村金融的交易对象一下子由原来的由原来的2.6万多个人民公社突然变成了2亿多个农户。原有的城乡合一的动员储蓄与发放信贷的金融管理体制、管理方式显然无法适应这种变化，单独设立为农村服务的金融机构成为必要。于是，第一轮农村金融体制的系统改革出台。这一轮改革延续多年，主要有以下五方面的内容：

（1）恢复中国农业银行，并改变传统的运作目标，明确提出大力支持农村商品经济，提高信贷资金使用效益。1979年中国农业银行恢复，其农业贷款对象从以集体为主变为以农户为主。

（2）农信社也从政社合一的体制下解放出来。按照国务院1984年105号文件要求恢复“三性”（即组织上的群众性、管理上的民主性、经营上的灵活性）。明确界定农信社合作金融组织的性质，不能作为中国农业银行的基层机构。农信社业务规模和内容有了快速发展，对农民个人贷款也由过去主要用于治病和解决生活困难，转变为既用于承包土地，也用于发展各种经营，贷款数额也成倍增加。

（3）成立国家农业投资公司、国家林业投资公司、中国农村发展信托投资公司（原为中国农村开放信托投资公司，划归国家农业投资公司后成为该公司的农信公司）、中国经济开发信托投资公司（原为中国农业开发信托投资公司），部分省份也成立了类似公司。这样，农村金融组织体系基本上建立起来，并呈现多元化的格局。

（4）放开对民间信用的管制，允许民间自由借贷，发展了农村社区的合作基金会和一些农业企业的财务公司，企业融资异常活跃起来。

（5）发展了多种信用方式，除存款、贷款等基本信用方式外，债券、股票、基金、票据贴现、信托、租赁等纷纷面世，信用手段进一步多元化。

20世纪80年代的这轮农村金融体制改革，适应了农村经济发展的要求，呈现农村金融与农村经济的良好互动关系。以1980年为基期，1980—1993年，中国农业银行和农信社存款增加了18.7倍，年平均增幅25.7%；贷款增加了15.6倍，年平均增幅24.1%；农村社会总产值增加了12.3倍，年平均增幅22.1%。农村经济的发展为农村金融业发展提供了良好环境。农村金融机构通过筹措与运用资金，支持了农村经济发展，体现了“金融先行”的特征。

但是中国农业银行一直身兼政策性和商业性任务，不利于其商业化发展和经营管理的改善。农信社在中国农业银行直接管理下，没有独立发展空间，恢复“三性”成为一纸空文。加上部分正规金融机构和民间金融组织存在非规范经营，加剧了农村金融风险。与此同时，农业生产力的大幅度提高，使得农产品商品供给大大超过了农副产品收购资金，而 1985 年专业银行企业化改革后，农产品收购资金短缺，“打白条”、压级压价和限收拒收现象频繁出现，严重挫伤了农民的生产积极性，也不断加大各级财政的负担。种种现实迫切要求建立专门的政策性金融机构专司支农。于是，以建立农村金融体系为目标的第二轮农村金融改革势在必行。

二、第二轮改革：意图建立起三位一体的农村金融体系

1996 年农信社与中国农业银行脱离行政隶属关系后，农信社改革可以说才算真正起步。这轮改革始于 1993 年底经济金融形势的变化以及一系列新的金融制度的安排。

伴随市场化改革的进一步深入，1993 年底，《国务院关于金融体制改革的决定》（国发〔1993〕91 号）颁布，掀起了新一轮的金融体制改革。此时，农村金融体制的改革要求已经提出，政策性金融机构按设计逐步建立。在此基础上，1996 年颁布的《国务院关于农村金融体制改革的决定》（国发〔1996〕33 号）明确提出，农村金融体制改革的指导思想是“建立和完善以合作金融为基础，商业性金融、政策性金融分工协作的农村金融体系”。此轮改革出台的主要措施有：

（1）组建中国农业发展银行。中国农业发展银行为直属于国务院领导的政策性金融机构，主要任务是：按照国家的法律、法规的方针、政策，以国家信用为基础，筹集农业政策性信贷资金，承担国家规定的农业政策性金融业务，代理财政性支农资金的拨付，为农业和农村经济发展服务。中国农业发展银行的成立，使得政策性农村金融与商业性农村金融的剥离成为可能。

（2）中国农业银行将政策性业务划出之后，转变为国有商业银行，按照现代商业银行经营机制运行。

（3）农信社从中国农业银行独立出来，向合作制方向发展。并在农信联社基础上，有步骤地组建农合行。

（4）清理整顿农村合作基金会，明确其不属于金融机构，不得办理存贷款业务。要真正建设社区内的资金互助组织。

（5）属于非银行金融机构的中国农村发展信托投资公司由隶属于国家农业投资公司改变为隶属于农业部。中国经济开发信托投资公司仍隶属于财政部，但办理农业信托投资。

新的农村金融组织体系顺应建立社会主义市场经济体制改革目标的要求和

世界上各国金融体系发展的潮流，构建了三位一体的符合农村融资需求的金融体系。但是，新的农村金融体系实际运行的结果却与政策意愿大相径庭，农村资金供求矛盾日益突出。一方面，农民的消费性金融需求几乎不可能再从正规金融体系中获得满足，农业生产性金融需求也有了十分苛刻的贷款条件，农村基础设施与公共服务建设的发展性金融需求也缺乏来自大银行的资金保证。正规金融供给的不足，必然导致出现非正规金融安排作为补充。于是民间借贷和各类合会组织兴起，带来了许多金融纠纷。另一方面，各类基金会和部分农信社不能规范经营，金融市场寻租现象普遍，农民从农信社获得资金的成本较高。如同谢平等人对金融腐败的研究所表明的：在正规金融供给不足的情况下，金融管制使得民间借贷等非正规的金融供给无法做出补充。而且，正规金融市场价格与民间借贷价格没有本质区别，原因是金融机构隐性寻租。农户为了促使农信社真正成为“联系农民的金融纽带”而付出的“纽带”费用和贷款申请费用，与民间借贷实际上是均衡的。吴晓灵也曾尖锐指出：近几年来，随着国有商业银行的战略调整、中国农业发展银行职能由综合性向单一性的转变以及农信社体制改革的反复，农村金融体系的整体功能受到削弱，已不适应农业和农村经济发展的需要。从总体上看，近几年农村金融体系对县域经济的信贷支持力度不但没有加强，反而有所下降。在县域经济的存款市场上，资金通过邮政储蓄和国有商业银行资金上存大量流向城市，使资金本来就短缺的县域经济发展雪上加霜。在县域经济的贷款市场上，商业金融机构和政策性金融机构的贷款投放明显减少，合作金融机构的贷款投放虽然有所增加，但后继乏力。

按第二轮改革的政策设计意图，为农村提供金融服务的三家金融机构中，中国农业银行发放商业性贷款，中国农业发展银行发放政策性贷款，农信社则按照合作制原则发放小额农户贷款，形成商业金融、政策金融与合作金融分工合作的农村金融组织体系。但是，实际运作中并没有看到这“三驾马车”并驾齐驱去支撑农村金融体系。作为老大哥的中国农业银行，在 1996 年“行社脱钩”后，开始“洗脚上田”，逐渐推行基层分支机构的撤并，退出了农村信贷市场。而作为政策性银行的中国农业发展银行，也没有担当起为农村发展发放政策性资金的角色，只是代理财政发放粮食收购贷款。粮棉油流通体制理顺后，中国农业发展银行的农业政策性银行的作用进一步被削弱。广大农村仅剩农信社还发挥着金融供给者的作用。而由于农信社没有实行合作制的后天动力，只能继续沿袭中国农业银行管理时期商业化的经营方向。政策层面也一直没有给农信社一个清晰的定位，农信社经营也就一直处于风雨飘摇状态。于是，伴随农村金融需求的大幅度增加，金融供求缺口越来越大，再加上其他因素影响，更使得农村金融“失血”严重。例如，邮政储蓄、国有商业银行、股份制商业金融、政策性金融等安排，由 20 世纪 90 年代初的“涌向农村”，到 90 年代后期的纷纷“逃离农村”，只留下农信社承担一身三任的角色。

实际上，农信社本身的历史包袱比较沉重，资本金严重不足，产权不明晰，法人治理不完善，管理责任难以落实，几乎没有形成自我管理、自我发展的机制，其服务方式、服务手段、服务领域也难以适应农村发展要求。农信社连自身生存问题都难以解决，谈何“支农主力军”作用的发挥呢？某种程度上，农信社扮演的一直是“抽血主力军”的角色。数据显示，自 20 世纪 70 年代开始，农信社对农村的贷款余额就持续小于农村的存款余额（即存贷比小于 100%）；80 年代存贷比在 50%左右；90 年代在 66%左右。其中，1995 年农户储蓄仅有 22%用于农户贷款（以上根据中国人民银行调查统计司 1992 年、中国农村住户调查 1996 年相关统计资料整理计算）。即农民“自愿”地把资金让渡出去，以至于农村存贷差成为各家金融机构争夺的对象。在多次各家金融机构出于成本收益考虑纷纷撤出农村市场，而农信社又被多次强调恢复合作制，成为“支农主力军”后，农户从农信社获得的贷款仍不足其向农信社存款的 1/3，其中 2002 年为 27%，2003 年为 31%。即使按宽口径的全部农业贷款计算，农户贷款占农户存款的比例也不到 40%，2002 年为 36%，2003 年为 39%（以上根据 2003 年和 2004 年《中国金融年鉴》数据资料整理计算）。

可见，第二轮农村金融改革，只是搭建了一个三位一体的农村金融体系框架，初衷良好，但政策意图并未达到。被要求朝向合作制方向发展的农信社面临着多重角色冲突。合作性，政策性，还是商业性？农信社改革不知路在何方。

三、第三轮改革：下放农信社　走向市场化

伴随“三农”问题在 21 世纪初成为政府工作的“重中之重”，农村金融体制改革也就自然而然地成为金融体制改革的“重中之重”。支农呼声的日益响亮，使得几乎是唯一一家还为农民提供信贷资金的正规金融机构——农信社，自然而然地摆脱了前两轮改革中的配角角色，成为这一轮改革的主角。

实际上，自 1999 年起，农信社的改革试点方案就一直在探索之中。国务院曾组成若干专题小组，调研、制订农信社改革方案。2000 年，时任国务院总理的朱镕基曾亲自调研并座谈农信社改革问题。2002 年中央召开的全国金融工作会议也对农信社改革问题提出了明确要求。会后又成立了深化农村金融和农信社改革专题工作小组，在大量调研的基础上，提出了改革的方案。2003 年开始的这一轮改革正是在这一基础上的决策。以 2003 年 6 月国务院颁布《深化农村信用社改革试点方案》为标志，这一轮深化农信社改革试点由 8 个

省份开始试点，然后进一步扩散到全国。

这轮改革是在资金富裕的基本背景下进行的。20 世纪 90 年代后期以来，全国金融系统存差（即存款大于贷款）不断扩大。自 1996 年存差出现开始，存差额连年扩大。2004 年底，人民币存贷比达到 73.65％，2005 年 6 月底，又下降至 69.18％。这意味着，超过 30％的存款（即 8.5 万亿元资金）处于闲置状态。在此背景下，农信社“为国家建设动员储蓄”的职能已经不需要了。于是，如何处置农信社就成为金融决策者要考虑的问题。下放给地方，成为甩包袱的自然出路。

按照 2003 年颁布的《国务院关于印发深化农村信用社改革试点方案的通知》，此轮改革是“按照‘明晰产权关系、强化约束机制、增强服务功能、国家适当支持、地方政府负责’的总体要求，加快农信社管理体制和产权制度改革，把农信社逐步办成由农民、农村工商户和各类经济组织入股，为农民、农业和农村经济发展服务的社区性地方金融机构，充分发挥农信社农村金融主力军和联系农民的金融纽带作用，更好地支持农村经济结构调整，促进城乡经济协调发展。”2004 年 8 月，《国务院办公厅关于进一步深化农村信用社改革试点的意见》（国发〔2004〕66 号）颁布，进一步在全国推行以明晰产权和完善农信社经营管理体制为中心的农信社改革。可以预见，本轮改革完成以后，农信社产权不明晰、法人治理结构不完善、管理责任不落实等问题将得到较大程度的改善，将逐步实现农信社“谁出资、谁管理、出了问题谁负责”的局面。

但是本轮改革的目标不是解决农村融资的问题，而是解决农信社生存和发展的问题。本轮改革在解决农村融资问题上几乎没有进展。

四、农村金融体制改革开始破题

笔者曾论述过，农村金融体系存在的原因在于农村信贷市场存在信息不对称、抵押物缺乏、特质性成本与风险、非生产性借贷等问题。这些问题是任何的自上而下的金融机构都无法解决的。不可能克服这些基本问题的农信社，事实上早已在追求商业化目标和将大部分资金贷放到非农部门，因此无论如何改革，也难以在整体上成为服务“三农”的金融机构。所以，解决农村融资问题，建设适合农村需要的金融体系，在三轮农村金融体制改革完成之后，才真正到了破题的时候。第三轮以农信社为主的农村金融体制改革，实际上已经承认了通过建立正规金融体系去解决农村融资问题思路的失败，所以转向了只重点解决在改革过程中付出巨大代价的农信社生存问题。新的农村金融模式，自然也就扩大到农信社视野以外。

2004 年和 2005 年连续两个中央 1 号文件，要求进行“多种所有制形式的农村金融体制创新”。2006 年中央 1 号文件，干脆直接明确提出：“鼓励在县域内设立多种所有制的社区金融机构，允许私有资本、外资等参股。大力培育由自然人、企业法人或社团法人发起的小额贷款组织，有关部门要抓紧制定管理办法。引导农户发展资金互助组织。规范民间借贷。”社区金融、外资入股、资金互助等满足农村融资问题的新型金融组织，已在农村金融新体系的设计考虑之中。可以预见，一个正式部门和非正式部门信贷分层的垂直合作型农村金融体系已经进入了政策设计视野，一个朝向解决农村融资问题的金融体系开始破题。

附录 2 如何摆正县联社的法人地位?①

导读：笔者就金融支农政策的选择性执行问题，对河北保定的农信社做了调查。同时，也在对甘肃省农信联社的培训中，获得了各地农信社系统主任、理事长及行长们关心的农信社改革信息。其中，县联社法人地位的维持，成为一个热门的讨论话题。

一、县联社的四个“婆婆”

除了四个直辖市外，现在各地的农信社实行的是二级法人制度。2005 年各地取消乡镇农信社法人地位，普遍采取省联社模式后，省县二级法人，成为农信社治理结构的主导模式。

历史上，农信社一直缺乏独立地位，有生产大队、人民公社、中国人民银行、中国农业银行等多个上级管理部门（“婆婆”）。调研发现，如今已是独立法人的县联社，仍然面临一个“媳妇”应对四个“婆婆”的尴尬境遇。

（一）中国人民银行

自农信社 20 世纪 50 年代成立起，中国人民银行就是农信社的主要管理者。如今，中国人民银行在支付结算系统、存款准备金、超额准备金、信贷规模管控等多个方面对县域农信社行使着管辖权。对保定若干县联社的调研显示，这几年，中国人民银行实行贷款规模管控的依据有两个：一个是按照历史数据，另一个是按照合意贷款规模。但据被调研农信社反映，这是“人为严格地管理法人，就是不给你投放贷款”，地方中国人民银行“把这个作为一种权力来使用，你不找他，不求他，就一分不给你，你必须找他，这导致咱们有贷款能力，也有贷款需求，但就是满足不了，就是不能投放”。

以笔者调研的保定各家县联社为例。定州农信社 2014 年存款余额高达 103 亿元，但贷款余额只有 34 亿元，存贷比仅为 32.7%；易县农信社存款余额 70 亿元，贷款余额 32 亿元，存贷比仅为 45.7%；涞水农信社存款余额为

① 本文由周立、杨轶尘和董玄撰写，发表于《银行家》2014 年第 6 期。

60 多亿元，贷款余额为 30 亿元，存贷比也仅仅在 50%左右。相对于河北全省而言，贷款规模和存贷比都比较小（河北省农信社 2013 年底存款余额 7 617 亿元，贷款余额 4 685 亿元，存贷比 61.5%）。存贷比远远低于 75%的控制比例，也达不到 50%的农村金融机构定向费用补贴资金管理的最低要求，只能眼睁睁地看着中央惠农政策和金融支农补贴政策红利花落他家。

在规模管控下，定州农信社以 103 亿元的存款规模，却在 2014 年 1—4 月只从中国人民银行得到 1 亿元的贷款额度。而 1—6 月正是农贷需求最大的时候，无法得到贷款规模，也就无法投放支农。想落实本地存款主要贷放于本地的政策，也就没有任何可能。各县联社反映，中国人民银行每月批准的信贷规模与历史数据、各月贷款实际需求并无关系，也并不与存款规模挂钩，实在无法理解中国人民银行的批准依据。“涉农贷款说是敞口供应，不计入‘合意贷款’，没有额度控制，但是只要超过一万，又找你谈话又要处罚你。说的和做的不一样。甚至会叫你去做检查。”而比做检查更加严厉的方式，是提高超额准备金。“上调准备金，就等于罚款!”

应该承认，各地中国人民银行的政策执行情况差异较大，据笔者对甘肃农信社多位行长、理事长和联社主任的咨询，甘肃各县联社在中国人民银行信贷指标管控上受到的干预较少，不少相对贫困地区的农信社反而面临贷款有效需求不足的难题。甘肃省也是最早落实去行政化的地区，已完成了省联社办事处改制成区域稽核中心的试点工作，区域稽核中心的主要职能是接受省联社和监管部门的委托，提供统计、审计等服务。

（二）银监部门

自 2003 年银监会成立以来，银监部门接过了中国人民银行对农信社的监管权。

如今，银监部门管辖了农信社市场进入、业务运行、市场退出等的全过程，并且在人员任职资格、网点设置、合规性监管上具有决定性的权限。笔者调研中了解到，县联社高管的任命一般采取如下的程序：各县联社 5～6 名高管，都是由市办事处提名，省联社任命，再经过县联社名义选举产生，但最后还需要所在市银监部门进行任职资格的审查批准。笔者在调研中就遇到一家县联社理事长的任职被银监部门卡住的例子。县联社工作人员告诉笔者，正常情况下，应该是上级任命后就到位，接续工作，保持单位稳定。但诸多程序走完以后，银监部门就是不批，拖了一年多，只好重新任命银监部门认可的其他人员。期间县联社诸多工作无人主持。据了解，河北省联社的高管，也有未获银监部门审批的先例。

按照制度设计，监管部门的主要职责应该是从业务方面进行合规性检查，金融机构的内部管理和人员任免应该交由法人机构自行处理才是。即使进行资格审核，也应交给行业协会来进行认定。县联社高管任命要经过从办事处到省联社再到主管部门的层层审批，使得内部控制无从谈起，法人地位流于形式。

（三）省联社

新一轮农信社改革方案，在改革方向上曾有三种典型思路：①坚持合作制；②实行股份制改造；③办成股份合作制农村金融企业。还曾一度流行“再国有化”等说法，即将农信社与中国农业银行再合并。就管理模式而言，改革方案中本来有省级联社、农合行、农商行、农信社协会、地方政府金融工作办公室和地方政府金融监督管理办公室等多种模式，但自 2004 年起，以“地方政府负责”为总体要求的农信社改革，在两轮试点后，都不约而同地走向了省联社模式。

一方面，省联社不同于农信社历史上的代管机构，如人民公社、中国农业银行、中国人民银行、银监会等外部机构，而是农信社系统内部的、自己的管理机构，有其制度优势，尤其是在与地方政府的博弈中得到了较大的话语权；但另一方面，省联社也成为县联社的一个“负担”，各个县联社要向省联社入股，并交纳管理费。在调研中，笔者了解到保定的一些县联社向省联社的入股，都在 150 万元以上。河北省省联社利用 154 家县级联社交纳的 2 亿多元股本金，成立了自己的资金运营中心，限制县联社和其他金融机构的同业拆借，自己统一资金运营。一方面，省联社资金多，议价能力强；另一方面，省联社给基层县联社的利率低于其他银行的利率，侵占了县联社利益，利差都被省联社吃了。同时，各县联社每年要依照营业收入向省联社交纳 0.5%的管理费。管理费的交纳采取按前一年营业收入预交的方式，年末多退少补。笔者调研的一家县联社反映，依据 2013 年的营业收入，2014 年已经预交了 207 万元管理费，而依照 2013 年的交纳金额 225 万元推断，到年末结算时，还需要进一步上交。县联社一位高管调侃地说：“哎，我们是花钱买了个爹。”

（四）地方政府

2003 年启动的农信社改革，提出了“明晰产权关系、强化约束机制、增强服务功能、国家适当扶持、地方政府负责”的总体要求。农信社从总体上下放给“地方”了，但这个“地方”，在省联社模式下，主要指的是省一级政府。在省联社较强的博弈能力和干预手段下，县联社接受来自地方政府方面的政治要求和任务已经比以往少多了。调研中一些县联社高管反映，过去是上级主管部门硬性压任务，2005 年成立了省联社后，情况就好多了。地方政府在业务性的要求上不是很多，不再硬性压任务了。

但也有关于省联社与地方政府合谋的反映。2012 年中国银行业协会有关人士在接受采访时指出："省联社作为一级法人机构，有相当一部分已经掌控了地方农信社的人事任免、信贷项目审批等权力，进而成为地方政府的提款机、出纳库，这种状况不利于农村金融市场改革，同时也将阻碍多层次金融体系建设。因此，省联社改革是农信社改革的重要一环。"

当然，地方政府对县联社财务报表报送和贷款投向也都有要求。这使得县联社与其他银行的地方分支机构相比，独立性还是较差。

二、夹缝中的弱法人

在一个"媳妇"侍候四个"婆婆"的斡旋中，县联社法人地位被严重弱化。一位理事长这样说："监管上把我们当作法人，运行上根本不被当作法人。"

（一）承担高额成本的县联社法人

法人，是具有民事权利能力和民事行为能力，依法独立享有民事权利和承担民事义务的组织。根据《中华人民共和国民法通则》第三十七条规定，法人必须具备四个条件：①依法成立；②有必要的财产和经费；③有自己的名称、组织机构和场所；④能够独立承担民事责任。

作为一级法人，县联社要落实"三会一层"（社员代表大会、理事会、监事会、管理层）的治理制度。但多个"婆婆"管辖的事实，又使得法人治理制度徒有虚名。实际运行中，农信社县联社的法人地位只是体现在承担税收费用责任、根据自身盈余发放工资、自担经营责任等。但是，这些权利和义务就是法人地位的全部吗?

一方面，县联社在监管上被当作法人，承担各监管部门高额的监管费用。农信社在当地中国人民银行支行缴纳存款准备金，并向中国人民银行支付农信通平台费用、银联平台费用和个人信用记录查询费用等。虽然目前县联社还不需要向银监部门缴纳费用，但银监部门在当地的监管办事处会对县联社采取不定期检查，同时相关收费政策也即将出台。作为县域最重要的吸储大户，县联社为当地金融当局缴纳了高昂的监管费用。

另一方面，在实际运行中，县联社没有享受法人的许多实际权利，经营自主权受到很大的限制。四个"婆婆"使唤一个"媳妇"的现象，使得一位县联社高管感叹道，农信社改革一直是"走了太阳来了月亮，又是晚上"，盼不到独立经营的那一天。

（二）与其弱法人，还不如统一法人

在调研中，很多县联社高管对于县联社名不副实的法人地位均表达了不

满，并表示与其维持这种名不副实的法人地位，还不如让省联社扮演法人角色，县联社不再作为二级法人，只作为省联社的下级单位，这样可以显著提升工作效率。据一份对辽宁省联社负责人的采访报道，“在县域法人机构自身公司治理能力还不完善的情况下，如果强化其独立性，那么很可能诱发新的风险。按照现有政策框架，省级政府应该承担着农信社的管理和最终风险处置责任，因此，省级政府应成为省级联社的改革主导者，由省级政府根据当地情况因地制宜地自主决定管理模式，不搞‘一刀切’。”

事实上，县联社的法人地位现状有着明显的“产权残缺”特征。诺斯（D. C. North）提出，完整产权是指资产拥有者对其资产有排他的使用权、收益的独享权以及自由的转让权。完整的产权有利于交易费用的降低以及交易的有效进行。而产权残缺是指对一种物品、资产或资源的控制权与收益权相分离的现象。调研发现，县联社对其资产并没有完整的使用权（例如要受到严格的贷款规模控制、要承担沉重的政策性任务），但拥有比较完整的收益权，因此属于产权残缺。在产权残缺的情况下，交易费用过高，降低了经济效益。在访谈中，一位县联社理事长就提出，目前的监管、运行模式的确有助于防风险，但监管的过分复杂造成了资源的浪费。

通过调研笔者发现，各个县联社理事长的基本观点是：如果产权是完整的，那么更愿意保留县级法人，因为有更多的自主性，可以因地制宜开展业务；但如果产权是残缺的，那么更愿意要市级统一法人或者省级统一法人，甚至还希望在全国有总行。这样，就可以挺直腰杆，可以更好地使用资金，减少行政管理成本，可以更利于与中国人民银行、银监部门等“婆婆”们进行博弈，并抵抗来自市（县）行政部门的干预和攫取。

（三）贷款难，难贷款，支农政策左右互搏

笔者在保定调研中发现，贷款规模管控成为压倒性的制约因素。

一位理事长说：“人家大银行，有全国总行的不怕，他们实行垂直管理，上面有总行，谈判能力强，直接由总行下达贷款规模指标。国有大行甚至可以直接找总理去，中国人民银行不敢少给他规模。现在是柿子专拣软的捏，中国人民银行只能管上面没根的金融机构。我们这些草根金融机构经营艰难。现在存贷比这么低，生存都困难。绝大部分农信社存款资金过剩，又不让贷款，只能在银行间做点同业拆借。这种管控也造成社会上民间高息融资，想贷款贷不到，只能到民间融资去，所以高利贷屡禁不止。”

“我们也想扩大贷款规模，中国人民银行就是不给指标。国家‘三农’政策也总提，农村金融机构的资金从哪里来，就用到哪里，以保证资金取之于当地，用之于当地。但是你想用，它就不给你用。而且，这种管控只是差别管

控，只管我们农信社，对于大银行，他们管不了，一是大银行本身就可以发放贷款，二是大银行还可以做成理财产品。农信社在这两个方面都没有优势，理财目前也做不了，生存空间越来越狭窄。”

一方面，资金富裕的农信社贷款难；另一方面，地方的小微企业和县域经营实体难贷款，不得不寻求民间借贷、影子银行，助长高利贷滋生。

不适当的贷款规模管控，也使得金融支农政策左右互搏：这边财政部和银监会给政策，奖励县域金融机构向当地发放贷款，鼓励支农支小；那边中国人民银行又卡住贷款规模，无法支农支小。

三、如何摆正县联社的法人地位？

2014年的中央1号文件在第六部分“加快农村金融制度创新”中，提及了十个银行类金融机构，分别是大中型商业银行、中国农业银行、中国邮政储蓄银行、中国农业发展银行、农信社、村镇银行、县域中小型银行、金融租赁公司、小额贷款公司和新型农村合作金融组织。并对这些机构如何发挥支农作用做了方向性的规定。从政策引导看，过分夸大新型农村金融组织竞争作用的“鲶鱼效应”说法，以及严重误读农村金融基本事实的“汤水效应”说法，都不宜再作为农村金融布局的参考。十类金融机构共同发展的新局面，逐渐呈现多层次、多元化、广覆盖的普惠导向的金融支农政策体系。

在这一体系中，对农信社的服务定位是：“增强农村信用社支农服务功能，保持县域法人地位长期稳定。”如何让农信社在多元化竞争格局中，找到自己的位置，成为县联社法人摆正地位，甚至是存是废的关键。或者，未来的政策需要给个明确说法，要么坐实，要么撤销，而不是年复一年地泛泛要求“保持县域法人地位长期稳定”，不要让农信社重复“走了太阳来了月亮，又是晚上”的老调，要让农信社看到深化改革的新曙光。

附录3　农信社县级联社的多元目标和选择性执行[①]

——河北调研报告

导读：河北省农信社某县级联社的实地调研表明，县级联社的多元目标中至少包含：①自主经营盈利；②服从中国人民银行管理；③服从银监会管理；④服从省联社管理；⑤与地方政府保持良好关系。其中，自主盈利的目标受到其他目标的制约和影响，其他各目标之间也存在冲突。为了解决其中的矛盾，在实际操作中，县级联社对相关的政策和规定，采取选择性执行的方式进行协调。

一、引言

在农信社的管理和运作中，除了股东与管理层的委托代理关系外，还存在农信社与中国人民银行、银监会、地方政府以及省联社之间的委托代理关系。由于多个委托人的目标有所差异，甚至相互冲突，所以多重委托关系的并存使农信社在经营中存在多元目标，带给基层农信社的一个基本问题就是“协调”。本报告基于河北省农信社某县联社的调研，分析农信社的多个委托人与多元目标的形成，以及多元目标之间的冲突和协调问题。

截至2015年4月末，该县联社共有职工466人，总资产133.8亿元，吸收存款近120亿元，各项贷款余额45.6亿元，其中涉农贷款32.2亿元，较年初增长1.8亿元，小微企业贷款余额16.3亿元，较年初增长1.4亿元。该县联社于近期召开了社员代表大会，通过了组建农商行的议案，开始农信社向农商行的改制。

二、县级联社的多元目标

首先，该县联社具有追求商业利润的目标。除此之外，还有另外四个目标

① 本文由刘开宇、李晓雨和周立撰写，发表于《银行家》2015年第9期。

来自四个“委托人”（“婆婆”）：中国人民银行、银监会、河北省农信社联社（以下简称“河北省联社”）以及该联社所在的县级市政府（以下简称“市政府”）。这五方面的经营要求，使得县级联社经营，处在多元目标中。

（一）银监会与中国人民银行的监管

银监会和中国人民银行是农信社的主要监管机构。银监会主要监管“风险”，以微观上的经营风险监管为导向；而中国人民银行监管“钱”，以宏观上的系统性金融风险监管为导向。

银监会设置了信用风险、流动性、效益性以及资本充足情况等分类监管指标，每年都对金融机构进行监管评级，并根据监管评级和风险等级决定对农信社的业务审批（如是否允许增开网点、设立接口）、进入退出（如是否批准加入同行拆借市场）和高级人事的控制。值得注意的是，2015 年 6 月 24 日通过的《中华人民共和国商业银行法修正案（草案）》中删除了存贷比不得超过75%的规定，并将存贷比由法定监管指标转为流动性监测指标①。此外，银监会要求该县联社等涉农金融机构执行“两个不少于”的政策，即“涉农贷款投放的增速要确保不低于全部贷款增速，投放的增量要确保不低于上年”，达成目标能得到相应的财政奖励。

中国人民银行对存、贷款利率进行管理，并通过存款准备率（定向降准）、再贴现（支农再贷款）、公开市场操作（银行间市场利率）以及 2011 年新设的合意贷款影响农村金融机构的经营。中国人民银行以合意贷款的方式对县级联社的贷款实施规模管控，即该县联社贷出的数额不得多于中国人民银行给定的配额，否则将对该县联社进行行政约谈或施以减少未来贷款规模等惩罚。

（二）省联社的管理及与银监会的对比

一般而言，省联社由省内各个县级联社共同出资组建。河北省联社管理该县社的经营状况，如客户管理、效益管理、风险内控，并且控制该县联社的招聘指标。在绩效考核上，河北省联社建立了全省统一的绩效考核系统，通过综合的指标体系评价各家县级联社的总体经营情况，这样的排名机制具有很好的激励性，但在具体的指标设计上不尽合理。

（1）很多指标都要计算人均。使用人均指标的初衷是评价县联社的经营效率，但是经营不好的县联社可能就少招聘人员，导致员工人数少；经营好的县

① 2015 年 6 月 24 日召开的国务院常务会议通过《中华人民共和国商业银行法修正案（草案）》。草案删除了贷款余额与存款余额比例不得超过 75%的规定，将存贷比由法定监管指标转为流动性监测指标，该草案将提请全国人大常委会审议。

联社为扩大业务可能多招聘人员，导致员工人数多。这样一来，经营好的县联社的人均指标可能反而不如经营差的县联社。如果用整个县联社的数据评价效益，或者用单位资产供养的员工数来评价社会效益，或许更显公允，因为这反映了该县联社解决了多少就业。

（2）在业务上，河北省联社管理权限较宽，但权力和责任不对等，而且河北省联社具有自身利益诉求。问题在于：①规模以上贷款需经河北省联社批准，否则县联社就不能放款。河北省联社拥有这项权力，却不承担相应的责任，因此并不把这项批准程序称为“审批”，而是称为“咨询”，在回复批文中明确指出“放与不放，由联社自己决定，由联社自担风险，自主承担民事责任”。②若该县联社以自己的名义申请进入银行间交易商协会，在程序上会慢一些，但是同业拆借利率可以由自己决定，收益可以由自己享有；如果经由河北省联社进入银行间交易商协会，可能在程序快一些，但是获得同业拆借的利率更低，因为其中河北省联社要分享一部分。③河北省联社的办事效率低，例如该县农信社改制成农商行签章的事，在河北省联社就用了一个月，前前后后耽误了三个月时间。

同作为行业管理，一方面，省联社与银监会的监管很多监管指标比较相似，例如都设置了风险性指标，且在风险指标的细分指标上也大同小异，只不过省联社更偏重于实务经营中的风险。另一方面，两者又有不同。银监会将主要精力放在风险监管，省联社在其指标设计更关注效益；银监会只设置了一类效益性指标，而省联社设置的效益性指标、发展性指标和客户与市场等在广义上都可以归为效益性指标；银监会属于政府部门，与农信社之间的利益关系较小，而且银监会对农信社的监管不收取监管费，从政府作为全体人民的委托人这一角度来看，将风险作为第一监管要务理所应当，省联社作为全省农信社的协调管理部门，更多地为农信社的经营和发展考虑。两者在指标设置上的差异一方面是职能不同所致，另一方面也是在监管上分工合作，各有侧重。

（三）地方政府的角色

市政府和县联社之间没有直接的管理关系，但是与市政府保持良好关系可以获得相当程度的“人情收益”，这些“人情收益”体现在县联社股份制改制时的全力支持、获得相应荣誉以及行政事务上的便捷。

农信社作为县域的独立法人机构，往往也是县域最大的金融机构，与地方政府有着密切联系。2003 年改制以前农信社是地方政府的“钱袋子”、地方经济的“台柱子”，改制后地方政府又以城市建设投资公司为依托，利用信托、城投债等多种形式要求农信社提供贷款支持。在 2008 年国家推出 4 万亿元经济刺激计划时，地方融资平台的大部分资金都流向了地方上的基础设施建设

（高铁、机场、高速公路等）。市级农信社系统也向当地融资平台投放了七八十亿元的贷款，县农信社向其县域融资平台公司投放了8亿元贷款（据了解，该地高铁站就有农信社资金支持），至今还未收回。

但这种情况今后不会再出现了。2014年9月出台的《国务院关于加强地方政府性债务管理的意见》（以下简称《意见》）对地方债和地方融资平台公司做了明确规定，“剥离融资平台公司政府融资职能，融资平台公司不得新增政府债务”“明确政府和企业的责任，政府债务不得通过企业举借，企业债务不得推给政府偿还，切实做到谁借谁还、风险自担。”这表明，今后地方政府举债只能自己发债，不能再通过融资平台公司。“经国务院批准，省、自治区、直辖市政府可以适度举借债务，市县级政府确需举借债务的由省、自治区、直辖市政府代为举借。明确划清政府与企业界限，政府债务只能通过政府及其部门举借，不得通过企事业单位等举借。”

这样一来，地方政府对农信社的要求基本只有支持当地企业、促进当地经济发展。根据县农信社的描述，为了激励农信社支持当地企业发展，政府对其支持地方经济发展的激励力度比较大，例如提供资金支持、财政补贴等，甚至还有公车奖励。今后改制成农商行后跨县域经营，也少不了地方政府往外“推销”。

三、多元目标的冲突和选择性执行

农信社的盈利目标受到四个“委托人”目标的影响，并且“委托人”目标之间也存在相互影响，这些矛盾导致农信社对部分政策一定程度上的选择性执行。

（一）合意贷款规定的选择性执行

农信社的盈利目标也受到中国人民银行合意贷款进行贷款规模控制的负面影响。从经济转型升级的角度来看，合意贷款有其合理之处，控制贷款规模、防止经济过热来为产业结构调整留下空间。然而，这一目标却对县联社的经营收入和利润产生较大影响，与其盈利的目标相冲突，对该县联社这样即将改制成农商行、有扩大业务需求的农信社来说更是如此。该县联社存款规模近120亿元，贷款规模40多亿元，存贷比仅30%左右，但就是因为中国人民银行合意贷款规定贷款规模每月不能“超支”，导致这部分资金只能闲置或者寻找利率较低的银行间市场，无法满足实体经济的信贷需求，而且该县联社为此要负担较大的负债成本压力，降低了该县联社的盈利能力。

该县联社在对这一冲突的处理中，采取了在市政府帮助下选择性执行合意贷款规定的方法，具体而言就是采用“先斩后奏”的策略争取政策照顾。该县联社在2014年前三季度贷款超过了中国人民银行合意贷款设定的上限值，为此中国人民银行石家庄中心支行就贷款规模及是否存在违规贷款等在该县联社开展了为期一个月的调查。该县联社认为他们放贷都是符合实体经济需求的，既然没问题就应该增加贷款额度，但最后一个季度贷款额度仍然是0。

2015年该县联社贷款又出现这种情况，第一季度就把全年的贷款规模用完了。该县联社坚持认为当地实体经济存在需求，放贷符合实体经济运行情况。为此中国人民银行石家庄中心支行找到当地市政府，市领导一边让该县联社作检讨，一边和河北省联社驻市级办事处积极协助该县联社申请政策条件。在三方坚持下，中国人民银行石家庄中心支行对该县联社“网开一面”，实行贷款规模“报备制”，即：如果贷款超规模，需事先请示，说明为什么需要这么多贷款，经中国人民银行石家庄中心支行同意之后才可放款。

由此可见，银监会现在对存贷比指标有所放松，而中国人民银行则自2011年以来使用合意贷款给农信社等金融机构更多约束，两者施加给农信社等基层金融机构的目标并不一致甚至有一定冲突，也让农信社面对冲突的“双重任务”。只不过在这“双重任务”中，合意贷款是配额管理，是一个硬性的指标，而存贷比则属于可以弹性执行的软约束，尤其是在《中华人民共和国商业银行法修正案（草案）》即将实施之后。根据该县联社描述，中国人民银行和银监会刚分开的时候，该县联社和中国人民银行关系更好，但近几年，该县联社和银监会的关系反而更近，和中国人民银行的关系更紧张，很大程度上就是因为贷款规模管控这一政策并非十分合理。

（二）“两个不低于”政策的选择性执行

自提出涉农和小微贷款“两个不低于”的目标以来，各级农村金融机构都有意将信贷资金向“三农”和小微企业倾斜。根据《中国人民银行　中国银行业监督管理委员会关于建立〈涉农贷款专项统计制度〉的通知》（银发〔2007〕246号），“中国人民银行总行及分支机构采集和汇总涉农贷款数据后，与银监会及其分支机构进行数据信息共享”。但是《涉农贷款统计制度》对一些涉农口径贷款分类的模糊性，使得农信社容易寻找政策空间，为完成“两个不低于”的目标而可能向中国人民银行虚报或错报数据。

“两个不低于”与农信社盈利目标之间有一定的冲突性。以该县联社为例。2012—2014年该县联社都完成了这一任务，但2015年预计很难完成，银监部门并没有硬性规定对完不成“两个不低于”任务的农信社进行处罚，但是会限制一些业务的办理，例如农信社改制成农商行的日程要因此拖后一年。所以一定程度上看，“两个不低于”是一种带有政治任务的要求，虽不像风险监管指标那样必须满足规定不折不扣地执行，但2015年对该县联社而言，却属于明确要求但执行困难的任务，虽然有一定弹性，但是弹性执行的空间比较小，否则自身利益受损。而且，上级交代的任务没完成，该县联社也会在与其他完成任务的农信社的对比中，感觉到上级领导对待的特殊性[①]，这也是一种“无形的压力”。

为满足银监部门“两个不低于”的要求，2015年第一季度，该县联社对有关涉农、支农、小微企业贷款的部分项目进行了选择性调整。不过在2015年5月，中国人民银行石家庄中心支行对该县联社的检查中，有关涉农、支农、小微企业贷款的部分项目因不符合《涉农贷款专项统计制度》的规定，被要求重新划分归类[②]。该县联社通过对部分涉农指标的选择性划分完成了上级规定的任务，看似操之过急，其实可以理解，主要是为了减轻未来几年满足“两个不低于”要求的压力。

四、结论和政策建议

从这次调研可见，县级联社存在盈利，与地方政府形成良好关系，以及服从中国人民银行、银监会和省联社的管理的多元目标。并且，中国人民银行的管理与银监会的管理、中国人民银行的管理与县级联社的盈利以及银监会的管理与县级联社的盈利都存在一定的冲突。为解决这些冲突，县级联社选择性执行了中国人民银行合意贷款的规定和银监会“两个不低于”的政策。

在解决合意贷款的选择性执行问题上，如何协调银监会与中国人民银行“一松一紧”之间的冲突？简单来说，就是银监会应该实行分类监管，对存贷比较高的商业银行实行较严格的合意贷款控制，而对存贷比较低的商业银行则允许短期内突破合意贷款的限制。

在解决“两个不低于”的政策的选择性执行上，银监会不应“一刀切”地针对所有金融机构，毕竟对于涉农贷款已经很高的农信社，面对产值比重本身就低的农业，很难在一个高基础上继续保持高增速、高增量的贷款。银监会在对农信社支农、涉农贷款的统计制度上应该统一部门或者紧密合作，并进一步细化对于涉农贷款口径下几类贷款的规定，减少基层机构“钻空子”的空间。

---

① 《中国银监会关于进一步做好小微企业金融服务工作的指导意见》（银发〔2013〕37号）中明确指出“对于当年未能实现‘两个不低于’目标的银监局和相关银行业金融机构，银监会将进行重点督导。”

② 笔者详细查看了相关记录并了解到，中国人民银行可以通过检验校验关系以及具体贷款对象的注册地和经营范围等确定相关项目是否符合涉农或支农贷款的统计口径。涉农金融机构很难通过指标的加减调整来错报或虚报涉农、支农贷款的统计。

与地方政府相比，省联社对县级农信社的制约比较大，问题主要在于权责不对等。省联社掌握了管理县级农信社的较大的“权”，却没有承担与这些权力相对应的“责”。这样的权责不对等，一定程度上降低了县级农信社的经营效率，导致当下对省联社去行政化的呼声很高。为协调县级联社与省联社的关系，一方面要减少省联社的权力范围，将其建设成服务性平台而非行政性机构，增加县级农信社的自主权；另一方面要增加省联社应该担负的责任，使省联社为行使的权力负起相应的责任，减轻县级农信社的负担。总而言之，权责对等是一个基本的原则，而且现在面临县级农信社向股份制农商行改制，明确省联社的权力范围，才能避免未来在对农商行的管理上和董事会相互掣肘。

在县级农信社与地方政府的关系上，地方政府的管束和制约会越来越少。县级农信社在信贷方面，力图为支持当地经济发展，多争取贷款额度；同时，地方政府则给予县级农信社一定程度的财政补贴、税收优惠、荣誉奖励，这一点在地方政府对县级农信社股份制改制的大力支持上得到了充分体现。在处理县级农信社与当地政府的关系上，这样的良性互动、互利共赢的关系，以及已经取得的改革经验，是值得借鉴和推广的。

附录4　农信社改制后的老问题和新矛盾[①]

导读： 目前在全国，农信社改制组建农商行正开展得如火如荼。照此趋势，2～5年后，农信社将不复存在。农信社为什么要全部改制为农商行？农信社银行化改革到底存在哪些问题？本文将通过回顾农信社银行化改革历程，发现老问题，寻找新矛盾，从而对农商行可持续发展提出建议。

一、农信社银行化改革进程

农信社银行化是农信社由合作制规范、有序地改制为农商行的变迁过程。这一改革由政府顶层设计，遵循了“先试点，后推广”的路线，改革的目标先是实行以县（市）为单位统一法人、农商行、农合行三种模式，然后是组建农村银行业机构（即：农商行、农合行），最后确定改制为农商行，因而农信社银行化改革历程可分为先试先行、合作银行过渡、全面推行三个阶段。

（一）先试先行阶段

2000年7月，经国务院批准，江苏省农信社开始改革试点，探索以县（市）为单位统一法人、试办农商行、组建省级联社。常熟、张家港、江阴三地的农信社于2001年改制为农商行。与此同时，其他地区也在不同形式、不同内容、不同层次上进行了农信社改革实践，例如浙江宁波鄞州农村信用合作联社于2001年11月试点组建农合行。

2003年6月27日，国务院总结经验，制定下发了《深化农村信用社改革试点方案》，将吉林等8个省份作为改革试验区，以县（市）为单位统一法人，改革农信社产权制度；将农信社交地方政府管理，改革农信社管理体制；允许经济比较发达、城乡一体化程度较高、农信社资产规模较大且已商业化经营的少数地区组建股份制银行机构。为适应农信社改革的需要，银监会于2003年

① 本文由付兆法和周立撰写，发表在《银行家》2015年第11期。

9月12日印发了《农村商业银行管理暂行规定》《农村合作银行管理暂行规定》，使农信社改制组建农村银行业机构有法可依。2004年8月17日，《国务院办公厅关于进一步深化农村信用社改革试点的意见》出台，将辽宁等21个省份纳入试点范围，提出了进一步深化改革试点的指导原则和要求。2005年，海南省也被纳入改革试点。至此，除西藏以外，全国有30个省份的农信社参与了改革试点。

在这一阶段，由于是试点，对县（市）级联社、农合行、农商行哪种模式更好，还没有形成共识，因而改制为农商行的并不多。2005年末，全国组建以县（市）为单位统一法人机构519家、农合行60家、农商行12家，另有9家农合行批准筹建①。

（二）合作银行过渡阶段

2006年2月20日，时任银监会主席刘明康在全国合作金融监管暨改革工作会议上指出："用5～10年时间，逐步把农信社办成产权明晰、经营有特色的社区性农村银行业机构。"这一讲话为农信社深化改革指明了方向，列出了时间表。一些农信社派员到农商行、农合行考察学习，交流取经，加快了达标升级和改革的步伐。

值得注意的是，很多具备农商行改制条件的农信社采取了农合行模式。例如，浙江省经济比较发达，一些农信社管理较好、资产质量高、抗风险能力强，但没有一家改制为农商行②。2010年底，全国农合行、农商行分别达到223家、85家（附表4-1），改制为农合行的居多。直到2010年11月9日《中国银监会关于加快推进农村合作金融机构股权改造的指导意见》出台，采取农商行模式的思想才统一起来。该指导意见指出："在2015年底前取消资格股。今后不再组建农村合作银行，符合农村商业银行准入条件的农村信用联社和农村合作银行，应直接改制为农村商业银行。"这意味着223家农合行需要再次改制，向农商行发展。同年，重庆农商行在香港联合交易所成功上市，全国有17家农商行被英国《银行家》杂志选入"2009年全球银行业1 000强"。这进一步激发了农信社银行化改革的热情。

（三）全面银行化改革阶段

2011年8月，银监会有关人士在答记者会上提出，从2011年开始，通过五

---

① 中国银行业监督管理委员会，2006. 农村信用社改革取得显著成效[EB/OL]. [2017-04-11]. http://www.cbrc.gov.cn/chinese/home/docView/2279.html.

② 都本伟，2009. 农村信用社法人治理研究[M]. 北京：中国金融出版社.

附表 4-1　2006 年至 2015 年 6 月全国农信社法人数及资产数变化

年份	农信社		农合行		农商行	
	法人数（个）	总资产（亿元）	法人数（个）	总资产（亿元）	法人数（个）	总资产（亿元）
2006 年	19 348	34 503	80	4 654	13	5 038
2007 年	8 348	43 434	113	6 460	17	6 097
2008 年	4 965	52 113	163	10 033	22	9 291
2009 年	3 056	54 945	196	12 791	43	18 661
2010 年	2 646	63 911	223	15 002	85	27 670
2011 年	2 265	72 047	190	14 025	212	42 527
2012 年	1 927	79 535	147	12 835	337	62 751
2013 年	1 803	85 951	122	12 322	468	85 218
2014 年	1 596	88 312	89	9 570	665	115 273
2015 年 6 月	1 424	—	80	—	728	—

资料来源：2010—2014 年的银监会年报，中国人民银行 2015 年二季度货币政策执行报告。

年左右时间，达到“高风险机构全面处置，历史亏损挂账全面消化，股份制改革全面完成，现代农村银行制度基本建立，主要监管指标达到并持续符合审慎监管要求，农村金融服务功能与核心竞争力显著提升”的目标，“对于高风险农信社以及经营管理水平较差的机构，鼓励支持银行业金融机构和优质企业对实施兼并重组，允许民间资本阶段性控股”。这增加了农信社的危机感。由于当时农信社管理与风险处置的责任已交给了省级人民政府，因而各省级人民政府高度重视，把农信社银行化改革作为一项重要任务，下发了深化农信社改革的意见，成立领导小组，明确任务措施，制定了涉农贷款奖励和不良资产处置的优惠政策，指导各级地方政府用“真枪实弹”“真金白银”促进农信社银行化改革。特别是进入 2014 年以后，各级地方政府增强紧迫感，积极查找差距，一家一策，精准扶持，掀起了农信社银行化改革浪潮。到 2015 年 6 月底，全国农商行达到 728 家，较 2010 年底增加 643 家。农信社银行化改革的进程明显加快。

截至 2015 年 6 月，银行化改革已进入倒计时、冲刺阶段，仍有 1 424 家农信社、80 家农合行没有完成银行化改革的任务。

二、老问题和新矛盾

总体来看，通过银行化改革，多数农信社实现了重大转变，但也有一些农商行翻牌不改制，制约科学发展的老问题仍然存在。同时，农信社改制后，也出现了一些新矛盾。

（一）老问题

1.“三会”仍然形同虚设

（1）没有根据规模大小、业务复杂程度来构建适应自身需求的治理结构，现代企业制度形似神不似，既影响了决策效率，又增加了成本。

（2）虽然“公司章程”界定了“三会一层”权利义务，但原则性较强，不够具体，没有明确的问责程序和处罚措施，致使监督制约的有效性不够。

（3）没有针对不同类别的议案制定相应的议事决策制度，“三会一层”及董事会下设的专业委员会议事规则不完善。

（4）“三会”会议走形式、走过场，参会人员很少发表自己的观点。

（5）董事会下设了各专业委员会，没有办事机构，具体的运作由经营层职能部门来实现。有的专业委员会委员对农商行现状和国家金融法规政策不了解、不掌握，致使各专业委员会监督制约、纠偏作用发挥得不够好，科学决策、防范化解风险等落实不够到位。

（6）内部监督评价机制不科学。对董事、监事、独立董事等缺乏科学有效的评价考核机制、优胜劣汰机制，他们参与民主决策主动性、积极性较差。对法人治理结构、全面风险管理架构缺乏科学有效的评估，不能及时改进和调整。虽然董事会和监事会都设立了审计委员会，但具体的审计项目依靠经营管理层审计部来完成，难以实现审计目的，特别是高管人员的履职审计走过场，不能客观公正地评价高管人员的履职情况。

2. 行政化管理依然存在

（1）对高级管理人员，没有采取市场化的选拔聘任机制。董事长、监事长、行长先由省级政府（或省联社、办事处）指定，然后选举聘任。同时，员工的录用、中层干部的聘任与调整也受到了省级政府（或省联社、办事处）的影响。这致使一些干部唯上不唯实，只对上负责，对下不负责，对员工和股东的权益不关心、不保护，没有把主要精力放在拓展业务、经营管理上，缺乏学习现代商业银行管理、提升素质的动力，经营理念和管理能力不适应改革发展的需求。

（2）发展规划、经营战略、业务工作计划等由上级安排部署，规章制度、考核办法复制上级文件规定，有的不符合本行实际，科学性、有效性、合理性较差。

（3）没有建立优胜劣汰的竞争机制，干部能上不能下。有的干部难以胜任，还有的干部不在其位仍然享受干部薪酬。

（4）用人政策出现偏差，片面注重在职人员队伍的年轻化，使一些德才兼备的大龄员工没有施展才华的平台，造成了人力资源浪费，也在一定程度上挫伤了员工积极性。

3. 薪酬制度仍然不合理

（1）干部与员工的岗位职级档次差距较大，致使干部的收入、各项补贴、“五险一金”、企业年金远远高于普通职工。

（2）没有实施干部期权激励制度，没有建立干部薪酬延期支付机制、不当收入追回机制和企业遭受重大损失问责机制，薪酬支付时期与风险暴露时期不一致，当期性、短期性和不对称性较强，致使一些干部存在“重显绩、轻潜绩，重眼前利益、轻潜在风险”的思想，在任职期间埋下了风险隐患。

（3）没有按照《商业银行资本管理办法（试行）》实行薪酬披露制度，薪酬管理的透明度不高，失去了股东和员工的监督。长期的行政化管理和薪酬制度的不科学，使一些员工对管理措施和工作安排被动接受、消极应付，参与管理、参与改革创新的意识明显减弱。

4. 经营管理仍然粗放

（1）制定发展规划不做市场调研和产业经济分析，设计的经营指标经不住历史检验。企业文化、管理模式等方面的规划轻描淡写、可操作性差，致使短期的管理目标与长期的发展规划脱节，经营管理水平难以持续提高。

（2）重规模、轻效益，重发展速度、轻发展质量，重业务拓展、轻基础管理。具体表现在经营管理综合考核上，业绩考核指标以业务发展为主，没有实行模拟利润考核，没有引入经济增加值、经济资本回报率等指标。管理类考核因过于复杂而难以执行，合规类考核形同虚设，严重影响了管理制度的执行力。

（3）虽然制定了岗位职责，但没有职位说明书，没有根据岗位的劳动复杂程度、员工的能力贡献实行等级员工制度，岗位考核不细化，在一定范围内还存在着“大锅饭”。

（4）没有按照《农村中小金融机构风险管理机制建设指引》和《商业银行资本管理办法（试行）》构建全面风险管理体系。风险管理的制度、方法和措施不到位，与其他商业银行相比，与监管要求相比，差距较大。

（5）没有按照银监会《关于农村商业银行和农村合作银行推进流程银行建设的指导意见》制定发展规划、再造流程架构，岗位职责不清、流程效率低下、信息无法共享、成本核算粗糙、风险管理缺失等问题仍不同程度地存在，影响了下一步改革与发展。

5. 信用环境依然较差

在银行化改革过程中，地方政府制定下发了加快农信社改革的具体意见，要求当地公检法等部门加大执法力度，打击恶意逃废债行为，打击骗贷，帮助农信社清收不良贷款。但有的公检法部门不重视、做样子，依法收贷的效果较差，助长了恶意逃废债现象，使当地信用环境没有得到改善。

（二）新矛盾

1. 农商行商业化经营与政策支农的矛盾

农信社改制为农商行后，客观上要求追求利润最大化、股东利益最大化，但国家农村金融政策要求农商行增强社会责任、创建普惠金融、增强支农力度，而支农会增加成本、加大风险、减少利润①。这就给农商行带来很大的经营压力。根据 2015 年 6 月末的数据分析，全国农信社涉农贷款在银行业金融机构涉农贷款中的占比由 2010 年的 39.80%②下降为 2015 年 6 月时的 29.88%③。同时，伴随着城镇化，有的农信社通过增、撤、并、转、迁的方式，调整网点布局，向城区新建社区、商业中心转移，撤销了位置不佳、业务发展慢、达不到保本点的农村网点。如 A 省农信社，自 2005 年以来营业网点逐年减少（附图 4-1），2014 年城市网点 2 162 个，较 2008 年仅减少 1 个，而乡镇网点 2 965 个，较 2008 年减少了 363 个。从以上两个方面看出，有的农信社有偏离“三农”的趋向。

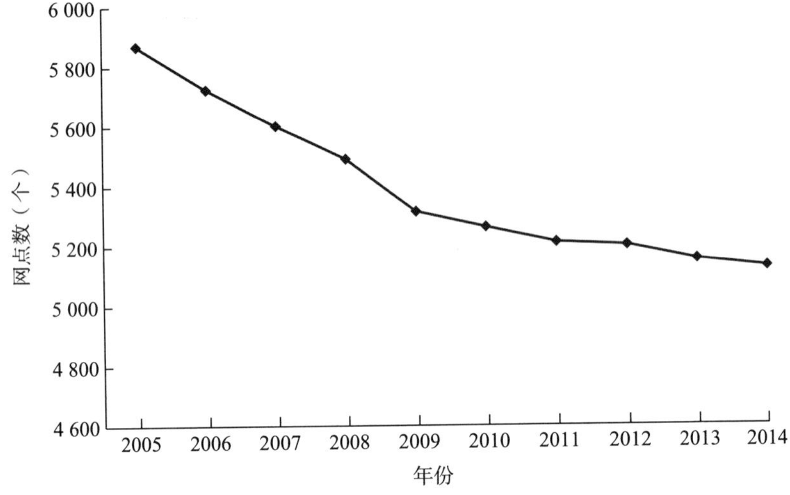

附图 4-1　2005—2014 年 A 省农信社网点发展情况

（资料来源：2010 年、2015 年《某省金融年鉴》）

① 王钟霆，2015.“农村信用社”该不该成为一段历史？[N].中华合作时报，09-11.

② 中国人民银行货币政策分析小组，2011.2010 年第四季度中国货币政策执行报告[EB/OL].(2011-01-30)[2016-02-24].http://www.cfen.com.cn/sjpd/czzx/201602/t20160224_1765529.html.

③ 中国人民银行货币政策分析小组，2015.2015 年第二季度中国货币政策执行报告[EB/OL].(2015-08-07)[2016-03-16].http://www.cfen.com.cn/sjpd/czzx/201603/t20160316_1910796.html.

2. 农商行信贷投放与不良贷款“双增”的矛盾

伴随着银行化改革，农信社不断改进信贷管理，简化信贷流程，增加信贷品种，信贷总量不断攀升，但进入2012年以来，农商行不良贷款金额及占比逐步增加，致使资产利润率、拨备覆盖率、资本充足率下滑（附表4-2）。这一现象，一方面说明农商行受到了经济增速下行的影响；另一方面也说明农商行在信贷管理中还存在薄弱环节和问题，还没有及时调整贷款户结构、信贷结构，需要进一步强化信贷管理，细分信贷市场，适应经济新常态，坚持按有所为有所不为的原则进行信贷结构的调整。

附表4-2　农商行不良贷款“双增”情况

项目	2012年				2013年				2014年				2015年	
	3月	6月	9月	12月	3月	6月	9月	12月	3月	6月	9月	12月	3月	6月
不良贷款余额（亿元）	374	426	487	564	612	625	656	726	795	872	1 002	1 091	1 291	1 474
不良贷款占比（%）	1.52	1.57	1.65	1.76	1.73	1.63	1.62	1.67	1.68	1.72	1.86	1.87	2.03	2.20
拨备覆盖率（%）									257.69	253.14	239.62	236.52	219.98	206.38
资本充足率（%）									13.29	13.32	13.61	13.81	13.36	13.09
资产利润率（%）									1.60	1.55	1.52	1.38	1.40	1.32

资料来源：2012—2015年银监会商业银行主要监管指标情况表，主要指标分支机构情况表。

3. 农商行综合经营与专业人才缺乏的矛盾

农商行与农信社相比，业务领域广，品种多。这对员工提出了更高的要求，需要有一批专业技术人才从事产品开发设计与经营管理。但从目前看，很多农商行普遍缺乏这样的人才。同时，跨区域发展也给农商行管理能力带来了挑战。有的村镇银行开业不到2年就出现了管理混乱、贷款严重不良的局面。

4. 政府强化监管责任与干预经营管理的矛盾

农信社银行化后，省级政府的监管责任重大，但如何监管、如何监管到位又不干预经营管理成为省级政府的一大难题。省联社代表省级政府管理农信社，下设了办事处。有的地方将辖内部分农信联社与办事处整合，组建了农商行，办事处一套班子两块牌子，既负责农商行的经营管理，又对农商行和其他农信联社进行监管，致使办事处出现了权责不清、管理越位、管理不到位的现象。同时，有的省联社掌握着农信社员工的录用权和干部的任命权处分权，在一定程度上控制了辖内农信社具体的经营管理活动。而农商行是独立的企业法人，客观上要求自主经营、自主管理。这一矛盾，需要省级政府正确把握、合理解决。

三、确保农商行可持续发展的建议

（1）建议省级政府明确定位，确保监管不错位、不越位、不缺位。作为监管者、投资者，省级政府有责任管理好农商行，但要正确拿捏、把握好尺度，发挥好省级政府的作用：①在宏观上进行指导，帮助农商行制定好发展战略、落实好金融方针；②改进政府服务，制定扶持政策，完善信用体系，强化执法力度，为农商行发展创造良好的外部环境；③将来自社会各界的意见建议及时传达给农商行，促使农商行改善经营管理、提升服务水平、履行社会责任；④选好省联社、农商行的一把手，组建好省联社、农商行领导班子；⑤制定好评价考核办法和激励措施，增强领导班子的责任心，促其履行好管理责任；⑥对农商行具体管理事项不干预。

（2）建议省联社建立适应形势发展的管理体制。银行化改革完成后，农信社法人数量明显减少。省联社要做好顶层设计，在适当的时机取消下设的办事处，对农商行实行垂直监管，强化服务职能。对经济发达的省份，建议组建全省农商行。对经济发达的地区，建议将辖内农信社整合，组建全市农商行，增强竞争实力和抗风险能力。对目前办事处与农商行合署办公的，建议尽快剥离，使农商行自主经营、自我发展。

（3）建议银监部门加强监管力度，一方面为农商行创建公平规范、良好竞争的外部环境，另一方面促使农商行完善法人治理，将风险管理的各项监管要求落实到位。加强立法，规范农商行薪酬管理，限制干部员工收入差距，增加薪酬透明度。同时，开展农信社银行化改革评估，分析成效问题，确定农商行下一步改革发展的方向。

（4）建议农商行坚持服务“三农”。农村是农信社和农商行发展的根基，农商行弃乡进城、脱离“三农”就会有倒闭的危险。因此，农商行要牢固坚持服务“三农”、服务中小企业、服务社区、服务当地经济发展的市场定位，不断改进金融服务，巩固好支农主力军地位。

（5）建议农商行深化改革。一些农商行虽然完成了银行化改革任务，但还存在一些老问题、面临新矛盾，需要以壮士割腕的精神进一步深化改革，下功夫解决阻碍科学发展的具体问题。要进一步完善法人治理，按照企业的内在规律和要求建立适合自己的组织架构和运行机制，实现企业化经营。要主动适应新常态和利率市场化，积极调整结构，加快经营转型。要把风险防范放在第一位，按照监管要求完善全面风险管理体系，建立全面风险管理的机制，加强流程建设，实现管理的精细化、流程化。对跨区分行、村镇银行要加强监管，防范出现区域性风险。要高度重视员工诉求，建立科学合理的用人机制、考核机制和薪酬管理办法，调动好广大员工的积极性、创造性。要做好员工培训、人才引进，全面提升员工队伍素质。要高度重视基层党组织建设，加强党员管理。要按照中央及各级党委的部署要求，深入、扎实有效地开展好各项活动，促进企业健康发展、科学发展。

附录 5　农信社高管如何看待金融支农？[①]

一、调查背景

在国家主导金融支农政策的背景下，多元目标成为政策制定和执行的常态。谢平早在 2001 年即揭示了中央对农信社（包括农信联社、农商行、农合行）改革的三重目标：服务社员、扭亏为盈、支持“三农”。除上述三大目标外，保持金融稳定、刺激经济增长等目标也在一定时期内占据主导地位。如今农信社既要实现自身的盈利需求和商业化运行，还要践行普惠金融、支农支小。一方面，农信社作为银行类金融机构，必须为股东财富的最大化负责；另一方面，农信社作为国家在农村地区最重要的金融支农抓手，又必须保证国家支农政策的执行，而这种支农政策往往不一定与农信社自身的利益函数契合。市场化改革后，农信社越来越明显地表现为对资本增值收益的追求。2003 年国务院发布《深化农村信用社改革试点方案》（国发〔2003〕15 号），明确了农信社的管理权交由省级人民政府。周永发和曹凤岐等专家学者认为在这之后农信社被政府利益所绑架，省联社对于农信社经营活动的干预使得资金更多流向地方政府主导的项目，造成农信社的“脱农”。

上述事实表明了农信社在执行金融支农任务时，受到多方面影响。为探究农信社在这种情况下如何看待和实施其所需执行的金融支农任务，通过中央党校对金融高管们的培训班，笔者对 46 位来自甘肃省农信社的高管们进行访谈和问卷调查，该项调查涵盖甘肃省的省联社、9 个市（包括州、县级市、市辖区）和 36 个县，调查对象包括了甘肃省联社部门总经理、主任，甘肃省各县级联社党委书记、理事长，以及甘肃省各县级农商行、农合行党委书记、董事长。

二、多个“婆婆”与多元目标

1. 多个“婆婆”

农信社从设立到现在，一直没有独立地位，主管部门历经多次变更，仅改

① 本文由李珣、刘开宇和周立撰写，发表于《银行家》2015 年第 12 期。

革开放后就换过四个主管部门。1979年恢复中国农业银行之前，是由中国人民银行主管。1979年中国农业银行成立后，规定由中国农业银行“领导农村信用合作社，发展农村金融事业”。1984年国务院批转《中国农业银行关于改革信用合作社管理体制的报告》，农信社开始恢复“三性”（组织上的群众性、管理上的民主性和经营上的灵活性）的合作金融改革。1996年8月《国务院关于农村金融体制改革的决定》，确定“行社脱钩”，农信社又重归中国人民银行直接管理。2003年后，新成立的银监会成为农信社的实际监管者。实际上，2003年《深化农村信用社改革试点方案》实施以来，“明晰产权关系、强化约束机制、增强服务功能、国家适当支持、地方政府负责”的30字总体要求，又使农信社“花钱买机制”的改革受到四个有关方面的监管。农信社至少受到省级人民政府、银监会及其派出机构、中国人民银行及其分支机构、农信社省级管理机构四个方面的管理。从这一点来看，国家将农信社“一女四嫁”，找了多个“婆婆”对其进行监管。

其中，按照国务院“地方政府负责”的要求，省级人民政府全面承担对当地农信社的管理和风险处置责任；农信社省级管理机构（省联社）对指导、督促农信社完善内控制度和经营机制负主要责任；银监会及其派出机构依法行使对农信社的金融监管职能，承担监管责任；而按照《中国人民银行法》第三十二条规定，中国人民银行对农信社执行有关存款准备金、中国人民银行特种贷款、人民币、银行间同业拆解市场和银行间债券市场、外汇、清算的管理规定以及反洗钱规定的情况进行监督检查，督促其依法经营。可以看到，省联社的监管侧重制度规范，中国人民银行侧重货币流通，银监会侧重风险控制，而地方政府对农信社的管理和风险全面兜底。除上述四类机构以外，农信社的经营管理还同时受到社员的影响，相应的，改制后的农商行将更多受到股东的影响。

无疑，农信社在日常经营和执行金融支农时至少受到上述几类机构的影响，那么在这其中谁最能影响农信社呢？根据农信社高管们的反馈，有36%的高管认为省联社对于农信社的影响力最大；其次是银监会和地方政府，认为其对农信社最具影响力的占比为25%和23%；最后是中国人民银行和股东，认为其对农信社最具影响力的占比分别为14%和2%（附图5-1）。

从附图5-1的分布中可以看出，对于农信社影响最大的机构是作为人民政府管理平台的省联社。虽然省联社的权限仅仅为督促和指导农信社的内控和经营机制，但事实上省联社已经掌握了地方农信社的人事任免、信贷项目审批等权利。而根据笔者对高管们的采访，省联社成为对农信社影响最大的单位主要为以下三方面原因：

（1）农信社应用的管理信息系统由省联社开发，省联社在信息技术层面可

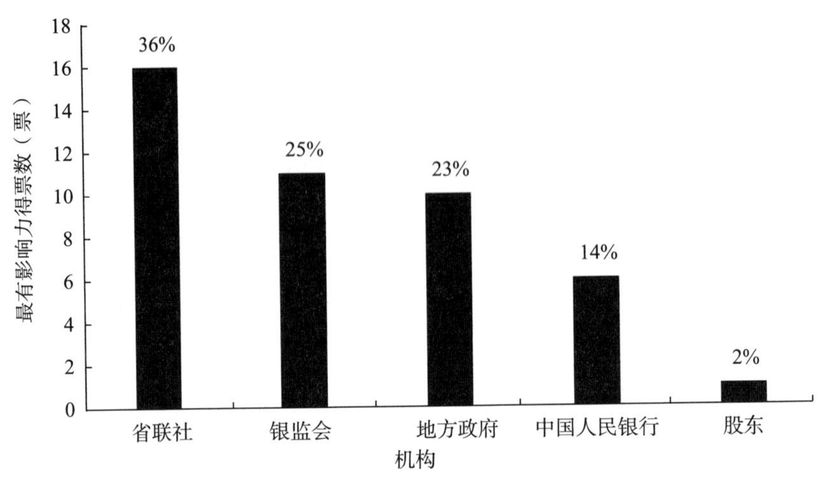

附图 5-1　最能影响农信社经营的机构得票分布

以给县级联社经营支持，进而掌握着农信社的经营状况，且县级联社超过一定额度的贷款发放需要省联社的审批，因此县级联社对省联社存在一定程度依赖。

（2）省联社作为省域的协调管理机构，国家及部委制定的政策文件、法规等需要省联社传达至各个县级联社，统一行动、贯彻实施。

（3）省联社对县级联社构成了内部监督，与外部的监管相比具有较强的信息优势，对农信社内部的经营管理有着更深入的了解，更容易提前发现并解决问题。综上所述，省联社成为对农信社经营管理影响最大的机构。

2. 多元目标

中国人民银行票据兑换工作结束后，农信社单一目标的体系已经被转化为针对价值、风险和支农的三目标治理体系，而监管部门、上级联社、管理层和投资者对于多目标治理体系有着不同的理解。目前来讲，由于多个“婆婆”对农信社的要求不尽相同，农信社受托面临的目标至少包括：控制经营风险、实现自身经营绩效、支农支小、支持地方经济、改制、金融空白乡镇全覆盖等。那么在这些目标中，农信社高管认为当前农信社最主要的经营目标是什么呢？回答该问题的高管中，41％的高管认为农信社最主要的目标是控制风险，26％的高管认为实现农信社的经营绩效是其最主要的经营目标，而认为农信社主要目标是支农支小、支持地方经济和改制的高管占比分别为13％、13％和7％。

附图 5-2 表明，多数农信社还是把控制风险作为其最主要的经营考虑，其次才是自身的经营绩效。为什么大多数农信社把控制风险放在第一位呢？

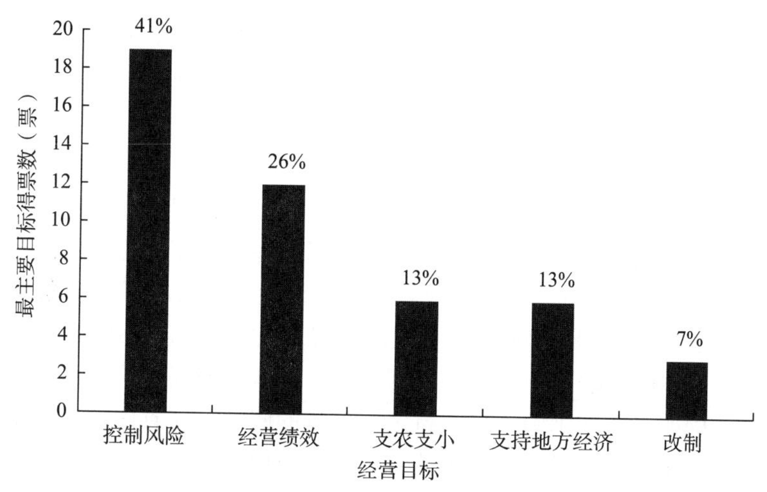

附图 5-2 农信社最主要经营目标得票分布

（1）在风险控制的基础上追求利润是监管部门的要求。银监会对农信社的经营监管参照执行《商业银行风险监管核心指标（试行）》，而且中国人民银行与地方银监部门会不定期进行现场检查，虽然这些风险监管指标不作为行政处罚的直接依据，但高压监管下促使农信社不得不把风控视为前提目标。

（2）高度重视控制风险与农信社的经营历史有关。在市场化改革之前，农信社经营亏损和资不抵债状况非常严重，而在改革步入正轨后，农信社对待风险的态度变得更加谨慎。

（3）由于农业面临着自然和市场双重风险，涉农贷款比一般贷款风险更大，而且一旦转化为不良贷款，其清收难度更大，所以农信社也更加重视风险的控制。

三、多元目标下的权衡

前期研究发现，在农信社多个“婆婆”的管理下，由于众“婆婆”之间的目标有差异，甚至相互冲突，这种多重委托关系的并存使得农信社在经营中存在多元目标，带给基层农信社的一个基本问题就是“协调”。朱迪星等学者的研究也指出，经营绩效不佳是农信社自身严格的风险控制流程和扶持农业高成本的结果，而扶持农业的疲软可以归结于农业贷款内生的高风险、低回报。具体表现为农信社自身的商业利润与中国人民银行的贷款规模限制、涉农贷款的增量增速、支农支小、金融空白乡镇全覆盖存在一定程度的矛盾，涉农贷款也与不良贷款率监控存在矛盾。

那么当农信社在实际经营中遇到多目标直接存在冲突时该如何权衡呢？针对上述疑问，笔者以发放贷款为例对高管们进行问卷调查和采访。

首先，询问了高管们所在的农信社贷款发放是否受到中国人民银行贷款规模的限制，63%的受访农信社高管表示会受到；其次，询问了是否存在中国人民银行合意贷款的限制，只有47%的高管表示他们受到了合意贷款限制。当笔者问及农信社想继续放贷，但与中国人民银行对贷款规模和结构的控制产生冲突时应如何解决，70%的高管表示先向中国人民银行请示再放贷，18%的高管选择继续按照贷款人的需求和意愿发放，6%的高管选择了先放贷再向中国人民银行请示，3%的高管选择向当地政府寻求支持，另外3%的高管选择暂缓发放。除一位高管表示未遇到该种情况外，还有部分高管采取多重方式来解决该问题。例如，在向中国人民银行请示放贷的同时，向省内其他农信社进行拆借；或同时向中国人民银行请示放贷，并向当地政府寻求支持；或有时先向中国人民银行请示再放贷；或有时先放贷再向中国人民银行请示；甚至有时直接继续按照需求和意愿发放贷款。

附图5-3为仅采用单个方式解决目标权衡问题的高管分布。

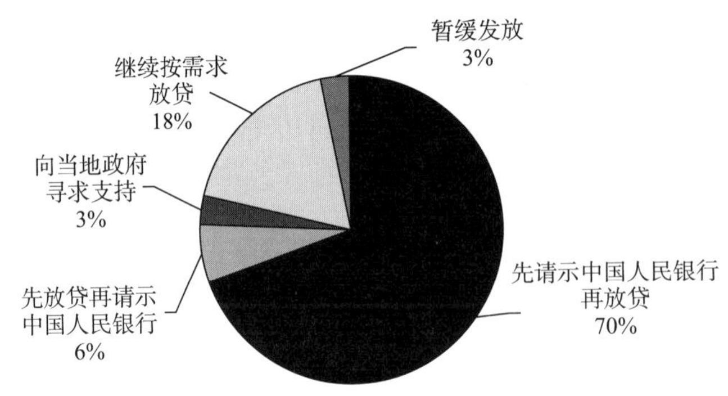

附图5-3　以贷款为例的目标权衡分布

从附图5-3的分布中可以看出，当农信社自身的经营利益与中国人民银行对其的监管要求相冲突时，多数农信社还是选择先向监管部门请示再放贷。作为农信社主要的监管部门之一，中国人民银行显然有效控制着农信社业务扩张，使得农信社在经营时必须将控制风险的考虑置于经营绩效之前。

接着笔者对农信社在自身经营效益与空白乡镇全覆盖之间的权衡进行调查。为此设计了如下问题：若您所在的农信社准备新设立一个网点，是重点考虑网点的经济效益还是重点考虑该网点对人群和地域的覆盖？回答该问题的高管中，23%的高管表示会重点考虑该网点的经营绩效，而57%的高管则表示会主要考虑对人群和地域的覆盖，另外20%的高管认为两者同等重要。从他们反馈的结果来看，多数农信社在实现自身经营绩效与国家要求的实现普惠金融之间选择了后者，高管们对于农信社自身的“三农”定位有着充分的认识。

笔者在另外的一项研究中对全国各省（剔除直辖市和西藏）农信社网点在经营效率和覆盖度两方面进行了计算。其中，甘肃省农信社网点在经营绩效上的得分为 0.32，小于多数省份；而其在覆盖度上的得分为 0.54，仅次于山西、河北和浙江（附图 5-4）。在网点的覆盖度与经营绩效的权衡方面，甘肃省确实比多数省份在农信社网点布局网点更偏向对人群和地域的覆盖，这表明位于西部大省的甘肃省农信社，在公平目标的强调上，更胜于效率目标。这与本文对高管们的调研结果基本一致。

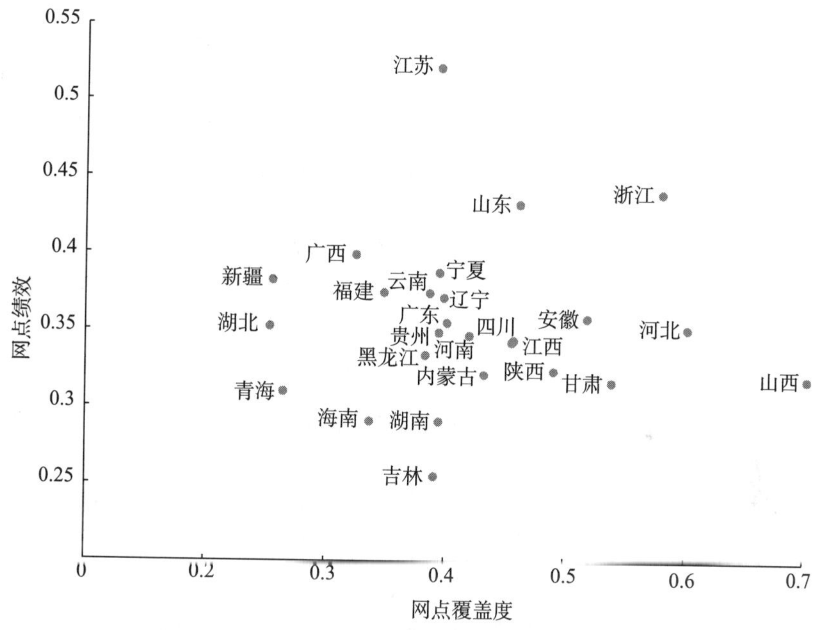

附图 5-4　各省份农信社网点绩效与覆盖度散点

但即使是以覆盖度为主要考虑的农信社网点设立，也并非不顾及自身利益。例如，自 2014 年银监会提出基础金融服务“村村通”之后，农信社开始增设便民金融服务点、布放“三农”金融服务终端，但高管们反映这些新增设的便民服务点和金融机具大部分都不保本或者短期内难以收回成本。部分村人口基数较小，市场容量也小，基本上为亏损覆盖，这在一定程度挫败了农信社承担社会责任、推行普惠金融的积极性。考虑到上述成本问题，银监会提出的打通农村金融服务“最后一公里”在基层执行时变成了“最后五公里”，这也是农信社在执行支农政策时无奈的折中之举。

笔者对当上级的支农任务不合理或较难执行时，其所在的农信社如何平衡进行询问，多数高管的意见是根据所在地的实际情况，积极地与上级进行沟通协调以努力完成。毕竟农信社以“农”字当头，还是需要在风险自担的前提下尽量发放“三农”贷款，加大支农力度。但也有高管表示，对于不合理的或较难的支农任务，还是需要把资金安全放在第一位。从这里可以明显看出，农信社高管们对于支农与自身经营利润的权衡有着不同的考虑，但多数农信社表示还是以支农优先。

四、高管们的建议

对于省联社，在农信社的多个“婆婆”中，高管们的意见集中在对农信社具有最大影响力的省联社。他们的共识是，目前的省联社仍然是“指导不足，管理有余”，作为省级政府管理平台的省联社权限过于宽泛，已经不仅仅是内控和经营机制的监管，而是深入到农信社日常的经营活动中。省联社应当更多地行使指导、协调职能，同时提升服务意识，淡化管理职能。

对于改制，所有的高管们对于农信社改制成农商行均持赞同态度，并希望银监会能下放改制的审批权限。对于符合条件的农信社，省联社和地方银监部门应当加快进度、推进改制，地方政府也应当在资金、税收、土地房屋确权、不良资产处置等方面全面扶持，支持农信社的改制。另外，高管们希望能改变目前农信社县级法人的地位，组建省一级的农商行。

对于促进支农政策落实，调研中也请高管们对政府及监管部门的各项举措进行评价并给出建议。其中，对于2015年的《中华人民共和国商业银行法修正案（草案）》中取消贷款余额与存款余额比例不得超过75%的规定，将存贷比由法定监管指标变为流动性检测指标，以及中国人民银行给予的支农再贷款、农户信用评级、简化贷款手续等支农政策，他们是表示赞同的。毕竟农信社的大本营和服务对象主要在农村地区，农村市场又是金融服务的“蓝海”，上述各项利好措施将会有效地提高农信社支持“三农”发展的能力。同时，高管们希望能够进一步加强支农再贷款，除农商行和农合行外给予农信社支小再贷款；农户信用评级也需继续推动，并给农户建立贷款档案，简化手续进一步降低农户贷款门槛。

另外，高管们也对支农政策的难以实现之处和由此带来的负面影响表达一些自己的看法。包括：①涉农贷款增量不低于上年、增速不低于各项贷款平均增速的“两个不低于”政策较为不合理，随着贷款余额基数的不断增大，该项要求越来越难以达到；②根据普惠金融和政府规定的脱贫性贷款要求，农信社还需承担对偏远地区扶贫贷款的发放，但由于该地区农户收入较少，无法保证稳定的现金流，收贷风险往往很大，这无疑给农信社造成了一定程度的坏账压力；③银监会要求的农村金融服务全覆盖较难实现，甘肃地形复杂且地广人稀，部分地区没有网络信号，布放金融服务便民点和金融机具过于分散、成本高、效益低；④地方政府干预农信社的贷款活动，强制给不符合条件的借款人发放贷款；⑤上级监管部门的检查过于频繁，各种工作组严重影响了农信社正常的经营活动等。

高管们对于现如今金融支农的意见集中在省联社定位、农信社改制、支农任务等方面。从上述建议来看，高管们对于农信社服务“三农”的宗旨是拥护的，也希望得到省联社和地方政府的服务和支持去做大做强，但监管部门的支农任务往往与农信社自身的经营利润产生冲突，这就使得他们陷入了支农任务与经营利润的取舍。部分高管也认为目前缺乏对农信社执行支农任务的有效激励，形成了“上面要业绩，下面要待遇”的情况。本次的调查提供了基层农信社在多头监管的背景下如何看待和执行金融支农，对于监管者、政策制定者具有一定的现实参考意义。

附录6　改革的产物，被改革的对象[①]

——省联社去行政化改革述评

曾经是改革的产物，后来是持续改革的推动者，如今却成为被改革的对象。这就是农信社的省联社近些年来走过的发展轨迹。

2015年底，农信社资产突破25.81万亿元，超过中国工商银行（22.2万亿元），东部省区基本完成农信社股份化改革，农信社改制在中西部地区全面铺开，2003年以来农信社改革的“四自”目标（自主经营、自担风险、自我约束、自负盈亏）基本完成。以此为基础，省联社的去行政化改革，也开始拉开大幕。2016年的中央1号文件提出省联社的去行政化改革，要求从2016年起“开展农村信用社省联社改革试点，逐步淡出行政管理，强化服务职能”。2016年出台的《中华人民共和国国民经济和社会发展第十三个五年规划纲要》中提出要“推进农村信用社改革，增强省级联社服务功能”，与2016年中央1号文件形成呼应，意味着在2016—2020年，省联社去行政化成为改革重点。如何看待和预期这次酝酿已久的改革？本文将做出回顾与展望。

一、改革的产物

省联社是2003年深化农信社改革的产物。2003年6月27日出台的《国务院关于印发深化农村信用社改革试点方案的通知》（国发〔2003〕15号），揭开了农信社的新一轮改革序幕。为了落实“明晰产权关系、强化约束机制、增强服务功能、国家适当支持、地方政府负责”的总体要求，农信社管理体制必须做出改革，其中最主要的要求是将农信社的管理权由中央层面下放到地方政府层面。省联社逐渐成为落实“地方政府负责”的最主要载体。

按照2003年的改革要求，农信社被定位为“自主经营、自担风险、自我约束、自负盈亏”的社区性地方金融机构，目的是建立健全农信社激励和约束机制，切实加强内部管理。而省联社之所以成为主要载体，与《国务院关于印

---

① 本文由周立撰写，发表于《银行家》2016年第7期。

发深化农村信用社改革试点方案的通知》要求由省级负责有关。《国务院关于印发深化农村信用社改革试点方案的通知》规定，按照“国家宏观调控、加强监管，省级政府依法管理、落实责任，农信社自我约束、自担风险”的监督管理体制，分别确定有关方面的监督管理责任。省级人民政府对农信社负有主要管理职责，银监会负有金融监管职责。并要求2003年底完成各地试点。这样，省联社在试点过程中，逐渐成为地方政府调整农信社管理体制、管理农信社风险的试点对象，甚至唯一选择。在银监会指导和组织下，全国8个省份率先开展了深化农信社改革试点工作。到2010年，北京、上海、重庆和天津4个直辖市分别统一法人，成立了农商行；地域面积和人口较小的宁夏，由宁夏回族自治区联社统一转制，成立黄河农村商业银行；其他25个省份（西藏无农信机构）均采用了省联社的管理体制。

二、持续改革的推动者

应该说，省联社并非农信社落实地方管理体制改革的唯一模式。2007年，银监会提出了联合银行、金融服务公司、金融持股公司、统一法人和完善省联社等五种改革模式，国务院也原则同意。银监会当时考虑到中国省情差异巨大，一直强调多种模式，并提出省联社改革不宜采取单一模式。但在实际运行中，除北京、上海、重庆、天津和宁夏五个统一法人的地区外，省联社成为唯一选择。

省联社在农信社持续改革进程中发挥了重要推动作用。一个突出表现，就是克服了农信社下放后面临的三大矛盾，实现了“小银行＋大平台”战略。

按照参加首批省联社试点的江西省联社时任理事长肖四如总结，省联社逐渐成为省级管理和服务平台，克服了“小银行对接大市场”“社区银行对接开放性客户”和“独立自主经营对接系统性风险防范”这三大矛盾。

1. 小银行对接大市场的矛盾

与大银行相比，农信社各个县级法人只是一个小银行，在经营规模、人才、手段等方面存在对接大市场的明显劣势。要克服这些劣势，又存在自身成本承担能力较弱与外部交易协调成本较大之间的矛盾。例如，现代银行需依托强大的数据中心作为后台支撑，但小银行没有能力独自承担；电子银行目前成为主要的客服手段，但小银行难以形成有规模效应的电子银行品牌，难以独立具备银行卡、网银、手机银行等业务能力和风控能力。面对市场变化和客户需求的日新月异，县级法人的新产品研发推广能力也很有限，难以对接全国统一资金市场、票据市场，并优化自身的金融资源。单个法人难以承担对外形象宣传、公共关系协调、权益维护等方面的巨大成本，且规模不经济。而省联社作为省级服务平台，可以用更少的成本、最高的效率，克服单个小法人与大市场对接的难题。

2. 社区银行对接开放性客户的矛盾

在开放的市场经济条件下，客户不再局限于在当地生产经营，对金融服务也呈现多元化需求，不仅需要存、贷款等传统金融服务，更需要结算、理财、外汇、电子银行等个性化较强的现代金融服务。作为社区性金融机构的农信社很难通过跨区设点等手段适应和满足各类开放性客户的多元化金融需求，必须要有一个更高层面、更强有力的服务平台帮助其以更小的成本克服自身缺陷，提升综合金融服务能力。

3. 独立自主经营对接系统性风险防范的矛盾

农信社县级法人都是小法人和弱法人，数量众多却独立分散，由于经营规模小、基础条件差，自身抗风险能力非常弱，缺乏行业内部的风险救助机制，极易发生局部风险并引发系统性风险，严重影响金融稳定。在利率市场化和实行存款保险制度的环境下，中小银行面对的竞争压力普遍较大，且普遍处于不利地位，通过“抱团取暖”提升风险控制力和品牌价值的要求十分迫切。省联社作为一个省级服务平台，形成法人单位之间安全便捷的资金调剂和风险救助、分散机制，可以大大提高抗风险能力。

省联社在实际运行中，的确促成了“小银行＋大平台”战略的形成。并创造了如肖四如所总结的两大历史奇迹：①在国家有限政策扶持下，靠自身努力，把一个积贫积弱、包袱沉重的金融机构发展成为充满竞争活力、最具成长性的现代银行，实现了从计划经济时期的大集体企业到市场经济下混合所有制企业的逐步转型；②在坚持服务“三农”等弱势群体的同时，实现了自身持续快速发展，走出一条有效破解“三农”难题、独具特色的农村金融发展之路。

三、被改革的对象

但是，省联社在农信社管理体制形成过程中，一直面临着“一身三任”和“双向委托代理”的尴尬。

所谓“一身三任”，就是省联社身兼服务平台、管理者和经营主体的三重身份。在改革过程中，省联社最初是一个代表省级政府的管理者，后来又在大平台建设中与县级农信社一起担当着经营主体的角色，同时在服务股东和新的政策要求中又要扮演服务平台的角色。三重身份带来角色和职能的众多冲突。尤其是在和县级法人单位的关系处理上，出现委托代理关系错位的矛盾。

所谓“双向委托代理”，是指省联社一方面接受自上而下的行政委托，成为省级政府的代理人，管理全省农信社；另一方面又接受自下而上的公司委托，作为县级农信社的代理人，维护和服务作为股东的县级农信社。

在行政委托代理关系中，由于省联社代表的是省级政府，在中国特色的官本位制下，省联社逐渐掌握了农信社的高管任免、岗位招聘、财务管理、业务指导、战略制定、薪酬激励、贷款规模、额度控制、统一研发、改制安排等各项权力，但一旦出了问题，损失却由县级法人单位承担。权、责、利不对等，使得省联社成为一个“批官帽、批经费、批项目、批贷款”的衙门机构。有评论说，“如果不打破省联社组建省级农商行的幻想，改革就难以推进。”这种浓厚的行政管理色彩，与县级农信社、省联社在资本委托代理关系中谋求市场独立地位的诉求和行使股东权益的主张，形成了巨大张力。在政策高层，也逐渐担心如同当初裁撤乡镇级农信社法人一般，县级农信社法人地位也岌岌可危，被定位为“支农主力军”的农信社，决策权限不断上收，离“农”越来越远。就近些年的趋势看，县级农信社法人地位逐渐虚化，在北京、上海、重庆、天津和宁夏五个地区完全实现统一法人后，其他省份也在跃跃欲试。笔者曾对河北部分县级农信社做过调查，一个普遍的反映是“与其弱法人，不如不法人”。面对着四个“婆婆”（省联社、银监部门、中国人民银行、地方政府），各县级农信社虽是一级法人，却要像“媳妇”一般不断看各个“婆婆”的脸色，应对各种各样的要求。在这种情况下，农信社内部要求按省统一法人的声音，逐渐占据主导地位。但是作为具体业务监管部门的银监会不能接受这种声音的引导。在银监会看来，省联社改革的方向是企业化。具体而言，省联社应在IT系统建设、产品研发、清算结算、员工培训、政策咨询等方面为辖内农信社提供中后台服务。

笔者近期在对农信社省联社的培训过程中，做过县级农信社高管如何看待省联社的调查，调查结果如附图6-1和附图6-2所示。结果显示，甘肃和贵州两省县级农信社在经营过程中至少受四个“婆婆”的影响。其中，甘肃省农信社高管认为省联社是排在第一位的最多。贵州省农信社高管则将中国人民银行排在第一位，但若将前三位位次加权，银监会居第一位，省联社排在第二位，其次是中国人民银行和地方政府。

对于省联社如何改革，大部分受访的高管认为，省联社的管理角色、经营角色应该去行政化，服务平台职能应当保留。在管理职能上，需要把农信社真正当做商业机构来看待；在经营职能上，应当去除任务分配、商品/服务供应商的选择、贷款规模管控等命令经济成分；在服务职能上，应当继续完善强化平台服务、科技服务、人才培养、培训教育、信息基础设施建设服务等多项功能。

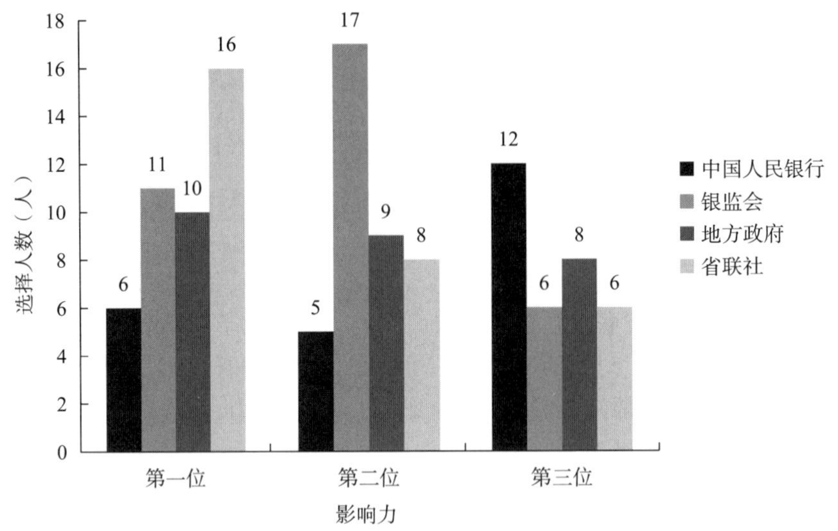

附图 6-1 对甘肃省农信社最具影响力的四家机构

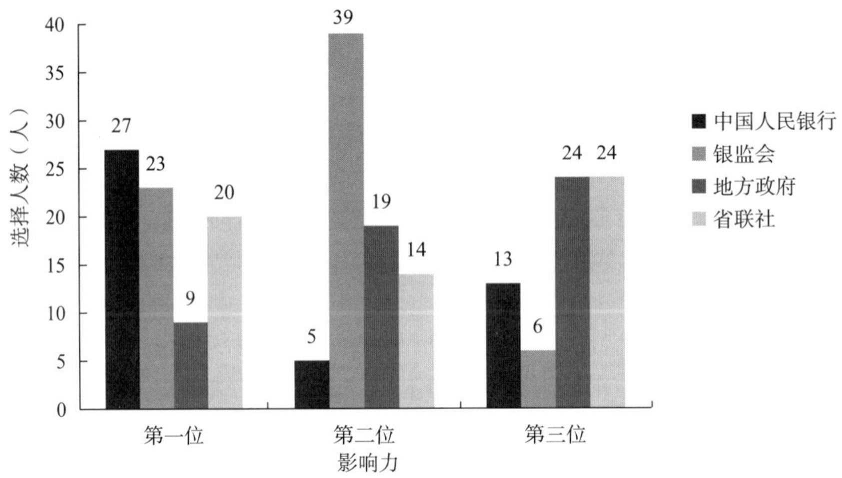

附图 6-2 对贵州省农信社最具影响力的四家机构

四、改到深处是产权

农信社改革过程中，长期争议不断的问题是，农信社是否坚持走“合作制”的道路。在中国人民银行主导农信社改革的时期，几乎一直没有放弃过合作制。1954 年、1962 年、1979 年、1996 年等多次由中国人民银行推动的农信社改革，要求农信社走的都是集体经济组织或合作制道路。2003—2010 年作为中国人民银行和银监会推动农信社改革的过渡期，要求农信社办成社区性地方金融机构。但2010年以来银监会主导的改革，就只有股份制一条道路了。2010年10月，银监会经国务院同意下发《关于加快推进农村合作金融机构股权改造的指导意见》，提出全面取消资格股，用五年左右时间将农村合作金融机构总体改制为产权关系明晰、股权结构合理、公司治理完善的股份制金融企业。

由附表6-1可见，近些年农信社进入了快速的改制进程，农信联社数量飞速减少，农合行数量于2010年达到顶峰后，也快速减少，而农商行数量逐年快速增加。截至2015年末，全国已组建农商行859家。即使如此，现有完成改制的农商行依然只占全国农信法人机构的38.5%。改制的任务仍很沉重，而且留下来的多是难啃的硬骨头。截至2015年底，安徽、湖北、江苏、山东、河南等，都已相继完成改制，或制定了具体的改制时间表。据了解，西部很多地区在未来两三年内也会全面完成改制。

附表6-1　2006—2015年农信社法人单位及资产结构变化

年份	农信联社		农合行		农商行	
	法人数（个）	总资产（亿元）	法人数（个）	总资产（亿元）	法人数（个）	总资产（亿元）
2006	19 348	34 503	80	4 654	13	5 038
2007	8 348	43 434	113	6 460	17	6 097
2008	4 965	52 113	163	10 033	22	9 291
2009	3 056	54 945	196	12 791	43	18 661
2010	2 646	63 911	223	15 002	85	27 670
2011	2 265	72 047	190	14 025	212	42 527
2012	[illegible]	[illegible]	[illegible]	[illegible]	[illegible]	[illegible]
2013	1 803	85 951	122	12 322	468	85 218
2014	1 596	88 312	89	9 570	665	115 273
2015	1 299	—	71	—	859	—

资料来源：中国银行业监督管理委员会2010—2014年的银监会年报，中国人民银行2015年四季度货币政策执行报告。

县联社改制布局已定，省联社的去行政化改革成为关注焦点。但去行政化说来容易，做来却难。一位业内人士评价说："市场不是万能药，行政管理也不是万恶之源，行政方式方法的改革势在必行，但不是光去行政化这么简单。"可能，保留一部分省联社的行政功能，逐步健全完善问责机制，完善二级法人制度，可以使得省联社继续发挥省级统筹协调功能，推动"小银行＋大平台"战略的不断完善。也使得农信社不至于进一步被拆解，在改革进程中继续发挥服务"三农"、服务县域经济的作用。

附录 7　县级农村商业银行如何深耕?[①]

——以河南台前农村商业银行为例

当前，金融环境日益复杂，在经济增长放缓、产业机构深度调整、不良贷款增加、银行同业竞争加剧、互联网金融迅猛发展的背景下，高度依赖传统存贷款业务的县级农商行面临着巨大的挑战。县级农商行如何确立更具适应性的竞争策略和盈利模式来提升县域市场金融竞争力，是当前最重要的努力方向。笔者以河南台前农村商业银行（以下简称“台前农商行”）为例，探究其深耕当地的有效经验，为其他县级农商行的发展提供借鉴。

台前农商行成立于 2011 年 12 月，位于河南省台前县。台前县现辖 3 乡 6 镇，372 个行政村，面积 452 平方千米，共 38 万人口，地处黄河滩区，耕地质量差，企业发展落后，商业欠发达，农业和工业的发展基础薄弱，服务业发展也比较缓慢，是国家级贫困县。截至 2016 年台前县共有 8 家银行，包括中国工商银行、中国农业银行、中国银行、中国建设银行、中国农业发展银行、农商行和村镇银行，县域内金融市场竞争十分激烈。

面对台前县整体经济发展落后、银行竞争激烈的现状，台前农商行交出的成绩单却十分漂亮，截至 2016 年 7 月底，台前农商行的贷款余额是 23 亿元，存款是 41 亿元，在全县的贷款占有率为 65%，存款占有率 48%，并且连续五年在河南省 141 家农商行（和未改制完成的农信社）中位列前十名。那么，台前农商行是如何突围的？笔者在调研中发现，“深耕当地”是其制胜的路径，台前农商行的自我定位非常明确，即“社区银行”，深耕于台前县这个社区。本文将从渠道深耕、文化深耕、服务深耕和情感深耕四个方面来呈现台前农商行的突围之路，以期为其他县级农商行的发展提供借鉴。

一、渠道深耕——开辟新渠道，代理全县社保卡和工资卡

2011 年 7 月，《人力资源社会保障部　中国人民银行关于社会保障卡加载金融功能的通知》发布。将社保卡加载金融功能后，不仅可以办理医疗、养老等业务，还能当银行卡使用，具有现金存取、转账、消费等金融功能。从

---

① 本文由李彦岩、王彩虹和周立撰写，发表于《银行家》2016 年第 10 期。

2015 年起，社保卡将开放向其他公共服务领域的集成应用，逐步实现社保卡、就医卡、银行卡的三合一“一卡通”功能。

社保卡承载着越来越多的有效信息，台前农商行看到了这片“价值洼地”，富有远见地拿下了全县 19 万张社保卡的代理权（附图 7-1）。台前县共有 38 万人，19 万张社保卡覆盖了整整 50%的人口，几乎可以触及到台前县的每一个家庭，为有效发放家庭贷款提供了强大的信息基础。社保卡加载了台前农商行的金融功能，可以当做银行卡使用，存款、取款、转账、消费等均可实现，也能在台前农商行贷款，家庭贷款中 1 张社保卡可以增加 1 万元授信。社保卡对于城镇居民或者农村村民来讲，并不像是普通的银行卡可以随便换，而是永久使用的，当台前农商行的银行卡和社保卡绑定在一起以后，大大增加了全县 19 万用户的黏性。

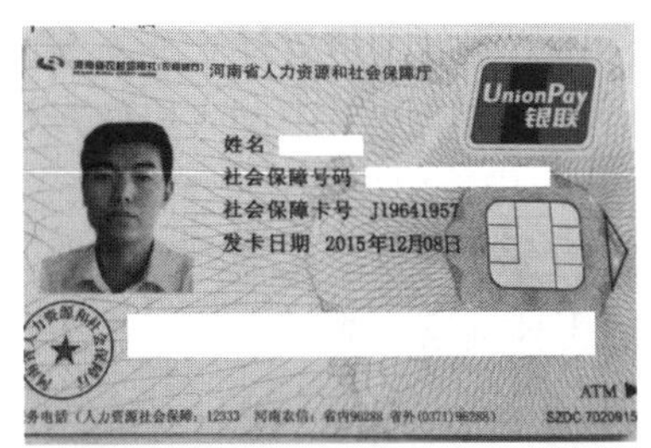

附图 7-1　台前农商行发行的社保卡

台前农商行充分利用了决策链条短的优势，灵活把握市场机遇。在渠道建设方面，除了拿下了全县社保卡的代理权，还进一步出击，全权负责为全县近 1 万名财政供养人员代发工资，台前县所有公职人员的工资卡都是在台前农商行这里办理。代理社保卡和工资卡，大大完善了台前农商行的渠道建设，增强了在当地金融市场的竞争力。依托这两大渠道，不仅有助于控制贷款投放的风险，还能搭建各种零售业务，实现差异化经营，将零售业务“批发做”。台前农商行卓越的“渠道建设”成果为其后来的领先发展打下了坚实基础。

二、文化深耕——深度研发新产品，以强关系替代弱关系助力“合家好”家庭贷款

对于银行来说，在农村发放贷款，缺乏抵押品和风险大是普遍面临的问题；对于农户来说，审批手续慢、隐性成本高是贷款难的体现。基于这一现状，台前农商行思考着如何有力破解这一现状，通过深度把脉农村经济，发现“关系”“面子”在农村是很重要的个人“资产”，农户有很强的动力去维护这些个人资产，通过精心研发，开发出了“合家好”家庭贷款这一广受欢迎的贷款产品。

“合家好”家庭贷款是台前农商行在2015年5月正式推出的小额贷款产品，主要特点是借款主体是以家庭为单位，且所有家庭成员均对此笔债务承担全额还款责任（笔者注：所有家庭成员包括未成年或者成年的孩子，若不还款，孩子将会进入中国人民银行征信中心的黑名单，将会影响未来的升学、就业等）。贷款用途包括生产经营、生活消费、创业兴业、婚嫁彩礼等符合信贷政策的合理用途。无须熟人担保，只要有全家户口本即可获得3万元的基本授信，再根据家庭成员人数、学历状况、参加社保人数、农村产权、资产情况确定增信额度，用基本额度加上增信额度确定其最高授信额度。根据客户群体的不同特点，家庭贷款分为两类：①普通农户家庭贷款，最高授信20万元；②公职人员家庭贷款，最高可授信100万元。“合家好”家庭贷款从申请、家访、审核到放款，都控制在3天以内，利率会比同档次利率下浮10%。该产品受到了广泛的欢迎。根据笔者访谈到的贷款农户，发现农户对“合家好”家庭贷款这一产品最直接的评价就是：不求人、给钱快，为了孩子的清白也得优先把“合家好”家庭贷款还上。

农村是熟人社会，人的行为方式遵循着费孝通（1947）提出的“差序格局”，根据关系的亲疏程度分成由近到远的圈子，就像石子投进水里形成一圈圈的波纹一样，对于不同的圈子采取不同的互动法则。许烺光（1981）提出“情境中心”理论，指出中国人根据不同的情景来决定行为法则，对于圈内人和圈外人的行为是采取不同法则的，对于圈里人与圈外人的动态运作过程是一个不断产生矛盾、化解矛盾的过程，这个动态平衡的过程彰显出中国是典型的“关系社会”。对于关系的分析，格兰诺维特（Granovetter，1973）引入了关系强度的概念，把关系区分为强关系和弱关系。区分关系的强和弱有四个维度：①互动的频率，互动频率高的为强关系，反之为弱关系；②情感密度，感情深的为强关系，反之则是弱关系；③信任程度，信任程度高的是强关系，反之是弱关系；④互惠性，互惠行动多的是强关系，反之是弱关系。根据以上理论，结合农村贷款的实际状况，“合家好”家庭贷款产品的特点如附图7-2所示。

附图7-2中，最内层是家人关系，包括了有血缘关系的家人和由姻亲、认养、结拜等方式结成的强关系，是最核心最稳定的关系。在这个关系层次里适用需求法则，你需要什么我就会给你什么，没有讨价还价更没有明码标价，所有人都会无偿为其他人做任何事情。“合家好”家庭贷款在进行产品设计时，把单一借款主体转变为“家庭主体”，某个人在借款时要说服全家同意借款，家庭成员都要到场确认债务，因为家人这一强关系的存在，家庭所有成员都愿意承担还款责任。基于不用求“外人”办事和不能“坑自己人”的原则，全部家庭成员的还款意愿非常高，这样从整体效果上降低了每笔贷款的风险系数。

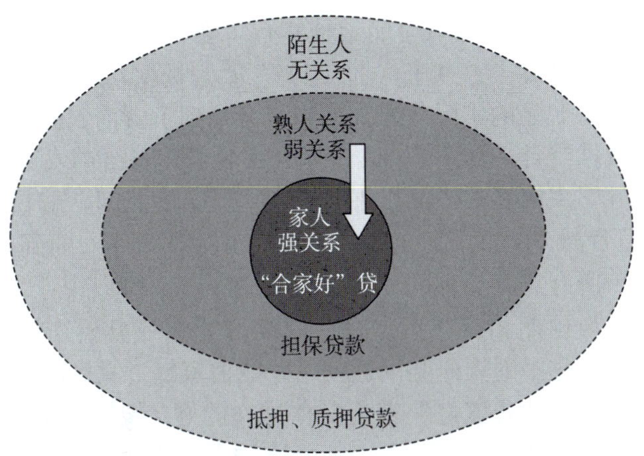

附图 7-2　以强关系替代弱关系，助力“合家好”家庭贷款

附图 7-2 中，再往外一层是熟人关系。熟人之间是由情感互动的，但并非像家人关系那样可以按需索取，最终还是要公平交换，因此，担保关系贷款的担保人并没有非常强的动机帮助借款人还款。

附图 7-2 中，最外层的则是陌生人无关系。陌生人之间可以明码标价和讨价还价，多适用于抵押和质押贷款，纯粹按照利益原则办事。“合家好”家庭贷款在开发农村信贷产品上面前进了一大步，引入强关系来替代弱关系，双方皆收益。

三、“合家好”家庭贷款案例

2010 年 0 月 5 日，笔者访谈了台前县孙口乡东白岭村的李先生。李先生出生于 1983 年，与带我们进村的信贷员任先生是初中同学，小时候一起长大。李先生在孙口乡开了一家门面店，主要卖伊力特酒，辅助卖桶装水。伊力特酒主要销售给台前县的各个批发商，部分销给超市和饭店，桶装水主要销售给孙口乡的村民。4 个月前，李先生从台前农商行贷款 5 万元，1 年期，月利率是 0.89%，主要用于铺货。投资的 50 万元，有 40 万元是自己的积蓄，向亲戚借了 3～5 万元，是分 1 万元、2 万元、几千元向亲戚借的，向农商行借了 5 万元，是采用的“合家好”家庭贷款，月利率是 0.89%。

李先生当时是用户口本和社保卡拿到了 5 万元贷款，从申请到放款时间总共是半天，非常方便。问及会不会及时还款时，李先生说户口本上有 12 岁女儿的信息，若不还款，就进入黑名单了，会影响孩子以后上好高中或者以后考公务员之类的，必须要及时还上。李先生提到，以前贷款需要找公职人员担保，可是上哪儿找公职人员？亲戚里面没有这样的人，都是在外务工的。找其他人，别人对他不熟悉，也不可能给他担保，要是请客送礼让其他人帮忙担保，成本算下来不划算了。这个（“合家好”家庭贷款）就是不求人、给钱快。

为了观察这一产品的实际效果如何，笔者拿到了台前农商行“合家好”家庭贷款的相关数据统计，如附表7-1所示。不难看出，台前农商行自2015年5月推出“合家好”家庭贷款产品以来，仅仅一年多的时间，贷款笔数已经达到3 022笔，占总贷款笔数的29.09%，截至2016年7月末的到期收回率达到98%，远远高于所有贷款品种的93%，不良率为0。可以说，“合家好”家庭贷款的产品表现与预期相符。正是台前农商行能深入分析当地农村社会的文化，将置身于此文化中的人研究的透彻，才能把家庭贷款产品的理念嵌入到当地文化中去，设计出“合家好”家庭贷款这样的好产品，既方便了农户贷款，又提高了农商行贷款业绩。

附表7-1　台前农商银行“合家好”家庭贷款相关数据统计

项目	所有贷款品种		合家好贷款	
	笔数（笔）	金额（万元）	笔数（笔）	金额（万元）
2016年7月末存量贷款	10 387	225 900	3 022	22 939
2016年到期未收回贷款	363	8 993	11	83
2016年7月末不良贷款	170	4 229	0	0
90天以上未结息贷款	1 345	29 523	176	1 033
2016年累计发放	6 734	135 797	3 499	26 799
2016年7月末到期收回率（%）	93		98	
2016年7月末不良率（%）	1.87		0	

资料来源：为笔者调研整理所得，数据截至2016年7月31日。

“合家好”家庭贷款这个产品增加了借款主体的真实度，说服一家子人比说服一个人的难度要大得多，而且要求家庭成员均到场确认债务，这一举措无疑是降低了借名贷款的风险。而且，每笔家庭贷款所涉及的人数比普通贷款至少增加了一倍，也有利于后期全盘清收不良贷款。从新增贷款来说，家庭模式把单一借款主体转变为“家庭主体”，在使得全家共同经营致富成为可能的同时，也降低了每笔贷款的风险系数。从存量贷款转化来说，在原有自然人担保的基础上绑定家庭成员的做法，使得债务关系从横向和纵向两个方面都得到强化，有效压降了存量贷款的风险。

四、服务深耕——“三亭”齐布，“百花”齐放，打造“一公里金融服务自助圈”

全国都在推进“村村通”普惠金融工作，台前农商行在这一方面也做得比较出色，在全县372个行政村布置了400多个助农服务取款点，覆盖了全县所有的行政村。台前农商行与村里的超市、卫生院、村委会合作，由台前农商行为后者提供金融机具和劳务补贴，使得村民不出村就可以实现取钱、转账、查询等基本金融需求。台前农商行负责发放全县的农业补贴、养老、低保等财政补贴资金，村民不用再去乡镇或者县城取款，在村里就能够完成。这样不仅方便了农户，也减轻了台前农商行的柜台压力。

专栏　“村村通”合作商户访谈

笔者访谈了一位“村村通”合作商户。被访谈人姓任，男性，36岁，在东白岭村开了一个超市，投资100万元左右。超市后面是自家院子和正在建的2层小楼。开超市之前，他是经营木材生意，超市经营就是夫妇两人，没有雇人。因为超市位置较好，台前农商行、邮政的村邮乐购和电子商务进农村，都选择和这家超市合作。

台前农商行的金融自助服务站，可以用于日常的存款、取款、转账、查询等基本金融服务，还能为附近村民发放粮食补贴、60岁以上老人的低保等助农取款。村民不用再跑到乡里，在村里就能领到补助。台前农商行从2013年11月开始与这个超市合作，合作形式是如果有村民取款，超市老板任先生用现金垫付给取款农户，一分钟以内农商行会把他垫付的资金打到他的卡上，存款也是采用一样的方式。这个网店的覆盖面是方圆1～2千米的区域。带领我们来的信贷员说，这是农商行在打造“一公里自动金融服务圈”。如果每个月的存取款等交易达到90笔以上，超市可以获得400元的奖励，这自助服务点的交易大概是100笔/月左右。超市老板觉得400元太少，有的时候忙，特别占时间，但他也愿意做这个，因为能增加客流量，客户往往取款完以后，就在超市消费了。

在农村社区，台前农商行实现了金融服务“村村通”；在城市社区，台前农商行通过自助银行进居民社区，进医院、进学校等，打造出“三亭”自助点，不断升级“一公里自助金融服务圈”。“三亭”即自助银亭、自助警银亭、自助税银亭，银亭主要布放在人群比较集中的繁华十字路口、文化广场、商业广场、学校、医院和中高档社区等区域，在改善区域支付环境的同时，有利于更好地分流客户，缓解农商行柜台业务压力，节省前台服务时间，目前已经有7座银亭开业。附图7-3为警银亭，是台前农商银行与台前县公安局交警三中队合作建立的，警银亭分为警亭与银亭两个部分，一边是能让警察与警察巡逻队员入驻、24小时执勤的警亭，一边是安装着台前农商银行ATM自助存取柜员机的银亭，同时具备存取款、转账、跨行取款转账、查询等自助金融服务功能。警银亭有民警执勤，如遇紧急情况，立即就能出警，让广大客户办理业务时多了一份安全感。

随着越来越多的“三亭”自助点开业，配合已布放的400余个助农取款服务点，台前农商行致力于打造的“一公里金融服务自助圈”初具雏形，逐渐形成了“三亭”齐布、“百花”齐放的特色普惠金融发展道路。

附图 7-3　台前农商行的“警银亭”

五、情感深耕——一行一色，打造温情农商行

台前农商行共有16家支行，为了激发支行发展活力，台前农商行要求各个支行根据支行本身的资源禀赋进行自我设计，已经打造出了诗词银行、乡村银行、田园银行、儿童银行等个性化银行，通过个性化支行来培育、挖掘、服务特定的人群，实现差异化发展，拓展台前县的蓝海市场。

凤台支行被称为是“诗词银行”（附图7-4）。该行的行长是一位书法家，在家中排行第三，两位哥哥和父亲都是书法家，全家人在台前县被美誉为“四玄”。这位书法家行长把信贷大厅办得很有文化气息，经常举办书法家聚会活动，为当地的文人雅士提供一个交流情感、切磋技艺的场所，并为有需求的书法家开发、提供艺术品投资理财服务。

孙口支行打造出了一家“乡村银行”（附图7-5）。该行就开在村委会旁边，2016年7月29日正式开业，致力于打造融金融服务于农村社区生活之中的银行，提供小额取款、转账、查询、咨询等服务，重点解决留守家庭的基础金融业务需求。该行配备有一名专职的工作人员负责帮人取款、转账、查询，该专职人员是本村人，非常熟悉周围的村民，村民对她也比较放心。“乡村银行”室外是健身娱乐设施，室内配备有一台自助查询终端和POS机，还有沙发、桌椅、空调。有意思的是，夏天村民们舍不得开自家的空调，都会来这里吹空调，这里逐渐成为了村民的聚集地，每天都要来坐坐的地方。为了更加深入地融入当地村民的生活，台前农商行已经和一些快递公司达成协议，“乡村银行”以后成为村里的快递点，村民不用再到乡镇或者县城取快递了。这样的情感深耕，不仅在生活上便利了村民，更在心理上拉近了村民和台前农商行的感情，村民办理存款和贷款都更加倾向选择台前农商行。

附图7-4　台前农商行“诗词银行”——凤台支行

附图7-5　台前农商行“乡村银行”——孙口支行

六、结论与建议

对于县级农商行来说，普遍面临着宏观经济不景气和新型金融机构、互联网金融的冲击，如何超越？唯有深耕。台前农商行找准“社区银行”这个定位，深耕于台前县这个社区，又将其细分为农村社区和城市社区。在农村社区，通过独家代理社保卡来占领渠道，借助对当地文化的深度嵌入设计出深受农户欢迎的“合家好”家庭贷款，全力打造“村村通”网络，让台前农商行的服务深入每个村庄。在城市社区，通过独家代理财政供养人员工资卡把握住主渠道，借助培育支行的个性化特点来差异化服务城市客户（儿童、艺术家等），精心布放的“三亭”让台前农商行的金融服务在县城触手可得。

基于本文的分析，笔者为其他县级农商行的发展提出以下三点建议：

（1）县级农商行要利用好决策链条短、船小好调头的优势，灵活应对和抢占县域市场。“打蛇打七寸。”抢占市场的核心就是把握渠道，对县域的客户进行细分，分别针对农村社区客户、城市社区客户去开发渠道，台前农商行拿到的社保卡业务和工资卡业务就在很大程度上把这两类群体“收入囊中”了。

（2）把握当地传统文化脉络，结合当地的社会性格来研发新产品。中原一带的人，家庭观念重，家人间关系密切，对于子女尤其重视。“合家好”家庭贷款这个产品则是充分把握了这一心理，将家庭作为借款方，家人提供担保几乎没有成本，便利了借款人，不用求人，同时所有的家庭成员都要承担债务责任，为了不坑自己人，特别是不能让子女的征信记录有任何污点，总是能及时还款，不良贷款率至今为0。因此，县级农商行若要引领当地县域经济发展，须深深融入当地文化之中，把握核心要点，结合农商行的需求进行产品设计。

（3）县级农商行可以打造“小而美”的温情支行，实现差异化的快速发展。如果各个支行千篇一律，容易造成产品同质化、互相恶性竞争的后果。若能根据支行本身的资源起点深耕当地，及时进行自我的升级改造，发掘并培育出高价值客户群体，则能大大推动县级农商行竞争力的提升。

后　记

农信社改革，只有进行时，没有完成时。

从 1951 年 5 月决定在全国范围内试办信用合作组织起，农信社历经各类改革的风风雨雨，逐渐从群众性的资金互助组织，演变成为行政主导的合作制导向的金融组织。2003 年银监会接手农信社监管后，又逐渐转变为股份制导向的农村金融组织。近些年农商行改制、省联社改革，县级农信社法人地位、支农支小市场定位、跨区域经营等都在改革的进程之中。期待正在进行中的农信社转制农商行的改革，能够走出一条农信社自主经营的发展道路。

我们关注和研究农信社改革，已经有二十年。但本书只是选择了近几年笔者写作和指导的研究成果，以双重目标兼顾为主要目标，展示农信社改革的金融控制特征。

其中，第一章绪论为作者和两位合作者（冯辉研究员和董玄博士）共同完成。也历经多次讲座的修订，主要展示了中国农村金融体系形成的基本背景，阐释了从行政捕获到市场抽取的中国农村金融体系的形成逻辑。

第二章在作者指导的付兆法先生的硕士论文基础上改编完成。付兆法长期在农信社工作，参与编写了农信社改革史志工作，对农信社改革与制度变迁比较了解。

第二章在作者指导的李珣先生的硕士论文基础上改编完成。原文标题为《效率优先，还是公平优先？——农信社网点布局及双重目标分析》，本章阐述了农信社在双重目标兼顾的基本背景下，如何在网点布局上兼顾效率和公平。

第四章在作者指导的刘开宇先生的硕士论文基础上改编完成。原文标题为《改革背景下农信社支农的激励问题研究——基于多任务委托代理模型》，本章讨论了农信社面临多任务委托代理的基本情况下，如何在支农和盈利双重任务中做出抉择，以及政策上如何设置支农激励。

第五章在作者和清华大学经济管理学院的赵冬青副教授联合指导的杨晨玥女士的硕士论文基础上改编完成。原文标题为《双重目标下农信社的选择——基于三省农信社调研的分析》。论文使用了作者组织的三省农信社高管调查和回访资料，分析了农信社转制为农商行后，政策性目标和商业目标间的冲突与互补，分析了双重目标在股东权利意识增强的条件下，可能的博弈与演变。

在本书五章主要内容的基础上，本书还附上了 7 篇发表的有关农信社改革的文稿，主要是作者与杨轶尘、董玄、刘开宇、李晓雨、付兆法、李珣、李彦岩、王彩虹等人的合作文稿，从不同侧面展示农信社改革的进程和面临问题的解决之道。

全书由博士生王彩虹协助整理。中国农业出版社的贾彬先生为本书的编辑付出了大量心血。在此一并致谢。

期待本书能为双重目标兼顾的农信社改革留下一段实践历史的印证。

周　立

2018年12于中国人民大学

图书在版编目（CIP）数据

双重目标兼顾的农信社改革 / 周立等著．—北京：中国农业出版社，2019.11
（人大农经书系）
ISBN 978-7-109-26312-3

Ⅰ．①双…　Ⅱ．①周…　Ⅲ．①农村信用社—金融改革—研究—长清区　Ⅳ．①F832.752.4

中国版本图书馆 CIP 数据核字（2019）第 276327 号

双重目标兼顾的农信社改革
SHUANGCHONG MUBIAO JIANGU DE NONGXINSHE GAIGE

中国农业出版社出版
地址：北京市朝阳区麦子店街 18 号楼
邮编：100125
责任编辑：贾　彬　　文字编辑：蔡雪青
版式设计：杜　然　　责任校对：巴洪菊
印刷：北京中兴印刷有限公司
版次：2019 年 11 月第 1 版
印次：2019 年 11 月北京第 1 次印刷
发行：新华书店北京发行所
开本：700mm×1000mm　1/16
印张：22.5
字数：420 千字
定价：78.00 元
